U0536041

毫无意义的工作

BULLSHIT JOBS
A Theory

著 [美]大卫·格雷伯
　　（David Graeber）
译　吕宇珺

中信出版集团 | 北京

图书在版编目（CIP）数据

毫无意义的工作 /（美）大卫·格雷伯著；吕宇珺
译 . -- 北京：中信出版社，2022.7（2024.11重印）
书名原文：Bullshit Jobs: A Theory
ISBN 978-7-5217-4388-3

I. ①毫… II. ①大… ②吕… III. ①工作－效率－
通俗读物 IV. ① C935-49

中国版本图书馆 CIP 数据核字（2022）第 088297 号

Bullshit Jobs: A Theory
Copyright © 2018, David Graeber
Published by arrangement with Trident Media Group, LLC, through The Grayhawk Agency.
Simplified Chinese translation copyright © 2022 by CITIC Press Corporation
ALL RIGHTS RESERVED

毫无意义的工作
著者：　　［美］大卫·格雷伯
译者：　　吕宇珺
出版发行：中信出版集团股份有限公司
　　　　　（北京市朝阳区东三环北路 27 号嘉铭中心　邮编　100020）
承印者：　三河市中晟雅豪印务有限公司

开本：787mm×1092mm 1/16　　印张：25.5　　字数：360 千字
版次：2022 年 7 月第 1 版　　　　印次：2024 年 11 月第 19 次印刷
京权图字：01-2019-4427　　　　　书号：ISBN 978-7-5217-4388-3
　　　　　　　　　　　　定价：79.00 元

版权所有·侵权必究
如有印刷、装订问题，本公司负责调换。
服务热线：400-600-8099
投稿邮箱：author@citicpub.com

本书献给每一个想要实实在在工作的人

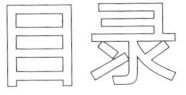
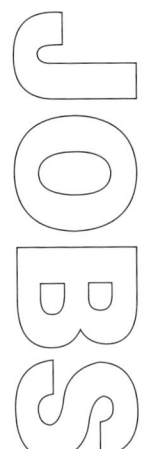

推荐序
不要迷失在"分配性努力"中　　梁永安 / V
打开摩天轮的座舱　　严飞 / IX

序言
40% 的工作毫无意义 / XV

第一章
什么是"狗屁工作" / 001
为什么说黑帮杀手并不算是狗屁工作 / 008
为何我们对狗屁工作的主观判断往往是正确的 / 013
一个常见的误解：狗屁工作基本都出现在公共部门 / 020
理发师并不是狗屁工作的好例子 / 022
"纯狗屁的工作"、"挺狗屁的工作"和"有点狗屁的工作" / 028

第二章
狗屁工作的种类 / 033
五大类狗屁工作 / 036

复合型狗屁工作 / 070

次级狗屁工作 / 074

是否有人还未察觉自己正在从事狗屁工作 / 075

第三章
论精神暴力（上）——为什么狗屁工作从事者说他们不快乐 / 079
当着闲差却无所适从 / 082

狗屁工作的核心：虚伪和无目标感 / 088

我们为什么会错判人类做事的动机 / 096

"假模假样工作"发展史："花钱买他人时间"概念的兴起 / 100

时间的道德性和自然工作节奏之间的冲突 / 108

第四章
论精神暴力（下）——身处狗屁岗位有何感受 / 117
为什么身处狗屁岗位并不总是那么糟糕 / 121

"无处安放的愤怒"和"被迫假装工作"带来的痛苦 / 123

"无法引发后果"带来的痛苦 / 132

"觉得自己没资格痛苦"带来的痛苦 / 142

"知道自己做的是坏事"带来的痛苦 / 152

狗屁工作对创造力的扼杀 / 156

第五章
狗屁工作为什么会激增 / 169
因果关系和社会学解释的本质 / 177
政府在创造和维持狗屁工作中扮演的角色 / 181
对狗屁工作激增原因的几种错误解释 / 184
一个典型的行业：金融业 / 191
现代企业管理中的封建主义与古代封建主义的比较 / 203
管理封建主义的帮凶：媒介经理人 / 209
重谈因果关系的三个层面问题 / 219

第六章
为什么社会对狗屁工作的激增无动于衷 / 223
用价值衡量绝对标准的不可能性 / 228
当代社会大部分人为何脱离经济价值来理解社会价值 / 234
工作的社会价值和经济报酬之间的反比关系 / 241
从神学根源角度谈谈我们对劳动的看法 / 256
北欧价值观"没有领薪工作的人生不完整"之起源 / 258
资本主义制度对工作的美化和劳动者的反击 / 262
劳动价值理论的破绽，以及资本拥有者是如何利用这个破绽的 / 269
工作如何在 20 世纪转变为自律和自我牺牲的一种方式 / 277

第七章
狗屁工作的应对 / 285
通过平衡各方愤恨情绪来维持管理主义封建制度 / 289
机器人化危机同狗屁工作总体问题之间的关联 / 300
工作狗屁化的政治后果,以及照料类工作生产率的下降 / 309
谈谈"全民基本收入" / 314

致谢 / 333
注释 / 335
参考文献 / 369

推荐序

不要迷失在"分配性努力"中

梁永安　复旦大学人文学者，作家、旅行摄影师

这是一本嬉笑怒骂之书，却给人欲罢不能的沉思。

作者大卫·格雷伯是一位美国人类学家，2020 年 9 月 2 日因病去世。在他年仅 59 岁的人生中，最高光的时刻就是 2011 年 9 月 17 日。这一天成百上千的示威者聚集在纽约曼哈顿的华尔街，搭起帐篷长期驻扎，抗议美国政治的权钱交易。这突发的"占领华尔街"运动迅速升级，席卷全美国，直至 11 月 15 日凌晨，纽约警方发动突袭，对占领华尔街的抗议者强制清场。这是当代政治史上的重要事件，蔓延全世界。而这场运动的领军人物之一，就是格雷伯。他不但为整个运动"提供了主题"，而且积极投身运动的组织工作，提供法律和医学培训，甚至还住进抗议者的帐篷营地，冲在第一线。颇具反叛意味的是，那时他正担任伦敦政治经济学院的人类学教授，从社会身份来说，属于传统眼光中安稳的精英阶层。

深度参加"占领华尔街"运动，与格雷伯写这本书有什么因果关系？在这场声势浩大的抗议活动中，一个震天动地的集体呐喊是"改变"。改变什么？一位抗议者怒声说："在美国，1% 的富人拥有 99% 的财富。我们 99% 的人为国家纳税，却没有人真正代表我们。华盛顿的政客都在为这 1% 的人服务。"这愤怒的声音也在这本《毫无意义的

工作》中获得鲜明的回应，书中写道："倘若世界上大部分可支配的财富掌握在1%的人手中，那么我们所说的'市场'反映的不过是这1%的人的喜好，而不是其他人的需求。除此以外，这还表明大部分从事无意义工作的人最终都认识到了自己的工作毫无意义。"

群众运动往往表达的是情绪、感受和观念，对一切大规模运动的历史性透视还是需要知识分子的反思。2013年春，"占领华尔街"运动结束一年多之后，格雷伯应《罢工！》杂志之约写了一篇文章，题目是《谈谈"狗屁工作"现象》。这篇不太长的文章尖锐地指出了一个普遍的困境："在世界上的富裕国家，已经有37%~40%的工作者觉得自己的工作毫无意义。粗略来看，50%的经济是由狗屁工作或者支持狗屁工作的工作构成的，而且这些狗屁工作甚至没什么有趣的地方！"这深深地刺痛了千千万万工作着的人的心：狗屁工作＝毫无意义，这难道是人类应有的人生吗？

格雷伯所说的这种"无意义"状况，并不是批判一切工作，而是指脱离了人类社会真实需要、人为叠床架屋的泡沫化分工。他说："（无意义岗位激增的数字）出现在行政领域，比如全新的金融服务和电话销售等行业，以及空前扩张的公司法、学术与健康、人力资源和公共关系等领域。这些数字甚至没有反映出为上述行业提供行政支持、技术支持和安全支持的那些人。其实所有辅助性行业都需要算进去（比如，给狗狗洗澡、24小时送比萨的行业），所有这些工作的存在不过就是因为每个人都花费了太多时间在'工作'上而无暇顾及其他。"所以他无比嘲笑地提议，"以上这些工作就叫'狗屁工作'好了"。这也是这篇文章的精彩之处：我们人类社会在大资本的操控下，为什么会出现这些摧毁劳动价值的"新工作"，让无数人宝贵的生命在无意义中旋转？这充盈着道义感的喝问，瞬间揭开了"后工业社会"隐藏的病症，使太多的人坠入自我价值的痛苦思虑中。文章激发起"舆论的巨浪"，被翻译成10多种语言，《罢工！》杂志的文章页面点击量则超过了100万次。因为访问人数过多，网页崩溃了好多次"。

群情鼎沸之中，格雷伯决定写这本《毫无意义的工作》，目的很简单，"想提供一个比原始文章更为系统的论述"。他感觉到这个问题的迫切性关系到当今世界每一个劳动者的尊严。这本书的人文基点，是文艺复兴以来对个人精神生存的深切关怀，是对一个价值颠倒的世界的率真审视。书中所展示的是"习以为常"中的荒诞性："社会中似乎普遍存在这样的情况：一个人的工作越是明显地对他人有益，他得到的酬劳就越低。"这听上去不可思议，但格雷伯用了苏格拉底式的归谬法，连续追问："只需要询问以下几个简单的问题：倘若这个专业人士阶层嗖一下消失了，世界会变成什么样？倘若消失的人是护士、垃圾清理工、机械师，那又会发生什么？显然，如果护士、垃圾清理工和机械师转瞬之间就不存在了，那么我们的生活将会立刻受到灾难性的打击。如果世界上不再有教师，不再有码头工人，那我们的生活将会迅速陷入困境。哪怕是少了科幻小说家，少了斯卡音乐家，这个世界都会逊色不少。可如果消失的是这个世界所有的私募基金首席执行官、游说者、公关研究员、精算师、电话推销员、法警和法律顾问，那人类是否会痛苦不堪？是否会面临无法生存的情况？这就不好说了。个人实际贡献越多，获得的报酬越少：除了少数人们熟知的例外（比如医生），这种情况竟然真的普遍存在。"

问题的严重性在于，如此普遍的"无意义的工作"，却是当代世界无数年轻人趋之若鹜的追求目标，形成超大规模的"内卷"。成堆成堆的人涌向大公司、大单位的岗位，并不是看重身在其中的劳动价值，而是尽可能多地切下社会财富蛋糕中的一大块。美国制度经济学家道格拉斯·诺思提出过"生产性努力"和"分配性努力"这两个概念。生产性努力具有强大的创新性，不断增大社会财富，而分配性努力只是想在不增加社会财富总量的状况下抢占社会的优势地位，在分配结构中夺取更大的个体利益。在什么样的年代会产生普遍的"分性努力"？诺思指出，当社会分配严重不公时，生产性努力没有回报，分配性努力却风生水起，人们自然不愿再将时间投入生产性努力，纷纷奔向分配性努力。长此以往，整个社会就会失去创造的激情，经济结构趋于单一，失去增长的原动力，从而必然陷入停滞。

　　日本传说中有个妖怪叫"忙"，人只要被它附体，就会一刻不停地忙碌，忙得莫名其妙。悲情的是，很多忙都是在"分配性努力"中失去生命的原创性。1987年大热的美国电影《华尔街》有个熠熠发光的主题："金钱永不眠。"整个世界在大资本的驱动下，青年人的生活陷入"996"的磨盘中，沉重不堪。纽约大学教授阿纳特·利希纳说得很形象，长期过度的加班文化是一种迷幻，"我们美化了这种生活方式，这种生活方式实际上就是呼吸、睡觉，醒来后整天工作，然后睡觉，不断重复，无休无止"。这本书想给忙忙碌碌的人们按一下暂停键，在思想的深呼吸中重新打量一下自己的工作，做出新的选择。作者的本心能不能获得理解？社会是无数差异性力量的汇聚，一本书不可能改变一切，但只要读者有那么一点点刺痛，这本书也就实现了它的价值。

　　这本书的献词页写了一句十分庄重的话："本书献给每一个想要实实在在工作的人。"格雷伯在这里表达了他最本真的心愿：只有认清那些无意义的工作，才会获得实实在在的劳动价值。工作是美丽的，但前提是拥有拒绝无意义工作的勇气！

推荐序

打开摩天轮的座舱

严飞　清华大学社会学系副教授

这两年，当大家谈论到工作时，就会忍不住提起一个关键词——"卷"。和年轻的朋友聊天时发现，他们会把自己戏称为一颗"卷心菜"，尽管不愿参与无意义的内部竞争，但是因为害怕一旦停下，便会面临随时被淘汰的命运，又不得不深陷其中。为什么在人工智能越发普及的今天，我们却好像越来越忙碌了，工作时间也越来越长？每天投身于工作，真的为我们个人和社会创造出巨大的价值了吗？

面对这些疑问，伦敦政治经济学院的人类学家大卫·格雷伯在本书中犀利地指出，很多人的"整个职业生涯都耗费在那些他们其实知道并不需要的事情上。不管是道德上还是心灵上，这种状况给人造成的伤害都是深重的"，甚至可以称为"我们集体灵魂上的一道伤疤"。

格雷伯在研究中发现，那些毫无意义甚至有害的工作占据了所有工作的一半以上，成为一种"狗屁工作"（bullshit jobs），而且这样的工作正在不断膨胀中。所谓"狗屁工作"，根据格雷伯的定义，指的是一份毫无意义且往往有害的定期领薪水的职业，其无意义或有害程度是如此之高，乃至从事这份职业的人都无法为其找出合适的存在理由。虽然要从事这份工作有一个条件，即从事者不得不假装这份工作的存在是完全合理的。在知道自己的工作毫无意义的同时，等级制度的工作环境更是日益让人难以忍受，上班族日常生活中的诸多苦难都直接来源于此。格雷伯在书里援引了俄国作家陀思妥耶夫斯基在西伯利亚劳改营流放期间提出的一种理论：世界上最残酷的折磨便是强迫人无休止地做一件明显毫无意义的工作。陀思妥耶夫斯基发现，尽管被押送到西伯利亚的犯人所做的工作和农民相比并不显得那么辛苦，但这些犯人却是真正意义上的"苦工"，因为"农民劳作的时候，起码有一部分是为了他们自己，但是在劳改营，苦工之所以'苦'，是因为劳作者从这份劳作中什么也得不到"。

早在100多年前，在德国社会学家马克斯·韦伯所处的时代，人们对于财富的追求到了近乎疯狂的地步。在这样的社会成功学标准之下，工厂生产变得更加有计划性，工人在工作中不断地督促自己：只有整日整夜地劳动，才能获取更多的财富。他们日复一日地在流水线上工作，已经不再是完整的人，而是异化成为机器的一部分；他们的一举一动不再由自己掌握，而是被机器掌握。同时，组织运作的制度性框架也在悄悄发生变化，人们的行为准则不再依赖传统社会中个人的魅力或者长老的权威，而是通过一整套系统化、组织化、层级化的科层制进行运作。这种高度分工、高度理性的组织架构无疑是与高速发展的社会经济相适应的。在科层制下，人们的职责就是处理好自己应有的分工，在科层制的每一层做着"流水线"的工作，在高度理性的组织中处理没完没了的文件，从而导致整个组织体系俨然成为一部庞大的机器。这部机器冷血无情，压抑着每个人的情感。这样的制度让初次踏入的人们时刻体验到一种被抛入湍流的迷茫和紧迫之感，让人难免呼吸急促——那种赢得一切的热情和失去一切的恐惧，把人推着不断往上爬，尽管资源有限、竞争残酷，但没有人愿意落下，人人都像打了兴奋剂一般，试图攫取更多的金钱。

而到20世纪，伴随着科技的不断进步，人们盼望着能从高度异化和理性化的工作中得到解放。然而，事实上呢？格雷伯在这本书中指出，20世纪后，工作又转变为自律和自我牺牲的一种形式，无论处于什么阶层，都会陷入永不停歇的工作境地中：

> 我们现在很少再听到讲述富人阶层悠闲生活的故事了（并非现在没有生活悠闲的富人了，而是大家不再赞美闲散了而已）。而在20世纪30年代经济大萧条期间，穷困潦倒的人们可是很喜欢观看描绘上流社会的电影的。影片中，花花公子坐拥百万财富，浪漫不羁，胡作非为。这样的故事曾备受欢迎。现在，人们更喜欢听工作狂首席执行官的故事。大家乐此不疲地谈论着首席执行官超人般不怎么睡觉的变态工作安排。在英国，报纸和杂志甚至会刊登王室成员极为紧凑的日程。通过这些报道我们知道，王室成员每周花在准备和出席各种仪式典礼上的时间是如此之多，以至他们几乎没有一丁点儿私人时光能留给自己。

经济学家凯恩斯早在20世纪30年代就曾预言，到20世纪末，高水准的机器自动化大生产可以取代大部分毫无价值的工作，人们一周只需要工作15个小时，从而拥有更多的自由时间去寻找人生的乐趣、追逐生活的梦想。然而，现实发展与凯恩斯的预言大相径庭，自动化生产并没有带来预想中的轻松和优越，反而逐渐蔓延开形成一种担心工作被机器取代的恐惧心态。在这种心理下，人们的自我评价也在慢慢地发生变化，以我们不曾想象的轨迹运行着，看似在一条平稳的轨道之上，却充满着平衡工作与生活这组矛盾关系的颠簸。

格雷伯指出，人们并不会将个人的职业视作后人对自己的主要评价来源。当我们离开这个世界后，在墓地前是找不到刻着"蒸汽管装修工""办事员""护林员"这样的墓碑的；相反，墓碑上刻下的，是人们生前曾共度时光的伴侣和后代的姓名，而这些都是我们在世间曾经存在过的证明，是我们曾经付出和收获的爱的见证，是与生命本身息息相关的一种情感传递。但是在世俗生活中，人们相遇时并不会问对方关于爱和承诺的问题，而是问："你是做什么工作的？"

从20世纪70年代起，随着劳动进一步去技能化，工人越来越像机器，劳动失去了某种创造的神圣性。由此，人们逐渐不再以所从事的工作、职业来标识身份（例如教师、工人、公务员），而更多地希望以所消费的对象来表达自己，并希望将自己归属到某个亚文化部落："你的身份可以是科幻迷，可以是爱狗人士，可以是彩蛋射击迷，可以是瘾君子，可以是芝加哥公牛队球迷，还可以是曼联球迷……但你绝不会用码头工人来定义自己，也不会用巨灾风险分析师来审视自己的存在。"

在格雷伯看来，这恰恰可以称为"现代工作的悖论"：一方面，当被问及生活的意义这个问题时，人们常常会回答，是工作赋予了他们生活的终极意义，大部分人的尊严感和自我价值感都与工作谋生息息相关，一旦失业，就会给他们的心理造成毁灭性的打击。另一方面，很多人憎恨自己的工作，他们认为自己每天所忙碌的事情，不仅没有创造相应的社会价值，而且折磨着心灵，无法敞开心扉谈论真实的感受从而陷入绝望。因此，在某种程度上，我们大部分人更希望通过工作以外的东西来定义自己。

我们每个人都像是坐在摩天轮的座舱里，始终匀速地运转着，乘着一股惯性完成每天的规定动作，白日里循规蹈矩，夜晚的灯火通明让我们无法入眠。一旦摩天轮按下开始键，我们似乎就难以获得停下脚步的机会，加班、熬夜，日复一日，疲劳甚至倦怠成为生活的常态。城市摩天轮象征着社会的齿轮不停地转动，一旦停下，人们就担心会被抛下，宁可蜷缩在一个个封闭的小小座舱里。

高耸入云的摩天轮，就这样没有根基地悬浮着。我们把在里面的生活看成理所当然，我们执着于这样的模式，以为艰难的事情才是有价值的，多吃些苦才是合理的，"996"工作制是每一个"打工人"的宿命。就好像本文开头里年轻朋友告诉我的那样，如果一定要卷，也想努力做一颗向上爬的"卷心菜"，而不是走下坡路的"卷心菜"。在得到了理想的工作和薪资福利，完成了每月 KPI（关键绩效指标）考核目标之后，今天的年轻一代依然充满惶恐和迷茫，担心现在行业里学到的、能复用的场景非常有限："我会做数据透视表，会写日报、周报，但如果有一天我被裁员了，被迫离开互联网大厂以后，我还能做什么？"如同螺丝钉一般的存在，如果有一天换了台机器，是否就拧不上了呢？

越来越多的人意识到，自己终日忙碌的工作并没有意义，而作为个体，我们的时间是有意义的，我们是需要尊重、欣赏，需要被滋养的。在摩天轮的座舱里，有一小部分人是醒着的，他们开始反思自己在系统里的困境，甚至大胆地重新审视自我，思考什么是值得的，什么是不做也是可以的，开始尝试从这样一种生活中挣脱出来。希望我们能够成为那些打开座舱窗户向外呼喊，带着大家一起唱歌的人。

序言

40%的工作毫无意义

2013年春，我无意间引发了一场小小的国际轰动。

这一切要从一篇约稿说起。当时有一本新创的激进刊物《罢工！》(Strike!)邀请我写一篇小文章。编辑问我能不能写点儿煽动性的内容，就是其他刊物都不愿意发表的那种。我脑海里常常有那么一两篇符合这个要求的文章，所以我就写了一篇名为《谈谈"狗屁工作"[1]现象》(On the Phenomenon of Bullshit Jobs)的小文章交给了他。

这篇文章是基于我的一个直觉写成的。所有人都很熟悉那些在外人看来没多大作用的岗位，比如，人力资源顾问、沟通协调员、公关研究员、金融策略师、企业律师，以及那些（学术圈都很熟悉的）专门负责给某种委员会招聘的工作人员，而这种委员会的工作正是讨论哪些委员会没必要存在。这类岗位多到列都列不完。我不禁问自己，假如这些工作的的确确毫无意义，而那些从事这些工作的人对此也心知肚明，那为什么会存在这样的情况？当然，我们时不时会碰到一些人，告诉我们他们的工作毫无意义，也没有必要。

---

[1] 原文中"狗屁工作"的"狗屁"使用的是"bullshit"一词，其实最为贴切的翻译是"胡说八道"，但是考虑到"胡说八道工作"这个名字太冗长且"胡说八道"容易被理解为动词，故译作"狗屁"。——译者注

一个成年人，每周有 5 天，要早早起来去做一项他内心知道其实没必要做的工作（这些工作纯属浪费时间和资源，甚至还会给世界带来害处），还有什么事情比这更让人沮丧和泄气的呢？这难道不是蔓延在我们社会中的可怕的心灵创伤吗？如果答案是肯定的，那么这个创伤似乎从未有人谈起过。关于人们工作时开心与否的调查和论述已有许多，但据我了解，还没有任何一项调查或论述是关于人们对自身工作必要性的判断的。

我们的社会可能已被无用的工作渗透到千疮百孔，而人们对此也避而不谈，这件事从其本质来看并非不可信。关于工作的话题充满了禁忌。大部分人不喜欢他们的工作，若是能找到借口不去上班，人们会很开心，但这样的事实甚至被认为是不能在电视上承认的。当然这里指的是不能在新闻类节目中承认，但偶尔会在纪录片或单口喜剧中被提及。我就经历过这样的禁忌：我曾经给某个激进组织当媒体联络员，据传闻，当时该组织正在策划一起"公民抗命运动"（civil disobedience campaign），他们想要逼停华盛顿哥伦比亚特区的交通系统，以此来向某个全球经济峰会示威施压。峰会前夕，你要打扮成一副无政府主义者的样子，不管走到哪里，都会有一个兴高采烈的公务员向你走来，问你周一是不是真的不用上班了。与此同时，电视台却尽职尽责地成功采访到了一些公务员（如果其中几个人正是之前那几个兴高采烈的公务员，我并不会感到一丁点惊讶），他们在镜头前向观众表示，没办法上班简直就是一场悲剧，糟糕透了。他们如果不那么说就可能上不了电视。似乎没有人可以随心所欲地表达出自己对此类事件的真实感受，起码在公开场合不可以。

以上的判断似乎可信，但我当时并不确定。从某种程度上讲，我写这篇文章是想做个实验，我想看看把这样的判断写出来会引起怎样的反响。

下面便是我给《罢工！》2013 年 8 月刊撰写的文章：

谈谈"狗屁工作"现象

1930年,约翰·梅纳德·凯恩斯预言,到20世纪末,科技水平将足够进步,以至在英美等国家,人们每周的工作时长会缩短至15小时。当时我们没有理由不相信凯恩斯的这个预言。就技术而言,我们完全能够实现它,然而实际情况并没有这么发展。恰恰相反,一项项技术集结起来,变着法儿地使我们所有人更忙碌。而为了做到这一点,各种各样事实上毫无意义的工作应运而生。非常多的人,尤其在欧洲和北美洲,他们的整个职业生涯都耗费在那些他们其实知道并不需要的事情上。不管是道德上还是心灵上,这种状况给人造成的伤害都是深重的。这是我们集体灵魂上的一道伤疤,然而几乎从未有人谈及它。

凯恩斯承诺的(20世纪60年代依然被人们热切盼望着的)乌托邦为何从未成为现实?对此,如今普遍的说法是,凯恩斯未能考虑到消费主义的兴起。在"少工作点"和"多娱乐些"两者之中,人们集体性地选择了后者。这看起来似乎是个不错的道德寓言故事,但哪怕只要细想一分钟,我们就能发现这种说法站不住脚。是的,20世纪20年代至今,我们目睹了数不清的各式各样的新岗位、新行业的诞生,但这些新生的工作中与寿司、苹果手机和高档运动鞋的生产和售卖扯得上关系的寥寥无几。

那么,这些新岗位究竟是什么?最近,有报告对比了美国人在1910年和2000年的就业情况,清楚地回答了这个问题(据我观察,这个答案同样适用于英国)。20世纪,佣人、工人和农民的数量急剧减少,与此同时,"专业人士、管理人员、办事员、销售人员和服务业工作者"的数量增加了两倍,即从"总就业人数的1/4增加到了3/4"。换句话说,自动化技术确实大幅度减少了生产性的工作,正如预言所说。(哪怕在全世界范围内统计,把印度和中国的工人都算进来,产业工人的比例都远不如从前。)

然而,我们的工作时长并没有大大降低,自然也就没能获得更多自由时间去追求事业、寻找乐趣、追逐幻想以及实践理念。甚至,我们所看到的激增的数字并不是出现在"服务"业,而是出现在行政领域,比如全新的金融服务和电话销售等行业,以及空前扩张的公司法、学术与健康、人力资源和公共关系等领域。这些数字甚至没有反映出为上述行业提供行政支持、技术支持和安全支持的那些人。其实所有辅助性行业都需要算进去(比如,给狗狗洗澡、24小时送比萨的行业),所有这些工作的存在不过就是因为每个人都花费了太多时间在"工作"上而无暇顾及其他。

我提议,以上这些工作就叫"狗屁工作"好了。

似乎有人专门发明了一些毫无意义的工作,只是为了让大家一直一直工作。问题就出在这儿!在资本主义社会,这样的情况是不该发生的。当然,在从前的苏联等社会主义国家,经济效率低下,人们不仅把就业当作一种权利,更是一种神圣的职责。这种国家体制创造的工作岗位源源不断。(所以,在苏联百货公司里,卖一块肉都需要三个人来干。)可是,市场竞争不是可以消除此类问题吗?起码根据经济学理论,以赢利为目的的公司绝不可能把钱付给那些没什么用的人。但不知为何,这样的情况的的确确发生了。

公司裁员,毫不留情,有人出,有人进,这些被裁的人往往都是干实事的,他们真的在制造什么、搬运什么、修理什么、维护什么。然而谁也没办法解释,也不知道哪里来的魔法,从事行政文书工作的领薪人数最终却在增加。越来越多的人发现自己跟苏联那会儿的工人没什么两样,理论上每周工作40小时甚至50小时,然而实际有效工作时间不过每周15小时,这与凯恩斯的预言是一致的。因为他们还得留出足够的时间来组织和参加各种动员大会,来更新脸书内容,来下载一部又一部的电视剧。

这里的问题显然不是从经济学角度可以解释的,我们需要转向道德领域和政治领域。统治阶级意识到一件事:如果老百姓生活幸福、工作高效、时间自由,那么就会埋下巨大的危险种子。(想想20世纪60年代发生的事就好了,当时人们的生活和工作状态只不过有那么一点点靠近这个方向。)同时,人们觉得工作才是正确的事。如果有人每天醒来后,不愿投入自律高效的工作中,那他就不配拥有好生活:这种道德理念正好为统治阶级所利用。

在英国学界,人们需要应付的行政事务越来越多,没完没了。有一次思考这个现象的时候,我突然想到,地狱或许正是这样的:在地狱中,人们大部分的时间都做着自己不喜欢也不擅长的工作。比如,你木工活儿很好,因而被雇用,结果发现,你居然需要做大量炸鱼的活儿,并且炸鱼这个工作也不是必须要做的,反正真正需要炸的鱼没几条。但是不知道为何,一想到某些同事炸的鱼竟然比自己少,做的木工活儿比自己多,这里的人就恨得咬牙切齿。不久,地狱工厂里堆满了数不尽的炸鱼,很难吃,也没人来吃,而这竟然就是地狱工厂的全部产出。

我觉得,这幅画面为我们精确地描述了经济生活中的道德力量。

我明白任何类似的观点都会立刻激起反对的声音:"你是谁啊?凭什么由你来说哪些工作是'必不可少'的?'必不可少'又究竟怎么去定义?你不是人类学教授吗,那么人类学教授这个岗位的'必要性'又体现在哪里?"(事实上,许多媒体后来确实是这么说的,他们表示我的工作就是无谓的社会开支的典型。)从某种程度上而言,他们没说错,社会价值本来就没有客观的衡量标准。

我不会冒昧地告诉一个认同自己工作的人，你的工作其实对世界没有贡献。但有些人自己就意识到了这一点，明白自己的工作毫无意义，那样又该如何？前不久，我和年少时的某个校友重新联系上了，我俩15岁以后一直没见过面。这些年他的经历让我感到吃惊：他先是写了一段时间的诗歌，后来又在某家独立公司做摇滚乐队主唱。他的歌我在电台里听到过，但我不知道歌手是我认识的人。很明显，他是个才华横溢的人，创造力满满，他的作品也确确实实点亮了许多人的生活。然而，在几张专辑接连失败后，他被解雇了。他债务缠身，女儿又刚刚出生，他只好（用他自己的话来讲）"勾了人生的默认选项——上法学院，跟无数茫然无方向的人一样"。现在的他就职于纽约一家知名公司，是一位企业律师。他很愿意承认自己的工作全然无用、对世界毫无贡献。在他自己看来，这份工作就不该存在。

在这里，人们有太多问题可以问。比如，我们的社会似乎对才华横溢的诗人、音乐家没什么需求，而对专攻公司法的专业人士有着无穷无尽的需求，这说明了什么？（答：倘若世界上大部分可支配的财富掌握在1%的人手中，那么我们所说的"市场"反映的不过是这1%的人的喜好，而不是其他人的需求。）除此以外，这还表明大部分从事无意义工作的人最终都认识到了自己的工作毫无意义。事实上，我就没遇到过一个不觉得自己的工作是狗屁工作的企业律师。除了企业律师，前文提到的几乎所有新行业的从业者也都这么想。我们社会中存在一个领薪的专业人士阶层，如果你在什么派对上与他们相遇，恰好又提到了你的工作或许挺有趣（比如搞人类学研究），他们就会躲避这个话题，只字不谈自己的工作，等到几杯酒下肚后，他们却开始激动不已、滔滔不绝、骂骂咧咧，一个劲儿地表示自己的工作毫无意义、愚蠢透顶。

　　这是很严重的精神暴力了。一个人若是在内心深处知晓自己的工作毫无存在的必要性,那还谈什么工作的尊严?心中的愤怒和憎恨怎么可能不汹涌?然而这个社会的独特性就在于,正如前文所提的炸鱼的例子,管理者想出了一个方法,使这股愤怒和憎恨精准地投向了那些真正做了有意义的工作的人身上。比如,社会中似乎普遍存在这样的情况:一个人的工作越是明显地对他人有益,他得到的酬劳就越低。想要拿出客观的评价标准不容易,但是如果想对这个问题稍微有所了解,你只需要询问以下几个简单的问题:倘若这个专业人士阶层嗖一下消失了,世界会变成什么样?倘若消失的人是护士、垃圾清理工、机械师,那又会发生什么?显然,如果护士、垃圾清理工和机械师转瞬之间就不存在了,那么我们的生活将会立刻受到灾难性的打击。如果世界上不再有教师,不再有码头工人,那我们的生活将会迅速陷入困境。哪怕是少了科幻小说家,少了斯卡音乐①家,这个世界都会失色不少。可如果消失的是这个世界所有的私募基金首席执行官、游说者、公关研究员、精算师、电话推销员、法警和法律顾问,那人类是否会痛苦不堪,是否会面临无法生存的情况,就不好说了。[1](许多人认为人类的处境可能会大大改善。)个人实际贡献越多,获得的报酬越少:除了少数人们熟知的例外(比如医生),这种情况竟然真的普遍存在。

　　更有悖于常理的是,似乎存在某种普遍的看法,认为事情本来就应该这样。这种看法为右翼民粹主义提供了某种隐秘力量。我们可以从媒体对地铁工人的态度上得到佐证。在伦敦地铁

---

① 斯卡音乐(ska)是20世纪60年代源于牙买加的流行音乐。该音乐结合节奏蓝调、爵士乐及即兴讽刺歌的特点,以快节奏和强音弱拍为特征。——译者注

工人和雇主发生合同纠纷时，媒体煽动民众憎恨地铁工人，说他们把伦敦搞瘫痪了。地铁工人可以导致伦敦瘫痪这个事实本身就说明，他们的工作是实实在在的，是必不可少的。然而似乎正是这一点惹恼了大家。我们再看看美国，此种情况更甚，共和党相当成功地调动了人们对学校教师和汽车工人的愤怒（值得玩味的是，这种憎恨并不针对学校的行政管理层，也不针对汽车行业的高管，而问题恰恰是他们带来的），指责他们要的薪水待遇太高了。这就好像在对教师和工人喊道："书是要教的！车是要造的！实实在在的工作是要做的！有这些就够了！你们怎么还敢嚷嚷着要拿到中产阶级的福利待遇？"

假如有人想要设计出一项制度，能够完美地维护资本的力量，那他（或她）是很难想出超越前文做法的方案的。真正有产出的工人被无情地压榨和剥削，剩下的人分成两组：一组是惶恐的不工作的人，这些人受到普遍的抨击和斥责；更多人是在另一组，他们领着工资但其实什么都不做，他们的岗位是为了认同统治阶级的观点和感受（比如经理、行政管理人员等，其中统治阶级的财务代理人尤为突出），同时还能促使人们对那些从事着具有无可辩驳的社会价值之工作的人产生隐隐不满。显然，这个体系并不是有意识地设计出来的，而是在将近100年的试错中逐渐形成的。这是唯一用来解释为什么技术水平提高了这么多，我们大部分人的每日工作时间还是远超三四个小时的答案。

此文刊出后，人们的反应恰好证明了文中的假设——《谈谈"狗屁工作"现象》掀起了舆论的巨浪。

有意思的是，文章刊登后的两周，恰好是我度假的两周。巧了，我和我的伴侣正好决定这两周专心看看书，陪伴彼此。我们跑到了加拿大魁北克的乡下，住在小木屋里，抱着一篮子书本阅读。我们觉得找个没有无线网络的地方比较适合度假。结果尴尬了，对于网上的风吹草动我只能通过手机来追踪。文章几乎一经刊登就火了。几周内，《谈谈"狗屁工作"现象》被翻译成了10多种语言，包括德语、挪威语、瑞典语、法语、捷克语、罗马尼亚语、俄语、土耳其语、拉脱维亚语、波兰语、希腊语、爱沙尼亚语、加泰罗尼亚语、韩语。文章被转载在大量国外的报纸上，从瑞士一路转载到澳大利亚。最初的《罢工！》杂志的文章页面点击量则超过了100万次。因为访问人数过多，网页崩溃了好多次。相关的博客文章到处都是，评论区则被白领人士占领，他们在那儿吐露各种心声。有些人给我留言寻求指导，有些人则告诉我，他们在我的鼓舞下辞去了工作，开始寻找有意义的事情。这里我放上一则来自澳大利亚《堪培拉时报》(*Canberra Times*)评论区的留言，这则留言充满激情（我保存了几百条这类热情的回复）：

> 我的天！一针见血！我就是一名企业律师（更准确地说是一名税务诉讼律师）。我对这个世界毫无贡献，一直过得浑浑噩噩、糟糕透顶。有些人居然还问我："既然不喜欢，干什么不辞职？"讨厌透了。事情不是明摆着吗，这世界哪有这么简单。因为眼下只有这么一条路，让我给社会顶层1%的人口好好服务，他们再奖励我拥有在悉尼买栋房子的财力，我未来若是有了孩子，也可以有条件养育他们……因为科技的帮助，我们现在2天的生产力或许可以抵得上过去5天的。但是因为贪婪，因为某种必须一刻不停高效工作的蜜蜂综合征，我们依然埋头苦干，为他人赢取收益，而忽视了自己内心的抱负，只因这些抱负挣不了钱。不管你是相信智慧设计论[①]还是相信进化论，人类的存在不是为了这样

[①] 智慧设计论属于创世论的一种。——译者注

日复一日地工作。所以在我看来，这一切不过是贪婪和通货膨胀的产物。[2]

同时，我还收到了某位匿名粉丝的来信。这位粉丝告诉我，他们有个专门转发这篇文章的临时群，里面都是金融服务圈的同行。仅仅一天，他就收到了5封转发这篇文章的邮件。（这件事情本身就表明金融服务业的从业者每天没啥事可做。）但这些并没有回答有多少人持有同样的观点，也不见得就表明转发文章的人在暗示什么。但是没多久，统计数据出来了，结果还真的证明情况确实如此。

2015年1月5日，在《谈谈"狗屁工作"现象》发表一年多以后，在这个新年的第一个周一（也就是大部分伦敦居民从冬季假期返回工作的第一天），有人把伦敦地铁车厢里的几百张广告取了下来，换上了一系列游击队风格的海报，海报上印着从这篇文章中摘取的话，比如：

- 非常多的人，他们的整个职业生涯都耗费在那些他们其实知道并不需要的事情上。
- 似乎有人专门发明了一些毫无意义的工作，只是为了让大家一直一直工作。
- 不管是道德上还是心灵上，这种状况给人造成的伤害都是深重的。这是我们集体灵魂上的一道伤疤，然而几乎从未有人谈及它。
- 一个人若是在内心深处知晓自己的工作毫无存在的必要性，那还谈什么工作的尊严？

这次海报行动引发了又一轮的热烈讨论（我还在今日俄罗斯电视台上露了下脸）。在此番热度下，民意调查机构YouGov（舆观）也自行发起了一项民意调查，面向英国居民，来验证文章中的假说是否成立。调查中的选项直接从原文中摘取，比如，你的工作是否"对世界有贡献"？结果令人惊讶，超过 1/3 的人（37%）表示他们觉得自己的工作对世界没有贡献（同时，50% 的人表示自己的工作对世界有贡献，13% 的人表示拿不准）。

这比我预期的数据高了将近一倍。我之前估摸着狗屁工作的占比在 20% 左右。后来在荷兰进行的一项民意调查给出了几乎一模一样的结果，事实上，数据显示这个比例更高：在参与民意调查的荷兰工作者中，有 40% 的人觉得自己的工作没有什么存在的理由。

文章中提出的论点不仅得到了公众的证实，还得到了统计调查结果强有力的支持。

. . .

显然，此文发表之前，对这个重要的社会现象几乎从未有过系统性的关注。[3] 文章给了人们一个谈论的契机，对许多人来说，就像是便秘许久终于可以通畅一次，他们隐秘的感受得到了一次发泄。而且很肯定的是，这只是一个开始，对该问题更广泛的探索将会来到。

我写这本书的目的就是想提供一个比原始文章更为系统的论述。2013 年的这篇文章是写给革命性政治杂志的，所以重点放在了该问题政治方面的影响上。事实上，该文只涉及当时我构思的一系列论点中的一个。这一系列论点是关于新自由主义（"自由市场"）的，自撒切尔夫人–里根总统时代以来，这种思想体系统治了全世界。然而，该思想体系的实质与其宣扬的理念恰恰相反，不过是披着经济外衣的政治行为罢了。

我为何会得出这个结论呢？因为这似乎是唯一能解释这些当权者所作所为的说法。他们天花乱坠地宣扬着新自由主义的种种好处，声称新自由主义能够释放出市场的魔力，声称新自由主义把经济效率放到了第一位。然而事实上，这些自由市场政策总体上导致全世界几乎所有地方（除了印度和中国）经济增速的减缓，以及科学技术发展的停滞。在大部分富裕国家，几百年来第一次，年青一代的生活很可能会过得不如他们的父辈。然而，面对这样的局面，自由市场的倡导者只会反复呼吁要加大自由市场的力量。同样的配方，更猛的剂量，政客再将这些呼吁正式付诸实践。这让我很讶异。如果一家公司雇用了一名顾问来制订商业计划，然后这个计划导致公司利润的大幅度下降，那这名顾问肯定是会被开除的啊，即使不开除，起码公司也会要求他再想个别的商业计划。可是我们的自由市场改革却从未遭遇喊停。改革效果越糟糕，改革力度就越大。那么对此唯一合乎逻辑的解释就是，改革根本就不是出于经济方面的考量。

那是出于什么考量呢？要回答这个问题，我们需要想想统治阶级的思维模式。对国家决策有决定权的那帮人，绝大部分都是20世纪60年代上的大学。那个年代的校园正是政治动荡、风起云涌的中心，他们强烈地感到类似的事情绝不可以重演。因此，他们虽然对下降的经济指标或许也有关注，但当他们注意到不管是全球化、工会力量的削弱，还是累得要死要活却跟安全感无缘的劳苦大众，抑或是对60年代个人享乐解放运动（也就是我们现在所说的"生活方式自由主义、财务保守主义"）进行的积极口头响应、消极行动支持，这些事件联合起来带来的结果都是他们乐意见到的：越来越多的财富和权力集中到了少数权贵阶层手中，而能够对他们的权力造成挑战的组织力量已被摧毁得近乎荡然无存。虽然在经济上，这项改革效果或许不佳，但是在政治上，这简直就是完美的方案，因此他们没有动力去废除相关的政策。《谈谈"狗屁工作"现象》一文就是围绕这个问题展开的：每当你看到有人打着经济效能的旗号在从事一件经济上完全荒谬的事情（比如，给某人付好多钱，但这个人整天啥都不用做）的时候，那你最好先问一个问题，就像古罗马人所问的："Qui bono?"[①]——"这件事对谁有好处？""他是怎么得到这个好处的？"

你可能要说我这就是阴谋论，但其实这正是"反阴谋"的理论。在《谈谈"狗屁工作"现象》一文中，我只是想问问，对于这样的经济下滑，怎么就没有采取任何行动呢？经济走向的成因错综复杂，但如果走向不利于权贵阶层，那么权贵阶层定会给相关机构施压，去介入、改变这个走向。这也就是为什么2008—2009年爆发金融危机的时候，大型投资银行得以保全，而普通抵押贷款人却血本无归。后面我会谈到，狗屁工作数量的激增也是由各种不同的原因促成的。在《谈谈"狗屁工作"现象》一文中，我真正想问的问题是：对于这件事情，怎么就没人出来干预（你要喜欢，用"密谋"也行）。

· · ·

本书中，我想谈的内容远远不止上述这一个问题。

我认为，狗屁工作现象是一扇窗，透过它，我们有机会看到更深层的社会问题。我们不仅要问自己，为何这么多人身处自己都认为是毫无意义的岗位日复一日地工作着？为何还有那么多人觉得这样的情况是必然的、是正常的，甚至是可取的？更奇怪的是，尽管这些人从抽象意义上认同这种情况出现的必要性，觉得从事无意义工作的人比从事有意义工作的人能够获得更高报酬、更多尊重，也认为这些完全可以接受，但具体到自身，如果是自己处在这个位置，什么都不做却拿着薪水，或者自己的劳动产出并不以任何方式造福任何人，他们还是会感到沮丧、感到糟透了，这到底是为什么？这里肯定存在各种矛

[①] "Qui bono?"为拉丁文，直译成英文为"To whom is it a benefit?"，中文意思为"这件事对谁有好处？"——译者注

盾的想法、各种混杂在一起的力量。在本书中，我想把这些混杂的想法理一理。对此，我首先会提出一些实际的问题，比如，狗屁工作到底是如何产生的。其次，我也会提出一些有深度的历史问题，比如，我们是从何时开始认为，又是如何开始认为创造力会给人带来痛苦的，以及我们如何产生了售卖自己时间的想法。最后，我会就人性提出一些根本性的问题。

写这本书也有政治方面的目的。

我希望这本书能够化作一支利箭，射向我们所处的时代，射向我们的社会和文明。有些事情已经大错特错了，人们完全搞错了自己的使命。我们将整个社会的文明搭建在了工作之上，甚至都不是搭建在"有成效的工作"上，而是让工作本身成了我们的目标和一切意义之所在。人们建立了这样的认知，那就是如果有人在自己并不那么喜欢的岗位上不努力地工作，那么他们就是糟糕的人，不值得被爱，不值得被关心，也不值得获得社会的帮助。大家就好像集体默许了我们每个人被奴役的这种遭遇。我们意识到自己有一半的时间是在做着毫无意义甚至是有害的工作，而且往往是我们讨厌的那个人命令我们这么做。这种意识往往会产生某种政治反应：我们一想到，说不定这个世界上还有人并没有遭遇自己遭遇过的困境和圈套，心中就会因愤恨而耿耿于怀。因此，这个社会充满了憎恨、怨愤和怀疑，人与人之间因此而联结。这种情况糟透了，简直就是一场灾难。我希望这一切不要再继续下去了。

如果这本书能对此做出哪怕一丁点贡献，我就没有白写。

第一章
什么是"狗屁工作"

BULLSHIT JOBS
A Theory

我们先来看看典型的狗屁工作可能是什么样的。

库尔特是德国军方的一名分包者。或者我们这么说吧，他其实是德国军方的一家分包公司底下的一家分包公司底下的一家分包公司的雇员。他是这么描述自己的工作的：

德国军方把与信息技术相关的工作包给了一家分包公司。

这家做信息技术的公司又有一家负责它后勤的分包公司。

这家后勤公司又有一家负责它人事管理的分包公司。而我，就在这家做人事管理的公司工作。

某天，士兵A要换工位，即从现在的办公室换到隔壁的隔壁的办公室。然后士兵A要做的事情并不是拿起计算机，直接去隔壁的隔壁，而是要先填一份表格。

做信息技术的分包公司收到了这份表格，公司相关负责人审阅并批准了这份表格，然后将表格转给了做后勤的公司。

后勤公司批准了这次工位调整，然后向我所在的人事公司发出了请求。

我们公司办公室接到请求后，完成了他们需要完成的不知道什么工作，然后联系了我。

我会收到一封电子邮件："C点钟的时候到B营房。"通常情况下，营房到我家有100~500千米的距离，所以我得租辆车。我开着租来的车来到营房，告知对接工作的人我到了，然后填一份表格，取下士兵A原来工位上的计算机，把计算机装到箱子里，封好箱子，让后勤公司来的人把箱子搬到士兵A要去的新工位上，之后我拆封箱子，再填一份表格后把计算机拿出来安好，告诉对接的人我花了多长时间、搞定了几个签字，然后开着租来的车回家，再给对接的人寄去所有相关的文件，最后拿到一笔报酬。

所以，本来士兵A扛着计算机走5米路就搞定的一件事，最后成了另外两个人合计开6~10小时车、填大约15页纸质表格，并花掉纳税人整整400欧元这样荒谬的操作。[1]

上面这个例子听起来或许有点像《第二十二条军规》里的典型情况。这本约瑟夫·海勒写于1961年的小说让我们熟知了军队里荒谬的繁文缛节。上述例子和小说里的情景唯一的不同点在于：上述例子里几乎所有相关人员都不是真正的军方人员。从严格意义上来讲，他们都属于私营部门。当然，历史上曾经有段时间各国军方都拥有自己的通信部门、后勤部门和人事部门，但如今，这一切都需层层外包给私营企业来完成。

为什么说库尔特的工作是狗屁工作的典型，原因很简单：如果把这个岗位砍掉，这个世界不会有什么看得见的变化。很可能事情反而会变得更好，因为如果没有库尔特这个岗位，德国军方基地就不得不想出更合理的搬运设备的方式。关键是，不仅库尔特的这个岗位荒谬至极，库尔特本人也心知肚明。（事实上，库尔特后来在他发布这个故事的博客上，不得不跟一大帮跳出来的自由市场狂热分子辩论。这些特别喜欢在网络论坛跳出来嚷嚷的自由市场狂热分子一看到库尔特的文章就坚称，你的工作既然是私营企业创造的，那从定义上来讲它就肯定有存在的合理性。库尔特只好不断地表示他这个工作真的什么意义都没有。）

狗屁工作具备这样的特点：完全没有意义，甚至每日从事这份工作的人都无法说服自己，使自己相信这份工作具有哪怕一丁点存在的理由。虽然或许没办法向同事承认这个想法（不告诉同事往往是有充足理由的），但他确信自己的这份工作毫无意义。

所以我们不妨拿这个特点来给"狗屁工作"下个临时定义：

> 临时定义 1：狗屁工作是一份毫无意义、毫无必要且往往有害的工作，连其从事者都无法证明其存在的合理性。

有些工作没意义到什么程度呢？那就是做这个工作的人完全消失了都没人注意到。这种情况通常会发生在公共部门。

西班牙公务员旷工 6 年，跑去研究斯宾诺莎[①]了
《犹太时报》，2016 年 2 月 26 日

据西班牙媒体报道，一名西班牙公务员拿着薪水却不上班，这样持续了起码 6 年，他把时间用在了研究犹太哲学家巴鲁赫·斯宾诺莎的著作上，还成了该领域的专家。

据新闻网站"欧洲新闻"上周报道，位于西班牙南部城市加的斯的某法庭责令 69 岁的华金·加西亚支付大约 3 万美元的罚

[①] 斯宾诺莎，犹太人，荷兰哲学家，近代西方哲学的三大理性主义者之一，与笛卡儿和戈特弗里德·威廉·莱布尼茨齐名。——编者注

款，用于补偿旷工。1996年，加西亚被加的斯水务局雇用，担任水务局的工程师。

他旷工这个事情最初是在2010年被发现的。当时，因为加西亚在水务局"服务"时间很长，获得了一枚奖章。加的斯副市长豪尔赫·布拉斯·费尔南德斯在颁奖时问了些问题，然后发现加西亚已经6年没出现在办公室了。

西班牙《世界报》找到了加西亚身边的人。未透露姓名的被访者告诉《世界报》，加西亚在2010年之前这几年，一直致力于斯宾诺莎著作的研究。其中一位被访者表示，加西亚成为研究斯宾诺莎的专家，但他否认了加西亚一直旷工的说法，表示加西亚只不过是上班时间不规律而已。[2]

这则新闻登上了西班牙各大媒体头条。在西班牙国内失业率居高不下、人民生活拮据的大环境下，竟然有公务员多年不上班都没被发现，这样的事情让人震惊。不过加西亚的辩解也不是没有道理。他解释说，他曾经多年尽职尽责地工作，记录观察着加的斯市的水处理设备，但是后来，水务局换了管理层，新的管理者对加西亚社会主义的政治观点颇为憎恨，憎恨到不给他安排任何实质性的工作。遭到这样的对待后，加西亚感到非常沮丧，后来不得不寻求心理医生的帮助来治疗由此引发的忧郁症。最终，在心理医生的同意下，他决定，与其继续这样整天坐在办公室假装忙碌工作，还不如两头瞒，跟水务局说他的工作被市政当局监管着，跟市政当局说自己被水务局监管着。如果遇到必须出席的场合那就出席一下，其他时间就待在家里，做点真正有意义的事情。[3]

在公共部门，类似的故事时不时就会曝出来一次。其中一则颇为醒目，有一名邮递员觉得送邮件太麻烦了，不如直接把邮件扔到柜子里、杂物棚，甚至丢进垃圾桶里。结果成吨成吨的信件和包裹堆积起来，好多年都没人发现。[4] 大卫·福斯特·华莱士的小说《苍白的王者》(The Pale King) 更是将这类故事推向了高潮：小说中，伊利诺伊州皮奥里亚市税务局的某个办公室里，某位审计员死在了工位上，然后在办公座椅上"坐"了几天才被人发现。这似乎完全是荒诞主义手法下的夸张描写，可是在2002年，芬兰首都赫尔辛基发生的一件事，就跟小说中描绘的情况几乎一模一样。在某间封闭的办公室里，一位税收审计员坐在工位上死去了，就这么过了48小时才被人发现。其间有30位同事在他附近工作。"大家都以为他想安安静静地工作，所以没人过去打扰他。"审计员的上级说道。仔细想想这句话，其实还是相当体贴的。[5]

正是这样一件又一件的事情，激发全世界政客为私营企业摇旗呐喊。他们表示，类似事件不会发生在私营部门。虽然直到今天，我们确实还没听说联邦快递（FedEx）或者联合包裹（UPS）有员工把包裹藏到花园杂物棚这样的故事，但是在私有化下，其他各种属于私营部门才会有的疯狂也一一显现了（正如前文中的库尔特案例），而这些疯狂可就没那么文雅了。我都无须指出库尔特故事中的讽刺之处：库尔特说到底最终也是为德国军方工作的啊。这些年德国军方因为这样那样的原因受到不少指责，但几乎没被说过效率低下。然而，狗屁工作的浪潮会玷污所有的船，到21世纪，连德军装甲师也被一圈圈的分包公司、分包公司的分包公司、分包公司的分包公司的分包公司所包围。为了把设备从一个房间搬到另一个房间，坦克指挥官不得不完成复杂奇怪的官僚程序，而为此提供文书工作的人则偷偷跑到网上吐槽，把整件事的愚蠢事无巨细地发泄在了博客上。

假设这些案例靠得住，公共部门和私营企业的主要区别并不在于谁产生的无意义的岗位更多，或者其种类有什么不同，两者的关键区别在于，相比于公共部门，私营企业中的无意义岗位得到的上级监管要严密许多。当然情况也不总是这样。我们后面会提到，银行、制药公司和工程公司里，上班期间大部分时间泡在脸书上的人多得吓人。不过在私营企业，这种事情还是有个度的。如果库尔特决定旷工，然后回家开始研究他最喜欢的17世纪犹太哲学家的作品，那么可以肯定，他第二天就可以真的不用去上班了。如果加的斯水务局转成了私营企业，华金·加西亚依然可能遭遇讨厌他的上级不给他安排实质性的工作，但这时他就必须每天都来上班了，得老老实实坐在办公桌前假装忙碌，不然就只有换份工作了。

这种情况算不算稍微好一点？这个问题就交给读者朋友自行判断了。

为什么说黑帮杀手并不算是狗屁工作

在这里，我再次重述一下狗屁工作的概念：我所说的狗屁工作，从事这份工作的人自己就觉得工作内容的绝大部分是毫无意义甚至是有害的。这些工作如果消失，这个世界不会受到任何不良影响。最重要的是，从事这些工作的人本身就觉得这些工作不该存在。

当代资本主义似乎到处都是这样的工作。正如我在序言中提到的，民意调查机构YouGov的一项调查显示：在英国，只有50%的全职工作者确信自己的工作为这个世界带来了有意义的贡献；与此同时，37%的全职工作者则确信自己的工作毫无意义。思腾公司（Schouten & Nelissen）在荷兰进行的一项民意调查则显示，确信自己从事的是无意义工作的全职工作者占比高达40%。[6]如果仔细想想，你会发现这个数据是非常惊人的。毕竟，有很大一部分工作岗位绝对不可能被视作毫无意义。我们必须认识到一件事，那就是护士、公交司机、牙医、街道清洁工、农民、音乐教师、维修工、园丁、消防员、布景设计师、水管工、记者、安全检查员、音乐家、裁缝、学校门口的警察等,这些人在被问"你的工作是否对这个世界有意义"时回答"否"的概率几乎为零。我个人的研究也显示出,诸如商店店员、餐馆服务员等底层服务业人员也很少觉得自己的工作是狗屁工作。许多服务业人员厌恶自己的工作,但哪怕厌恶,他们也知道自己的工作对世界的确是有某种贡献的。[7]

所以,结合上面的分析,如果一个国家有37%~40%的工作者觉得他们的工作对世界毫无贡献,与此同时还有很大一部分人怀疑自己的工作没有意义,那我们只能得出一个结论:如果我们怀疑某人觉得自己从事的是狗屁工作,事实就会真的如此。

· · ·

本书第一章主要是对狗屁工作下定义,解释一下我所理解的狗屁工作;在下一章中,我会对我认为的狗屁工作的几大类别进行梳理,这个类别梳理为后续章节打通了道路。从第三章起,我们会探讨狗屁工作的缘起和它为什么如此盛行,以及狗屁工作带来的心理、社会和政治影响。我深信,这些心理、社会和政治影响的潜在危害颇为严重。我们打造了这样一个社会:在这个社会里,大批人身处无意义的岗位,与此同时,这些人却对那些真正从事有意义工作的人和那些无所事事的人心生同等的憎恨和鄙视。在分析讨论这个现象之前,我想有必要先讨论一下几个可能的异议。

读者可能已经注意到了,前文中我给出的狗屁工作的定义是模糊的。我说狗屁工作就是其从事者认为"毫无意义且往往有害"的工作。可是显而易见,对世界没什么影响的工作和对世界有害的工作绝不是一回事。绝大多数人都会同意黑帮杀手这个职业对世界来说害处大于益处,起码大部分情况下是这样,但是黑帮杀手做的事情能被称作狗屁工作吗?感觉有点儿不对劲。

正如苏格拉底教会我们的,如果这种情况发生了,如果我们给出的定义产生的结果从直觉上来看似乎不对,那么是因为我们并没有意识到自己真正的思考内容。(因此,他指出,哲学家真正的使命就是告诉人们那些他们自己知道却没意识到自己知道的事情。你可以认为像我这样的人类学家也有类似的使命。)"狗屁工作"这个词显然引起了很多人的共鸣。对他们来说,这个词从某种角度上来说是说得通的。这表明,起码在某种直觉层面,人们心中有些未说出口但存在的标准,来判定"这是个狗屁工作"还是"这个工作虽然邪恶,但不能说是狗屁工作"。许多人的工作对世界有害,他们也觉得自己的工作就是狗屁工作,但另一些人却显然认为自己的工作不是狗屁工作,虽然害处很明显。想要搞清楚这些标准是什么,最好的办法就是研究一些临界案例。

所以,为什么说黑帮杀手这个职业是狗屁工作总觉得有点儿不对呢?[8]

这里的原因是多方面的,其中一个原因是黑帮杀手是没办法对他的工作做出虚假报告的(在这一点上,像外汇投机者或者品牌营销研究员这样的岗位可是经常出虚假报告的)。当然,黑帮成员经常表示他们不过就是"商人"。但是,只要他们多多少少愿意承认自己职业的本质,他们对自己所做的事就会非常坦诚。他们绝不可能假装说自己的工作对社会有益,甚至都不会日常吹嘘"是因为自己的努力,团队才获得了成功",不管团队是提供了毒品还是卖淫。如果他们说了这个话,那他们很可能真的做到了。

据此,我们可以使狗屁工作的定义更精准。狗屁工作不仅仅毫无意义或有害,往往还包含不同程度的欺骗和捏造。从事狗屁工作的人必须假装这份工作有充分的存在理由,即使内心深处知道这些理由都是瞎扯。狗屁工作的真实内容和从事者声称的工作内容是有差距的。(从词源[9]上来讲,这样的定义也很合理,毕竟,"狗屁"本身就有

"不诚实"的特性。[10]）

因此我们可以重新下一个定义：

> 临时定义2："狗屁工作"是一份毫无意义且往往有害的工作，连其从事者都无法证明其存在的合理性，虽然他不得不假装这份工作有意义。

当然，我们不可以把黑帮杀手这份职业归到狗屁工作还有其他原因。杀手本人可不认为他的工作不应该存在。大部分黑帮成员都相信自己身处某种古老荣耀的传统之中，这种传统本身就是价值所在，不管其对更为广泛的社会是否有好处。同样的道理，"封建领主"也不属于狗屁工作。人们可能会认为诸如国王、伯爵、皇帝、帕夏[①]、埃米尔[②]、乡绅、柴明达尔[③]、地主等的角色都是无用的，我们中的许多人坚持认为（我个人也倾向于同意）这些角色在人类事务中是具有破坏性的，但是他们自己不这么认为。

记着上面这一点内容很有用，因为世界上大部分作恶的人是意识不到自己在作恶的。或者说，这些对世界有害的人不可避免地会被一堆领着酬劳却整天卑躬屈膝、唯唯诺诺的"奴仆"包围，然后听这些马屁精不断想出各种理由来证明，自己的所作所为对社会是有益的，他们允许自己相信这些没完没了的废话。（今天，这些卑躬屈膝、唯唯诺诺者有时候被称作"智囊团"。）不管是从事金融投机生意的投行首席执行官，还是某些极权国家的军事强人，都是如此。黑帮家族的不同或许在于他们很少粉饰自己的行为，不过他们终究还是一样的。黑帮家族是封建传统的小型非法版本，一开始是西西里岛地主的打

---

① "帕夏"（pasha）是奥斯曼帝国政治和军事系统里的高级官员。——译者注
② "埃米尔"（emir）即酋长，是对穆斯林统治者的尊称。——译者注
③ "柴明达尔"（zamindar）为印度的征收地税者或者地主。——译者注

手,后来拥有了完全属于自己的"事业"。[11]

最后还有一个原因来证明杀手这个职业不是狗屁工作,那就是,对于杀手到底能不能算是一份"工作",我们一开始就不清楚。确实,地方上的犯罪组织头目花钱雇用杀手,给了其某种身份。这个犯罪组织头目可能会给杀手安排一个赌场保安什么的挂名岗位来打掩护。在这种情况下,这个挂名岗位肯定属于狗屁工作,但是这个保安并没有以职业杀手的身份领取报酬。

. . .

了解了这一点,我们就可以更进一步地精准定义狗屁工作了。当人们谈及狗屁工作时,一般情况下指的是那些有偿为他人工作的职业,不管是按具体工作时长拿钱的方式还是固定领月薪的方式(大部分人会把收费提供咨询的顾问也算在内)。显然,有许多单干的个体"咨询师",通过欺骗的方式假装给人提供某种利益或服务,然后赚取钱财(这样的人往往被称作骗子、诈骗高手或吹牛大师),就像有些"个体户"是通过伤害或威胁他人来获取钱财一样(这些人则常常被称为抢劫犯、窃贼、勒索者或小偷)。起码对于前一种情况,我们虽能说上一句"狗屁",但却不能称其为"狗屁工作",因为严格来说这压根儿就不算是"工作"。骗钱只能说是一种行为,不能说是一个职业。抢劫银行金库也是一样的。人们有时候会用"职业小偷"这类词,但这只不过表达了偷窃行为是这个小偷的主要收入来源。[12] 定期发工资或付薪水给小偷,然后让他去实施入室抢劫,会做这种事情的人并不存在。因此从严格意义上来讲,小偷偷窃也不能算是工作。[13]

考虑到以上所有因素,我们可以确切地给出最终版本的临时定义了:

毫无意义的工作　　012

最终版本临时定义：狗屁工作是一份毫无意义且往往有害的定期领薪水的职业，其无意义或有害程度是如此之高，乃至从事这份职业的人都无法为其找出合适的存在理由。虽然要从事这份工作有一个条件，即从事者不得不假装这份工作的存在是完全合理的。

为何我们对狗屁工作的主观判断往往是正确的

以上这个定义我觉得够用了，至少论述这本书足够了。

细心的读者可能发现了，我的这个最终版本临时定义还有一个地方含糊不清，那就是有很重的主观成分。定义中的狗屁工作是从事者认为的毫无意义或有害的工作——在这里，我假定从事这份工作的人做出的判断是正确的。[14] 我假定这里是以真实为基础的。我们必须做出这个假定，不然就会陷入一种困境，即今天的狗屁工作明天可能就不是了，这一切完全取决于这份工作的从事者变幻莫测的情绪。我的意思其实是说存在一种价值，即纯粹的市场价值之外的社会价值，这个社会价值还没有任何人给出过合适的测量方法，所以工作从事者本身的主观判断几乎就是我们可以获得的对此的最好评估了。[15]

为何说这个判断显然没多大问题呢？如果某个上班族工作时间的80%都在设计猫猫"觅母"①，虽然隔壁格子间的同事可能知道，也可能不知道她在干什么，但是她本人绝对不可能产生一种自己在有效工作的幻觉。哪怕情况变得更复杂、更加难以判断，比如，回答某位员工对公司到底做出了多少贡献这个问题，我认为我们可以放心地做出

---

① 觅母（meme），即文化基因，是某种通过人与人互相传播，同时不断演变的内容或概念，是一种类似表情包的网络文化传播方式。——译者注

这样的假定："这名员工心知肚明"。当然，这个观点肯定会有人不同意。高管等各种大人物会说，公司等组织里大部分员工是不会知道自己做的事情到底为公司做了多大贡献，因为只有身居高处往下看才能看到全局。我并不想说这种观点全然没道理：很多情况下，基层员工确实看不到某些更为宏观层面的事情，当然有时候压根儿就没给他们看到的机会。公司若是存在偷偷从事非法业务的情况，那基层员工就更是被蒙在鼓里了。[16] 但是据我观察，低职级的员工只要为同一家公司服务时间足够长（比如工作时间满一年或者两年），那么他就有可能被人偷偷告知公司的一些秘密。

例外当然是有的。有时候公司管理人员故意将任务分解，这样分配到某一份具体工作的员工没办法知道自己做的事情对公司的整体发展有什么作用。银行就经常这么做。我甚至听说过，美国有些工厂流水线上的工人压根儿不知道厂子里做的产品究竟是什么，虽然在这种情况下，老板大都是通过有意雇用听不懂英语的工人来达到此目的。然而，在这些例子中，工人往往会认为自己的工作是有用的，只是不知道到底有啥用而已。不过总的来说，我认为不管是在办公室还是在工厂车间，员工对情况都是了解的，并且肯定也知道自己做的这份具体工作对企业是否有贡献；如果有，也知道贡献了多少，起码比其他人要清楚。[17] 但是对高职级的管理者来说，事情就不那么清晰了。我在研究中经常遇到的一个情况就是，下属其实心里是犯嘀咕的："领导究竟是否知道我每天 80% 的上班时间花在了猫猫'觅母'上？领导到底是假装不知道还是真的不知道？"而且，你的职级越高，大家就越有理由瞒着你，那样情况就会变得更糟。

当我们思考某些类别的工作（比如电信、市场调查、咨询）是否属于狗屁工作时，也就是说，思考这些工作是否为社会带来了正面的价值时，情况就变得真正难以处理起来。在这里，我想说的是，最合适的做法就是遵从这些从业者自身的判断。毕竟，就大部分情况来说，人们觉得社会价值是什么，那社会价值就是什么。那么，谁还能比从业者本身更适合做这个判断呢？所以我想说：如果某类工作的大部分从业者暗自觉得这份工作毫无社会价值，那我们就应当相信，事实正是如此。[18]

那些追求极致正确性的人肯定也会提出异议。他们可能会问："你怎么确切知道某个行业大部分从业者内心的真实想法呢？"这个问题的答案很简单，那就是我们显然没法知道。哪怕真的能够成功发起一次针对说客和金融咨询顾问的民意调查，到底有多少人会实话实说也是没办法保证的。在最开始的那篇文章中，当我含糊地提到那些无用的行业时，我假定大部分说客和金融咨询顾问事实上是明确知道自己的工作是毫无意义的，我还假定他们中许多人甚至大部分人都因此感到不安，他们的脑海中久久萦绕的一个事实是：如果他们所从事的工作突然消失，那么这个世界也不会因此失去任何价值。

我也可能是错的，以下情况就有可能发生：企业说客和金融咨询顾问可能真的赞同某种社会价值理论，这种社会价值理论对以上两种工作高度肯定，认为他们为国家的健康和繁荣发展做出了重大贡献。他们可能真的晚上睡得香，深信自己的工作给身边所有人带去了福祉。我不知道，但我猜想一个人越是处于食物链的上游越有可能这么想。因为有一个普遍事实，那就是某个强有力群体对世界的危害越大，他们身边溜须拍马的人就会越多，鼓吹者也会聚拢。溜须拍马者和鼓吹者会想出五花八门的理由来证明这个强有力的群体真的对社会有贡献，然后这个群体中还真的有一部分人就听信这些马屁了。[19]毫无疑问，企业说客和金融咨询顾问给这个世界带来的危害（起码，在那些因为某个职业的存在就会引发的社会危害中）占比高得过分。或许他们真的不得不强迫自己相信自己的工作是在造福社会。

如果是这样，那么金融咨询和游说就不属于狗屁工作了，它们更像是杀手。在食物链最上游，情况似乎正是如此。比如，在2013年那篇文章中，我说我从不认识哪个企业律师觉得自己的工作不是狗屁工作的。可是这个评论是基于我认识的那些企业律师，这是他们的想法，而我认识的企业律师是那种曾经当过诗人、音乐家的企业律师。更为重要的是，我认识的企业律师职级没有特别高的。我觉得，那些真正权力很大的企业律师是会全然认可自己工作的合理性的，或者说他们压根儿就不在乎自己到底是在行善还是在作恶。

在金融食物链的顶端，情况毫无疑问正是如此。2013年4月，机缘巧合，我出席了一场在费城联邦储备银行召开的题为"永久解决银行体制问题"的会议。会议中，哥伦比亚大学经济学教授杰弗里·萨克斯，通过视频直播的方式，对美国金融机构的管理者进行了评价，这个评价使所有人感到震惊。而杰弗里·萨克斯因提出"休克疗法"并被刚刚解体的苏联采用而闻名。一丝不苟的记者可能会用"异常坦率"来描述萨克斯的发言。萨克斯的这段证词是相当有力且有价值的，正如他一直强调的那样，那些金融管理者在他面前是完全不遮掩的，因为他们以为萨克斯跟他们是站在一边的（他们这么以为不能说没道理）：

是这样，我跟华尔街这些掌权者中的许多人都会定期见面……我熟悉他们。我跟他们一起用午餐。现在我就直截了当地说了：我认为这些人的道德不怎么样，整个圈子环境都是病态的。他们没有责任心，不管是对待他们应缴纳的税收，还是对待付钱给他们的客户，抑或是对待交易时的对手方。他们强硬、贪婪、攻击性强，他们觉得自己可以完全不受控制，他们将体制玩弄于股掌之间。他们真的觉得这是上天赐给他们的权利，让他们可以通过各种手段，不管是否合法，都尽可能多地将钱塞进自己的口袋。

如果再看看政治献金，昨天我正好因为别的事情在忙这个，我们就会发现，美国现在政治献金中参与度最高的就是金融界了。我们的政治腐败透了……两党都深陷其中。

这导致了什么？结果就是大家都觉得没什么，不会有惩罚。这一点很惊人，而且已经渗透到了个人层面。可以说这样非常非常不健康。我等了4年了，啊，不是，等了5年了，我想看看华尔街是否能出现一个人物能说出有道德的话。可是，我一个都没等到。[20]

好了，这就是答案。如果萨克斯说的是事实（老实讲，还能有谁比他更了解呢？），那么在金融体制的最高处，我们看到的已经不是从事狗屁工作的人了，甚至也不是那些被鼓吹者和溜须拍马者麻痹的人，我们看到的实际上是一群骗子。

此外，我们还需要搞清楚，哪些工作毫无意义，而哪些工作仅仅是很糟糕。两者并不相同，后者我称为"狗屎工作"，反正大家一般也都这么称呼。

为什么要谈到"狗屎工作"呢？唯一的原因就是人们经常把两者混为一谈。这非常奇怪，因为它们一点儿都不像啊。事实上，"狗屎工作"和"狗屁工作"几乎可以说是完全相反的工作。"狗屁工作"往往能带来很不错的收入，工作环境也极佳，只不过毫无意义；而"狗屎工作"恰恰相反，这些岗位对社会来说必要且有益，只是这些从业者收入很低且工作环境很糟糕。

当然，有些工作从本质上讲没法让人愉悦，但是却以其他方式让人收获满足。先在这里插播一则笑话，说的是马戏团表演结束后清理大象粪便的工作。不管用什么方式，这个清理粪便的人都没办法把身上的臭味去掉。他不断换衣服、洗头发、擦拭身体，但他身上仍然散发着臭味,女人们见到他也都绕道而走。他的一个老朋友忍不住问他:"你为什么要这么对自己呢?世界上有那么多工作,干什么非得做这个?"这个人回答道:"你说什么?你要让我放弃表演事业吗?!"这种工作,既不能算是"狗屎工作",也不能算是"狗屁工作",而无论工作内容是什么。其他一些工作,比如一般的清理工作,从本质上来讲一点儿都不低级,但很容易被人为地搞得没了尊严。

比如,在我目前就职的大学,清洁工的处境就很糟糕。正如目前大部分学校的操作,我所在学校的清洁工作也被外包了。他们并不是学校直接雇用的,而是某家代理机构找来的。这家机构的名字就印在他们身着的紫色工作服上。他们的收入微薄,工作时被迫接触危险的化学品,这些化学品往往会伤害他们的双手,或者迫使他们不得不休息一阵来恢复(而这段为了恢复而休息的时间是没有任何收入的)。而且,他们工作时常受到专横和无礼的对待。清洁工受到如此对待实在没什么理由,但最起码,他们知道教学楼确实需要打扫和清理,他们知道大学的运转离不开他们,他们也会为此自豪(我可以做证,大部分清洁工确实因此而自豪)。[21]

"狗屎工作"往往是蓝领工作,从事者按小时拿钱;而"狗屁工作"往往是白领工作,从事者拿的是月薪。从事"狗屎工作"的人经常受到侮辱,他们不仅工作辛苦,而且正因为工作辛苦而被人瞧不起,但是起码他们知道自己做的事情是有用的。那些从事"狗屁工作"的人则常被荣誉和声望围绕,他们被视作专业人士,他们得到人们的尊重,且收入颇丰,他们被认为是有成就的人,是有理由为自己的成就感到自豪的人。但是他们内心知道:他们什么成就都没有;他们感觉自己什么都没做就能够支付各种消遣玩乐的费用,并用这些填满自己的整个人生;他们感觉这一切都基于某个谎言——他们的感觉没有错。

这是两种极为不同的压迫形式。毫无疑问，我不想把两者等同起来。我认识的人中没什么人愿意放弃自己毫无意义的中层管理岗位来换取类似挖沟这样的工作，哪怕他们知道确实有沟需要挖。（我倒是认识放弃挖沟工作成为清洁工的人，他们对自己的这个决定很满意。）在此，我想要强调的是这两种工作都是非常压抑的，只是方式不同罢了。[22]

理论上可能存在一种工作，它既是"狗屎工作"又是"狗屁工作"。当我们试图想象世界上可能存在的最糟糕的工作时，我想我们可以说，这将是两者的某种混合形式。陀思妥耶夫斯基在西伯利亚劳改营流放期间，提出了一种理论：世界上最残酷的折磨便是强迫人无休止地做一件明显毫无意义的工作。虽然理论上，被押送到西伯利亚的犯人是被安排做"苦工"，但据他观察，这些工作并不是都那么苦，大部分农民做的事情要比这个苦多了。农民劳作的时候，起码有一部分是为了他们自己，但是在劳改营，苦工之所以"苦"，是因为劳作者从这份劳作中什么也得不到。

> 我曾想过，如需将一个人彻底摧毁，残暴无比地折磨他，用杀人狂魔听了都会颤抖、都会吓得魂飞魄散的方式击垮他，那么只需要给他安排一份毫无意义的工作，一份毫无意义到甚至荒谬的工作。
>
> 对囚犯来说，现有的这些苦工虽然无趣，但有用途。囚犯制作砖块、挖土、建造，所有这些工作都有意义，也都有尽头。有时候，囚犯甚至会对这些苦工产生兴趣，他开始想着如何能够更有技巧地劳作，如何才能使做的东西更有用处。但如果这个囚犯被迫做的事情只是：把水从一个容器倒到另一个容器、"捣碎"（原本就碎的）沙子、把一堆土从一个地方运到另一个地方再马上运回来，那么我确信，只需要几天工夫，这名囚犯就会上吊自

杀或者去犯一千种死罪，他宁死也不想忍受这种羞辱和折磨。[23]

一个常见的误解：狗屁工作基本都出现在公共部门

　　写到这里，我们已经粗略地有了三大类工作：有用的工作（其中有些属于"狗屎工作"）、狗屁工作，以及少量险恶阴暗的工作（诸如黑帮分子、恶劣房东、顶级企业律师或对冲基金首席执行官等，这些人本质上就是自私的，事实上也不会对此进行任何掩饰）。[24] 我想不管是什么工作，我们都可以说这份工作的从事者是最清楚自己从事的工作该归到哪一类的。接下来，在开始使用类型学（typology）进行论述之前，我想先澄清几个常见的误解。如果你把狗屁工作的概念丢向一个此前从未听说过这个词的人，那么他的第一反应可能是"狗屎工作"。然后你解释了一下，他可能会联想到以下两种情况中的一种：他或者会假设你谈论的对象是政府官员，或者如果他是道格拉斯·亚当斯的《银河系漫游指南》的忠实读者，他可能会以为你在谈论理发师。

　　先讲讲官员，因为这个比较容易讲清楚。我相信没人会怀疑我们这个世界充斥着毫无用处的官员。在我看来，重点在于，当前社会中毫无用处的官员不仅泛滥于公共部门，在私营部门也同样普遍。你在银行或者手机经销店看到某个让人恼火的、穿着西装的小个子男人在那儿大声宣读莫名其妙的规章制度的概率，不比在护照办事处或规划局看到这种情况低。公共部门和私营部门的官僚甚至越来越纠缠不清，以至人们往往很难把两者分清。本章开头我选用的例子便部分出于上述考虑。开头案例中的男子（库尔特）在私营公司打工，而这个私营公司和德国军方签有合约。这个例子不仅说明了狗屁工作大都存在于政府这样的想法大错特错，也反映出市场化改革如何不可避免地增加了官僚作风。[25] 正如我之前出版的《规则的乌托邦》(*The Utopia of Rules*)一书中指出的那样，如果你跟银行抱怨它们的行政系统中有推诿搪塞的现象，银行可能会说这都是因为政府规章制度造成的，但如果你追查这些规章制度的源头，会发现大部分规章制度都是银行自己制定的。

但是，目前人们脑海中有个根深蒂固的看法：政府机构必然是臃肿的，里面的行政级别必然冗余，而私营企业则是精简高效的。这种想法如此根深蒂固，以至不管反向证据有多少，似乎都很难被动摇。

无疑，这种错误看法部分源自对苏联等国家的记忆。苏联当时的政策是全民有工作，这就必然导致许多岗位是被硬生生添置的，而不管这个岗位本身是否有必要存在。所以最后苏联的情况是，你去商店里买块面包需要经过三个服务员；不论什么时候，马路上的施工工人总有2/3的人没有干活，他们要么在喝酒，要么在打牌，要么就在打瞌睡。人们一直认为此情此景不可能出现在资本主义国家。那么多竞争公司呢，怎么可能会有私营企业花钱去雇用不需要的人呢？关于资本主义，人们常常吐槽的事情绝非冗余，而是太过追求效率。人们觉得私营公司无休无止无情地逼迫员工，不断给员工加任务，不断要求大家提高效率，每时每刻都在监督着员工的工作。

显然，最后这一点我不否认，情况常常也确实如此。事实上，自20世纪80年代掀起并购狂潮以来，企业精简裁员的压力和提高效率的压力确实大为增加。但这种压力几乎全部让金字塔底部的员工承担了，被裁的是那些真正在生产、维修和运输一线的底层员工。可以这么说，那些上班被要求穿着统一工作服的人最可能受到这份压力的冲击。[26] 联邦快递以及联合包裹的快递员，他们的工作是公司根据"科学高效"的方法设计安排的，快递员每天都累到爆。但是这两家公司管理层的日常工作，可就完全不是那么回事了。如果愿意，我们可以把这种现象追溯到管理层效率崇拜的致命弱点（如果愿意，你还可以称之为"效率崇拜的阿喀琉斯之踵^①")。当管理者试图想出最省时省力的科学工作方法,并将它们应用到员工身上的时候,他们从未将这套科学工作方法应用到自己身上,或者即使应用到了自己身上,他们也会发现效果与预期的恰恰相反。于是在几乎所有大型企业,当蓝领工人承受着无休止的残酷压榨和失业威胁的时候,毫无意义的行政管理岗位却一直在急剧增加。这些公司在做的事情似乎就是,无休无止地挤干工厂车间里最后的一滴油,然后将节省下来的燃料倒到办公室里,在毫无意义的岗位周围再添置新的浪费(后文我们会看到有些公司确实就是这么做的,毫不夸张)。这一切的结局便是,正如苏联曾带来了无数虚设的岗位那样,资本主义制度最终也不知道怎么回事就一手创造了无数虚设的白领岗位。

在本书后续部分,我们会详细讨论这一切发生的原因。现在我先强调一点,后文中涉及的所有情况,不仅仅发生在公共部门,同样也发生在私营企业,二者在程度和频率上不相上下。考虑到现在,人们已经很难将公共部门和私营部门分清楚,这样的结果毫不奇怪。

理发师并不是狗屁工作的好例子

面对这个问题,一种常见的反应是责怪政府,而另一种反应很奇怪,是责怪女性。你一旦收起"我们只讨论政府官员"这个想法,脑海中就开始浮现出秘书、前台和各种(以女性为主的)行政岗位。当

---

① 阿喀琉斯之踵(Archilles' heel),《荷马史诗》中记载,英雄阿喀琉斯小时候,有预言称他会早逝,他的母亲为了阻止预言的实现,将他带到冥河,用冥河水将其浸泡。但因为浸泡时母亲一直抓着他的脚跟,因此阿喀琉斯的脚跟没有浸泡到神水,成为他唯一的弱点。后来在特洛伊战争中,阿喀琉斯被射中脚跟丧了命。因此"阿喀琉斯之踵"被用来表示"致命弱点"之义。——译者注

然，按我们在本书给出的定义，这些行政岗位中确实存在大量狗屁工作，但如果因此做出"大部分从事'狗屁工作'的是女性"这样的假设，那么我想说，这不仅仅是性别歧视，更是一种对现有办公室运行模式的彻头彻尾的无知。因为很多时候，某位（男性）副院长或者（男性）战略网络经理的（女性）行政助理很可能是整个办公室里唯一一个还在做实事的人，而无所事事、懒懒散散的人恰恰是这位副院长或者战略网络经理，他们蜷缩在办公桌前打着《魔兽世界》这类的游戏。事实上，很有可能正是如此。

在下一个章节具体研究随从的角色时，我们会再次审视上述现象。在此，我只想强调，关于这一点我们的确有统计数据。虽然很遗憾，YouGov 未能将调查结果细分到不同职业，但这项结果细分到了不同性别。结果显示，感到自己的工作毫无意义的男性比例（42%）要远高于女性（32%）。再一次我们有理由相信这个结果是符合事实的。[27]

最后，我们来讲讲理发师。为什么要谈论理发师，很抱歉，这主要是道格拉斯·亚当斯造成的。有时候我觉得，我只要一提"我们社会许多工作都是毫无意义的"，就会有个男人（永远都是男人）跳出来说："是的，你是说理发师什么的吧？"然后，这个男人往往会跟你讲，他这里说的理发师指的是道格拉斯·亚当斯的科幻喜剧小说《宇宙尽头的餐馆》里的相关情节。在《宇宙尽头的餐馆》里，高尔伽弗林查姆星球（Golgafrincham）的领导者决定通过散布星球即将毁灭的谣言来清除星球上最无用的居民。为了应对危机，他们打造了"方舟舰队"（Ark Fleet），舰队由 A 船、B 船和 C 船组成。星球上最有创造力的三分之一人口将乘坐 A 船，体力劳动者将乘坐 C 船，而剩下的那些毫无用处的人将搭乘 B 船。所有人都会被处理成假死状态，然后送往新世界。然而其实真正造出来的只有 B 船，而且 B 船的目的地也并非新世界，而是朝着太阳，迎向毁灭。小说的几位主人公偶然间上了 B 船，他们走在一个摆放着成百上千万太空石棺的大厅中，观察这里躺着的"死人"，即这些无用的人，这时，其中一位主人公开始读起了石棺旁边铭牌上的文字：

"上面写着'高尔伽弗林查姆方舟舰队B船，霍尔德·塞文，电话消毒员，二等'，还有个编号。"
"电话消毒员？"阿瑟问道，"一个死了的电话消毒员？"
"最好的那种。"
"他在这儿做什么呢？"
福特从石棺上方朝下仔细瞧了瞧里面的人。
"做不了什么。"福特回答道。突然他咧着嘴笑了，他常常这样咧嘴笑。他每次这么一笑，总会让人觉得他最近太拼了，需要稍微休息一下。
他蹦跳着来到另一个石棺边，用毛巾愉快地熟练擦了几下石棺旁的铭牌以后，说道："这是个死掉的理发师。整洁清爽！"
下一个石棺里躺着一位广告业务经理，再下一个则是一位二手车销售人员，三等。[28]

现在我们知道了为何那些第一次听说狗屁工作的人会联想到这个故事。但是这份名单事实上很奇怪。一来，世界上并没有职业电话消毒员。[29]二来，虽然广告业务经理和二手车销售人员是真实存在的，而且我们的世界如果没有这两种职业可能会变得更美好，但不知道为何，每次道格拉斯·亚当斯的粉丝回想这个故事的时候，他们想起来的总是理发师。

我这里就直说了，我并不想和道格拉斯·亚当斯辩论什么，事实上，我还挺喜欢英国20世纪70年代喜剧科幻的各种表现形式的。但是，对于上述故事，我觉得里面存在某种惊人的优越感。首先，这份职业名单压根儿就不能算作无用职业名单。这份名单上的职业不过是

20世纪70年代那些住在伊斯灵顿区①放荡不羁的中产文化人看着不大顺眼的职业。难道只因职业被瞧不上,这些从业者就得去送死?[30]对我而言,我幻想的是消灭这些职业,而非从事这些职业的人。为了让这种灭绝行为看起来合理,亚当斯似乎特意挑选出了这样的对象:他们虽然从事着毫无用处的工作,却做得心甘情愿,还觉得自己做的事很有意义。

. . .

在继续论述之前,让我们思考一下理发师这个职业。为什么说理发师并不是狗屁工作?显而易见,正是因为大部分理发师并不觉得这个职业是"狗屁"。剪头发、做发型这类事带给世界的变化是明摆着的。"这是不必要的虚荣"的想法是全然主观的,有谁可以站出来说,自己对理发这件事的内在价值有绝对正确的判断?亚当斯撰写的第一部小说《银河系漫游指南》发表于1979年,这本书后来成为某种文化现象。我记得清清楚楚,那时还是青少年的我,在纽约亚斯特坊广场(Astor Place),常常会看到人们成群结队地聚在理发店门口看着朋克摇滚迷紫色莫霍克头②的复杂造型过程。那按照道格拉斯·亚当斯的意思,这些给朋克摇滚迷做出莫霍克头的理发师也可以去死了?还是说如果你只会理亚当斯看不上的那些发型,就不值得活?在工人阶级社区,理发店往往成了人们聚集聊天的地方。年龄相仿、背景相仿的女人会在社区的理发店一待就好几个小时,这里成了大家交换本

---

① 伊斯灵顿区(Islington)位于大伦敦(Greater London),该地区在众多当代文学作品中被提及,其中就包括道格拉斯·亚当斯的《银河系漫游指南》以及 J. K. 罗琳的《哈利·波特》等。——译者注
② 莫霍克头(mohawk),一种发型,头皮剃光,只留一长条竖起的头发从脑门穿过头顶直到脖子的后颈。——译者注

第一章 什么是"狗屁工作" 025

地新闻和八卦的场所。[31] 我们很难不这么想：在那些认为理发师是典型无意义工作的人看来，上述情况即症结所在。这些人脑海中似乎浮现出了这样的画面：无所事事的一群中年妇女坐在理发店里，头上顶着金属"头盔"，七嘴八舌地说东道西，旁边是瞎忙活的理发师。（他们想象中的）这些女人年老色衰，肥胖臃肿，并且是十足的工人阶级，不管理发师怎么忙活，都没办法让她们变美哪怕一丝一毫。这本质上就是一种势利的观点，还掺杂了点毫无道理的性别歧视。

从逻辑上讲，因为上述理由而反对理发师的存在，就好比你不喜欢保龄球或者风笛，你讨厌那些喜欢保龄球和风笛的人，然后就说保龄球馆工作人员和风笛表演者从事的都是狗屁工作。

可能有人会觉得我这么说不公平，或许会质疑我：你怎么就知道道格拉斯·亚当斯笔下的理发师是给穷人理发的呢？万一他想说的是那些给超级富翁做头发的理发师呢？那些超级浮夸的理发师，收取高得离谱的费用，不过是给金融家女儿或者影视公司高管女儿做一个当下最时兴的奇怪发型，这怎么算？难道这些理发师不会偷偷怀疑自己工作的价值？他们会不会觉得这份工作毫无价值甚至有害？如果是那样，不就符合狗屁工作的定义了吗？

理论上，我们当然要承认，上述假设正确的可能性是存在的。但让我们深入探究一下这种可能性。显然，不存在什么客观价值评价标准能判定 X 发型值 15 美元、Y 发型值 150 美元、Z 发型值 1500 美元。花 1500 美元做发型的人，不管怎么样，从大部分情况来讲，是为了跟别人炫耀"我花了 1500 美元做发型""金·卡戴珊的发型师给我做头发了""汤姆·克鲁斯的发型师给我做头发了"。这里谈及的是公然的、不加掩饰的挥霍和浪费。可能会有人说，"挥霍"和"狗屁"的构造非常相似。而众多经济心理学理论家，比如托斯丹·凡勃伦（Thorstein Veblen）、西格蒙德·弗洛伊德（Sigmund Freud）和乔治·巴塔耶（Georges Bataille）都曾指出，在财富金字塔的最顶端

（这里可以想一下特朗普的镀金电梯），"至尊奢华"和"一坨狗屎"之间也就一线之隔。（这也就解释了为何在梦境中，粪便常常象征着黄金，而黄金反过来也象征着粪便。）

此外，自埃米尔·左拉1883年出版《妇女乐园》一书以来，就有一种文学传统源远流长，并成为英国喜剧文学的常规场景，那就是：零售店里，从老板到店员，都对自己推销的产品和面对的顾客有着深深的蔑视和厌恶之情。如果零售店推销员真的认为他提供给顾客的东西毫无价值，我们是否就可以说零售店推销实际上是一份狗屁工作？根据我们的临时定义，从理论上而言，上述说法是成立的。但是，起码据我自己的调查，真实的零售店推销员很少有人觉得自己售卖的东西是毫无价值的。高档香水店的店员或许会觉得他们的香水价格虚高、他们的顾客愚蠢粗鲁，但不会觉得整个香水行业需要被废除。

据我的调查，在服务经济领域，只有三大类别和上述情况不符合：信息技术供应商、电话推销员和性工作者。许多信息技术供应商，以及几乎所有电话推销员都确信他们的工作本质上就是骗局。性工作者情况则更为复杂，涉及的范围或许已不是狗屁工作可以覆盖的了，属于更为恶性的领域。但无论如何，我觉得这里还是值得将其一并探讨一下。在我进行调研的时候，有一些女性通过写信或者直接口述告诉我，作为钢管舞舞者、花花公子俱乐部"兔女郎"、"干爹网"常客等，她们有着怎样的工作体验。她们建议我把这些职业也写到书中。其中，最有说服力的建议来自一位教授，这位教授曾当过脱衣舞娘。她告诉我，大部分性工作都应当被归为狗屁工作，因为尽管她承认性工作确实有着确定的用户需求，但是任何一个社会如果给绝大部分女性传递出了如下信息，那么有些地方就已经大错特错了，这个信息就是：一个女性在18~25岁跳脱衣舞能获得的价值是25岁以后的她再也无法获得的，不管到时候她拥有了怎样的才能、获得了怎样的成就。一位女性，如果作为全世界认可的学者，她通过教书所赚取的收入仅是她去跳脱衣舞所赚取的 1/5，那么单凭这一点，我们就可以说脱衣舞娘这份工作属于狗屁工作，难道不是吗？[32]

她的观点强而有力，令人很难拒绝。（有人可能会补充说，在性产业中，服务提供方和服务接受方相互之间的蔑视是远高于其他产业的，哪怕是在最浮夸的精品店，服务者和被服务者之间的相互鄙视都比不上性产业。）在此我可以提出的唯一异议是，她的观点还不够深远。或许，她反映的问题并不是脱衣舞娘是狗屁工作就可以表达的，而是我们压根儿就生活在狗屁社会中。[33]

"纯狗屁的工作"、"挺狗屁的工作"和"有点狗屁的工作"

最后，我必须对以下这个不可避免的问题进行简要论述：那些只是有点"狗屁"的工作怎么归类？

这个问题不好回答，因为世界上几乎没有哪份工作，你可以说它一点儿无用和愚蠢的内容都不涉及。从某种程度上而言，这或许是所有复杂机构在工作过程中都会面临的不可避免的副作用。但是，某些问题确实出现了，并在逐步恶化中。我认识的所有从事同一份工作 30 年或更久的人，无一不觉得这些年他们工作中的"狗屁指数"增加了。这里我也可以进行案例补充。作为一名教授，我感到自己这份工作中的"狗屁指数"也明显增加了。高等教育从业者花费在填写各种行政文书上的时间越来越多。对于我说的上述情况，事实上，我们还有文书可以做证，因为，在我们被要求做的无意义工作中，其中一项正是每季度填写一份时间安排汇总文件。在这份文件中，我们精确地记录了每周花在行政文书工作上的时间（这在以前是从未有过的）。种种迹象表明，这种趋势正愈演愈烈，正如《石板》（*Slate*）杂志法文版 2013 年曾刊登的一句话："la bullshitisation de l'économie n'en est qu'à ses débuts。"("经济组织的狗屁化才刚刚开始。")³⁴

工作狗屁化的整体趋势势不可当，但不同工作之间狗屁化的程度不一。出于某些显而易见的原因，中产阶级职业要比工人阶级职业更受狗屁化的影响。而在工人阶级职业内部，传统的提供照料服务的女性岗位成了狗屁化的重灾区。比如，许多护士跟我抱怨，她们现在80%的工作时间都被文书工作和会议等占据了，与此同时，卡车司机和砌砖工人的工作基本上还没有被狗屁化。这里我们有一些统计数据，图1摘自《2016—2017年度企业工作状况报告（美国版）》。

2015年：
- 12% 电子邮件
- 10% 有用会议
- 9% 行政工作
- 8% 无用会议
- 8% 杂活
- 7% 其他
- 46% 个人实际工作

2016年：
- 16% 电子邮件
- 11% 有用会议
- 11% 行政工作
- 10% 无用会议
- 8% 杂活
- 5% 其他
- 39% 个人实际工作

2016年，办公者花费在个人实际工作上的时间从46%降至39%

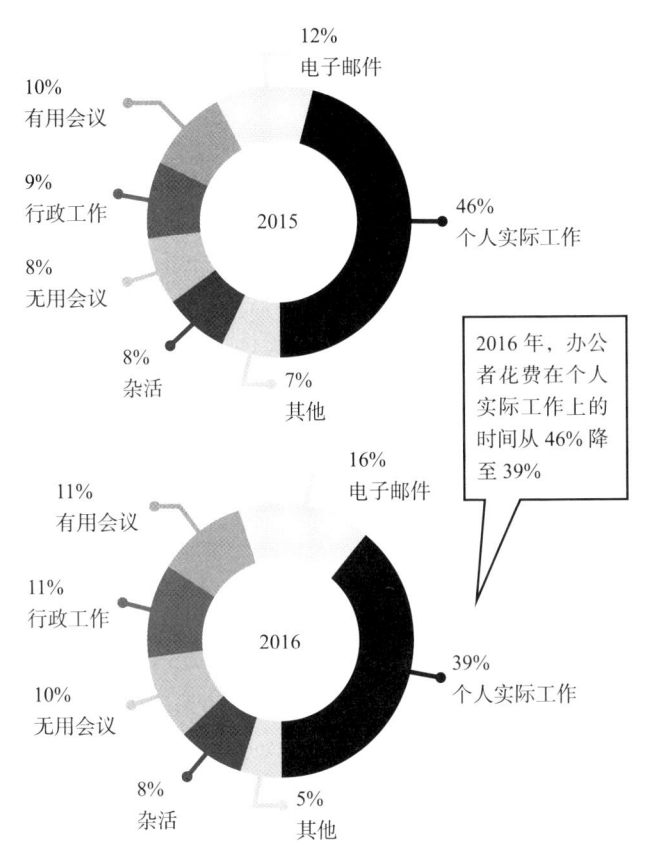

图1 美国办公者2015年与2016年全部工作时间的变化比较

第一章 什么是"狗屁工作" 029

美国办公者反馈的数据显示，他们花费在实际工作上的时间从2015年的46%下降至2016年的39%。与之对应的是其他事务花费时间所占比例的上升：电子邮件处理时间从2015年的12%上升到了2016年的16%，无用会议的时间占比从2015年的8%上升到2016年的10%，行政工作花费的时间从2015年的9%上升到2016年的11%。这里出现了如此剧烈的数据变化，多少受到了随机统计噪声的影响。毕竟，如果变化趋势真的如此，且一直持续下去，不出10年，美国所有办公者的实际工作时长都会降至0。但不管怎么说，这组数据还是揭示了两个事实：第一，美国办公者全部的工作时间，超过一半耗费在了狗屁工作上；第二，这种情况正变得越来越糟糕。

因此，我们完全可以说，存在"纯狗屁的工作"、"挺狗屁的工作"和"有点狗屁的工作"。本书围绕"纯狗屁的工作"展开（更准确地说，是围绕"纯狗屁的工作"以及"很狗屁的工作"展开，"挺狗屁的工作"就不包括在这里了，这类工作的"狗屁值"大概在50%）。

我绝不是说社会中无处不在的工作狗屁化现象没有构成重大议题。看看前文出现过的那些数据就知道了。如果37%~40%的工作是毫无意义的，而并非毫无意义的工作中也存在起码50%毫无意义的组成部分，那我们基本可以下结论：在这个社会中，起码有一半的工作可以被删除，而且删除后不会产生任何实质性的影响。实际情况是，差不多完全可以消除的工作占比绝不止一半，因为还存在"次级狗屁工作"，而这些工作是没被考虑进去的。所谓"次级狗屁工作"，就是那些为了服务狗屁工作而存在的"实际工作"（关于这类工作，我会在第二章中讨论）。打造一个闲暇的社会，每周只需上班20个小时甚至15个小时——这本来是可以轻松做到的，然而现实情况恰恰相反，整个社会，所有的人，似乎都陷入了某种悲惨的境况：我们将生命中大部分的时间都投入了工作，投入了那些我们知道对这个世界毫无贡献的工作中。

在本书后续章节，我将探究这一切形成的原因，并谈谈我们是如何一步一步陷入这种令人担忧的状态的。

第二章
狗屁工作的种类

我经过研究发现，狗屁工作可以分为五大基本类别。在本章，我将一一对其进行描述，并分别给出五大类狗屁工作的主要特点。

先说说我的研究情况。我的数据来源于两大部分。2013年我的那篇《谈谈"狗屁工作"现象》一经发表，来自不同国家的多家报纸以观点文章的形式刊出了此文，此外，博主们也纷纷"搬运"了这篇文章。一时间，这篇文章引起了大量讨论。在讨论的过程中，许多人讲述了自身的经历，提到了他们从事过的极其荒谬或毫无意义的工作。我摘取了124个案例，并对这些案例进行了分类整理，这就是我的第一部分数据来源。

第二部分数据是我主动获得的。2016年下半年，我申请了专门的邮箱来为此项研究服务。在推特上，我鼓励那些觉得自己正在从事或曾经从事"狗屁工作"的人给我来信，为我的研究提供一手资料。[1]我的鼓励反响非常热烈，得到了超过250份资料，有的是短短的一段话，有的是长达11页的文章。这些资料中，来信者详述了各种狗屁工作，推测了出现这些工作的社会层面和组织层面的影响因素，描绘了这些工作在社会层面和心理层面产生的后果。大部分来信者是来自英语母语的国家，但我也收到了欧洲各国民众的来信，还有来自墨西哥、巴西、埃及、印度、南非和日本民众的诉说。其中，有些来信让我为之动容，甚至感到痛苦，也有许多来信让人捧腹。不用说，几乎所有来信者都坚持要求匿名。[2]

对获取的资料进行挑选，把不相关的内容删除后，我发现自己拥有了超过 11 万词数[①]的内容库。我对这些内容适当地进行了颜色代码标记。这个体量的内容库对统计分析而言或许还不够，但对定性分析而言已相当充足了。而且许多情况下，我都能够跟进提问，有些时候，还能对来信者进行长时间的采访。本书将要提及的众多关键概念，就有一些是在这些采访中首次被提及或激发的。所以，从某种程度上讲，这本书是合作完成的，尤其是马上要讲的狗屁工作分类，分类结果完全是由这些采访对话得出的，因此可被视作"持续进行的对话"的产物，我自己原创的部分则占比较小。[3]

五大类狗屁工作

世界上不存在完美的分类。分类的方式许许多多，每一种分类结果都会带给我们独特的信息。[4]在研究中，我发现把狗屁工作分成五个类别会很有帮助。这五大类别分别是：随从（flunky）、打手（goon）、拼接修补者（duct taper）、打钩者（box ticker）和分派者（taskmaster）。

我们逐一讨论。

随从

随从存在的唯一目的或主要目的，是衬托另一个人的重要性，让

[①] 这里指英文单词数，11 万英文单词对应中文字数大约为 22 万字。——译者注

这个人看起来很重要或者让这个人感到自己很重要。

我们也可以用"藩士"①来称呼这些随从。纵观有记载的历史，有钱有权的人身边总是围满了各式各样的仆人、附庸者、逢迎者和部下。这些人并不全是达官贵人雇用的，而那些被雇用的人还是被要求多少做点儿实际工作的。然而随从的职级越高，事情越少，他们的全部工作就是站在那儿，形成强大的气势。⁵没有随从，何显尊贵？为了突显尊贵，安排服饰统一的"藩士"团队伴随你的左右，用他们的无所事事彰显你的重要性。在维多利亚时代，英国显贵家族仍雇用男仆，这些穿着统一专门服饰的仆人，全部工作就是在主人乘坐的马车边上小跑着，提前检查路面是否崎岖不平。⁶

随从也会有具体的任务，但这些任务不过是为了显示这些岗位存在的合理性。事实上，这些具体的任务不过是借口和托词。真实情况是，雇用帅气年轻的一队男子，让他们身着统一服饰，在你呼朋唤友、高谈阔论间，他们整齐地站在门外，尽显你的王者气派。在你进入房间前，他们神情肃穆，整齐地迈着大步为你开路。他们的服饰常常类似于士兵，这样你好似拥有了皇家警卫队。在以抽租和财富再分配为基础的经济制度下，这一类随从岗位往往会不断增加。

我们做个思想实验，想象以下场景：你身处封建阶级，每户农民家庭都得上交他们粮食产出的一半给你。这么一来，你手头的粮食堆成山。事实上，你能养活的人数，正好和被你榨取粮食的农民家庭人数的总和一致。⁷对此，你必须行动起来。但是作为一个封建领主，除了厨师、酒保、洗碗女仆、侍候女眷的太监、乐师、宝石匠等，你身边也放不下其他什么人了。哪怕你还雇用并培养了卫兵团队，用来镇压可能出现的造反行为，但还是消耗不完手头的粮食储备。因此，穷人、逃跑者、孤儿、罪犯、绝望的女子以及其他身陷困境的人必然

---

① 藩士是对日本江户时代的从属、侍奉各藩的武士的称呼。——译者注

第二章　狗屁工作的种类　　037

都会聚在你的宅第四周（因为里面有吃的啊）。你可以赶他们走，但他们说不定会团结起来，形成危险的流浪者阶级，这样就给你带来了潜在的政治威胁。这个时候，合理的选择自然是扔给这帮人统一的制服，派给他们一些琐碎或无用的工作。这样，你既收获了荣耀尊贵所需的气势，又可以有效避免潜在的风险。

后文中我会提出，在现有资本主义体制下，存在一类和上述情况并非完全不同的工作。不过现在我想强调的是，这种表面上给人分配琐碎任务，实际上只是想要有人伴随左右、衬托身份的操作事实上由来已久且备受推崇。[8]

那么，在现代社会中，什么样的工作可以与古代的随从相提并论呢？

· · ·

现代社会依然存在一些旧式封建风格的随从工作。[9]最明显的例子当属看门人。起码从20世纪50年代起，楼宇内部通话系统就开始普及起来。但同时，富豪阶层却继续雇用看门人。楼宇内部通话系统和看门人起到的作用是一样的。曾从事看门工作的比尔吐槽道：

> 比尔：再补充个狗屁工作吧，那就是大楼的看门人。我当看门人那会儿，一半的时间都花费在了按按钮和打招呼上。每每有住宿者来到，我就得按一下按钮打开大门，然后在他们走进大厅的时候，向他们问好。要是我没有及时按按钮，以至住宿者不得不自己推开大门，那我就等着经理找我吧。

在巴西等国家，此类大楼如今还保留着身着制服的电梯操作员。这些电梯操作员全部的工作就是替乘梯人按电梯按钮。那些毫无作用的接待员和前台,和上述继承了封建社会风格的岗位,可以说是一脉相承。

格特:2010年那会儿,我在某家荷兰出版公司做接待员。当时每天接到的电话平均也就一个吧,所以我还被分配了其他一些活儿:

- 保证接待台上的糖果盘里有足够多的薄荷糖(购买薄荷糖的事情另有人负责,我只需要时不时从糖果盘附近的抽屉里抓一把薄荷糖放进盘子就好)。
- 每周给会议室的落地式大摆钟上一次发条(事实上,这个工作对我来说压力挺大的,因为他们说万一我忘了及时上发条,所有钟锤都会垂落,然后我就得费老大劲修理了)。
- 最费精力的工作是应对另一名接待员的雅芳推销。

很明显,一天接一个电话这样的工作量,交给出版社已有的员工就好了。就跟在家接电话一样的操作方式:电话铃响的时候,离得近且手头没在忙其他事的人就接一下,为何要聘请全职员工来做这件事?这位接待员可以拿走公司一份全职薪酬和福利(在上述案例中,看起来甚至有两位接待员),却只需要坐在前台,整日什么都不用干。为什么?因为如果不这么做,就会让人感到震惊和诧异。一家公司若没有人坐在前台,那就很难得到人们的认真对待。如果哪家出版社胆敢对抗习俗,公然摒弃接待员,那么潜在的合作对象,不管是作者还是零售商或是承包商,都会暗暗问自己:"他们既然觉得可以不要接待员,那会不会无视别的常规操作,比如,给我报酬?"[10]

接待员的存在是为了给公司戴上一枚"严肃公司徽章",并不是真的有什么实际工作需要做。同样,有了随从,你就拥有了"重要人物徽章"。杰克曾是某证券交易公司的一位低职级电话推销员。杰克说，这类公司"业务的展开靠的是偷来的公司通讯录：某个胆大的员工从内部偷出来一本，然后复制后卖给不同的公司"。拿到这样的内部通讯录之后，股票经纪人便会挑出里面高职级的员工，挨个打电话过去，向他们推销股票。

> 杰克：作为电话推销员，我的工作就是给这些人打电话。我不需要真的尝试卖出股票，只需要提供"关于某家前景良好的待上市公司的免费研究结果"，同时强调我是代表某某经纪人来电的。后面强调的这点，在培训的时候被强调了许多遍。这么做，就是为了向潜在的客户塑造出经纪人的光辉形象：让他们觉得经纪人既然忙到需要助理帮忙打电话，那一定是业务能力非常出众了。我们电话推销员这个岗位存在的全部意义就是突显坐我隔壁的股票经纪人本不存在的重要性。
>
> 我每周都能拿到200美元的报酬，是经纪人直接从自己钱包里掏出现金支付我的，这让他看起来挥金如土。然而，我们的存在不仅是为了在客户面前体现出经纪人的社会资本，在公司内部，有这样专门为经纪人服务的电话推销员，也给了他们某种身份的象征。而这种身份象征，在崇尚男性气质的高竞争办公环境中，是相当重要的。我们是他们的图腾，是他们地位的象征。电话推销员的存在，可以帮助股票经纪人拿到与来访区域经理会面的机会，但更重要的是，能让他们在办公场所的地位阶梯上略微上移一些。

这些经纪人工作的最终目标，是尽可能给领导留下足够深刻的印象，然后被获准从地位较低的"交易场所"升迁到楼上的办公室。杰克对此的结论是："我在这个公司的岗位是多余的，除了让我的直接上级觉得自己是个大人物或者看起来像个大人物,没有任何作用。"

这正是"随从"的定义。

上述股票经纪人这种小家子气玩法(哪怕是在20世纪90年代,200美元也不多),帮助我们看清了某些在更大更复杂的公司环境中看不大清的现象。在那些更为复杂的场景中,某些岗位是怎么产生的又是如何维持的,这些岗位存在的理由是什么,没人说得清。奥费利娅就职于某家经营社会营销活动的机构:

> 奥费利娅:我现在的岗位头衔是组合协调员。所有听了这个岗位名称的人都会问:这是什么意思啊?具体做什么的?我也不知道该怎么回答,我自己也在摸索。组合协调员的岗位描述是:负责处理促进合伙人关系的各类工作……在我看来,就是时不时解答疑问。
>
> 按照这个岗位描述,组合协调员很符合狗屁工作了。但实际上,我在机构里做的事情,差不多可以算是主管的私人助理。从私人助理这个角度看,我的工作还真的有实实在在需要做的事情,因为主管不是太"忙"就是太有身份,无法自己做这些事。事实上,大部分时间,我似乎是办公室里唯一一个有事做的人。有时候我都忙到快疯掉了,可那些经理却傻坐着,盯着墙壁,好像要无聊死了,然后只能找些无意义的事情做做来打发时间(比如,有个经理每天都会花半小时整理背包)。
>
> 显然,根本没有足够多的工作让所有人都忙起来。但是,出于某种奇怪的逻辑,出于一种或许可以让他们觉得自己的工作很重要的逻辑,我们又开始招人了。也许这样就可以维持"事情很多,我们很忙"的幻觉吧!

奥费利娅猜测,她这个岗位最初设定的时候不过是为了凑数,这样办公室里的某个人就可以吹牛说自己手底下有多少多少这样干活的人。但是这个岗位一旦创建出来，某种有悖常理的操作就开始启动了：经理不断把原本属于自己的工作扔给这个职级最低的女性下属（也就是奥费利娅）。为了创造出他们非常忙碌，忙碌到没时间处理这些事务的假象，就必然导致他们手头可做的事情变得比之前的还要少，这就刺激他们做出了又一个奇怪的决定，那就是再招一名经理，这位经理招来后也是盯着墙发呆或者玩玩《精灵宝可梦》。那为什么要招聘这位经理呢？因为既然机构还需要招人，就"表明"其他人很忙，并不是每天在发呆玩游戏。奥费利娅有时候忙到要疯，部分原因是数量有限的那些必要工作（甩给她的工作）不断在增加，而增加的内容又完全是人为造成的：人们生造出一些工作给她做，其全部目的不过就是不让这些低职级员工闲下来。

> 奥费利娅：我们这边其实有两个机构，办公也在不同的楼。如果我老板（她其实就是这里最大的老板）需要去另一栋楼办公，那么我就必须填写一张表格，去预约那边的办公场所。每去一次都得填表。这完全是神经病一样的操作，但这确实给那栋楼的接待员制造了足够的工作量，也因此使得这个岗位不可或缺。同时，这让她的工作看起来很有条理，不同的文书工作涌入，她都能处理好、安排好。我突然想到，那些招聘广告里说的期望找到能使办公程序更为高效的员工，其真实意图是：更多的员工意味着更庞大的官僚队伍，于是产生并完成了更多的"工作"，因此显得办公程序很高效。

发生在奥费利娅身上的事情反映了一个普遍的问题，那就是到底谁的工作是狗屁工作？是随从的工作还是老板的工作？有时候这个问题很容易回答，比如前文中的杰克，很显然，他的工作是狗屁工作。

杰克这类随从岗位存在的意义只不过是让直接上司看起来很重要，感觉起来也很重要而已。对于这类随从，没人会介意他们是不是什么工作都没做。

> 史蒂夫：我刚刚毕业，开始了一份新工作，工作内容基本上就是阅读并回复老板转发给我的邮件。老板转发邮件的时候会写上"史蒂夫，你看看这个"。我看完回复老板：这封邮件不重要，邮件是垃圾邮件……

而诸如奥费利娅从事的这类随从工作，事实上工作量很大，发展到后来这类随从基本替老板把活儿都干完了。当然，这其实正是20世纪大部分时间内，男性高管配备的女性秘书一直在扮演的角色（现在换了个叫法，不叫秘书叫行政助理了）。虽然理论上秘书工作只包含帮忙接打电话、录入口授材料、简单归类文件，但事实上，她们最后往往什么都做，老板80%~90%的工作都是由她们完成的，有时候甚至完成了老板工作中非狗屁部分的100%。如果写一部历史，专门记录某些因书籍、设计、规划或文献而闻名世界的男性，事实上是抢了他们女秘书的功劳，那肯定有趣极了，虽然这部历史写出来的可能性不大。[11]

因此，在这样的情况下，究竟谁的工作是狗屁工作？

讨论到这里，我们不得不再次引入主观因素来进行考量。奥费利娅办公室里，那位每天花半小时整理背包的中层管理人员，可能愿意，也可能不愿意承认自己的工作毫无意义。但那些被雇用的随从，那些之所以被雇用完全是因为这些中层管理人员需要体现自己重要性的随从，几乎一直都知道自己的工作毫无意义，且对此痛恨无比，哪怕并不需要做一些为了保持繁忙而硬塞进来的无用工作。

第二章　狗屁工作的种类　　043

朱迪：我做过的唯一一份全职工作是在某家私营工程公司的人力资源部门。我当时从事的工作完全没有存在的必要。之所以有我那个岗位，仅仅是因为公司里的人力资源专家太懒：他整日坐着，动都懒得动一下，于是就有了我这个岗位——人力资源助理。这个工作每天只需要忙一小时就足够了，最多也就一个半小时，我绝对不骗你。每天剩下的大约7个小时时间，我就在办公室里玩玩《2048》游戏、刷刷YouTube视频。电话从来都不会响，资料不到5分钟就能录入完毕。给我钱就是让我整天无聊透顶的。我还想再说一次，我干的这点活儿，这位人力资源专家分分钟就能搞定，懒死他得了。

・・・

我在马达加斯加高地从事人类学田野调查的时候注意到，在每一座知名贵族的坟墓边上，都会有两三座朴素简单的坟墓，它们就在贵族坟墓的尾部。每每问及这些朴素的坟墓，他们总会告诉我，这些坟墓里埋葬了贵族的"士兵"（不过是"奴隶"的委婉说法）。这种操作用意非常明确：贵族有权对人呼来喝去，哪怕是死了，都得拉几个下人一起死，否则就称不上真正的贵族。

在公司环境中，也有一套类似的逻辑运行着。那家荷兰出版公司为何需要接待员？因为每当领导下达命令的时候，只有起码传递三层的公司才能让人另眼相看。也就是说，起码得有老板、编辑和编辑的下属或助理什么的，再不济，也得有个接待员来扮演某种全体人员下属的角色。要不然，这家公司就不够正经，充其量就是个嬉皮士团伙。因此，雇用这样一名随从是这件事本身的重点，而这名随从最后是不是有事做则完全是次要的。这取决于各种非主要因素，比如，是否有活儿，上级是否有需求，上级的态度如何，性别方面的大环境如何,以及机构内部的既有规则是怎样的。大型机构中,上级的重要性几乎永远是跟他手下干活的人数挂钩的。这反过来更刺激了组织阶梯中处于上位的那些人不断扩充自己的队伍,至于招来的下属具体做什么,则完全是以后再考虑的事情了。更多情况下,这些上级还会无视岗位过剩的情况,根本不会花精力去精简队伍。后面会提到,诸如银行、医疗耗材公司等大公司有时会聘请顾问来提升公司效率。根据这些顾问的反馈,当管理层了解到效率的提升需要仰仗自动化,而自动化会造成他们手底下的员工数量骤减时,这些管理人员便沉默了,不仅场面陷入尴尬,随之而来的还有对顾问毫不掩饰的敌意。效率提升方案一旦被执行,这些管理人员就什么都不是了,成了光杆司令了。没有了随从,那他们还能当谁的"上级"?

打手

"打手"这个术语在这里当然是使用了隐喻,我说的肯定不是真正的歹徒或者花钱买来的打手,在这里,我说的是那些有一定进攻性,但存在的根本原因仅仅是有人花钱让其存在的岗位。

符合此类别最为突出的工作便是国家武装部队了。一个国家之所以需要武装部队,不过是因为其他国家也有武装部队。[12] 如果大家都没有武装部队,那世界完全可以继续运转。除了部队,大部分游说者、公关专员、电话推销员和企业律师也符合这类情况。和真正的打手一样,这些工作很大程度上会给社会造成负面影响。我想,几乎所有人都会同意,如果所有的电话推销员都消失不见,那么这个世界将会变得更加美好。几乎所有人也会同意,如果所有的企业律师、银行游说人员、行销大师都在一眨眼的工夫消失不见,那么这个世界会变得起码让人好受那么一点点。

很明显,现在有这样一个问题摆在我们面前:上述这些工作真的是狗屁工作吗？难道这些不是跟上一章提到的黑帮杀手更相似吗？毕竟，在大多数情况下，打手做的事情是有利于他们老板的，虽然对整个人类来讲，这个职业的存在总体上会被认为是有害的。

这里我们再次需要求助于主观因素。有时候，某些工作毫无意义得实在太过明显，以至从事者中几乎没人会试图否认这一点。如今，在英国，大部分高校都有公共关系办公室。这些高校公共关系办公室里的人员数量要比同等规模企业（比如，同等规模的银行或汽车制造厂）公关部的人数多好几倍。牛津大学真的需要雇用十几个公关专员来宣传自己，让公众相信自己是顶尖大学吗？我可以想象，同样是这十几个公关专员，要向公众证明牛津大学不是顶尖大学，那才要花多年时间，甚至持续多年努力后，还未必能说服大家呢。当然，我这样说显得有点耍贫嘴：公关部门做的事情肯定不止这一件。我敢肯定，牛津大学公关人员每天操心的事情还包括那些更为实际的事务，比如，如何吸引石油大亨以及各国贪官的孩子来牛津上学（若是不想办法，这些孩子可是会去剑桥的）。不过，英国众多精英大学中，公共关系、"战略沟通"或者其他什么类似部门的一些负责人向我坦白，他们的确感到自己的工作基本可以说是毫无意义的。

我把打手工作归为一类狗屁工作，主要是因为在从事打手工作的人员中，有太多人觉得自己的工作没有社会价值，不应存在。回到序言中那位税务诉讼律师说过的话："我就是一名企业律师……我对这个世界毫无贡献，一直过得浑浑噩噩、糟糕透顶。"很遗憾，要弄清究竟有多少企业律师私底下有同样的感受，几乎是不可能的。YouGov的调查结果也并未细分到不同职业，我自己的调查结果虽然确认了这样的感受绝非个例，但那些反馈自己有同样感受的参与者并没有职级特别高的。除了企业律师，针对市场推广领域、公共关系领域的调查结果也是如此。

为什么我觉得"打手"这个词更合适呢？几乎在所有案例中，此类工作的从事者之所以厌恶自己的工作，都不仅仅因为他们觉得这份工作缺乏积极价值，还因为这份工作在他们眼中，从本质上来讲，具有操纵性和攻击性。

> 汤姆：我在一家位于伦敦的大型美国后期制作公司工作。这份工作很长时间以来都相当令人愉快和满意：通过我的努力，影视作品中的汽车飞起、大楼爆炸、恐龙袭击外星人飞船，全世界的观众因而获得了享受。
>
> 然而最近，越来越多的广告公司成为我们的客户。这些广告公司给我们带来知名品牌的广告后期业务。这些品牌有洗发水、牙膏、润肤乳、洗衣粉等。我们使用各种视觉效果手段，让这些产品看起来神乎其神。
>
> 此外，我们也接电视节目和音乐视频的活儿。通过技术处理，视频中，女人的眼袋消失了，头发顺滑光亮，牙齿洁白，各路明星看起来更苗条了……我们对皮肤进行喷绘处理，斑点就这么消除了；我们把牙齿区域单独选出，然后进行颜色修正，这样牙齿就变得更为洁白（同样的方法也用到了洗衣粉广告中的衣服上）；在洗发水广告中，我们把头发的分叉部分涂掉，并在头发上增添亮光部分；专门的变形工具可以把人修得更瘦。所有电视广告都用了这些技术，大部分电视剧和许多电影也是如此。尤其是女性角色，修得很多，但是男性角色也修。本质上来讲，我们的工作使观众打开电视就能看到节目里各种完美的形象，然后自惭形秽，这时候，广告插播进来，给大家提供了各种效果被夸大的产品。
>
> 做这些事，我每年能得到10万英镑的酬劳。

我问他为什么觉得自己的工作是狗屁工作（而不仅仅是有害的），汤姆回答道：

> 汤姆：在我看来，有价值的工作是这样的——它或者能满足早已存在的某种需求，或者能创造出某种人们未曾想到的产品或服务，这种产品或服务能以某种方式改善人们的生活。我认为，人类早已过了大部分工作符合上述类别的阶段了。对大部分行业来说，供给已远超需求。人类当下生产的是需求而不是别的什么。我的工作由两部分组成：第一部分是制造需求，第二部分是夸大号称能解决这些需求的产品的效果。事实上，我们甚至可以提出这样的观点：所有广告业从业者及相关人员的工作内容都是由这两部分构成的。如果我们身处的时代，是为了卖出产品去诱骗人们产生虚假需求，那么你若是想要声辩这些工作不是狗屁工作，估计要费很大一番功夫。[13]

在广告业和市场推广行业，此类不满情绪如此泛滥，以至诞生了《广告克星》(*Adbusters*) 这本杂志。《广告克星》的内容生产者全部来自广告业和市场推广行业。这些内容生产者憎恨自己为了谋生而日日"作恶"，希望能利用自身在业内已拥有的力量来"行善"。比如，设计花哨的"颠覆广告"（subvertising）来抨击整个消费文化。

不过汤姆并不反对消费文化本身。他觉得，自己从事的工作有狗屁的成分是因为，在他眼中，那些"美容美发（特效）工作"（汤姆本人用词）本质上具有胁迫性和操控性。他将"非欺骗性幻觉"和"欺骗性幻觉"区分开来。当你用特效做出恐龙袭击飞船的画面时，没有人会觉得这是真的。这就跟舞台上的魔术表演类似，所有人都知道这里有把戏，把戏本身就是趣味的一部分，大家只不过不知道它是怎么做到的罢了。与此相对，当你不动声色地修饰名人外表时，其实是在试图潜移默化地改变观众心中对真实生活（此处特指男人和女人的外貌与身材）该有的样子的认知。这么做的目的是让人心中产生不适感，让他们觉得自己的生活不够好，无法跟真正的生活相比。非欺骗性幻觉给世界带来了快乐，而欺骗性幻觉则旨在说服人们相信自己的生活既庸俗又糟糕。

　　类似地，我还收到了大量来自呼叫中心员工的反馈。大家觉得自己从事的是狗屁工作，并不是因为工作环境（事实上，不同呼叫中心工作环境差异很大，有噩梦般受到严密监控的，也有工作氛围出人意料地宽松的），而是因为他们的工作内容涉及哄骗和胁迫。他们每天都在连哄带骗带人入坑，而非真正为客户考虑。下面是部分反馈内容：

- 我在好多呼叫中心打过工，它们都是些狗屁工作：不断推销着让人们购买他们不想要也不需要的东西，记录保险理赔申请，以及做些没用的市场调查。
- 就是"诱饵销售"，先提供"免费"服务，然后让你花 1.95 美元买两周的试订阅，以便享受完这个服务。为了获取购买的试订阅服务，你需要登录这个网站，登录的时候就默认了自动续费，而每月缴纳的费用可是最初试订阅费用的 10 多倍。
- 别说对社会没有正面贡献了，简直是在给人们的生活积极地增添负面贡献。每天就是打电话，缠着他们购买根本用不上的"垃圾"，确切地说，是卖给他们"信用积分"，这个积分其实在别处免费就能得到，但在我们这里（稍微搭几个愚蠢至极的附加产品）能卖到每月 6.99 英镑。
- 我们卖的服务不过是些超级简单的计算机操作，消费者在网上随便搜搜就能自己搞定。产品估计是针对老年人群和使用计算机能力较差的人群的。

- 我们呼叫中心几乎所有的资源都用到工作人员的话术培训上了。大家使用这些话术来诱骗人们购买自己不需要的东西，而来电者原本想要解决的真实问题则被忽略了。

我们再一次看到，让人真正厌烦的是"攻击性"和"欺骗性"。这里我也有切身体会。虽然往往很短暂，但我也做过一些类似的工作：这个世界上很少有什么事情，能比让你昧着良心劝服别人做有违他们自然判断的事情要来得更加令人不爽了。在本书的下一个章节，我将对此进行更为深入的探讨。到时候会谈谈"精神暴力"这个议题。不过在这里，我们暂时只关注一点，那就是打手工作的核心点正是"攻击性"和"欺骗性"。

拼接修补者

拼接修补者的岗位完全是为了应对组织的某个故障或缺陷而存在的。出于解决某个本不该存在的问题的需求，我们有了拼接修补工作。这里，"拼接修补者"这个术语，我借鉴了软件行业。我觉得这个词除了软件行业，还广泛适用于其他行业。某位软件开发师是这么描述他所在行业的：

> 巴勃罗：我们主要有两种工作。一种是致力于核心技术的研究和各类难题的攻克等。另一种则是把现成的几项核心技术拿过来，然后一通拼接，实现各项核心技术的合体。
> 我们一般认为第一种工作是有用处的，而第二种工作在大家眼中就没那么有用了，甚至可以说完全无用。反正不管有用没用，远不如第一种工作来得令人满足。为什么会有这种满足感差异呢？或许大家注意到了，如果核心技术完成得好，那拼接修补

工作基本上就可有可无了。

巴勃罗的主要观点是，人们越来越依赖免费软件，软件行业的领薪岗位也越来越多地设置给了拼接工作。程序员下班后很乐意利用业余时间无偿开发些程序，因为这些涉及核心技术的工作内容本身就令人满足，但同时也意味着他们越来越没有动力去考虑自己开发的程序是否最终能和其他人开发的其他程序相兼容，那么这批程序员在白天上班的时候，就得花费更多时间去从事拼接工作（有偿），把这些本不兼容的程序拼接起来。巴勃罗的这个观点非常重要，后文中我会详细讨论此种情况可能带来的影响，不过现在，我们仅对拼接工作概念本身进行展开。

清理工作是必不可少的：任何事物放在那里，哪怕动都不去动，一段时间后，也会有灰尘。有生活，就会留下痕迹，有痕迹，就需要跟着整理。可是如果有人纯粹是故意的，留下一些不必要的烂摊子让你收拾，那你肯定会发火。如果你的全职工作是专门跟在这类人屁股后面收拾烂摊子，那你的心中定然会滋生怨恨。西格蒙德·弗洛伊德甚至谈到了"主妇型神经症"（housewife's neurosis）。弗洛伊德认为，人生被困于跟在别人后面整理和打扫的女性深受此病影响，作为报复，这些女性对家庭是否卫生这个问题十分沉迷，甚至到了疯狂的地步。这便是拼接修补者常陷入的精神苦痛：他们的全部工作是为了解决某个问题（比如卫生清洁），而之所以产生这个问题，恰恰是因为那些地位更高的人压根儿懒得管这些。

拼接修补者最突出的例子，便是那些成天跟在能力不足、行事马虎的上司屁股后面，一直忙着收拾烂摊子的下属了。

玛格达：我曾就职于一家中小企业，担任"测试员"。我的工作是校对公司那位明星研究员兼统计师撰写的研究报告。

第二章　狗屁工作的种类　　051

这位研究员兼统计师对统计学一无所知，甚至连写个没有语法错误的句子都很困难。他写东西的时候几乎不用动词。写的东西实在太烂了，如果我能找到哪段话是有条理的，那我可以奖励自己一块蛋糕了。那段时间我瘦了十多斤。他每写完一份报告，我就得花费精力去说服他推翻重写。当然，他根本不会同意做任何修改，更别提重写了，我只好把这份报告拿给主管过目。主管们同样对统计学一窍不通，但作为领导，他们能把这份报告拖得更久。

看起来有这么一类工作，是专门替上级收拾烂摊子的。而这些上级能够身处高位，并非因为工作能力本身（这跟直接替上司把工作完成的随从有点类似，但并不完全相同）。我们再来看一个案例：一名程序员受雇于某家公司，这家公司的老板是名来自维也纳的心理学家，并自认为是老派的科学革命者，还发明了公司内部直接称为"算法"的东西。这个算法旨在再现人类言语。公司将算法出售给药商，以供他们在网站上使用，只不过这个算法无法成功运行：

> 努里：公司的"天才"创始人是个来自维也纳的心理学研究者，号称自己发现了"算法"。来公司后很长一段时间内，我都不被允许查看这个算法本身。他们吩咐我写的代码是如何应用该算法的相关内容。
>
> 对这位心理学家的这个算法的应用，就没得到过什么合理的结果。通常，整个工作会陷入下列循环中：
> - 对他的算法进行极为基础的应用开发，但依然出现了问题，于是找到他并展示给他看。
> - 他露出困惑的表情，皱了皱眉说："啊，这也太奇怪了

毫无意义的工作

吧！"说得好像我刚刚找到了死星①的那个小小弱点一样。
- 然后他就钻到自己的"洞穴"里，消失了两个小时……
- 随即凯旋，错误已纠正，算法已完美！
- 回到步骤一。

最后，这名程序员只好写些非常原始的伊丽莎脚本程序[14]②来模仿人类讲话，然后放到公司网站上，用来掩盖"算法"本身完全是胡编乱造的垃圾这个事实。最后这名程序员发现，他所在的这家公司纯粹是虚荣的产物，是面子工程，花钱雇的首席执行官原来是经营健身房的。

大部分拼接修补工作的存在都是因为系统有故障，而没人愿意花精力把这个故障修理了。比如，有些工作其实很容易就能实现自动化，却没有实现，原因要么就是没人抽出时间来把这个自动化实现了，要么就是管理者压根儿不想削减手底下干活的人数，要么是公司人事架构混乱，也有可能三个原因都有。我手头上此类反馈数不胜数，下面是部分案例：

- 我在一家旅行社工作，是名程序员。公司里有些可怜人，他们的工作内容是在收到最新航班列表的邮件后，把这个列表手动输入 Excel 工作表里，这样的操作每周会有好几次。
- 我的工作就是将关于国家油井的信息从一个地方转移到另一个地方。

---

① 死星（Death Star）是《星球大战》中银河帝国研制的终极武器，装有一门能够摧毁行星的超级激光炮。然而，死星却有一个致命弱点。——译者注
② 伊丽莎脚本程序（Eliza scripts）是最早的人机对话程序，也是世界上第一个真正意义上的聊天机器人。伊丽莎脚本程序通过关键词匹配规则对输入进行分解，而后根据分解规则所对应的重组规则来生成回复。——编者注

- 我每天要花费7个半小时来影印退伍军人的健康档案……大家一次又一次地被告知，购买数字化设备太昂贵了。
- 我的工作就是盯着电子邮箱，若公司里有员工发邮件寻求技术帮助（此类邮件内容是按照规定好的特定表格填写的），我就把这些邮件里的内容复制粘贴到另一种不同的表格里。这个工作不仅可以说是教科书级别的可实现自动化操作的案例，而且这个工作曾经是实现过自动化的！后来，管理层内部对这项工作的内容产生了分歧，为了解决这个分歧，领导就颁布了标准化操作，而这个标准化操作使得之前的自动化操作没办法继续下去了。

从社会层面来看，拼接修补工作传统上一直属于女性。纵观历史，杰出男性在闯荡人生的征途中，对身边发生之事疏于观察，不断得罪他人。正是他们的妻子、姐妹、母亲或女儿承担起了情感方面工作的责任，替他们安慰他人受伤的自尊、安抚他人的紧张情绪、商议那些他们捅出的娄子的修补方案。从物质层面来看，拼接修补者可被视作典型的工人阶级。建筑设计师或许能在纸上画出令人惊叹的蓝图，但是想出办法真正将电源插座安装到圆形房间墙上的却是建筑工人。也正是这些建筑工人，用真正的拼接修补胶带将那些设计图里说可以连接在一起但实际上连不起来的东西拼接起来。

上述最后这个案例中，我们讨论的情况并不属于狗屁工作。就像贝多芬交响乐需要乐团指挥来指导演奏，麦克白夫人需要一个真实的女演员来出演那样，在蓝图、图解、规划图和实际建设之间，永远都会存在某种差距。因此，总需要有一些人在这个差距中间进行必要的调整。但若规划图明显不可行，那么这个调整工作就成了狗屁工作。这个道理任何一位合格的建筑设计师都应明了。当系统设计得足够愚蠢，愚蠢到完全可以预见最终的失败时，组织想到的办法并不是从一开始就解决问题，而是在失败达成、损失造成后，再去雇用全职员工来处理这些损失。就好像发现房顶漏水后，房主觉得找专业人士修理屋顶太麻烦了，于是就在漏水处下方放了个水桶，然后雇人全职来照看这个水桶，定期把水桶里的水倒掉。

不用说就知道，几乎所有拼接修补者都知道他们从事的是狗屁工作，并且往往对此心生愤怒。

我自己就遇到过典型的拼接修补者。当时我在英国一所著名大学担任讲师，有一天办公室墙上的书架塌了，书本散落一地，原本托住书架搁板的粗糙金属支架脱落了一半，在我桌面上空愉快地晃来晃去。一小时后，来了个木工检查情况，但是他看了一眼散落满地的书本后，一本正经地宣布，因为地上都是书，安全规章不允许他在这种情况下进屋检修。我得先把书全部堆放好，并且只能堆放书不能碰到其他任何东西，他才会尽快赶回来，把这个晃来晃去的金属支架换掉。

我乖乖把书全部堆放好，可这位木工却再也没有出现。人类学院办公室每天都会给学校房屋及庭园部门打电话。每天，人类学院办公室都会派人打电话给房屋及庭园部门问这位木工有没有时间，而且一天打好几次，但这位木工永远都有万分紧急的事情要忙。一个星期后，我已经习惯了坐在地上工作，这些掉落的书本被我渐渐摆成了鸟巢状。而学校的房屋及庭园部门显然存在这样一个人：这个人被雇用后，全部的工作就是向别人道歉，告诉他们为何木工没时间。感觉这个人挺好的，他非常有礼貌，情绪也很稳定，而且从他身上总能感到一丝淡淡的忧郁，这一切使他非常适合这份工作。但是，我们无法说出"他对自己的职业选择很满意"这样的话。最重要的是，似乎找不到什么理由来解释，学校为何不干脆把这个岗位取消，然后用省下来的钱再去雇用一名木工。如果这样，这个道歉的岗位就没存在的必要了。

打钩者

我使用"打钩者"这个术语，指的是那些被雇用来掩盖某个组织不作为的员工。这类工作者存在的全部意义或者绝大部分意义就在于，雇用他们的组织可以对外声称，他们正在做某件他们其实没有做的事情。在疗养院从事康乐活动协调工作的贝斯琦女士这样说：

> 贝斯琦：我工作的主要内容就是询问这里的住户他们的业余消遣爱好，然后把问到的结果填到表格里，再把表格上的内容敲到计算机里，之后这些内容马上就被人永远遗忘了。出于某种原因，纸质的表格也被收到了活页夹里。在老板看来，这些表格是我最重要的工作。如果我没及时完成这些表格的相关工作，我就死定了。我们这里有很多短期住户，第二天就走的那种，同样需要询问并记录他们的消遣爱好。我扔掉的纸张可以堆成山了。这些询问往往只会引起住户的反感，因为他们知道这些不过是狗屁文书工作，并没有人会真正关心他们喜欢什么、不喜欢什么。

打钩工作最糟糕之处莫过于，打钩者往往清楚地知道，这份工作不仅对实现表面上的目标没有任何帮助，实际上还会带来阻碍，因为打钩工作浪费了原本可以投入在这些事务上的时间和资源。贝斯琦知道，她花费在住户消遣爱好表格上的时间，恰恰就是没花在住户消遣爱好上的时间。虽然她也成功地将自己的一些时间用到了真正的康乐活动上（"幸运的是，每天正餐前，我都可以弹钢琴给住户听，那真是美好的时光，大家微笑着歌唱，有时感动到流泪。"），但在这些时候，贝斯琦心中总有一种感觉，那就是这些美好时刻都是额外奖赏给她的，因为她完成了自己的主要工作——填写那些表格。[15]

政府组织热衷打钩工作，对此我们一点都不陌生。政府内若有人做坏事被发现（比如收受贿赂，或者在交通截停的时候开枪伤人），那么政府组织的第一反应永远都是成立"事实调查委员会"来彻查事件。这么做有两个功能。首先，通过这样的方式，政府在向公众传递一个信息，那就是虽然内部存在少量渣滓，但组织内部其他人对此类恶性事件一无所知（当然这很少是真的）。其次，成立了事实调查委员会，就好像告诉大家，一旦事实调查完毕，此事定会得到处理（这往往也是假的）。事实调查委员会的作用在于向公众宣告，政府正在做一件他们其实并没有在做的事情。不仅是政府，如果有需要，大型公司也会这么操作。比如，某家公司被曝出他们的服装厂雇用了奴隶或童工，或者被曝出排放有毒废料，那他们也会马上成立事实调查委员会。这一切全是狗屁，但要说到狗屁工作，从事者糊弄的不仅仅是公众（这起码也称得上对公司有某种作用），连公司内部也糊弄。[16]

公司合规性调查行业可被视作介于政府和公司之间。该行业之所以产生，正是（美国）政府相关法规带来的直接结果：

> 莱拉：我所在的行业正在逐步发展壮大，这源自联邦政府的一项法规——《反海外腐败法》(Foreign Corrupt Practices Act)。
>
> 基本上，美国公司在和海外企业合作前，需要对合作的海外企业进行尽职调查，以确保没有同海外腐败企业发生合作关系。我们的客户都是大公司，有科技公司、汽车公司等。这些大公司有时会跟数不清的海外小型企业合作（比如中国的小型企业，我就是负责这块的），或者给它们供货。
>
> 我们公司为客户进行海外合作企业的尽职调查，其实就是上网搜索该企业的相关资料，大概一两个小时，然后编辑出一份报告。我们有大量的行业术语和业务培训，以便写出的报告风格稳定。

有时候上网搜索很快就能获得有用的信息，比如，该企业的老板卷入过刑事案件，我们就可以据此提醒客户。但更多时候是毫无意义的无用功，有用和无用的比例大概是1∶4。除非被查询对象被刑事起诉过，不然我这个住在美国纽约布鲁克林的调查员，仅仅凭借在家上网是无法知道这位被查询对象是否某日在中国广州收到过一个装满现金的信封。[17]

当然，某种程度上这是所有行政部门的统一作风：形式上的措施一经实施，"现实世界"（对组织而言）便成了纸上所记录的"现实"，而真正的现实世界则被忽略了。我清楚地记得发生在耶鲁大学的一件事，这件事当时引发了学校内部会议上广泛的讨论。那时我还是耶鲁大学的一名助理教授，考古系有位一年级硕士研究生的丈夫在那个学期第一天遇到了车祸，突然离世了。遭遇了这突如其来的强烈打击后，出于某种原因，这位学生对手续类的事务产生了心理阻隔（mental block）。她照常上课，课堂讨论积极参与，该交的论文一篇也不落，分数还很高，但每一门授课教师最后都会发现，她压根儿就没选过这门课（没完成选课的手续）。正如考古系大佬（éminence grise）在教职员会议上指出的那样，这可是最重要的事情啊！

"在注册中心的工作人员眼中，如果没有及时提交选课手续，那你就没有上过这门课。课堂表现也好，课后作业也好，都不算。"系里其他教师或嘀嘀咕咕，或大声反对，偶尔也会有人小心翼翼地间接提到她的"个人生活悲剧"（具体是什么悲剧却永远没人说明，我最后都是从学生那里知道的）。然而，在这一次次讨论中，却没有人直接反对注册中心的这个态度。没有选课，就等于没有上课，这样的说法已成为"现实"。这就是行政世界中的"现实"。

最后，注册中心的选课手续补交申请也要到截止时间了，系里不断劝说这名学生填写那堆申请资料，但还是无果。研究生院院长在会议中对此发表了无数次长篇演说，说大家不过是想帮她[18]，怎么就这么不配合，怎么就一定要把事情搞得这么困难，说她实在是太不为他人考虑了。最后这名学生被研究生项目除名了，理由是：如果连行政手续都没办法应付，那你显然不适合开启学术生涯。

在政府经营得越来越像公司、公民开始被视作"顾客"的今天，上述思维模式不减反增。马克是英国某地方议会负责质量和绩效的高级官员：

> 马克：我的工作内容（尤其是我撤离一线工作，不再直接跟顾客打交道以后）主要包括在各种表格里打钩，向领导汇报工作的时候制造虚假繁荣景象，制造毫无意义但能带来掌控幻觉的数据。这些工作对当地居民一点用都没有。
>
> 我听过一个故事，不知道真假。有一天，某公司的老总突然拉响了楼里的火灾警报，于是所有员工都跑到了停车场。他让那些警报响起时正好和客户在一起的员工马上回到楼里；剩下的人，只有等楼里那些和客户谈事的同事需要你时，才可以回去；还剩下的人，就只能等第一拨和第二拨进去的同事需要你时，才可以回去；就这样一直进行下去……要是我在地方议会工作那会儿领导也来这么一招，我估计会在停车场里待很久很久！

马克口中的地方议会工作不过就是每月围绕"数字目标"在各种表格上不停打钩。这些数字被贴在办公室的公告栏上，并用不同颜色进行了标记。绿色表示"上升"，黄褐色表示"没有变化"，红色表示"下降"。管理者似乎连随机统计变异的基本概念都不知道（或者假装不知道），于是每个月，那些获得绿色数字的员工会得到奖赏，获得红色数字的员工则被督促要加把劲。这一切几乎都与服务民众这项工作没什么真正的关系。

马克：当时我做的其中一个项目是住房"服务标准"的制定。这个项目的全部内容就是跟顾客耍耍嘴皮子，跟经理开开讨论会，最后写出一份报告等着经理在会上夸奖一番。报告得到赞扬后（主要是因为报告做得很漂亮，讲解又很吸引人）就被收起来归档了。这一切对居民没有实实在在的帮助，却实实在在地耗费了我们大量的工作时间，更别提居民被浪费掉的那些填写民意调查的时间和参加焦点小组的时间。就我个人的经验，地方政府大部分政策都是这么实施的。[19]

值得注意的是，报告的美观和吸引力在这里显现出了重要性。打钩者反馈给我的说法中，关于报告美观性这件事不断被提及，而且比起政府部门，公司里这个情况更为严重。某位管理者在公司是否重要，通过手下员工的数量就能够体现；这位管理者权力地位是否够高，报告和演讲的美观程度就能够说明。公司世界里，没完没了的会议给这些报告和演讲提供了舞台，使之成为某种至高仪式。正如封建领主随从大军中，有人专门[20]负责骑马比武前的马匹盔甲擦拭工作或庆典前领主的胡子打理工作，今时今日，公司高管的下属团队中，也有专人负责他们的演讲PPT和报告中的地图、漫画、照片与插图。这些报告的命运大都类似于歌舞伎舞台上那些道具和服饰，没人会真的仔细看。[21] 但野心勃勃的公司管理层对此毫不在意，他们兴高采烈地花着公司大把大把的钱养着这些专职人员，只不过为了说上一句："是的，我们委派了专人负责撰写这项事务的报告呢！"

汉尼巴尔：我是给全球化制药公司的营销部门提供数字咨询服务的，因此我常和全球化的公关公司打交道，撰写一些类似《如何提升数字医疗保健核心利害关系者的参与度》这种标题的报告。这些报告纯粹就是扯淡，除了能帮助营销部门完成各种表格的填写，啥用都没有。不过这些狗屁报告的收费可一点都不含糊。最近，我收了一家制药企业12000英镑左右的费用，写了份两页纸的报告，供他们在全球战略会议上使用。这份报告最后也没用上，因为展示的时候他们还没讲到这部分就超时了。虽然如此，他们对我的这份报告依然相当满意。

事实上，有一整批附属行业是依托这些表格打钩业务而存在的。我在芝加哥大学科学图书馆的馆际互借办公室工作过几年，当时大家90%以上的工作内容就是影印医学期刊文章再邮寄出去，这些期刊大都名为《细胞生物学杂志》(Journal of Cell Biology)、《临床内分泌学》(Clinical Endocrinology)、《美国内科医学杂志》(American Journal of Internal Medicine)什么的。（我运气比较好，我有别的工作内容。）开始几个月，我天真地以为这些文章是邮寄给医生的。可事实相反，一位被这个工作搞得很迷茫的同事有一天告诉我：大部分影印好的文章是寄给律师的。[22] 显然，起诉医生渎职的时候，作为律师，你若能收集好数量多到吓人的医学专业论文作为证据，然后在法庭上某个合适的戏剧性时刻，往桌上一拍，那么画面感定是足足的——这是律师表演的一部分。虽然所有人都知道没有人会真正去阅读这些论文，但总得提防着点，万一辩方律师或其专家证人随机抽出其中一篇来检查。因此还是需要交代你的法律助理在成堆的论文中找出那些有用或者至少勉强能和案件扯上点关系的论文。

在后续的章节中，我们会讨论私营公司各种自我欺骗的招数，他们花钱招来人，不过是为了告诉自己正在做事，哪怕其实什么也没有做。比如，许多大公司依然有自己的内刊，甚至保留着公司内部的电视台。他们声称这是为了让员工能够获悉公司最新的趣闻和发展情况，但事实上，这些杂志和电视台的存在，不过是为了给管理层带去欣慰和愉悦。公司领导喜欢在媒体中看到颂扬自己的报道，他们喜欢体验被"记者"采访的感觉，这些"记者"看起来挺像回事，而且从来不会提出尖锐的问题让你难堪。这些作者、制片人和技术员收入颇丰，往往是市场价的两到三倍。但我聊过的全职从事此类工作的人，无一例外觉得这份工作纯属狗屁。[23]

分派者

分派者可以分成两类。第一类分派者工作的全部内容就是给他人派活儿。如果分派者认为自己的介入其实毫无意义，哪怕没有他们的介入，下面的员工依然可以把活儿干好，那么我们可以说，他们从事的是狗屁工作。这类分派者正好和前面说的随从相反：后者是没必要存在的下级，前者是没必要存在的上级。

第一类分派者只是没用，第二类分派者则直接有害。第二类分派者的主要工作便是制造狗屁工作给他人，监督这些狗屁工作的完成，甚至还要招更多的人来完成这些狗屁工作。此类分派者可以被称作"狗屁工作生成器"。第二类分派者除了分派工作，或许还有其他工作，但如果他们全部或者大部分工作内容是生产狗屁工作然后分派，那么他们自己的工作也可以被归到狗屁工作中。

正如大家能够预见的那样，从分派者那边收集证词是相当困难的。哪怕他们私底下觉得自己的岗位完全无用，也很少愿意承认。[24]不过还是有个别愿意说的。

本是典型的第一类分派者，他是位中层管理者：

> 本：我做的就是狗屁工作，这份工作就是中层管理。我手底下有10个人，但我敢说，没我他们照样能把活儿都干了。我全部的功能就是把工作派给他们，其实那些生产出这些工作的人完全可以直接派活儿。（很多情况下，这些工作本身就是别的狗屁

工作从事者，也就是别的中层管理者搞出来的，而我把这些狗屁工作者生产的工作再分派下去，那我的工作真的是狗屁和狗屁的叠加了。）

我也是刚刚被提拔到这个位置的。我花了好长时间观察琢磨这份工作到底是干什么的。想了很久之后得出了一个结论：这个岗位实现的最大价值应该就是激励员工了。但我有点怀疑，自己是不是真的做到了这一点，哪怕我十分努力了！

据本估计，他大概花了至少3/4的时间在分派任务和监督这些任务的执行。虽然他坚持认为，完全没理由相信自己的监督对下属员工的工作执行存在丝毫影响。他还告诉我，他一直偷偷地在试着给自己也派点实实在在的活儿，但总会被他的上级发现并喊停。但值得注意的是，本告诉我这些话的时候，他刚刚就任该岗位两个半月，这或许能说明他为何如此坦率。随着时间的流逝，他最终若放弃了抵抗，开始接受这个新的角色，或许就会理解到，正如另一位管理者告诉我的那样："中层管理者全部的工作便是监督基层员工的工作，确保他们完成'生产效率指标'。"那样的话，本就会"摆正位置"，开始去设计各种表格、各种统计数据、各种衡量标准分派给下属，而本的下属也可以开始伪造各种数据来"完成"这些"标准"。

被迫监督那些不需要监督的人，这样的事情发生在很多人身上。比如阿方索，他在公司里担任本地化工作副经理一职。下面是他给我的反馈：

> 阿方索：我的工作是监督和协调一个五人翻译小组。问题是，这五人翻译小组的工作他们完全可以自己搞定：他们训练有素，会使用一切他们需要使用的工具，并且能够很好地安排自己的时间来完成各项任务。于是我就成了看门人了，一名"任务看

门人"。我的上级会通过Jira（一款任务管理的行政线上工具）把翻译组的任务发过来，然后我再把这个任务分派给对应的译者。除此之外，我还负责向上级递交例行报告，他再把报告内容融合到自己的"更为重要的"报告中，之后递交给公司首席执行官。

像这样，分派工作和打钩工作组合在一起，就构成了中层管理的本质。

不过对阿方索的团队来讲，他还是不可或缺的。这个位于爱尔兰的翻译小组，其实从日本总部办公室收到的活儿非常少，因此阿方索需要绞尽脑汁，编出像模像样的报告，来让总部觉得这个团队非常忙碌，缺一不可，于是所有人都能保住工作。

· · ·

现在我们来讨论第二类分派者：那些生产出狗屁工作然后分派给他人的工作者。

我们不妨从克洛的故事讲起。她在英国某所著名大学担任教务长，这个岗位有着明确的职责：为解决校园里存在的各种麻烦提供"战略指导"。

现如今，我们这些在学术工厂里勤勤恳恳工作的人，还是喜欢把自己视作教师和学者，而不是别的什么，所以对"战略"这个词语我们开始感到很害怕。"战略使命说明"或者更夸张的"战略愿景文件"将某种可怕的感觉渗透进来。正是通过这些说明和文件，原本属于企业的管理惯用伎俩正偷偷潜入学术圈——对工作表现进行量化评估。教师和学者被迫花费越来越多的时间去评估自己的工作，去证明自己工作的必要性，与此同时，留给他们真正用来从事教学和研究的时间越来越少。任何反复出现"质量""卓越""领导力""利害关系者"等字眼的文件都值得我们怀疑。所以我一听到克洛的岗位是"战略指导",就立刻怀疑她的工作不仅仅会"狗屁"她自己,还将"狗屁"其他人。

克洛后来的陈述证实了我的第一反应,虽然个中缘由和我设想的有所出入。

> 克洛:我这个教务长的职位是狗屁工作,就跟高校中所有非实权主任、副校长等"战略"岗位是狗屁工作是一个道理。高校中真正掌握权力和承担责任的岗位都是跟金钱相关的。而那些手握财政大权的实权主任、实权副校长在学校里通过哄骗、胁迫、鼓励、恐吓和协商等手段,使得各院系按照他们的指挥行事。其间,不管作为"大棒"还是"胡萝卜",金钱都发挥了重要作用。战略主任或者其他类似岗位手上既没有胡萝卜也没有大棒,是没有实权的。我们没有可以支配的预算,我们只有(用他们曾告诉我的话来讲)"说服和感化的力量"。
>
> 我不属于领导层,也无法真正参与那些探讨学校目标、总体战略、绩效评定、审计查账等议题的茶话会。我没有预算,对各项实际事务没有支配权,不管是大楼建设还是学生课表,都没有。我能做的仅仅是提出某项策略,而这项策略不过是学校既有策略的翻新版本而已。

所以对克洛而言,她的首要职责是提出一个又一个战略愿景说明。正是这没完没了的战略愿景说明,使那些不断侵蚀并霸占英国高校学术生活的数字处理和表格打钩工作显得很合理。[25] 但因为克洛没有实权,所以这一切又都沦为毫无意义的皮影戏。克洛真正拥有的,如同所有大学高级行政人员所拥有的,正是他们最重要的荣誉徽章:由一大堆行政人员构成的专属于自己的小小帝国。

克洛：我手下有FTE数为75%的个人助理[①]，有FTE数为75%的"特别项目和方针支持专员"，有全职的博士后研究员，还有2万英镑的"花销"津贴。换句话说，大量（公共）资金投入了狗屁工作的运转。特别项目和方针支持专员辅助我完成与项目和方针相关的工作；个人助理才华横溢，但最后做的都是订机票、订酒店、记日志这类事情，只不过"大学教务长个人助理"比"旅行社员工"或"秘书"听起来好听而已。至于研究员，完全是在浪费时间和金钱，因为我做研究都是独自完成，根本不需要研究员来辅助。

所以在我当教务长的这两年，我生编硬造了各种工作，安排给自己，也安排给他们。

事实上，克洛作为上级是很慷慨大方的。她花时间写出那些自己明明知道无人会采纳的战略方案，与此同时，特别项目专员"忙着整理出时间表概要"并收集各种有用的统计数据，个人助理帮助她记录日志，研究员则把时间完全花到了研究员自己的课题研究上。这样的安排看起来完全无害，怎么说整个团队都没人做什么不好的事情。说不定哪天这名研究员还会鼓捣出什么发现，给人类带来巨大贡献呢。真正令克洛感到不安的是，她最终意识到，若是她手握实权，那这样的工作安排是方便她做坏事的。当了两年教务长后，克洛失去了良好的判断力，昏昏沉沉地接受了一份新邀约，成为她原先所在院系的系主任，于是她获得了看待这一切的另一个视角。6个月后，她便在强烈的恐惧和厌恶中辞去了这份工作：

[①] FTE为full-time equivalent的缩写，即"全时当量"。1个FTE数对应1名员工全职工作的工作量。FTE数为75%，即指该员工贡献四分之三的工作时间作为克洛的助理。——译者注

克洛：在我担任系主任的短短几个月里，我注意到这个岗位起码90%的工作是毫无意义的——每天就是填写并提交院长发下来的各种表格，院长再根据这些表格撰写战略文件以便层层往上传递。学院的科研和教学进展通过五花八门的表格进行追踪监督；院系的资金和人员成本通过围绕五年计划展开的没完没了的子计划花费出去；办公室的抽屉被消耗了大量精力写成的该死的年度评估报告塞满，只不过塞进去后不会有人再打开看。为了完成这一切，作为系主任，我只好叫下属一起来弄。我的狗屁工作渗透到了其他人的工作中。

所以，你问我怎么看？我的看法是，这些狗屁工作并不是资本主义本身带来的[26]，而是管理主义思想在各大机构实践的产物。信奉管理主义的结果自然而然就是拥有了完整的教职员团队，一个虽然由学术人员构成，但所做的一切只是为了维持管理主义盘子始终旋转的团队：大家不断生产着战略报告、绩效指标、审计、回顾、评估、改版后的战略报告……没完没了。这一切的运转与高校最根本的生命源泉——教学和教育，完全脱节，毫无关联。

对此，我想跟克洛说，起码你是先有了员工团队，再去想各种任务分派给他们。而在公共部门和私营部门均担任过各式"任务分派者"的塔尼亚，则有着更为夸张的体验：她向我描述了崭新的狗屁工作岗位是如何诞生的。塔尼亚的故事非常独特，在她的描述中，我们可以清晰地看到本章提出的几大狗屁工作类别。在对狗屁工作的研究接近尾声时，我把当时刚刚想好的狗屁工作五大类别放到了推特上，想知道网友对此分类的看法和建议。塔尼亚看完后，觉得我发的狗屁工作分类和她的个人经历高度吻合。

塔尼亚：按照您的狗屁工作分类方式，我想我或许能被归到"分派者"这个类别。我曾是某行政服务办公室两位副主任之一，负责两家政府机关的人力资源、预算、拨款、合同和差旅事务。这两家机构享有的资金资源合起来有6亿美元，员工数量达到1000人。

作为管理者（或者说作为填补职责空隙的"拼接修补者"），在某个时刻你需要招聘新人来满足组织层面的需求。大部分时候，这种需求要么来自我自己，要么来自其他管理者：有时候我会想招一个"打钩者"或"拼接修补者"，有时候又需要招些做实事（非狗屁工作）的员工或"随从""打手"什么的。

我为什么会想招聘新的"拼接修补者"，大都是因为现有的工作管理系统（包括自动化工作流和人工工作流）太糟糕；有时候还因为现有的"打钩者"水平不够；更夸张的情况是，我手下负责"非狗屁工作"的员工，其实能力也很差，但他拿着公司的长期合同，以及长达25年的由他历任上级出具的杰出工作绩效评估。

最后这一点至关重要。哪怕是在私营企业，也很难开除能力不足的下属，只要这位下属有足够的资历和良好的工作绩效评估历史。跟政府部门的操作一致，处理这类员工最简单的方法往往是"将他们踢到职位阶梯的更高处"：给他们升个职，这样他们就不会继续给你添麻烦，而是给其他人添麻烦去了。但问题是塔尼亚已经在公司职位阶梯的最高处，所以没法用这个办法了，这个能力不足的老员工将继续成为她的烦恼，哪怕给他升职。现在只有两个选项。选项一：把这个能力不足的老员工从做实事岗位移到狗屁工作岗位，这样他就不需要承担什么实际的责任；选项二：如果不存在现成的狗屁工作岗位，就只能保留这名老员工的现有岗位，然后招聘新员工去从事这名老员工所在岗位本应该从事的工作。但选项二会带来另一个问题：你不能以这名老员工实际岗位的名义去招聘新人，因为这个岗位老员工占着，你必须编造出一个新的岗位，然后在明知道这个编造出的岗位根本不存在的情况下，编造出一堆狗屁职位描述。毕竟，这个招聘来的新人实际上要完成的是那个老员工本该做的工作。然后你不得不装模作样，假装这位新人非常适合你编造出来的那个新岗位。这一切都需要做大量工作。

塔尼亚：在有详细岗位分类和职位描述的高度组织化的机构中，你肯定能找到某个已经具体列出来的岗位来给你招聘新人使用。（这真是狗屁工作满天飞的一个职业世界，充满了大量琐碎、无意义甚至有害的工作。项目经费申请书和竞标文件满天飞的世界也差不多是这个情况。）

因此，创建狗屁岗位往往伴随着一整套狗屁说辞。在各式文件中，这些狗屁说辞解释了该狗屁岗位的存在意义和职责范围，并说明了此岗位从事者应该具备的资历和素质。这些狗屁说辞必须符合美国人事管理局和我们自己人力资源部门给出的格式和专门术语要求。

狗屁工作创建完毕后，肯定得再来个同样风格的招聘通知。为了符合招聘标准，求职者必须在简历里提到通知里涉及的全部技能点和术语，这样我们人力资源部门使用的招聘软件才能够把他们挑出来。被聘用后，还得再写一份文件来详细阐述这位员工的职责范围，这份文件在他们的年度绩效考评中将拿出来作为依据。

我得替求职者重新撰写简历，这样才能够打败公司的招聘软件，我才能拥有面试然后从中挑选他们的机会。如果他们的简历过不了招聘软件的筛选，我就算看上了，他们也不被允许录用。

让我们试着把塔尼亚的经历改编成一则寓言故事：假装你还是那个封建领主，你有名花匠，这名花匠勤勤恳恳、忠心耿耿为你工作了20年，可是却染上了酗酒的毛病。你一而再再而三地发现他醉倒在花坛。花园里到处都是新生的蒲公英，而莎草却开始死掉。可是花匠人脉根基深厚，如果辞掉他，会冒犯很多你不想冒犯的人。所以你只好再招一名仆人，这名仆人表面上是来擦拭门把手或做点其他什么无关紧要的事情的。事实上，你在寻找所谓的门把手擦拭仆人时，偷偷考察的是候选人是否有园艺方面的工作经验。如果只是这样，似乎也没什么问题。然而，在公司世界，你没办法随随便便召唤来新的"仆人"，赏他一个华丽的称谓（比如"大门入口高级管家"什么的）之后，告诉他其实他要做的是时刻准备着，一旦花匠醉倒了，就去搞定宅子里的园艺活儿。你得编造一套完整的虚假描述，来说明门把手擦拭仆人的职责范围，你还得训练这位新仆人如何假装他是王国一等一的门把手擦拭高手，最后你还得根据门把手擦拭仆人的具体职责范围描述，来定期对这项打钩工作进行绩效评价。

而且，万一哪天原来的花匠突然戒酒清醒了过来，不希望边上有个小年轻晃来晃去给他添乱，那么恭喜你，你将拥有一位全职的门把手擦拭仆人。

塔尼亚表示，这不过是分派者最终沦为狗屁工作制造者的许许多多路径中的一条而已。

复合型狗屁工作

这五类狗屁工作肯定没办法囊括所有情况，大家还能轻松举出其他例子。有人就提出过一种狗屁工作类别，很有意思，叫"幻想中的伙伴"。什么是"幻想中的伙伴"呢？就是有些公司为了改善非人性化的工作环境，会招聘一些人员来专门负责人性化工作。可是真正执行的时候，往往是一场又一场必须参加的大型幻想游戏：强制"创造力"研讨会、强制"正念"研讨会、强制慈善活动……有时候，这些人全部的职业生涯都围绕着化装舞会和无聊小游戏展开，来给办公环境增添所谓的友爱融洽气氛。而这种气氛很可能根本不受待见，身处其中的办公室员工不堪其扰。"幻想中的伙伴"可以勉强归到"打钩者"这个类别，也可以视为单独一类。

从上述例子中我们发现，有时候你能肯定某个岗位是狗屁工作，但还是没办法精确地将其定位到五大类狗屁工作中的一类。这个岗位往往同时具备不同类别狗屁工作的某些特质。一名打钩者可能同时还是随从，然后说不定哪天机构内部规则一改，这名打钩者兼随从最终彻底变成了全职随从。而某位随从可能同时还是拼接修补者，万一哪天公司出了某个问题，就转为全职拼接修补者，因为与其从根本上解决问题，公司领导还是觉得从无所事事的随从团队中调出一员，来解决这个问题带来的后果会更简单。

回头再聊聊处于非实权教务长岗位的克洛吧。从某种意义上而言，她也是一名随从。因为设立这个岗位，很大程度上就是因为领导在地位象征层面有需求。但她同时还是自己下属的任务分派者。因为她和下属其实手头活儿都不多，有时候也会看看哪里有拼接修补工作可以搭把手。最终她有机会认识到，哪怕她拥有了些许实权，大部分时候也只是在做打钩者。

有位就职于电话销售公司的男士也向我分享了他的故事。他所在的这家电话销售公司手头有某家大型信息技术公司的单子。（我不知道这家信息技术公司具体是哪家，这位男士没有向我说明，这里我们就假设它是苹果公司好了。）他每天要做的事情就是打电话到不同公司，说服它们跟苹果公司的销售代表预约一次会议。问题是，他们致电的这些公司都有固定的苹果公司常驻销售代表，这些人往往就在同一个办公室里办公。更夸张的是，打电话的人是完全知道这个情况的。

> 吉姆：我经常问公司的经理，在电话那头的用户已有我们客户方销售代表常驻他们公司的情况下，我们如何说服用户同我们客户（某家科技巨头公司）的其他销售代表会面。有些经理跟我一样摸不着头脑，但也有些经理摸清了其中的门道。他们耐心地跟我解释，说我没有弄明白这一切的关键所在：会面的预约电话本身玩的就是社交礼节。
>
> 用户同意会面不是出于具体某个工作内容的商议需求，而是出于一种担心：如果拒绝，会不会不礼貌。

这完全就是毫无意义的工作，但具体归到哪个类别呢？作为一名电话推销员，吉姆的工作肯定算得上是打手工作，可是这项打手工作的全部目的就是操控他人去做打钩工作。

另一项跨类别的工作是"投诉接收"[①]，它可被视作随从工作和拼接修补工作的混合体，但除了这两类工作的特点，它还有属于投诉接收工作自己的独特之处。作为管理人员的下级，投诉接收者成了客户投诉的一线接收端。这些投诉很多时候都是合情合理的。但之所以设置投诉接收岗位来应对客户的投诉，恰恰是因为这些投诉接收者完全没有任何权限去真正解决问题。

这个角色大家太熟悉了，行政机构里随处可见。前面我们提到的那个专门负责道歉解释为何木工没有来的工作人员就可以勉强算作投诉接收者。不过即使把他归到这一类，也只能算是超轻松版本的，毕

---

① 投诉接收（flak catcher）中的 flak 原意为"高射炮火"，可以引申为"严厉的批评"，flak catcher 如果直译，类似中文里的"堵枪眼的人"。——译者注

竟这位工作人员面对的都是大学教授和行政管理人员，他不用感受其他地方投诉者常见的尖叫、怒吼、拍桌子、发火。其他地方的投诉接收工作是有真正的潜在危险的。2008年我第一次到英国的时候，首先看到的便是公共场所随处可见的提醒人们不要用肢体攻击政府基层官员的告示，我当时就震惊了。（这不是常识吗，还需要到处贴告示？但显然情况并非如此。）

有些投诉接收者也明白自己的工作就是接收投诉而已，纳撒尼尔正是如此。纳撒尼尔参加了加拿大某所大学的半工半读课程，他被派到学校的注册中心，负责给填错表格的学生打电话，让他们必须重新填写一份。（"因为一线员工全是学生，所以被要求重填表格的学生再生气也发泄不出来。每当有人露出发火的迹象，我们马上就会说，'对不起，哥们儿，我知道这很扯，我自己也是学生，我懂你有多烦'。"）同时，也有些投诉接收者对此似乎毫不知情，毫不知情得甚至有些令人同情。

蒂姆：暑假的时候，我在学生宿舍打工。这份工作我已经做了三年了，但此时此刻，我依然完全不清楚我的工作职责究竟是什么。

我最主要的职责应该就是在宿舍楼入口处的前台待着，大概70%的时间我都坐在那儿。只要坐在那儿就好，我完全可以"做自己的课题研究"。我觉得我可以随便打发时间，或者把从柜子里翻出来的橡皮筋捆成一个球什么的。除此之外，我还会时不时刷新下办公室的电子邮箱（当然，因为我基本上没受过什么岗位培训，也没有什么行政职权，所以对于这些邮件我能做的不过就是转发给上级）；时不时去门口把快递员扔在那儿的包裹搬到收发室；接接电话（同样，因为我啥都不知道，所以基本上没办法给对方满意的答复）；在前台抽屉里翻出几包2005年放进去的番茄酱什么的；给维修部打电话，告诉他们有三把叉子被这栋楼的学生扔进了水槽里的污物碾碎器,现在整个水槽在喷射剩饭剩菜呢。

除此之外,我还经常被各种吼,虽然根本不是我的错:他们自己把叉子扔进污物碾碎器了,吼我;附近有工地在施工,吼我;他们还差1400美元住宿费没付,想交现金,可我没有收现金权限,正好又是周末,领导不上班,吼我;宿舍楼没有电视让他们看《亿万未婚夫》(The Bachelor),吼我。我想对他们来讲,冲着我大喊大叫是某种宣泄的方式,毕竟我只有19岁,可怜的我什么权力都没有。

这一切,只换来每小时14美元的收入。

表面上来看,蒂姆不过是随从,就跟前文中那家荷兰出版社的接待员一样:如果前台没有任何人坐在那儿,总感觉不是回事。但事实上,蒂姆这个岗位对他的领导来说可不是什么摆设:蒂姆是给愤怒的学生当出气筒的。否则,都三年了,蒂姆的领导怎么还什么都不告诉他,让他这样一无所知地待着?我为何一直犹豫没把投诉接收者设定为一类狗屁工作,主要原因就在于这个岗位确确实实有作用。蒂姆这个岗位并不是为了修补组织中某个结构性缺陷,跟那位不断为木工来不了而道歉的工作人员并不是一回事。之所以让蒂姆坐在那儿,是因为宿舍楼聚集着大量青少年,各种令人心烦的破事时不时会发生,很难说什么时候就有人爆发了。领导可不想自己来挡这个炮火,于是找了"炮灰"蒂姆。换句话说,蒂姆这份工作是狗屎工作,至于算不算得上狗屁工作就很难讲了。

次级狗屁工作

最后,还有一类工作很难归类。这类工作本质上绝非狗屁工作,可它们最终服务于狗屁工作。比如，狗屁公司的清洁工、保安、维修人员和其他各种后勤人员。比如库尔特，作为德国军方外包后勤公司的员工，遇到士兵更换办公室的情况，库尔特需处理好这名士兵计算机搬迁的文书工作。再比如努里，他所服务的公司推广的算法根本就用不了，以及装装样子的电话销售公司和企业合规性调查公司，等等。上述每一家公司，都得有人负责浇花，有人负责打扫洗手间，有人负责杀虫。虽然这些公司大部分都是跟其他公司合用办公大楼的（办公大楼里往往会有不同类型的公司，所以服务于其中的清洁工、电工或杀虫人员不大可能只服务于狗屁公司），但如果真的去计算所有清洁工作和电工服务最终服务于狗屁工作的比例，我们得到的数字将会是相当高的（事实上，如果YouGov的调查结果准确可靠，那我们基本可以认定这个比例能达到37%[27]）。

如果世界上37%的工作是狗屁工作，而剩下63%的工作中又有37%服务于狗屁工作，那么经过计算，我们可以得到，从广义上讲，略微超过一半的工作是毫无意义的。[28]如果把上面这些全部去掉，再减去那些正在狗屁化的有用岗位（办公室工作中起码有50%的工作正在遭遇狗屁化，非办公室工作这个比例应该低一些），以及那些仅仅因为所有人都过于忙碌而存在的职业（比如狗狗洗澡师、24小时比萨外卖服务等），每周人均实际工作时间或许真的就能减到15小时，甚至12小时。减完后，对我们真正的生活毫无影响。

是否有人还未察觉自己正在从事狗屁工作

谈到次级狗屁工作，让我们再次想到另一个问题：狗屁工作到底多大程度上属于人们的主观判断，又有多大程度属于某种客观真实？我认为狗屁工作绝对真实。我所说的必须依赖从事者本人的判断来判定一份工作是否狗屁，指的是作为观察者，这是我们可以观察到的内容而已。不过我还是要提醒读者朋友，虽然在询问某人"是否有事可做"这个问题的时候，我们可以采纳所有人的答案，但如果这个问题变成了更为微妙的"是否有实事可做"，那么我们最好还是采纳整个行业的普遍答案而非单个答案。否则，我们就会得出愚蠢的结论，比如，某律师事务所中，从事同样工作的30位法律助理中，有29人是狗屁工作从事者，剩下一人不是，原因是前面29人觉得自己没有做实事，而剩下一人觉得自己做了。

除非我们认定，个体感知之外绝对不存在任何真实（这在哲学上站不住脚），不然很难否认一种可能性，即人们对自己所作所为的感知可能会出错。但是从本书的撰写目的来看，这些都不构成什么问题，毕竟最吸引我的是我所说的"主观因素"。本书的主要目的并非论述某种社会效能和社会价值理论，真正令我好奇的是，为何许多人明明知道自己的工作没什么社会效能和社会价值，还要日复一日地继续下去？这背后又会产生怎样的心理影响、社会影响和政治影响？

而且人们不会总是判断失误，所以如果非要搞明白到底哪些行业有意义、哪些行业无意义，最好的办法就是看看哪些行业中大部分从事者认为自己从事的是狗屁工作，哪些行业中大部分从事者认为自己从事的工作有价值。更进一步，我们可以试着弄清楚他们判定自身工作"有意义"或"无意义"依据的社会价值理论是什么。如果有人说出"我的工作毫无意义"这句话，那么他采用的究竟是什么样的评价标准。有些人仔细想过这个问题，所以能明明白白地告诉你怎么回事，比如前面提到的特效师汤姆。与此同时，也有很多人虽然自身没办法清晰地讲出一套理论，但你能感觉到他们心中是有这么一套评价体系的，即使他们并没有完全意识到。因此，我们需要仔细分析他们说的话，观察他们对自己从事的工作有着怎样的本能反应，最终得出他们背后的评价体系和社会价值理论。

对我来说，问题并不在这里。我是人类学家，通过观察人们日常的行事和对事物的反应，我可以推断出背后支撑他们行事风格和应对方式的理论体系，这正是人类学家的工作。但问题来了，人们的理论并不总是相同。比如，我做这个研究的时候注意到，银行业中有许多从业者私下觉得99%的银行业务都属于狗屁，对人类一点好处都没有。至于银行业其他从业者怎么想，我只能假设他们持不同意见。这里是否存在某种模式？不同职级的人是否有不同的看法？是不是位置较高的从业者更倾向于认同银行业的社会价值，还是说他们中很多人私下也觉得银行业没有社会价值，只是毫不在乎而已？或者他们根本就对此很得意，觉得自己是海盗、是行骗大师，把这种对社会毫无益处的行业浪漫化了？所以根本没办法说得准。（尽管本书第一章中提到的杰弗里·萨克斯的坦诚，多多少少透露给我们，行业中许多高层认为自己的为所欲为理所应当：想要什么，只要拿得到，那就拿。）

我研究时遇到的真正问题是，有时候会碰到这样的情况：其他人常常拿来当作狗屁工作经典案例的岗位，从事者本人却不这么认为。这种情况怎么处理？并未有人就此做过详尽的比较调查，但我倒是在自己的资料库中发现了某些有趣的模式。在我收到的反馈中，来自律师行业的并不多（虽然收到了大量来自法律助理的反馈），来自公关宣传从业者的反馈仅有两份，而来自游说者的反馈更是一份都没有。那我们就能据此推断出这些大都不是狗屁岗位吗？这可不一定。这份沉默还存在许许多多别的合理解释。比如，这些行业中日常刷推特的人可能比较少，抑或其中那些刷推特的人比较倾向于撒谎，这都说不定。

在本章最后，我有必要提一下一类人，他们不仅否认自己的工作是狗屁工作，而且明确表达了对"我们的社会充斥着狗屁工作"这个论点感到厌恶。不难猜到，这类人正是企业主以及那些负责招聘和解雇的管理人员（在这一点上，塔尼亚算是特例）。事实上，许多年来，我总是时不时收到来自企业主和高管的评论，他们怒气冲冲，说我的整个论述前提都是错误的。他们坚持认为，没有人会把公司的钱花在公司不需要的员工身上。他们往往只有观点，没有缜密的论证。大部分人都陷入常见的循环论证：因为在市场经济，你说的这些都不可能发生，所以这些就没有发生，于是那些说自己从事了狗屁工作的人要么被蒙蔽了，要么就是太自以为是，要么就是根本没有弄清楚自己的真正工作职责（这个工作职责除了他们，其他人好像都弄不清）。

据此，我们可能忍不住会得出以下结论：起码存在一类人真的意识不到自己从事了狗屁工作。当然，首席执行官从事的还真的不是狗屁工作，他们确实改变了这个世界，不管这种改变是好是坏。他们只是对自己创造的各类狗屁工作视而不见而已。

第三章

论精神暴力（上）——为什么狗屁工作从事者说他们不快乐

BULLSHIT JOBS
A Theory

> 工作场所是法西斯式的。这里狂热而排他,你的生命被吞噬;老板将原本属于你的每分每秒全部抢过来,并占为己有,好似恶龙将金子秘藏。
>
> ——努里

从本章起,我将开始探索陷入狗屁工作可能带来的道德后果和心理后果。

在此我想先问个显而易见的问题:为何狗屁工作是个问题呢?或者这样问更精确些:为何从事毫无意义的工作会如此频繁地导致人们痛苦呢?单从表面上看,这似乎讲不通,毕竟我们正在探讨的是那些收入稳定(而且往往颇丰)却无须做事的群体。按道理说,既不用做事又可以拿钱,这样不应该觉得自己的运气好极了吗?尤其这些人多多少少又对自己的时间拥有支配权。虽然确实偶尔有人跟我表示,自己处在目前的岗位上实在是太幸运了,但值得注意的是,这样跟我说的人真的很少。[1]事实上,大量狗屁工作从事者非常困惑于自己的感受,不明白为何这份工作让自己感到如此一无是处甚至感到抑郁。事实上,这种无法解释和无法理解——这种讲不清自己究竟处于什么境况，也看不懂这种境况的问题所在的状态——往往会加重他们的痛苦。古罗马战舰上划船的奴隶至少知道自己正在被压迫，但每天坐在办公桌前对着计算机假装工作 7 个半小时以换取每小时 18 美元报酬的你，或者作为咨询公司初级员工没完没了地主持一场场一模一样"创新"研讨会然后拿到 5 万美元年薪的他，却完全不知道究竟是哪里出了问题，只是备感困扰。

在之前关于债务的一书中，我提到了"道德困惑"（moral confusion）这个现象。纵观人类历史，大部分人似乎对下列两点持肯定态度：第一，偿还债务是构成人类道德的核心要素；第二，放债者皆为恶人。虽然狗屁工作的兴起是个相对较新的情况，但我认为这里的道德困境（moral embarrassment）是类似的。一方面，我们都听过这样的说法，说人类总是倾向于选择最有利于自己的选择，也就是说，我们会选择用最少的付出，不管是时间上的还是精力上的，来换取最大的利益。这样的说法我们多半是同意的，尤其是我们抽象地探讨这类问题时。（"我们不可以施舍穷人啊！如果这样，他们哪里还有动力去找工作！"）另一方面，我们自身的经验也好，我们身边人的体会也好，统统在告诉我们这样的说法漏洞百出。根据我们对人性的理论分析预判，人们遇事后的处理方式和人们真正遇到事情后的处理方式几乎从不重合。对此，唯一的合理解释只能是，起码在某些关键点上，对人性的这些理论分析出了错。

本章中，我想探讨的不仅仅是人们从事无意义工作的时候为何如此不开心，还想更加深入地思考这种不开心的背后究竟隐藏着什么样的人性以及人类本质。

当着闲差却无所适从

我先来讲个故事吧。有个年轻人叫埃里克，他有生以来获得的第一份工作就完全没有意义，甚至没有意义到有点滑稽。

> 埃里克：我有过许许多多糟糕的工作，但完完全全、彻头彻尾可以说是狗屁工作的是十多年前读研究生时我的第一份"职业工作"。我是家族里第一名大学生，所以当时我对高等教育的理解特别单纯、特别简单，不知道为何当时的我认为读研可以给我带来想都想不到的机遇。
>
> 然而，真实的情况是，研究生期间我们得到的"高等教育"就是在普华永道、毕马威等公司培训和实习的机会。开始6个月我拿着研究生补贴，什么都不用干，每天用研究生证进出图书馆读读法国小说和俄国小说，还蛮惬意的。但好日子只维持了6个月，很快我就被要求去参加一个面试，然后我就获得了一份工作，这让我很难过。
>
> 我的工作是为某家大型设计公司提供界面管理服务。该界面是一个内容管理系统（其实就是配有图形用户界面的内部网络），这家设计公司位于英国各地的7个办公室就靠它来进行信息共享。

埃里克很快发现，之所以需要他这个岗位，只是因为公司内部沟通上存在问题。也就是说，他是名拼接修补者：这个内容管理系统之所以有存在的必要，完全是因为各位合伙人无法做到拿起电话互相沟通协调。

> 埃里克：公司是合伙经营制，每个合伙人负责管理一处办公室。他们分别来自三所私立学校，有些是私立学校时期的同学，而且所有人都曾就读于同一所设计学院——英国皇家艺术学院。这些四十好几的合伙人，还像私立学校的中学生那样，争强好胜

得令人咋舌。他们经常互相争夺同一个标的，不止一次地发生过不同办公室的团队不约而同来到同一位客户处的情况，最后大家只好缩在破商务园区的停车场内，把两边的竞标方案匆匆合并。为了避免这样的事情（以及其他无数糟心事）再次发生，公司便弄了这么个界面，目的是让所有办公室人员都能一起超强协作。我的工作便是帮助开发、运营和推广这个界面系统。

问题是，埃里克很快就发现自己做的其实不是拼接修补工作，而是打钩工作。公司其中一位合伙人强烈要求搞这个界面系统，而其他合伙人其实不愿意，但是表面上都不说，全部假装没意见，然后私底下又使各种手段来阻碍这个系统的实施。

> 埃里克：我本来应该早点看清，这个界面系统压根儿就只是其中一位合伙人的想法，其他合伙人根本没想真的让它生效。不然的话，他们为何要雇一个毫无信息技术经验的21岁历史学研究生来做这件事？他们花钱买来能买到的最便宜的软件，绝对是被骗子坑了。这个软件经常出错，动不动就卡了，看起来就像Windows 3.1的屏保似的。公司里所有人都疑神疑鬼的，觉得这个系统是来监视他们的。他们以为，自己的工作效率、在公司用计算机键盘敲击过的每一个字，以及用公司流量下载的每一部小黄片统统会被发现和记录。因此所有人都很排斥这个界面系统。而我，一个毫无编程和软件开发背景的历史学研究生，也不可能真的在那个买来的破软件上做出任何改进。所以我每天做的其实就是推销和管理这个功能低下、毫不受欢迎的垃圾玩意儿。就这么"工作"了几个月以后，我发现我大部分时候啥都不用做，也就是偶尔有设计师会问问如何上传文件，或者如何在系统地址簿上搜索某个电子邮箱地址什么的。

这份毫无意义的工作很快就促使他做出了一些不那么明显的反抗行为（随着时间的流逝，反抗行为也越来越明显起来）。

> 埃里克：我开始迟到早退，公司的"星期五午餐来杯酒"政策也被我执行成了"每天午餐都来一杯"。工位上我就敢看小说，午饭后散步也能持续三小时。上班时，我经常脱掉鞋子，左手一份法国《世界报》，右手一本法语词典《小罗贝尔》（ Le Petit Robert ），法语阅读能力得到了迅猛提升。我受不了了想辞职，但是老板不同意，还给我加薪 2600 英镑，我只好勉强接受了。他们需要我，恰恰是因为我不具备优化软件使之生效的能力，而他们就是不想让它生效的，所以愿意花钱养着我。（这里我们或许可以借用马克思《1844 年经济学哲学手稿》里的说法，设计公司的老板为了不让自己因劳动异化①而心生恐惧，选择将我献祭，让我来经受更为惨烈的与人类潜在成长的疏离。）

随着时间的推移，埃里克的行为越发出格，他希望能逼到老板忍不下去把他解雇。埃里克开始醉醺醺地来上班，并伪造出各种虚假"商务差旅"，拿着公司的钱去参加根本不存在的会议。

> 埃里克：有一次公司年会我喝醉了，就和爱丁堡那边的一个同事狂倒苦水，把心里的这些感受统统告诉了他。之后，他就开始给我安排虚假会议，其中一次安排在了格伦伊格尔斯的高尔夫

---

① 劳动异化（ alienated labor ）是马克思在《1844 年经济学哲学手稿》中首次提出的概念，是马克思用来表述资本主义雇佣劳动的重要概念。马克思认为，在资本主义社会中，工人创造了财富，而财富却被资本家占有并使工人受其支配，因此，这种财富及财富的占有、工人的劳动本身皆异化成为统治工人的、与工人敌对的、异己的力量，这就是劳动异化。——译者注

球场，我穿着借来的大了两号的高尔夫球鞋，在草坪上跌跌撞撞，踩来踏去。发现这样的虚假会议并不会有什么后果后，我就开始和伦敦办公室那边的同事安排不存在的会议了。公司安排的酒店往往位于布鲁姆斯伯里的圣亚詹斯酒店，这里的房间一股尼古丁的味道。我当然没有会要开，就约上几个伦敦的老朋友，找个索霍区的酒吧，重温昔日老传统，喝上一整天。这一喝往往一发不可收拾，最后升级成肖尔迪奇区的通宵买醉。不止一次，当第二周周一回到办公室的时候，我依然穿着上周三的衬衫。那个时候我已经很久没有刮胡子了，我的头发像是从齐柏林飞艇乐队（Zeppelin）巡回演出管理员那里抢来的。我又试着辞职了两回，但最后都以涨薪告终。对每天最多也就是接两个电话这样的一份工作而言，我当时获得的报酬已经高到离谱了。终于，在某个夏末的午后，在布里斯托尔圣堂草地火车站的月台上，我情绪崩溃了。我一直都很想看看布里斯托尔，于是决定"拜访"一下公司位于布里斯托尔的办公室，考察考察界面系统在那边的"用户使用率"。事实上，我在圣保罗无政府工团主义分子聚集的家庭派对中嗑了三天摇头丸。药劲过去后，我感到游离和沮丧，我突然意识到这种茫然无目标的日子带给了我深重的折磨。

在经过大量努力之后，埃里克终于被换掉了。

埃里克：迫于压力，最终我的老板只好又雇了名新员工，这位新人刚刚拿到计算机科学的学位。老板招他进来还是为了这个界面系统，看看是否能有所改进。这个小孩就职第一天，我就列了个清单给他，把要做的事情全部写在了上面。然后我马上把辞职信写好，等到老板去度假的时候，塞进了他的办公室门缝。为了逃开法定的离职通知期（notice period），我打了个电话表示最后一个月工资不要了。辞职那一周我就飞到了摩洛哥海滨城市索维拉，在那儿什么也不做待了一段时间。回来后，我整整6个月都住在一处私宅中，并在周围的三英亩（约18亩）地里种了点蔬菜。您在《罢工！》上发表的那篇文章我第一时间就看了。对于像我这样的人，这篇文章令人恍然大悟，原来这些无用的岗位是资本主义故意创造的，其目的不过就是维持一切的运转，原来这些并不是单单发生在我身上。

发生在埃里克身上的这段故事最值得我们注意的点在于，许多人会觉得埃里克这份工作简直就是梦想中的工作啊：什么都不用做却可以领大把的钱；几乎处在无人监管的状态下；工作中没人不尊重他，还可以钻公司制度的漏洞。可是尽管如此，他还是渐渐被摧毁了。

到底为什么？

我想，在很大程度上，它反映出来的问题是社会阶级的问题。埃里克这位年轻人来自工人阶级家庭，他的父母是令人尊敬的工厂工人。当时的他刚刚踏出大学的校门，对未来充满期待，却猝不及防地获得了"真实世界"的初次体验。这个体验令他受了不小的刺激。在这里，他遭遇了这样的真实世界：第一，在管理层的中年人眼中，任何一个20岁出头的白人小伙子多少都算个计算机高手（哪怕像埃里克这样，根本就没有接受过任何计算机专业培训的人）；第二，只要目前还需要，给埃里克这样的人一个轻松且高薪的岗位就不算什么；第三，他们根本就把埃里克当个笑话。埃里克的岗位真的就是个笑话，他的存在就是合伙人之间恶作剧的产物。

而且他根本找不到任何办法从自己的工作中解读出哪怕一丝丝意义来，这一点最终把他逼疯。养家糊口这样的理由他也没办法用，因为他还没有成家。埃里克所在的阶级是以劳动为荣的阶级，这个阶级的人们制造、维护和修理东西，并以此为荣，这个阶级的人们觉得一切理应如此。于是自然而然，埃里克觉得上了大学进入专业领域之后，自己将要从事更加高大上的劳动。可现实恰恰是因为他"不具备"某项能力，反而获得了这份工作。他一次次尝试辞职，公司却一次次给他加薪。辞职不行，那出格行不行？还是不行。不管他做了多么过分的事情，公司还是留着他。他试过挑明公司的问题，也试过拙劣地扮演别人想要他扮演的角色，可这一切都是徒劳。

为了帮助理解埃里克身上发生的事情，我们可以假想出另一名历史学研究生，姑且称其为"埃外克"。假设这位历史学年轻学者也被放到了埃里克的岗位上，他会怎么做呢？会有什么不一样呢？很可能，埃外克也会跟着玩儿这套把戏。他不会像埃里克那样通过（没有实际功能的）出差来实践不同形式的自我毁灭，但埃外克会把这些当作积累社会资本的机会，积累起来的人脉最终会助他达到更高的位置、获取更好的资源。埃外克会把这份工作当作垫脚石，在职业培训期间参与的这个项目能够给予他某种目标感。然而这样的态度和性情并非与生俱来：父母从事职业工作，孩子则耳濡目染，从很小的时候开始就会以埃外克的方式来看待这一切。可是埃里克并没有这样的成长环境，他没法强迫自己像埃外克那样去思考、去行动。所以最后，起码在短时期内，埃里克放逐了自己，住着私宅，种着西红柿。[2]

狗屁工作的核心：虚伪和无目标感

在更深层次上，埃里克身上发生的事情，几乎反映出了狗屁工作从事者所经历的一切痛苦。这种痛苦不仅仅源于目标感的缺失（虽然茫然无目的肯定带来了痛苦），还源于工作中的虚伪。前文中我提到过，电话推销员通过欺骗或者施压的方式，来促使人们做出与他们自身真实利益相违背的消费决策，这种时候，电话推销员心中是会产生愤怒情绪的。这种情绪很复杂，甚至还没有现成的叫法。毕竟，说到骗局，我们脑海中浮现的都是行骗大师。而行骗大师往往会被我们浪漫化看待，他们耍着花招，离经叛道，我们甚至会钦佩他们，因为他们确实是行家，哪怕精通的是骗术。正是因为这样的浪漫化形象，行骗大师成为好莱坞电影中一类为人所接受的主角。行骗大师享受自己的所作所为，然而，"被迫"欺骗他人的电话推销员和行骗大师所经历的完全是两码事。这种情况下，你很难不产生一种感觉，那就是你和那个正在被你骗的人的处境其实没什么不同：你的老板操控着你、强迫着你，通过你又操控和强迫着电话那端的受骗客户。只不过，你还多了一重羞辱，因为你还背叛了电话那端给予你信任的客户，你辜负了原本不该辜负的人，你们本该是站在一边的。

在我们的想象中，狗屁工作带来的感受绝不该是这样的。毕竟，作为狗屁工作从事者，如果你在工作中欺骗他人，那这个"他人"正是你的老板，而你的操作老板是完全允许的。但不知为何，在许多反馈者口中，正是这一点深深地困扰着他们。花言巧语诱骗他人成功之后，你没有满足感，你甚至没有办法将自己编造的谎言进行到底。大部分时候，你也无法将他人编造的谎言进行到底。你的工作就像某个老板忘了拉上裤子的拉链，所有人都看到了，但大家都不会点破。

而这似乎也加重了无目标感。

或许埃外克确实找到了某种方法来扭转毫无目标的局面，找出某种目标；或许他认为自己也是这场荒诞戏的参与者，对这些玩法早已知情；或许埃外克还是个野心勃勃的人，会将这些行政管理技巧有效运用，在办公室里如鱼得水。但是哪怕是富二代、官二代，也会觉得这样做并非易事。鲁弗斯的叙述或许能让我们略微了解一下这类人常常感受到的道德困惑。

> 鲁弗斯：我拿到这份工作是因为我爸，他是公司的副总。他

们派我处理投诉。考虑到这是家号称研究生物医学的公司，退回来的产品都被视作生物危害物，所以我有大把时间独自待在一个房间里，没有其他人，不受任何监督，基本也没有什么工作要做。我对这份工作的大部分记忆都停留在玩扫雷游戏、听播客节目上。

当然，我确实也花费了一定时间研究电子表格软件，也会看看Word文档有没有什么更新，以及其他一些事情。但我敢保证，我对公司的实际贡献为"0"。我在办公室的时候一直戴着耳机，对于身边的同事和分派给我的"工作"，我给出了可能范围内最少的关注。

我痛恨在那里度过的每一分钟。事实上，大部分日子我都会提前下班回家，午休也要休两三个小时，"上厕所"一上就没边儿了（其实出去溜达了）。对此，没人说过我一句。我每一分钟的上班时间，不管我有没有在"上班"，我都拿到了报酬。

回想起来，似乎这份工作还是一份理想工作呢。

回想这份工作时，鲁弗斯发现当年这份工作似乎划算得不得了。他困惑了，他搞不明白当年的自己为何如此痛恨它。当然，他不可能一点儿都不知道当年的同事是如何看待他的：老板的孩子，工作的时候随便弄弄就能拿到钱；大家都不敢跟他说话；上司明显也被打过招呼，不要去干涉他。这种情况下，不可能唤起同事之间的温情。

不过，鲁弗斯的故事反映出另外一个问题：如果鲁弗斯的父亲本就没打算让鲁弗斯在这份工作上有所作为，那么一开始又为何要把他放到这个位置上呢？父亲完全可以每个月直接给鲁弗斯零花钱，或者给鲁弗斯安排个能真正有所作为的岗位，训练他、培养他的工作技能，然后稍微花点心思确保鲁弗斯能良好地完成他的工作职责。可是他并没有这么做,他似乎觉得对儿子来讲,真正获取工作经验比不上"我有份工作"这个说辞来得重要。[3]

这一点很令人想不通。更令人想不通的是鲁弗斯父亲的做法并非个例,相反,在当下,这是极其普遍的操作。以前大家不是这样的。曾经,那些家里有条件上大学,或者有资格获得奖学金或助研助教机会的大学生,是能领到定期生活津贴的。曾经,人们觉得让青年男女拥有几年纯粹的时光是件好事,在这几年中,他们可以不把金钱放在首位,可以肆意追寻各种价值:他们可以研究哲学、品读诗歌,他们可以热衷体育、探索性爱,可以调整状态、不断感悟,还可以关心政治、了解西方艺术史……可如今,人们觉得年轻人应当去工作。不过,这份工作是否有意义大家并不重视。事实上,如同鲁弗斯,压根儿就没人指望这些年轻人去参与实实在在的工作,只要他们出现在工作场合并做出工作的样子就好了。我获得的反馈中,有不少学生吐槽了这个现象。帕特里克回想起自己上大学时在学生会便利店当临时零售员的工作经历。

> 帕特里克:我其实并不需要这份工作(我没有这份收入也过得去),但是家人当时给了我压力,我只好申请了这份工作。当时的我有一种扭曲的责任感,那就是不管毕业后从事什么,读书期间我必须要积累工作经验。但事实上,这份工作只是消耗和浪费了我的时间和精力。我本来可以更加专注于我所热衷的活动,比如竞选。我本来也可以有更多时间读读书、消遣消遣,因为这些被浪费的时间和精力,我对这份工作的恨意更深了。
>
> 这份工作跟其他学生会便利店的工作没什么区别,就是在收银台收钱(如果弄个自动售货机,就压根儿不需要这个岗位了)。工作的要求也很明确,正如我在试用期后得到的工作评价中写道的:"招待顾客时,需要更加积极和开心一些。"也就是说,他们

不仅让我做一份完全可以由机器替代的工作，还希望我装出对此很满意的样子。

如果把我排在午餐时分上班，我或许还能忍受，毕竟午餐时的便利店工作相当繁忙，那么相对而言时间就会过得很快。可是我被排在了每周日下午上班，那会儿就没什么人来学生会，这样时间就非常难熬了。便利店似乎有种执念，那就是不管有没有顾客，你不能什么都不做。所以我们不可能坐在收银台翻翻杂志什么的，经理会安排我们做一些毫无意义的工作。比如，过一遍店里所有的货物，确保没有商品过期（哪怕我们本来就知道商品没有过期，因为店里的货物周转率摆在那儿呢），或者重新理一理货架上的商品，以显得更为整洁。

这份工作最糟糕之处在于完全不需要用脑，这就导致我工作的时候全程在胡思乱想。我想着这份工作有多么无聊，想着它完全可以用机器来完成，想着共产主义究竟什么时候才能实现。我的脑海中不断盘算着人类可以拥有的不同选项，不同于这种为了谋生而"被迫"没完没了做着狗屁工作的选项。我无法停止对这份工作的埋怨，它让我心烦意乱。

当年轻人步入大学，看到了展现在自己眼前的整个世界，看到了许许多多社会机遇和政治机遇，却接着被告知请停止思考，被安排去整理已经整理好的货架，那他们大都会体验到帕特里克的这份感受。现在的父母觉得年轻人需要这种工作经验，可帕特里克在这份工作中究竟被寄托了什么样的期待，他的父母又想让他获得何种经验？

我们再来看一个例子。

布伦丹：我在马萨诸塞州的一所规模不大的学院接受培训，

为的是能在高中担任历史教师的岗位。最近我开始在学校餐厅工作。

上班第一天，一名同事就告诉我："做这份工作你只需要完成两件事，一是让一切看起来干干净净的，二是让自己看起来忙忙碌碌的。"

刚开始的几个月里，他们让我"监督管理"餐厅后室。我要做的事情不过就是擦一擦脏了的自助餐食品区，补一补快拿完的甜品，清理下大家吃完离开后的餐桌。整个区域不大，所以基本上每半小时只需5分钟就能把活儿干完。结果我有了大把空闲时间，这段时间我就用在了阅读学习资料上。

然而，在监督我们的管理人员中，有一位不那么通情达理。他当班的时候，我就不得不时刻保持警醒，保证每次被发现的时候我都是在忙碌的样子，不管是真的在忙还是假装在忙。我想不通职责说明中为何就不能简简单单地承认，这份工作其实没什么工作量。如果我不需要花费那么多时间和精力做出忙碌的样子，我就能更有效率地看完学习资料，同时还能更快地完成餐厅里的清洁工作。

当然，这里的问题并不是效率问题。如果我们想探讨如何培养学生高效的工作习惯，那最好的办法其实就是让他们专注学业，别用其他事情打扰他们就可以了。毕竟，学业从任何角度来讲都跟真正的工作没什么区别，除了没钱拿（不过如果你拿到了奖学金或补贴，那就是有偿学习了）。事实上，如果帕特里克和布伦丹没有被推着去从事"真实世界"里的工作，那么他们可能会参与各种其他活动。这些活动以及学业本身，可要比那些所谓的"真实"工作、那些为了做做样子而设定的工作要来得真实。学业是实实在在有内容的。你得上课、阅读材料、做作业、写论文，最后得到一个成绩，这个成绩判定了这份学业的完成质量。然而从实践角度看，正是这个流程，使得学业在那些权威人士眼中够不上真正的工作。父母、教师、政府、行政人员等权威觉得，他们必须要将真实世界带到学生的眼前。拿成绩的学业实在"太过于"结果导向，只要考试能过，你想怎么学都行。成功的学生得学会自律，这跟学会执行命令并不一样。当然，除了学业，学生原本有时间参加的各种活动和项目也是如此：不管是排练话剧、乐团演奏，还是参与政治活动、烘焙饼干，你都得需要自律，都是以结果为导向的。对由个体经营者构成的社会，或者由高度自主的专业人士（医生、律师、建筑师等，这些曾是大学最初旨在培养的人才）构成的社会而言，上述活动、项目和学习经历都会是恰当的训练和准备。这些活动、项目和学习经历甚至还能锻炼年轻人，使他们成为帕特里克白日梦中共产主义实现过程中那些民主地团结在一起的集体。可是，正如布伦丹指出的，这些活动、项目和学习经历绝不能为当今越发狗屁化的工作提供任何准备。

布伦丹：大学里，学生获得的工作机会往往就是些狗屁工作，比如扫描身份证、监督管理空无一人的房间或者擦拭已经擦拭干净的桌子。大家都没什么意见，因为既可以在上班时间学习，又可以拿到钱。但是为什么不直接给学生这些钱，然后用机器来完成这些工作或者直接砍掉这些工作呢？完全可以这样做啊。

对于这一切如何运转我并不是完全清楚，但是我知道很多工作的报酬是由联邦政府拨款支付的，并且和学生贷款绑在了一起。这构成了整个联邦体系的一部分，这个体系旨在让学生背上大量债务，于是学生毕业后必须去上班、去工作，毕竟学生贷款还起来实在是太费劲了。与此同时，学校里的狗屁教育课程也旨在培养出将来能应对狗屁工作的学生。

我同意布伦丹的说法，在本书后续的章节中，我们还会再次讨论他的这段分析。不过现在我想聚焦于一点，那就是这些被迫从事了无意义工作的学生，事实上从这段经历中会学到一些他们原本学不到的东西，那是传统意义上学生常做的事情（应付考试、策划派对等）所没有办法教会他们的东西。仅仅从布伦丹和帕特里克的叙述中（当然我还有大量其他反馈者的叙述），我想我们就可以总结出此类工作起码能教会学生 5 件事：

第一，在有人盯着你的时候，该怎么工作；

第二，在没有事情可以做的时候，怎么假装在做事；

第三，做你享受和喜欢的事情，不管这件事多么有用、多么重要，你都是拿不到钱的；

第四，做你毫不享受也绝不喜欢的事情，不管这件事多么没用、多么无关紧要，你都能拿到钱；

第五，对于那些你毫不享受也绝不喜欢的有偿工作，你必须假装喜欢，起码对于那些需要和他人互动的工作是这样的。

这其实就是布伦丹所说的，那些读书期间被迫参加的无意义工作，正是为他们未来毕业后将要从事的狗屁工作做出的"准备"和得到的"培训"。对，布伦丹念书的目的是将来当上高中历史教师，这本身是个有意义的职业。但正如现今全美国上上下下几乎所有的教职员工那样，历史教师也好，其他科目的教师也罢，他们花在课堂教学和备课上的时间越来越少，因为精力被迅速扩增的行政事务所消耗。布伦丹所言暗示了以下情况绝非巧合：职场上有大学学历要求的工作越是狗屁化，在校生就越是有压力去了解真实世界，他们被迫在自我组织的目标导向的事情上少花时间，以便腾出更多精力去培养未来工作中所要用到的能力，即那些与思考和用脑无关的能力。

我们为什么会错判人类做事的动机

我觉得世界上没有什么事情比发明家看到自己创造的东西逐渐表现出成功的迹象更令人兴奋了，这种兴奋和震撼会穿透你的心脏，这种强烈的感受会让你忘了吃饭，忘了睡觉，忘了朋友，忘了爱情，忘了一切。

——尼古拉·特斯拉

如果前面的论证没有错，那么我们可以很容易得出结论：埃里克之所以会遇到问题，正是因为他没有做好准备，没有做好面对当代工作场所毫无意义这件事的充分准备。他通过了旧有的教育体系（有部分保留到了现在）。旧有教育体系旨在帮助学生为将来真正做实事而做好准备，这就使得他对未来产生了错误的期待。埃里克的幻想破灭，他受到了打击，久久无法走出来。

或许吧，但我不觉得整个情况就是如此，这里有更深层次的事情在发生。埃里克的情况可能是少数：毫无准备，完全没有心理准备就迎向了他毫无意义的第一份工作。但是几乎所有人都的的确确认为无意义是一件需要用忍耐去对待的事情。这里就有冲突了。因为我们所有人在成长的过程中，出于这样或者那样的原因，都被教导着将埃里克的这种工作（活儿少钱多）视作极大的幸运。

让我们回到最初的问题。首先，我们不妨问一问，为何我们会做出"活儿少钱多"的人"应当"觉得自己幸福这样的判断？我们对人性做出这样的判断有什么依据？显然，我们可以看看经济学理论：这样的判断在此直接形成了一门学科。根据古典经济学理论，"经济人"即"理性经济人"（按照古典经济学理论做事、行为可被预测的典型人）的行为主要通过对成本和收益的计算来驱动。经济学家拿来迷惑客户或公众的数学等式都基于同一个简单的假设：所有人，只要拥有自主支配权，就一定会采取性价比最高的行为，他们会选择那些消耗最少却能获得最大收益的行为。正是这个假设的简单特性造就了经济学中各式各样的数学等式：如果我们承认人性的复杂、接受人类行为动机的千变万化，那么计算中要考虑的因素就会太多，对这些因素孰轻孰重的权衡也会太难，对行为的预测也就无法进行。因此，虽然经济学家不会否认我们每个人都明白人类并非全然自私、精明、冷漠的机器，但他们认为，进行这样的假设有助于解释人类行为的很大一部分，而这部分（同时也仅限于这部分）是经济学要讨论的全部主题。

这种说法在一定程度上有道理，可问题是这种说法并不广泛适用。对于人类生活的诸多领域，且有时恰恰是那些被我们归到经济学范畴的领域，并不符合该说法。如果"最小最大"（人类倾向于用最小的花费去获取最大的收益）这种说法成立，埃里克们就会对自己的处境很满意而不是产生相反的情绪了。埃里克获取的报酬很高，花费的精力（办公室里走来走去，偶尔接几个电话消耗点卡路里）和资源（上下班花点公交费用）却少到几乎没有。阶级、期望、个性等其他因素也不能决定此类岗位从事者是否快乐。因为不管是谁，在这个岗位似乎都不会快乐，只是不快乐的程度不同而已。

公众关于工作的大量讨论都是基于一个假设，即经济学家提出的模型是正确的。人们必须被强迫才会去工作，如果要救济穷人以防他们饿死，那么这种救济也必须用最为羞辱和麻烦的方式给予，不然他们就会产生依赖，再也没有找正经工作的动力了。[4] 这里暗含着一个假设：如果人类有机会做寄生虫，那他们会毫不犹豫地去做。

事实上，几乎所有可获得的证据都显示出上述假设并不成立。过量的工作或丢脸的工作当然会让人痛苦，20世纪20年代起，被"科学管理学家"提出的工作场合应当有的工作节奏和强度当然也极少有人愿意遵从，工作场所中的羞辱也是人们极其厌恶的。可如果人们拥有了完全的自主决定权，一想到未来无有用之事可做，几乎没有任何例外，他们心中的痛苦只会加重。

有无数的经验证据能支撑上述说法。这里我们可以分享一些特别有意思的情况：工人阶级若是赢了彩票成了千万富翁，几乎都不会辞去以前的工作（如果真辞了，大部分人很快就会后悔）。[5]在有些监狱，囚犯吃住免费，还不用工作，这种情况下，剥夺他们在监狱洗衣房熨衣服、在监狱体育馆刷厕所和在监狱车间替微软公司包装计算机的资格，正是一种惩罚手段。哪怕熨衣服、刷厕所、包装计算机等工作是没有酬劳的，哪怕囚犯有其他收入来源，他们依然能感受到被惩罚。[6]我们这里谈论的是那些社会上最不具备利他精神的人群。然而哪怕是最自私的人最终也会发现，比起辛苦万分还不赚钱地劳作，整天坐着啥都不干而只看电视的命运会让人更难以忍受。

监狱里的劳作也有好处，正如陀思妥耶夫斯基观察到的，这起码被视作有用之事，哪怕这种用处跟囚犯本人没什么关系。

事实上，监狱系统为数不多的正向副作用之一，便是它提供了一种观察人的可能性：通过呈现极度匮乏情况下可能发生的情况和此时人们的行为，我们得以知晓，人究竟意味着什么。再举个例子，我们现在已经知道，将囚犯连续单独囚禁超过6个月会造成物理可见的脑损伤。人类不仅仅是群居动物，人类的社交属性是如此根深蒂固，以至一旦被剥夺与他人交往的机会，身体机能就会开始衰退。

我怀疑人类对工作的实验也可以用类似的说法来看待。人类可能适合朝九晚五的工作，也可能不适合（在我看来，应该是不适合的，而且有足够多的迹象可以证明），但是哪怕冷漠老练的罪犯也往往更愿意劳作，而不是傻坐着什么都不干，后者在他们看来更加难以忍受。

为何会如此？人类的这种心理特点究竟有多根深蒂固？对此，我们有理由相信，答案就是：非常非常根深蒂固。

・・・

早在 1901 年，德国心理学家卡尔·格鲁斯就发现，婴儿在第一次发现自己的所作所为能对这个世界产生可预测的影响时，会表现得异常开心。而这种影响是什么，以及对婴儿是否有益，都跟这份开心毫无关联。比如，某个婴儿随机动了一下胳膊，铅笔就动了，然后它发现自己重新做一次刚才那个动作，铅笔又动了，这个婴儿的脸上就会露出非常愉快的表情。对此，格鲁斯创造了"身为原因的快感"这个说法，并表示正是这种快感构成了游戏的基础。在他看来，快感就是为了行使权力而行使权力。

格鲁斯的这项发现有着强大的隐喻，也可以使我们更广泛地理解人类行事的动机。在格鲁斯之前，大部分西方政治哲学家（以及后来的经济学家和社会科学家），要么觉得人类对权力的追求只不过是天生对征服和统治有着渴望，要么觉得这种对影响力的执着纯粹是想获得一些实际的好处，以保证自己的安全、肉体的满足和繁殖的成功。格鲁斯的发现（之后的 100 年，各种实验证据都证明了此结论的正确性）暗示着，尼采所说的"权力意志"背后或许有更为简单的动机。婴儿之所以能够逐渐意识到自身的存在，能够体会到自己是独立于周围世界的个体，很大程度上是因为他们察觉到"自己"是某事发生的肇因（通过重复之前的行为，婴儿发现相同事件的再次发生，验证了他们自己的观察结果）。[7] 同时还有一点很重要：从一开始，婴儿的这种意识都会由某类愉悦作为标记，这种愉悦成为后续所有人生体验的基本背景。[8] 人类对自我的觉察是建立在行动基础之上的，这个结论似乎让人难以接受，毕竟当我们真正投入做事的时候（尤其是在做我们擅长的事情的时候，不管是赛跑还是解决复杂逻辑问题），我们往往会忘记自身的存在。但是哪怕是在我们沉浸于做事的时候，"身为原因的快感"可以说依然是人类存在的未阐明的基础。

格鲁斯最初关心的问题是人类为何会玩游戏，为何对游戏结果如此热衷，哪怕他们明明知道在游戏中不管是赢了还是输了，只对游戏本身有影响，不会给现实世界带来任何改变。在格鲁斯眼中，人类创造想象世界，只是"身为原因的快感"的一个延展。这样或许没错，但是很遗憾，我们在此并不怎么关注事情发展顺利时会如何，我们更多关注的是严重出错时会怎样。事实上，实验也表明，如果我们让孩子先发现和体会到了"身为原因的快感"，然后突然又把这种机会拿走，那么会在孩子身上产生非常戏剧化的结果：他们先是感到愤怒，然后会拒绝配合，随后出现某种紧张性精神症特征的自我封闭倾向。精神病专家和精神分析学家弗朗西斯·布鲁切克称之为"失去影响力而引起的心理创伤"（trauma of failed influence），并且认为类似的创伤体验或许正是后来可能经历的许多精神健康问题的肇因。[9]

如果上述判断成立，那么或许我们可以开始理解，为何狗屁工作会对人造成毁灭性的打击。雇用你的时候，你感到自己是因为有用才获得了这个岗位，结果却发现事实完全不是如此，但又不得不配合表演，假装自己是有用的，假装这个岗位是有用的。这种先让你产生自己有用的错觉，然后再被全然否定的经历，不仅仅是对自尊感的摧毁，还直接动摇了自我意识的根基。一个人一旦停止对世界产生有意义的影响，那这个人就不复存在了。

"假模假样工作"发展史："花钱买他人时间"概念的兴起

老板：你为什么没在工作？
员工：没事情做。
老板：好吧，你应该假装在工作的。

员工：嘿，我有个更好的办法。要不你假装看到了我在工作，毕竟你收入比我高。

——比尔·希克斯[①] 喜剧节目

格鲁斯在"身为原因的快感"理论的基础上，发展出了"游戏即相信虚幻"理论。格鲁斯提出，人类发明游戏，发明消遣活动，与婴儿发现自己移动铅笔的能力后会感到开心，完全是出于同一个原因。我们想要施展自己的能力，这本身就是目的。游戏并非真实，这一点不仅仅没有降低其魅力，事实上，恰恰是这种非真实性，使其平添了又一层吸引力。格鲁斯表示（这里他借助了德国浪漫主义哲学家弗里德里希·席勒的观点），这便是自由之所在。（席勒主张，创造艺术的欲望不过是人们渴望游戏的表现，同时也是对自由本身的实践。[10]）自由就是，因为我们编得出故事，所以我们就去编故事。

然而与此同时，恰恰是工作中"相信虚幻"这一点，使得诸如帕特里克和布伦丹这样的打工学生异常愤怒。事实上，所有拿过工资上过班的人对这一点都深有感触：那些在密切监视下工作过的人，几乎无一例外地认为工作中最令人恼怒、最令人发狂的一点便是"假装工作"。工作是有目标的，或者说本该是有目标的。因为你必须在工作，所以你被迫假装在工作，这种感觉令人备受屈辱，因为此时，之所以需要你工作，很自然地，纯粹是因为你可以工作。如果说游戏时"相信虚幻"是人类自由最彻底的表达，那么工作时被迫"相信虚假"便是人类不自由最为极致的体现。因此也就毫不奇怪，纵观历史，因犯和奴隶（很多时候有重叠）这两类不自由的人群是下述看法最早的印证：属于某些类别的人群必须让他们一直工作，哪怕其实没有事

[①] 比尔·希克斯（Bill Hicks），美国喜剧表演家、社会评论家、讽刺家和音乐家，1961年12月16日出生，1994年2月26日因胰腺癌去世。——译者注

情需要做，而且为了让他们一直工作，得生生编造出工作来让他们忙活。[11]

· · ·

虽然不大可能，但如果能写一部"生编硬造工作史"应该会很有趣：看看到底是从何时起，又是在何种情况下，"游手好闲"开始被视作问题甚至是罪恶的。我还没发现有什么人尝试着手研究这个的。[12] 不管怎样，我们手头掌握的所有证据都显示出，帕特里克和布伦丹抱怨的那些"生编硬造工作"从历史上来看还是新出现的。之所以会这样，部分原因是，人类历史上大部分时候人们都认为正常的工作模式就是有规律地一阵猛干，然后休息，恢复之后进入新一轮猛干。比如，农活正是如此：农忙时期，调动所有人手，全力投入；农闲时期，大部分时候人们的工作就是些照料和修修补补的活儿，偶尔有些小工程，其余便是到处闲逛了。可是哪怕是盖房子或准备宴席这类日常工作，基本上也遵循此类工作模式。换句话说，如果没有人逼着他们采取行动，"懒散一学期，考前突击，考完又彻底松懈下来"（我喜欢用"间歇性歇斯底里"来称呼这种学习模式）这种学生常见的学习方式恰恰沿袭了人类一直以来的工作模式。[13] 有些学生的这种"间歇性歇斯底里"甚至严重到夸张的地步。[14] 不过好学生会想出方法来对抗这种模式，找到相对比较合适的学习节奏。不仅放任自由的时候，人类倾向于这种工作模式，而且有人逼他们改变的时候，他们也很难改变。没有证据显示有人逼着，效率和生产率就会提高，通常情况下，结果恰恰相反。

显然，有些事情比较戏剧化，需要在剧烈、疯狂的活动和相对缓和的活动中交替前行，而且也一直都是如此。比如，狩猎较之于采集蔬菜更费时费力，尽管采集蔬菜是随季节零星发生的。再比如，盖房子较之于打扫房子，前者需要花费更大的精力。正如这些例子所暗示的，在大部分人类社会，男性更倾向于去尝试（并往往成功）垄断那些更刺激、更激烈的工作，比如，他们会放火烧树林获取种植的土地，如果可以，他们还会分派女性去从事那些更单调、更耗时的工作，比如除草。我们可以这么说，男性往往会争夺那类日后可以作为谈资的工作，然后再分派女性去做那些听你侃侃而谈时可以做的工作。[15] 一个社会越是父权化，男性越是有压制女性的权力，上述情况发生的概率就越高。类似的模式也会出现在那种某个群体明显压过另一个群体的社会中，几乎没有例外。封建领主要么不做事，一旦做事就是去打仗。[16] 他们的生活在浴血奋战和安逸懒散之间来回切换。农民和仆人的工作显然要规律得多。但哪怕是农民和仆人，他们的工作安排也远没有现代人"朝九晚五"那么有规律、那么严格。中世纪时期的农奴，不管是男性还是女性，每年都会有20~30天的时间需要从天亮忙到天黑，但其余的日子每天也就工作几个小时，遇上宗教节日，更是完全不需要工作，而且宗教节日并不少。

为什么他们的工作时间如此没有规律？主要是因为大部分情况下，并没有人监督他们工作。不仅中世纪封建社会如此，在现代工作环境出现以前，大部分工作都是这种状态。哪怕工作分配极不平等，情况亦是如此。如果底层员工完成了分配给他们的工作，上层的管理者就不觉得自己需要费心去搞清楚下属具体的工作量。性别关系也能清晰地印证上述情况。一个社会父权化程度越高，男性和女性越是隔离，男性就越不清楚女性的工作情况。若是女性不见了，男性自然也不大可能替代她们去完成她们的工作。（与此形成对比，女性往往很清楚男性的工作内容，因此男性一旦因为某种原因消失，女性是能够从容应对的。正是出于这个原因，历史上经常出现一种情况：虽然某社会中大量男性因战争或贸易需要长期离开，但这个社会的生活并没有怎么被打乱。）父权制社会下，女性工作若是有人监管，那监管的人同样也会是女性。现在我们发现，当时有这样一个观念：不同于男性，女性必须始终保持忙碌的状态。"懒惰的手指为恶魔织毛衣。"我的波兰曾祖母当年曾这么告诫她的女儿。但是这类传统说教跟现代"有时间瘫着不动，就有时间起来干活"有着很大的区别。曾祖母这句告诫暗含的意思并不是"你应当去工作"，而是"你不应当做其他事情"。本质上，曾祖母其实想说，波兰犹太社区里的任何一名少女若是不忙于编织，那么她就有时间去做其他可能引起麻烦的事情。类似地，我们偶尔能看到19世纪美国南部大农场主或加勒比地区大农场主撰写的警言。从这些警言中我们可以看出，哪怕是硬生生造些活儿出来，也必须让奴隶始终保持忙碌的状态，这比让他们在农闲的时候无所事事要好。他们给出的理由永远都是：如果奴隶拥有了空闲的时间，他们就可能开始密谋逃跑或叛乱。

这跟现代社会"你现在的时间是我的，我花钱不是养闲人的"这样的道德训斥有很大不同。这种话是雇用者感到自己被抢劫了以后说出的侮辱性言论。员工的时间不是员工自己的，员工的时间属于支付工资的老板。员工如果没有在工作，那他其实就是在抢劫老板，因为为了换取员工的工作，老板已经支付了不少费用（或者起码承诺了在一段时间后支付费用）。根据这个逻辑，懒散本身并不危险，偷窃才是问题所在。

对此，我们有必要仔细审视一下。因为一个人的时间可以被另一个人买走这个想法事实上相当诡异。纵观历史，大部分人类社会都没有想到过这样的情况。正如伟大的古典主义者摩西·芬利指出的，如果古希腊人或古罗马人看到一个制陶工人，他们能够想到的可能性是花钱购买制陶工人的陶器，他们也能想到直接把制陶工人买回家（在当时，买奴隶回家是很日常的操作）。但如果你告诉这个古希腊人或古罗马人，他们还可以购买制陶工人的时间，那他们一定会很困惑。正如芬利所说，购买他人时间这个概念起码需要经历两次观念跳跃才能理解，这对当时最为老练的古罗马法学家而言都是很难理解的：首先，要把制陶工人工作的能力，即他的"劳动力"，同制陶工人本身分离开来；其次，要想办法把劳动力倒进统一的"时间容器"中（时间容器可能装的是小时，可能是天数，也可能是单位轮班时间），以供人们用现金购买。[17] 对普通的雅典人或者罗马人而言，这样的概念可能显得很奇怪、有异国情调，甚至很神秘。怎么可以购买时间呢？时间是抽象概念啊！[18] 他们最多能够理解的方式是以租的方式，把制陶工人带回家，做特定一段时间的奴隶，比如一天。在这段时间中，制陶工人跟其他奴隶一样，必须按照主人的要求做事。但他们是找不到愿意接受这种安排的制陶工人的。因为成为奴隶，就意味着丧失个人的自由意志，成为他人的工具，哪怕只是一段有限的时间，这也是一个人可能经历的最为耻辱的事情了。[19]

因此，我们可以看到的古代"拿工资干活"的案例中，绝大部分发生在原本就是奴隶的那些人身上，比如，制陶奴隶跟他的奴隶主商定，去专门的制陶厂干活，拿回来工资后，一半分给主人，一半自己留着。[20] 偶尔也会有奴隶承接自由的合同工作，比如在码头做搬运工。自由的男人和女人是不会接受合同工作的。这样的模式直到相当近代后才有所改变。虽然在中世纪已经出现了"拿工资干活"的模式，但仅限于威尼斯、马六甲、桑给巴尔等商贸港口城市，而且在那里干活的劳工几乎都是被迫的。[21]

那人类是如何发展到今天这个局面的？为何民主国家的自由公民会觉得把自己出租出去、拿工资干活是一件非常自然的事情？为何老板发现员工拿着"老板的时间"做其他事情会暴跳如雷？

首先，人类理解时间的方式有了变化。很长时间以来，人类通过观测天空，观测那些有着确切可预测规律的天体事件，了解和熟悉了绝对时间或恒星时（sidereal time）的概念。然而天空往往被视作完美的理想世界。牧师和僧侣或许会根据天体时间来安排组织自己的生活，但是地球上的生活往往要混乱许多。天空之下，并没有什么可以遵循的绝对时间衡量方式。举个明显的例子：如果从黎明到黄昏有12个小时，那么在不知道具体季节的情况下，说一个地方有3个小时的路程是没什么意义的。因为冬季的白天只有夏季白天的一半长。我在马达加斯加的时候，发现当地村民（他们基本用不着时钟）依然用从前的方式来描述距离，他们会说去某村需要煮两锅饭的时间。在中世纪的欧洲，人们会说某事情需要花费"念三遍主祷文"那么久的时间，或者需要"煮两次鸡蛋"的时间。这种情况极其普遍。在没有时钟的地方，人们用行为来测量时间，而不是用时间去测量行为。关于这个主题，人类学家E. E. 埃文斯-普里查德有一个经典的说法，这是他在谈论努尔人（the Nuer，东非一个游牧民族）时说的一段话：

> 努尔人没有表示"时间"的词语，因此他们没办法像我们那样认为时间可以流逝，可以浪费，可以节省，不会像谈论某件实物那样谈论时间。我觉得他们没有经历过跟时间赛跑的感觉，也不需要给每件事配上一段抽象的时间。因为他们生活的参照系就是活动本身，这些活动的节奏往往也比较舒缓。事情一件一件做，安排合理，没有抽象的时间系统掌控他们。生活中，他们没有需要严格遵循的独立参照系。幸运的努尔人![22]

时间并不是衡量工作的坐标，因为工作本身就是坐标。

英国历史学家E. P. 汤普森在1967年就现代时间观的起源问题写过一篇名为《时间、工作纪律和工业资本主义》的杰出文章。[23] 汤普森表示，道德和技术同时发生了变化，两者相互促进。14世纪，大部分欧洲城镇已经拥有了钟楼（通常是由当地商人协会提议和出资建造的），后来开始在办公桌上摆放头盖骨来提醒自己"凡人皆有一死"的也正是这帮商人。他们通过这个方式来提醒自己要珍惜时间，因为时钟每敲响一次，就意味着他们离死亡更进一步。[24] 时钟乃至后来的怀表走入家家户户则花费了很长时间，而且很大程度上与 18 世纪末期开始的工业革命同期发生。但是一经普及，由时钟带来的理念就一并在中产阶级家庭扩散开来。恒星时，这个由天体决定的绝对时间，就这么进入了尘世，并开始控制管理人类的日常事务，哪怕是最私人的小事。然而时间既是确定的坐标，也是一种资产。时钟鼓励所有人都以中世纪商人的方式去看待时间：时间成了一份有限的资产，需要像对待金钱那样细细规划预算，小心支配。此外，新技术使所有人的时间都可以按照统一的单位进行切割，可以用钱购买，也可以卖掉换钱。

当时间可以换钱之后，我们开始使用"花费"这个词来搭配它，而不仅仅使用"流逝"。同时，我们还拥有了"浪费时间""打发时间""节约时间""延误时间""与时间赛跑"等说法。清教、卫理公会、福音派新教的布道者很快就开始教导信徒要"精打细算着使用时间"。布道者提出，对时间的合理规划和使用正是道德的本质。工厂开始使用时钟；工人上下班开始需要打卡；教导穷人家庭的孩子遵守纪律和养成时间观念的慈善公益学校，开始让位于公立学校系统。在公立学校系统中，来自社会各个阶层的学生齐聚一堂，听着钟声起床，听着钟声上下课。每一小时，钟声都会响起，然后学生开始从这个教室挪到那个教室。学校里的这种安排自觉地为孩子将来能够适应工厂工作的节奏做好了准备。[25]

现代工作纪律和资本主义监督手段也有它们自己的奇怪发展历史。这些最初产生于商船和殖民地大庄园的控制手段，被延伸到了欧洲各国国内的穷苦劳工身上。[26] 不管是工作纪律还是资本主义监督手段，正是这个全新的时间观念使得一切成为可能。在这里，我想要强调的是，全新的时间观不仅仅是技术变革，同时还是道德变革。对此，人们常常将之归结于清教徒的习俗和教义。当然，清教徒的习俗和教义肯定与这些变革脱不了关系，但是我们完全有理由相信，加尔文派禁欲主义中较为激进的分支，正是这种全新时间观的极致体现。这种全新的时间观，以这样或那样的方式席卷了整个基督教世界的中产阶级群体，重塑了他们对时间的感悟。因此，18—19世纪，从英国开始，旧有的那种松散随意的、忙闲交替的工作方式越来越被视作一个社会问题。中产阶级开始觉得，穷人之所以穷，很大程度上是因为他们不够自律，没有时间观念，他们对待时间非常随性，不计后果，就跟他们对待金钱一样，动不动就把钱输光了。

　　与此同时，工人也开始采用同样的说法来对抗他们面临的糟糕处境。早期的工厂很多都不允许工人自带钟表，因为老板经常会在工厂的钟表上做手脚。不过很快，工人开始和老板就时薪展开争论，要求合同里写清楚工作时长，要求加班费，要求加班时拿到1.5倍的费用，要求每天只工作12小时，直至要求8小时工作制。虽然在当时的情况下，要求"自由时间"完全是可以理解的，但正是这个行为，潜移默化地加强了一个观念，那就是，当工人"开始进入上班时间"，他的时间就确确实实地属于老板了，老板"买"下了他的上班时间。这些工人的曾祖父母辈若是知道以后会出现这样的观念，肯定会暴跳如雷。在祖先眼中，或者说在人类历史上曾生活过的大部分人眼中，这种说法都是完全无法接受、荒谬离谱的。

时间的道德性和自然工作节奏之间的冲突

　　如果没有了解这一段历史，我们是无法理解现代工作带来的精神暴力的，这往往会引发雇用者和被雇用者之间的直接冲突，雇用者眼中的道义和被雇用者眼中的常识发生了碰撞。不管被雇用者在小时候读书时经历了多少时间纪律的培训，他们依然觉得，无视工作的具体内容来要求大家每天以稳定的速度连续工作 8 小时是完全违背常理的。那些假模假样生造出来的工作更是让他们愤怒不已。[27]

我还清楚地记得我最早的一份工作，是在一家海边的意大利餐厅洗碗。当时有三个 10 多岁的男孩，我是其中一个。我们是夏季来临前被招进来的。第一次碰到餐厅爆满的情况后，我们从容应对，以此证明我们是有史以来最伟大的洗碗工，大家齐心协力，闪电般高效，前无古人后无来者般洗完一拨又一拨数量惊人的碗，洗得碗盘闪闪发光。

忙完后我们会休息一会儿，回味刚刚的成就，有时候会抽根烟或者大口大口吃炸虾。当然这份美好很快就结束了，老板发现了我们，问我们在干什么，为什么在偷懒。

"我不管现在有没有碗需要洗，你们现在的时间就是我的！下班后你们爱怎么混怎么混，现在都给我回去工作！"
"那我们现在做什么？"
"去找些钢丝球，把踢脚线都给我刷亮了。"
"可是我们已经刷过踢脚线了。"
"那就再刷一次！"

当然，我们很快就吸取了教训：工作时效率不要太高。因为没人会因此奖励你，连生硬地点点头表示认可都不会有（说实话，我们当时需要的不过就是这么点儿认可）。如果太高效，你还会倒霉，因为空出来时间了，这个时候，你就不得不做些毫无意义的假模假样的工作。我们很快发现，被迫做出假装工作的样子，是我们遇到的最大羞辱，因为根本不可能假装，是什么就是什么，不是什么就不是什么。这不过就是纯粹的侮辱，就是老板想要施展他的权力而已，没有其他。我们并没有真的在刷踢脚线，我们只是在假装，对此无人在乎。

每一次假装干活，都让我想到了校园里的霸凌者，他们扬扬得意、居高临下。只不过这一次，霸凌者还得到了习俗的全力支持，法律也完全站在他们这边。

所以当餐厅再次忙碌起来的时候，我们就开始敷衍了。

· · ·

我们很容易就明白，为何被雇用者会将这假模假样的工作归到狗屁工作里。在我收到的反馈中，许多人还详述了他们由此产生的怨恨情绪，这里我们引用发生在米奇身上的故事。米奇的故事可以被称作"传统的假模假样工作"。米奇曾是怀俄明州的一名牧场工人。米奇告诉我，牧场工作虽然辛苦，但是收入不错，如果运气好碰到比较随和的老板，那工作节奏就很舒服，忙的时候集中忙，闲的时候随便你干什么。可惜米奇运气不好，他的老板"年纪非常大，在社区备受尊敬，在当地的摩门教会中颇有分量"。这位老先生坚持认为，如果手头的工作都做完了，那大家都得在牧场"捡石子"，在他看来这是原则问题。

> 米奇：他会开车送我们到牧场里随便一个什么地方，让我们把区域内所有石子都捡出来堆成一堆。他告诉我们，这么做的目的是把地面清出来，这样拖拉机等工具开过的时候就不会陷在里面。
>
> 我立刻就说了句"狗屁"。那些地面不知道被犁过多少次了，在我来之前就是这样了，再说冬天一来，地面冻胀破裂后，石子又会慢慢多起来。但让我们捡石子可以不让我们闲下来，毕竟我们拿了工资。老板觉得这样我们就会培养起正确的工作道德（其实就是要顺从，在摩门教教徒看来，这是非常高尚的为人之道），

获得各种好处。

行——吧——！每100平方英尺（约9平方米）的土地，拳头般大小或者更大的石子就有几百颗。

记得有一次，我在牧场中独自一人捡着石子，一捡就是好几个小时，看着眼前一望无际的石子，虽然不管我怎么捡也不可能捡完，但我还是尽全力在捡（天知道我为什么要这样）。真的超级累。等老板开车过来接我回去做别的事情的时候，他看了眼我堆好的石子，露出了不满意的神情，说我完成得太少了。

好像为了让我们像仆人般忙活而让我们像仆人般忙活还不够羞辱似的，还要告诉我，我完完全全用自己的双手完成的工作不够好！我可是整整辛苦了好几个小时，不管是手推车还是其他工具，一概没有使用。这简直太侮辱人了。我的天，真是谢谢了，而且，根本没有人来把我堆好的石子运走。后来它们就一直在我堆放它们的地方。要是告诉我现在那堆石子还在，我一点儿也不会觉得奇怪。

每一天我都在恨这个老头，直到他去世。

米奇的故事特别强调了宗教元素：要听命权威，要尽职尽责，哪怕做的事情完全没有意义，这样的道德自律能让你成为更好的人。很显然，这是清教徒教义的现代演化版本。不过这里我想强调的是，宗教元素是如何添了一把火，使得本就荒诞不经的道德规范——上班偷懒是偷窃他人时间的行为——更让人怒火中烧。尽管受到了侮辱，可是米奇还是难以控制自己试图将毫无意义的工作当作挑战来完成的冲动。同时，因为自己不得不参与一出别人编造的假戏而感到深深的痛苦，而且这还是一出根本没办法演好的戏。

同样，不让做任何事也非常痛苦，其痛苦程度堪比被迫做无用之事。某种程度上，前者甚至更为痛苦。类似我们前文提到过的，所有坐牢的人宁可被分进铁链囚徒队伍（在户外劳动时被铁链拴到一起的一组囚犯）破碎石头长达一年，也不要被单独囚禁盯着墙壁过上一年。

有时候，非常富有的人会在举办派对的时候雇人站在花园草坪上假扮雕像。[28]有些"真实"工作跟这个很类似：虽然不需要严格地一动不动，但工作时间要长多了。

> 克拉伦斯：我是一名博物馆警卫，就职于某家大型全球安保公司。我工作的地方有一间展厅几乎从来没人用。我的工作就是看管这间空房间，确保前来参观博物馆的人不要碰触房间里的那个……空无一物，顺便确保没有人使用明火。为了保持头脑清晰、全神贯注，我不可以做任何费脑的事情，比如不能看书，不能用手机……
>
> 因为从没有人来过这个展厅，所以其实我每天就是坐在那儿一动不动，靠摆弄手指熬过7个半小时。在这7个半小时中，我需要做的就是关注火灾警报。万一响了，我就淡定地站起来，走出去，就是这样，别的什么都没有。

这种情况下，一个人很难做到不去想（这一点我可以做证，因为我自己也有过类似的处境）："如果我坐着看小说或玩单人纸牌游戏，火灾警报响的时候，我的反应会比什么都不做的人慢多久？是两秒还是三秒？可事实上，我很有可能反应更快啊，因为我不会像现在这样无聊到脑子基本停止运转。可是就算真的会慢三秒，为了这个不一定会出现的三秒钟，我的人生要失去多少秒啊？我们来算一算（反正我现在时间多的是）：每天上班我要上足2.7万秒（7.5小时），这样每周就是13.5万秒（每周5个工作日），每月就是67.5万秒（每月25个工作日）。"此种工作安排几乎为零的岗位很少有人能坚持干满一年

（除非楼上的领导看他们实在可怜，给他们安排了点其他事情做），这一点儿也不出人意料。

克拉伦斯坚持了 6 个月（405 万秒），然后就换了份工作，虽然收入少了一半，但多多少少可以动动脑子了。

· · ·

这些案例比较极端，但是"你现在的时间是我的"这种想法越来越被人们接受，甚至大部分人都养成了餐厅老板看待世界的逻辑。到了什么程度呢？公民被鼓励以老板自居，如果公职人员（比如，公共交通系统的工作人员）上班的时候看起来有点懒散、有点拖拉，我们就有权愤怒，要是看到他们什么都没做，那更是不得了了。

温迪向我列举了她从事过的无意义工作，她觉得这些工作之所以会出现，很大程度上是因为雇用者没有办法接受一个想法：他们其实付钱雇用这些人的目的是以防万一，也就是说，万一需要他们，他们可以随叫随到。

> 温迪：（案例一）我曾在一家小型行业性杂志担任前台接待员，当我坐着时刻准备接电话的时候，他们会安排我做些其他工作。这本身没问题，但是这些工作几乎统统是狗屁工作。有一份工作我这辈子永远都忘不了：有一天，某位广告销售走到我这里，把成千上万枚回形针倒在我桌上，然后让我按颜色分类整理好。我开始以为她在开玩笑，但后来发现并不是。我照做了，结果却发现她在使用的时候根本就是混着用，一点儿都没关注回形针的颜色。
>
> （案例二）我外婆 90 岁出头的时候独自住在纽约市的公寓中，但她确实需要有人帮忙，所以我们雇了阿姨跟她一起住，以

防万一。这个阿姨人挺好的。其实她在那儿的作用就是关照我外婆，万一外婆跌倒了或者需要帮忙了可以搭把手，以及帮她买买东西、洗洗衣服什么的。如果外婆健康平安，阿姨其实没什么事要做。我外婆这下可气疯了，"她就每天坐在那儿！"外婆跟我们抱怨。我们就跟她解释，阿姨本来就是应该坐在那儿的。

为了保全外婆的面子，我们只好问阿姨介不介意没什么事情做的时候整理整理柜子什么的。她表示没问题。但是外婆的公寓很小，衣柜和碗柜等一会儿就整理好了，然后又没有事情可以做了。我外婆又受不了了，说阿姨就坐在那儿什么都不干。最后，阿姨辞职了。阿姨辞职的时候，妈妈问她："为什么要走啊？我妈看起来很不错啊！"阿姨的问答棒极了："确实，她看起来是不错，但我可是掉了15磅（约7千克），头发都要秃了，受不了了。"这份工作本身并非狗屁工作，可是为了塑造一副繁忙的假象，需要生生搞出一大堆没用的事情来做，这一点实在太不尊重人。我觉得这是给老年人打工的时候经常会遇到的情况。（这个现象在照看孩子的保姆身上也会发生，不过情况很不一样。）[29]

不仅如此，一旦认清这里的逻辑，就很容易看到所有的工作、所有的职业，甚至所有的行业都符合这个逻辑。以前，实际也没多久之前，这样的逻辑要是说出来，所有人都会觉得很古怪。这个逻辑现在在全世界都扩散开了。比如，在开罗一家公有企业上班的埃及年轻工程师拉马丹·苏凯里告诉我们：

拉马丹：我毕业于埃及一所顶尖工程大学的电子与通信系。我在那里读了个很难的专业，我和我的同学都对未来的职业抱着很高的期待，想着未来能继续搞科研，能为新技术的发展添砖加瓦。

好吧，起码学校里学的内容让我们产生了这样的期待，但事实上根本不是这样。毕业后，我能够找到的唯一工作就是在某家企业化政府公司里担任控制及供热通风与空气调节方面的工程师。然后我很快发现，我去那儿根本不是当什么工程师，而是充当某种技术员。我们做的只有文书工作（填写项目清单和表格），没人关心其他事情，所有人的注意力都放在这些清单和表格是否正确归档上面。

我的岗位对外正式描述为："工程师和技术人员团队负责人，负责带领团队做好预防性维修和应急维修工作，搭建新的控制工程系统，获取最大效能。"可是我的岗位事实上的操作不过就是每天简单检查下系统效能，然后把每日的文书和维修报告归好类。

直截了当地说，拉马丹所在的公司真正需要的是一个以防万一的工程师团队，能在每天早上检查一下空调是否工作，然后就什么都不用做了，除非有东西坏了。可是管理层显然是不会承认这一点的。拉马丹和他的团队成员完全可以每天坐着打牌，甚至可以把读书的时候心心念念的发明创造搞起来（谁知道呢？），只要团队随时准备着，一旦变流器发生故障了，马上飞奔过去解决。可是公司为了不让他们打牌，不让他们做自己的事，生生造出了没完没了的表格让他们去填写、数不清的职责让他们去履行、打不完的钩让他们去忙碌，就是为了让他们每天8小时别闲下来。幸运的是，公司没有任何人对这些工作的完成质量上心，所以没人会来检查他们到底有没有认真做。拉马丹渐渐发现了这一点，知道了哪些职责是真的需要完成的，哪些又是可以糊弄过去的。节省下来的时间被拉马丹用来看电影和看书，对电影和文学的兴趣他倒是与日俱增。

虽然如此，他还是感到非常空虚。

> 拉马丹：根据我的经验，这样的工作让人倍感疲倦。一想到每天早上要去上班，去做毫无意义的工作，我就感到非常沮丧。久而久之，我对工作丧失了兴趣，开始看起了电影，读起了小说，来填补每日工作的空虚。现在我几乎每天上班都会溜出去好几个小时，根本没有人注意到。

再一次，不管如何令人恼怒，结果看起来也并非完全糟糕透顶，尤其是拉马丹发现如何钻空子以后。为什么他就不能把自己偷懒干别的看作抢回了卖掉的时间呢？为什么每日的假装工作以及无目的感会如此折磨他，让他感觉受尽了虐待和压迫呢？

似乎我们又回到了一开始提出的问题，不过现在，我们好像已经有了答案。如果说任何有密切监督的领薪工作中最令人厌恶的地方是不得不假装工作来安抚专横的老板，那么拉马丹（以及埃里克）从事的这类工作本质上都是基于相同原则建立的。他们经历的比我在意大利餐厅经历的要舒服多了，我可是得花好几个小时（起码给我的体验是好几个小时）拿钢丝球擦拭早就干净得不行的踢脚线。这类工作往往不是拿计件工资而是领固定月薪的，甚至都没有上级跟在他们屁股后面盯着。其实很多情况下正是如此。然而这类装模作样的游戏终究不是人们自主选择的，而是人们受到权力压迫的表现，因此不可避免地会让人意志消沉。

归根结底，拉马丹、埃里克的工作也好，我和我的小伙伴们洗碗的工作也罢，不管是糊弄不必要的工作，还是假装洗刷踢脚线，本质上没有什么太大的区别。这就好似把领薪工作中最糟糕的点拎出来，填进那些原本应该给你的生命带来意义的职业之中。难怪灵魂都在大声哭泣，那些使我们作为人类而存在的根基全都被动摇了。

第四章

论精神暴力（下）——身处狗屁岗位有何感受

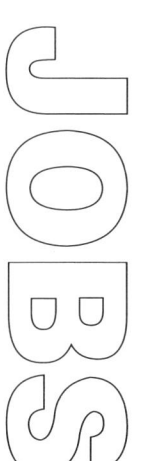

官方的说法是我们国家所有人都拥有权利，我们生活在民主国家。世界上还有许多不幸的人不得不生活在极权国家。不管掌权者提出怎样专横无礼的要求，这些可怜人都必须服从，否则就有他们好受的。掌权者对他们进行了大量常态化监视。官僚体系将手伸到了老百姓生活的方方面面，多小的事情都要管。官员随意玩弄百姓，只对官员和有钱人等有权势的人负责。普通人不管是提出异议还是抵抗不服从，都会受到惩罚。告密者无处不在，随时向上面的人举报。这应该算是很糟糕的情况了吧。

肯定是了。可现代工作环境不正是这幅图景吗？

——鲍勃·布莱克[①]，《取消工作》(The Abolition of Work)

在本书第三章，我们发出了这样的疑问：太多人因领了工资却没有实际事情可做而感到愤怒、难以忍受、倍感压迫，这到底是为什么？况且工作环境往往还相当不错。我认为这个问题的答案揭示了关

[①] 鲍勃·布莱克（Bob Black），1951年1月4日出生，美国无政府主义者。——译者注

于人性的某些真相。这些真相大都被经济科学忽视了，甚至连大众常识中那些较为愤世嫉俗的部分都没能包含它们。人是依赖社交的存在，如果失去了和他人经常接触的机会，就会开始萎缩，甚至肉体上也开始衰弱。人类之所以觉得自己是自主存在，是与世界和他人分离的独立体，很大程度上是因为人们觉得自己可以按照可预测的方式对世界和他人产生影响。一旦被剥夺这种拥有力量的感觉，人类就什么也不是了。而且，在狗屁工作中，人类执行虚幻行为的能力，在一般情况下可被视作人类行为中最高级且最特别的能力，这种能力以某种方式创造出了真正存在的虚假世界之后，就与它自身反目成仇了。因此，我开始研究假模假样工作的历史，并追寻"一个人的时间可以属于另一个人"这种概念的社会起源及思想起源。雇用者是如何开始认为员工没在工作是道德低下的表现，哪怕事实上并没有事情可以做？

如果被迫假装工作会让人如此愤怒是因为这让你看清了自己完全被他人掌控这个事实，那么正如前文提到过的，狗屁工作正是建立在完全相同的事实之上。你工作也好，假装工作也好，并没有什么好的理由来支撑，至少你找不到这个理由，你工作只是为了工作本身。因此，这件事会令人痛苦就没什么好意外的了。

但是狗屁工作和在餐厅被迫刷洗踢脚线的洗碗工作之间，显然还是有区别的。后者存在明显的压迫，你很清楚是谁在蛮横地指使你做这做那。而处在狗屁岗位的时候，很少有这么清楚的对象。究竟是谁在逼迫你假装工作？是公司吗？是社会吗？还是说坚持要求所有人必须以工作为生存手段（哪怕并不存在那么多真正的工作需求）的社会习俗和经济力量进行了某种前所未有的融合导致了这一切？在传统的工作环境中，你起码还能找到某个具体的对象来投放你的愤怒。

这正是我收到的反馈中大量提及的一个问题：无处安放的愤怒。在你的身上正发生着荒诞可怕的事情，可你都不知道可不可以承认这一点，更不知道究竟该归咎于哪个人或哪件事。

为什么身处狗屁岗位并不总是那么糟糕

在进一步探讨这些问题之前，我们需要承认，并不是所有狗屁工作从事者的处境都很糟糕。正如我在上一章提到的，少数狗屁工作从事者表示总体而言他们对自己的处境还是相当满意的。很难归纳出他们的共同特性，因为数量并不是太多，不过我们可以试着梳理出一些。

> 沃伦：我在康涅狄格州的某个公立学区担任代课教师。我的工作内容很简单，就是点点名，督促学生认真投入他们手头的学习安排。任课教师很少会布置教学任务给我。不过我不介意，我觉得这样的安排挺好的，因为我有大把自己的时间可以用来看书和学中文，而且时不时地还会跟学生们聊聊天，蛮有趣的。或许我的工作没什么必要吧，但就目前而言，我做得超开心。

首先，沃伦的工作可能不能算作狗屁工作，因为按照公立教育目前的安排方式，确实需要有人在任课教师请病假的时候管着学生。[1]这里的"狗屁点"可能在于"代课教师"这个称谓，假装沃伦这样的教员是去代课的，哪怕所有人都知道他们并不是。我猜之所以有"代课教师"这个称谓，是因为这样更有权威感，管理学生的时候容易些，不管是让他们不要在教室里跑来跑去，还是督促他们认真做作业。这个"代课教师"的角色并非完全无用，这一点对沃伦的好心情绝对是有作用的。而且还有非常重要的几点：没人监管，工作内容并不单调，有社交因素，允许做自己的事情。最后还有一点，沃伦显然并没有把这份工作当作终身职业，一切都只是暂时的。

这可能是狗屁工作可以达到的最乐观的状态了。

有些传统的官僚岗位也非常舒服，即便是些毫无用处的岗位。如果这个岗位还能给人带来传统意义上的荣耀，那就更舒服了，比如在法国当公务员。我们来看看在格勒诺布尔担任税务官员的保利娜：

> 保利娜：我是一名技术性破产顾问，在一个相当于英国税务局的政府部门工作。我每天提供技术建议的时间大概占我全部工作时间的5%。剩下的时间，我会跟同事讲解讲解复杂难懂的办事程序，帮他们找出那些并没什么用的官方指令，鼓舞鼓舞士气，以及把"系统"分配错的文件重新分配一下。
>
> 很奇怪，我挺享受上班的，就好像给我6万美元年薪，让我做数独题和填字游戏一样。[2]

这类无忧无虑、逍遥自在的政府办公氛围在今天已经不如原来那么普遍了。20世纪中期，这种情况随处可见，那时美国国内市场改革（克林顿政府口中的"政府重塑"）还未展开，公务部门的官员打钩填表的压力还未大幅增加。不过即使如此，如今有些政府部门的岗位也依然轻松自在。[3] 保利娜之所以喜欢上班，似乎是因为她和同事之间的关系很融洽，而且她是管事的，再加上在政府部门工作可以获得别人的尊重，还可以享受工作上的安全感，因此就算她知道这份工作不过是出滑稽表演，也没什么大不了的。

上述两个案例还有一个共同点：所有人都知道代课教师（在美国）和税务官员（在法国）基本就是狗屁工作，因此根本没有人会在入职后感到失望或者感到不知所措。那些申请代课教师或税务官员岗位的人，很清楚他们申请的工作的性质，也完全知道代课教师或税务官员该有什么样的表现、该做出什么样的行为。

于是看起来似乎真的有这么一小部分人是享受狗屁工作的。这部分人究竟有多少很难估计。YouGov的民意测验显示，虽然英国有37%的人觉得自己的工作毫无意义，但对自己工作不满意的人只有

33%。因此，从逻辑上来算，起码有 4% 的人虽然觉得自己的工作无用，但是依然乐在其中。或许这个比例要更高。[4] 根据荷兰的民意调查，这个数据大约是 7%，也就是说，认为自己从事无意义工作的那40% 的群体中，有 18% 的人表示自己上班起码还是有点开心的。

无疑，对于每个开心的狗屁工作从事者，我们都能找到许多原因来证明这或许是真的。比如，有些人憎恨自己的家人，有些人觉得家庭生活压力很大，任何能够逃离家庭的机会他们都会珍惜。又比如，有些人喜欢他们的同事，喜欢聊聊八卦，享受同事间的情谊。大城市，尤其是北大西洋国家的大城市，普遍存在着中产阶级上班时间过长的问题，他们除了同事，基本没有社交生活。因此，农村、小镇或者城市里关系紧密的街坊中，居民平时用来调剂生活的，不管是每日的精彩八卦故事，还是时不时地私下密谋，到了大城市里，都被转到办公室这个空间了，或者就是在社交媒体上间接体验（反正大部分人假装在工作的时候都会连着社交媒体软件）。如果这是真的，如果人们的社交生活真的普遍依赖办公室生活，那么绝大部分狗屁工作从事者依然感到痛苦这个事实就更为引人注目了。

"无处安放的愤怒"和"被迫假装工作"带来的痛苦

让我们再回到"假装"这个话题。显然，许多工作都需要人们具备假装的技能。某种程度上，几乎所有的服务业岗位都需要这项技能。在研究达美航空空乘人员的经典作品《心灵的整饰：人类情感的商业化》一书中，社会学家阿莉·拉塞尔·霍克希尔德提出了"情绪劳动"（emotional labor）的概念。霍克希尔德发现，出于工作需要，空姐普遍会假扮并维持着活泼、共情、友善、亲和的面具人格。这种假扮耗费的精力如此之多，以至她们常常陷入空虚、消沉、窘迫和对自身本质的困惑中而无法自拔。当然，这种"情绪劳动"不仅仅局限于服务业，许多公司都有这样的"情绪劳动"需求，甚至那些没有对外工作安排、只需面向公司内部的办公室职员（尤其是女性）也要付出"情绪劳动"。

在上一章我们注意到，最开始被要求假装享受收银这件事的时候，帕特里克非常愤怒。注意，空乘人员的工作并非狗屁工作，而且据我观察，很少有服务业从业者会觉得自己提供的服务是完全没有意义的。而大部分狗屁工作中所需要的"情绪劳动"，和服务业从业者需要提供的"情绪劳动"往往区别很大。狗屁工作从事者也需要伪装和假扮自己，但是对他们而言，这场假扮游戏的难度更大，因为并没有清晰的伪装规则摆在眼前，大家也不知道为何要进行这场假扮游戏，更无法判断谁跟你是一伙的，谁又不是。空乘人员起码清楚自己需要做什么。一般来讲，狗屁工作从事者需要做的工作，从内容本身来看，要比空乘人员需要做的工作轻松许多，但是因为他们从未弄明白过自己要做的事情到底是什么，所以情况就变得复杂了。我经常问这个问题："你的主管知道你什么都没有做吗？"绝大部分人的回答是：他们不知道主管知不知道。很多人还会补充说，他们觉得，主管对下面的事情完全不知情不大可能，但也没办法确信主管真的知道，因为太公开谈论这些事情似乎是不可以的，这显然是禁忌。他们还生动地表示，他们甚至不确定这种禁忌的程度。

凡事皆有例外。也有人反馈说，他们的主管比较开明，公开接受大家没什么事情可以做这个事实，并告诉下属有时间的话可以"做自己的事"。但哪怕遇到这类开明的主管，你也不能做得太过了，这种接受度是在一定范围内的。而这个"一定范围"具体是多大，大家也很难直接判断出来，必须通过不断试错才能逐渐摸清。我从未听说过有哪名主管会坐下来，跟自己的下属面对面，将这个接受范围真诚地讲清楚：告诉对方他什么时候必须工作，什么时候可以做点别的，并且说清楚这个"别的"具体指的是哪些事，而哪些事又是绝对不可以做的。

有些主管通过自己的行为来间接告诉大家可以怎么操作。比特丽斯在英国某地方政府工作，上班的时候，领导会在电脑上看重要的体育赛事直播，或者做些其他自我放纵的事情。通过这样的示范，底下的人就知道了要如何假装工作（假装一点点就可以了），可以一边看节目一边假装工作，做出多线程工作的样子。而到周末值班的时候，就连这点儿伪装都不需要了。

> 比特丽斯：有时候，我可以效仿的对象，即那些被称作"高级管理人员"的主管会在自己的电脑上播放世界杯赛事直播。我把这种行为解读为某种多任务处理方式，所以从此以后，一旦手头没有工作了，我就开始研究自己的项目。
>
> 同时，周末值班很轻松。在政府机关，这个机会是很吃香的，因为周末加班费很高。我们在办公室啥事都没有，就做做主日大餐什么的，甚至听说还有人把日光浴躺椅拿到办公室，这样就可以一边看电视一边躺在上面休息了。值班的时候上上网、看看碟，更多时候直接就去睡觉了，因为实在没事可做。在周一早上到来之前，即使值班了，也依然得到了休息。

也有给出明确规定的案例，但是往往给出的肯定是要被打破的规定。[5] 罗宾是北卡罗来纳州的一名临时雇员，但他没被安排任何实际工作任务。于是，为了缓解无事可做的处境，他只得充分发挥自己的技术才能。

> 罗宾：他们告诉我，保持忙碌的状态非常重要，但又不可以玩游戏，也不可以上网。我这个岗位的主要功能似乎就是坐在椅

子上，使办公室看起来更像个办公室的样子。

一开始我以为假装忙碌是件很简单的事情，但是很快我就发现，无事可做却要做出忙碌的样子，绝对算得上你能想象到的最让人郁闷的办公室工作之一了。事实上，两天后我就体会到这是我做过的最差劲的工作。

于是，我安装了 Lynx，这是个纯文本网页浏览器，视窗看起来跟 DOS 操作系统的差不多。没有图像，没有 Flash 动画，没有 JavaScript 网页动态功能，全黑的视窗背景上只有 Monospace 等宽字体文本。我每天傻乎乎刷网页的行为看起来就像是很厉害的技术人员在工作。我在 Lynx 网页浏览器中源源不断键入着指令，看起来就像是技术人员正在高效地工作。

通过这样的伪装策略，罗宾上班的大部分时间都用在了维基百科网页的编辑上。

临时雇员总是遭遇这种不得不检测自己是否具备假装工作能力的情况。大部分情况下，大家并不会碰上罗宾这种老板讲明不可以玩游戏的情况。不过如果有很多临时雇员，那总是可以偷偷地问问小伙伴，探探办公室规定的底线，弄清楚怎样才能适度地违反规定而不至于到被开除的地步。

对长期雇员而言，有时候同事之间的情谊已经足够深厚，于是大家可以公开探讨这个问题，来找到对付主管的共同策略。这种时候，团结一致能带来共同目标感。罗伯特就谈到了某家骗子律所的法律助理工作。

罗伯特：这份工作最诡异的点在于，它其实还蛮令人愉快的，但是以一种不大正常的方式。法律助理这个群体既聪明又幽默，因为工作的内容毫无意义，大家就把大量精力花到了互相打闹和调侃上。我成功地将自己的工位调到了墙边，屏幕对着墙壁，这样就有大把时间上网或自学计算机编程什么的。因为我们做的大量工作都很低效，比如手动给成千上万份文件重新加标签分类，所以我学会编程之后就可以把这个事情自动化，节省下来的时间，我就可以干自己想干的事情了。此外，我还会保证自己手头永远同时至少有两个由不同老板负责的项目，这样A老板问我的时候我就可以说我在忙B老板的事情了。

大家最起码能够心照不宣，对这样的偷懒策略保持沉默，有时候甚至还能积极配合。有些案例中，有的人运气很好，碰到的主管相当坦诚，而且很好相处，几乎把大家可以怎样偷懒的程度讲明了。这里的重点是"几乎"，记住永远都不能直接问。卡尔文在一家旅行保险公司工作，他的工作要求他随时待命。卡尔文基本可以算是拼接修补者。公司每个月或每两个月跟合作方打交道的时候就会出点差错。一旦发生这种情况，卡尔文就需要出来处理问题。除此之外：

> 卡尔文：每个礼拜，合作方会来我们团队咨询几次。因此，每周最多20分钟，我们是在真正工作的。虽然总的来讲，我每天还会发五封八封电子邮件，每封只有15个字那种。每隔几天，团队也会开个10分钟的小会，剩下的工作时间基本都是我自己的，当然这绝不是什么可以炫耀的事情。于是我就每天刷刷社交媒体，看看订阅号文章，做做课程作业。我的工位上有两台显示器，在第二台显示器上，做这些的时候我都小心地把网页拉得扁扁的。然后每隔几小时，我会回复一下邮箱里零星的一两封邮件，回复的内容大概是："我们同意您发来的内容，请照此推进。"然后每天剩下的7个多小时上班时间我只需要装作很辛苦地在工作就可以了。

大卫（本书作者）：那如果你没有装作很忙，谁会发现呢？如果有这么一个人，那你觉得，他是知道你们没事做，但希望你们装作有事做，还是说他真的认为你们的工作安排挺饱和的呢？

卡尔文：我们团队负责人应该知道真实情况，不过她从来没有对这一点显露出有什么不满。有时候，如果接下来几天我都没有工作安排，我就会直接告诉她，然后提出可以去其他部门帮忙（如果他们忙不过来的话）。其他部门从来就不会忙不过来，所以我告诉她的意思就是为了声明一下，"我要开始刷推特啦，会刷一整天，不是我偷懒，我跟您提前说过了，所以我真的很高尚"。她安排了每周一小时的例会，但每次不到10分钟会就开完了，剩下的时间大家就开始闲聊。她的老板也好，老板的老板也好，都知道我们的合作方能整出些什么幺蛾子，所以我觉得，公司高层应该是觉得我们在忙着和合作方斗智斗勇，或者起码觉得我们在随时准备着这么做。

看来，并不是所有主管都同意"你现在的时间是我的"这个看法。特别是在大公司，中层管理人员并不觉得公司和自己有多大关系，也不觉得如果上司发现自己手下的人在偷懒，自己就会陷入什么麻烦，他们往往放任事物按照自身的轨迹发展。[6]这种礼貌的、隐晦的、相互的顾及和体贴，或许已是此种情况下人们可以做到的最诚实的应对方式了。但哪怕是在这种最为友善的情况下，还是存在着禁忌：不能太公然地戳破这一切。似乎永远不可能有人站出来说实话："基本上，你在这儿待着只是为了预防紧急情况，其他时候，你想做什么就做什么，不要影响别人就好。"哪怕是卡尔文也觉得，人们应当伪装出辛苦工作的样子，因为只有这样才能回馈主管的包容，才能表达出感激和尊敬之情。

更典型的情况是，主管会用巧妙的方式告诉员工，"别问了，加入游戏就是了"。

  玛丽亚：我开始这份工作后，开的第一次会议是跟我的直属上司。她马上就告诉了我，她对我这个岗位要做什么一无所知，这个岗位的前一任到底做了哪些事情她也不明白。不过幸运的是，我这个岗位的前一任从事者只是升职了，人还在团队中，这位前任可以带着我过一遍她之前做的所有事情。她带着我过了一遍，大概花了一个半小时。

  "她之前做的所有事情"其实就是几乎没有事情。玛丽亚无法做到懒散度日，她四处请求，想让同事分一点工作给她，好让自己找到待在公司里的意义。想要寻求存在和意义的念头把她逼到几乎发狂，最终促使她犯了把事情戳破的错误，她直接向上司抱怨。

  玛丽亚：我跟上司讲了自己无事可做的苦恼，她明确告诉我，不要"到处宣传"自己没那么忙这件事。我请求她起码找点事情给我做，哪怕功劳不记到我的头上。然后她答应我会把她的工作匀一点出来给我做，可是她没有。

  这几乎就是直接告诉你假装工作就可以了。发生在莉莲身上的事情则更加戏剧化，不过也绝非个例。莉莲在一家大型出版社工作，是信息技术部门的数字产品项目经理。尽管这个岗位的名称听起来颇为自命不凡，但莉莲坚称这类岗位并不总是狗屁岗位。她之前做过类似的岗位，虽然难度不高也并不怎么费事，但她确确实实做事了，和若干友善的团队成员一起，努力解决真实存在的问题。"可到了这儿……"

  莉莲努力梳理了一下发生的所有事情（其中好多事情发生在她到

来之前）。她的直接上司既傲慢又爱吹牛，沉迷于对行业最新热点和流行术语的研究。上司给莉莲的各种指令很奇怪，还总是自相矛盾，不经意间导致莉莲根本没有任何责任需要承担。她跟上司温和地指出这一点之后，上司直接冲她翻了个白眼，不耐烦地摆手让她走开了。

> 莉莲：大家都觉得，作为项目经理，我应该以某种方式"管理"项目的进程，可并没有什么项目进程可以让我管理。事实上，没有任何人管理进程，所有人都处在迷惑中。
>
> 其他人都指望我，就像人们通常会指望项目经理那样，他们希望我能够厘清项目的进程，然后带领他们一起完成。毕竟，我的头衔是"数字产品项目经理"。但是我没有任何权限，也无法控制任何进程。
>
> 于是我只好大量阅读、大量看剧，完全不知道上司是否清楚我每天究竟在干什么。

鉴于自身处境，莉莲不得不做出两副完全不同的伪装：一副对上，一副对下。上级哪怕真有想让莉莲做的事情，莉莲也只能靠猜测；而对于下级，她唯一能做的就是展现出愉快、信心满满的工作状态，这样说不定还能激励底下的人好好工作（用保利娜的话来讲就是"鼓舞鼓舞士气"）。就算不能传递乐观积极的工作情绪，至少也不要把自己的绝望心情和不知所措传递给下级。然而在内心深处，莉莲饱受着焦虑的折磨。在这里，我决定附上莉莲的大段心理感受，它很值得一读，因为这些感受告诉我们，这样的岗位究竟会让人付出怎样的精神代价。

> 莉莲：身处这种岗位会有怎样的感受？感受就是泄气和压抑。我是通过工作找寻生命意义的那种人，然而我现在拥有了一

份毫无意义、毫无目的的工作。

　　这让我焦虑，因为我觉得，很快就会有人发现，如果没有我在这个岗位，一切不会发生任何改变，还能给他们省掉一份工资支出。

　　我的自信也被摧毁了。如果不能一直遭遇挑战、克服挑战，那我如何证明自己的能力？可能我所有的工作能力都已衰退，或许我的脑中已无有用之物。我想挑战更大更复杂的项目，然而我现在就连最小的项目都没有。如果我的才能不能应用，那我终将失去这些才能。

　　我还害怕办公室其他人的想法，我害怕他们觉得是我出了问题：是我选择了偷懒，是我变得没用。可这绝不是我的选择。我努力让自己变得有用，我努力找事情做，这些统统遭到了拒绝。我试图撬动目前的局面，我试图挑战上司的权威，但都以遭遇嘲笑而告终。

　　我从未有过拿那么多的钱做这么少的事的经历，我知道这些钱并不是我应得的。那些跟我不同岗位的同事工作量比我大多了，但他们拿的钱有可能还不如我！要真是这样，那实在太荒唐了！单凭这一点，他们没恨我，就算我走运了。

　　莉莲的这番感受有力地证明了：当你在工作中，仅有的挑战是要接受根本没有任何挑战这件事；你施展才能的唯一方式，是变着花样掩饰自己无法施展才能这个现状；你需要消化自己已然成了寄生虫和大骗子这个事实，虽然你的初衷绝非如此，但痛苦会随之而来。在此种情况下，你必须非常自信，绝不能开始自我怀疑。（而这种自信本质上是有害的，毕竟，你之所以会深陷此类处境，不正是源自你上级那愚蠢又过分的自信吗？）

　　心理学家有时候称这种处境为"脚本缺失"。我们举个例子，心理学研究发现，青春期有过单相思经历的男人或女人，大多最终能够放下，很少有人会留下永久性情感创伤。但与之相反，那些曾被单相思的男人或女人，却始终被愧疚和不安缠绕而无法释怀。研究人员表明，造成此种现象的一个主要原因正是"文化模型的缺失"：他们找不到可以效仿的对象。任何一个陷入单恋而得不到回应的人，都能从各种经典浪漫文学作品中找到情感共鸣，然而，当文学作品详尽描绘着西哈诺[①]的体验及应对策略时，鲜少着墨于罗克珊的心情，当然更不会给出罗克珊应该怎么做的建议了。[7]

许多狗屁工作，或者说大部分狗屁工作都有类似的"脚本缺失"现象，这种"文化模型的缺失"会给人带来极大的痛苦。在此种岗位下，不仅行为准则模糊暧昧，大家甚至都不知道应该说些什么，也不知道应该有什么样的感受。

"无法引发后果"带来的痛苦

不管这种模糊暧昧具体如何，几乎所有反馈者都同意，狗屁工作最糟糕的地方就在于你知道它是狗屁工作。正如第三章中提到的，我们对自身存在的觉察，对自身作为独立个体区别于周围环境的领悟，很大程度上来自一个愉快的发现，即自己能够对周围环境产生可以预料的影响。婴儿时期如此，一生亦如此。把这份愉快彻底夺走，就好似用脚将人踩扁，跟踩扁小昆虫似的。当然，这种对周围环境产生影响的能力不可能被彻底夺走：不管是把背包里的东西全部拿出来重新整理一遍，还是玩水果麻将游戏，你都在以某种方式影响着世界。只

[①] 西哈诺（Cyrano），《大鼻子情圣》中男主角的名字，西哈诺一直暗恋着表妹罗克珊。——译者注

不过，如今世界上（富裕国家自然包括在内）的大部分人，从小就被教导着要努力工作：工作被认为是他们影响世界的主要方式，工作获取的报酬证明了他们的努力，证明了他们的付出是有意义的、是对世界产生了影响的。当有人问你"你是做什么的"，你立刻会觉得他是在问"你是做什么工作的"。

许多人都谈到了，当他们逐渐发现自己的工作其实就是拿钱但不做事的时候，心里会有极大的沮丧感。查尔斯大学毕业后就进入了电子游戏行业。他的第一份工作是在世嘉株式会社（Sega），开始的时候担任游戏测试员，很快就升职到游戏"本地化"岗位。结果他发现这个岗位的工作不过是典型的"随时待命工作"：除了每次出现问题的时候要出面解决一下，什么事都没有，但查尔斯必须天天坐在那儿假装工作，虽然问题每周平均只会出现一次。和莉莲一样，这样的处境让查尔斯开始怀疑自己的价值："做着一份只拿钱不做事的工作，我感到自己毫无价值。"有次上班迟到被领导痛骂了一顿之后，查尔斯便辞职了，转身谈了场旋风般的恋爱。一个月之后，查尔斯重新尝试找工作。

刚开始的时候，他以为新工作（另一家游戏公司）会有所不同。

查尔斯：2002年时，位于洛杉矶的大猎物公司（BigGameCo）聘用我担任联合制作人。我开始很兴奋，对这份工作充满期待，因为我被告知将要负责游戏设计文档的撰写工作。设计文档是座桥梁，它能将艺术家的创作理念和程序员的实际落地连接在一起。然而到岗后好几个月我都没有事情做，我每天最重要的任务就是为大家订外卖。

于是，我又开始一天一天地傻坐着，最多写写邮件，大部分时候我很早就回家了。

因为手头有着大把大把的时间，我就开始梦想自己创业，我

第四章　论精神暴力（下）——身处狗屁岗位有何感受

把所有空闲时间拿出来做这个创业项目的网站。后来，比我高一级的制作人威胁我要把我的所作所为告诉老板，我只好作罢。

终于，我获准开始撰写声效设计文档。我全身心地投入这项工作。我实在开心极了，因为终于可以做事了。当我把这份文档写完后，制作人要求我把文档上传到共享服务器，这样所有参与这个游戏制作的人都可以阅读。

这立马引起了骚动。原来雇用我的制作人并没有意识到我们楼下有一整个声效设计部门，他们会为每一个游戏撰写声效设计文档。我把别人的工作给做了。这个制作人之前已经犯过别的大错，所以他要求我来顶罪，免得他被解雇。我灵魂里每一个细胞都在呐喊着要反抗：我不要当替罪羊！不过我那些程序员朋友倒是很乐意有这种没能力的制作人上司，这样他们在编程的时候就有极大的自由度，他们劝我看在他们的分儿上忍了吧。他们不希望来一个其他的制作人，因为那样的话，他们或许就会被勒上缰绳。于是我当了替罪羊，隔天就辞了职，从此以后我再也没有给别人打过工。

就这样，查尔斯跟正规的领薪工作世界说了拜拜，开启了弹吉他谋生的日子，晚上就睡在自己的客货车里。

情况再清楚不过了，这就是基本毫无实质性工作内容的岗位（尽管这样的案例我们已经见过），但它比我们想象中更为普遍：起码有那么一小部分工作，人们从事了以后，很快或者过一阵子就会发现这份工作是毫无意义的。大部分工作者会考虑自己的工作是否有社会价值。不管他们采取的是什么隐含衡量标准，一旦他们断定自己的工作没有意义，就一定会影响他们做这份工作的体验，不管这份工作的性质是什么，也不管工作环境如何。当然，如果工作环境也很糟糕，那么事情往往就变得无法忍受了。

下面我们分享一个最糟糕的工作版本：讨厌的工作，恶劣的环境，满满的毫无意义。作为临时工，奈杰尔所在的公司签下了一个扫描申请表格的合同，即需要扫描几十万张会员积分卡的申请表格。因为奈杰尔所在的公司扫描设备有点瑕疵，而合同里写明了每份表格都需要检查至少三遍，保证没有错误才能通过，所以公司不得不每天都"运进"来小规模的临时工队伍，来充当"资料完备工"。我们来看看奈杰尔是如何描述他的工作的。

奈杰尔：很难讲清楚这种"无聊到出神"是一种什么感觉。工作的时候，我不自觉地同上帝开始了对话，祈求他，希望下一份申请表格里能有个错误，或者下一份、下下一份也行。不过时间似乎过得非常快，有点像濒死时灵魂出窍的感觉。

在"这项工作对社会完全无用"的纯粹中，在整个工作过程苦行僧般的体验中，存在着某种难以言状之物，它将所有的"资料完备工"联合在了一起。大家都知道这份工作就是狗屁工作。我真切地认为，如果我们是在处理那些社会价值更高的事务的申请表格（比如，器官移植登记表，格拉斯顿伯里摇滚音乐节门票申请表），那我们的感受就会和现在完全不同。并不是说我们工作的具体步骤会有什么不同、会变得不那么乏味，毕竟申请表格不过就是申请表格。只不过，我们知道，现在并没有人在乎我们的工作，也没有任何有意义的事情依赖我们的工作结果，这就让人觉得像是在参加一场个人耐力赛，一场为了比比谁更能忍受无聊而举办的奥林匹克竞赛。

这真的很奇怪。

终于，我们几个人实在是忍受不了了。有一天在投诉了某位粗暴无礼的主管后，第二天早上，我们就接到了电话，让我们不用再去了。

对奈杰尔来说，有一点是很幸运的，那就是他的同事全是临时工，大家都对组织没有忠诚感，也没有必要对发生的事情保持沉默，起码大家彼此之间可以一起吐槽。通常情况下，如果大家和公司签的合同时间比较久，那你就很难判断究竟谁可以充分信赖，而谁又是不可以交心的。

对某些人来讲，无意义会加剧无聊感，而对另一些人来讲，无意义则会加剧焦虑感。格雷格在一家营销代理公司担任了两年的数字展示广告设计师，"每天就设计你在网站上总是能看到的那些讨人厌的横幅广告"。他坚信，制作并销售横幅广告的过程基本就是一场骗局。销售横幅广告的营销代理公司手头有真实的研究数据，这些数据明明白白告诉我们，大部分网站浏览者看都不会看一眼这些横幅广告，更别提点击进去了。然而哪怕知道这些研究结果，他们依然毫不犹豫地伪造数据，并举办各种聚会宴请客户，然后在觥筹交错中向他们展示横幅广告"绝佳效果"的详尽"证据"。

因为广告实际上没有什么效果，所以客户满意度就成了关键。公司要求设计师必须迁就客户每一次的心血来潮，不管这种突发奇想在技术上有多么困难、多么任性、多么荒谬。

格雷格：出了高价的客户常常想在横幅广告里重现他们投放在电视里的广告，要求实现包含多种场景和必要元素的复杂脚本。汽车行业的客户会跑过来，带着缩略图大小的图片，让我们用Photoshop（图片处理工具）调整图片上的方向盘位置或汽油箱盖子的开关状态。

客户提出的要求几近苛刻，还不得不去满足，但设计师心里很清楚，网站浏览者快速翻动网页时，哪怕眼角偶尔瞥到了这张图片，也绝不可能注意到如此微小的细节，这真令人胸口憋闷。这一切已经让人很难忍受了，等到格雷格见到前面提到过的研究数据之后，情况更是加剧了。当了解了横幅广告就算被看到也不会被打开的研究结果后，他开始出现焦虑症的临床症状。

> 格雷格：通过这份工作，我知道了失去意义就会增加压力。最开始制作横幅广告的时候，我很有耐心，也愿意好好做。可是当我意识到辛苦做完的东西基本没什么意义后，所有的耐心就都跑光了。克服认知失调——在对工作结果只能假装在意的情况下，需要真的关心工作过程——非常耗费精力。

这份压力终于让格雷格不堪忍受，他辞职换了份工作。

...

压力是另一个经常出现的问题。正如格雷格所经历的，当一个人的狗屁工作不是什么都不做在那儿假装忙碌，而是真的很忙，但是忙的事情所有人都知道（但是不能说出来）是没有任何意义的，他就会被一种紧张感包围。这种紧张感会不断聚积，在这种情况下，人们往往会变得很有攻击性、很任性。前文中我们已经认识过汉尼巴尔了，通过给制药企业撰写在营销大会上能够被人拿在手上挥一挥、开完会后立刻被扔掉的报告，他收入不菲。但每周，这样的狗屁工作只占汉尼巴尔一两天的时间（为了赚取足够的生活费），剩下的时间他都投入在旨在根除"全球南方"[①]结核病的医学研究上，而这项研究汉尼巴尔并没有获得任何资金支持。这样的两份工作给了他对比不同工作环境下行为方式的机会。

---

① 全球南方（Global South），指非洲、拉丁美洲以及亚洲的部分国家。——译者注

汉尼巴尔：这是我注意到的另一件事。工作环境中攻击性行为的多少以及压力和紧张程度同他们从事工作的重要性成反向相关："客户突然莫名其妙地暴躁易怒，是因为他们受到了来自老板的压力，需要准备好公司第三季度规划会议上要用到的展示材料，而这个会议就在下周一召开！他们威胁要取消整个合约，除非我们明早之前能把材料准备好给他们送过去！我们所有人都得熬夜弄这个（别担心，我们会订些没营养的垃圾比萨和劣质啤酒来通宵干活……）。"这是在面对狗屁报告时非常典型的场景。与此形成对比，若从事的工作充满意义，那么大家合作期间更有协作的氛围，所有人同心协力，向着伟大的目标前进。

同样，虽然很少存在完全没有精神虐待、完全没有心理战的办公环境，但根据我收到的各种反馈，精神虐待和心理战的高发区往往集中在那些没有价值产生的办公室。在这里，大家都知道但又都不愿意承认自己并没有做什么有意义的事情。[8]

安妮：我就职于一家医疗护理成本管理公司。他们雇用我的时候说，他们为公司的特别任务小组招兵买马，这个小组在公司将履行多重职责。

结果他们根本没有提供特别任务小组相关的培训，而是让我：

- 从秘书那里取来表格，然后复制粘贴进工作软件中；
- 把表格中特定的区域标亮；
- 将表格还回流程池，后续会有其他人用到这些表格。

这份工作还有非常严苛的公司文化：不准和其他人说话。这是我工作过的最虐人的环境之一了。

有件事情令我印象特别深刻。在工作的前两周，我在标亮表格内容的时候，有一个错误操作，开始我没发现，就这么错误地进行了两周。但等到发现这个错误后，我立刻纠正了过来。可是，在往后的日子里（贯穿了我在这个公司工作的全部时间），每当有人发现表格中的标亮错误，我都会被拉到一边谈话，每一次都被弄得好像是发现了新问题似的。无论多少次，经理都记不住这是同一段时期内出的问题，也记不住这个问题已经不会再出现了，即使我一遍又一遍地告诉她这一点。

对大部分在办公室坐过班的人而言，对这样的小型施虐行为一点儿也不陌生。你得问问自己：这位主管一次又一次地把安妮叫到一边，要同她"谈话"，谈谈这个她很清楚早已被纠正的错误，每次主管心里真正的想法究竟是什么？她是真的因为这样或那样的原因，每一次都忘记了这个问题已被解决？这似乎不大可能。她之所以这样做，不过是因为她可以这样做，是为了行使权力。谈话的无意义性（不管是安妮还是她的上司，大家都知道，告诉一个人去修复已被修复的问题不会有任何用处），不过是让上司可以一遍遍告诉安妮：我和你之间完全是不对等的权力关系，我可以对你为所欲为。正是这种羞辱人的老习惯，这位主管可以用最像老板的方式来告诉下属谁是老板。这种羞辱人的方式之所以习以为常，无疑是因为在上司眼中，所有的下属不管如何都会在心里反抗上司，都会对上司的专制感到憎恨，而这就是犯错。这就跟警察殴打犯罪嫌疑人时的心理一样，哪怕知道犯罪嫌疑人是无辜的，他们也会告诉自己，这件事可能他是无辜的，但他肯定有不无辜的事。

安妮：这样持续了6个月，我觉得我宁可去死也不能继续这样下去了。可这也是我第一份能够养活自己的工作。在此之前，我是一名幼儿园教师，虽然幼儿园教师的工作非常重要，但我每小时只有8.25美元的收入（在波士顿）。

这就引出了另一个问题：此类境况对工作者身体健康造成的影响。虽然我这里没有足够的统计数据来支撑，但仅从我收到的反馈信息来看，狗屁工作常见的后果就是引发与压力相关的疾病。不少人跟我诉说了自己因为从事狗屁工作而导致的抑郁和焦虑，同时伴随着身体上的各种症状，从一辞职就神奇般自愈的腕管综合征（俗称"鼠标手"）到发作时类似"自体免疫性破坏"的症状。当时安妮的身体状况也越来越糟糕。她后来回想，之所以会这样，有一部分原因是当时的工作环境和她之前那份工作的环境有着天壤之别。

大卫：我试着去想象，从一份真正的工作，一份教育并照顾孩子的工作，转换到一份毫无意义且备受羞辱、只不过为了挣钱付房租的工作，是一种什么样的感受？你觉得有这种类似经历的人多吗？

安妮：我觉得肯定非常多！低收入的保育工作人员流动率特别高。部分人经过培训升到了更好的位置，但我见过的许多人（大部分是女性）离开后就去当了办公室文员或者商店店长什么的。

关于前后这两份工作，有一点我思考了很多：第一份工作中我每天都和人有着大量的身体接触，把孩子抱起来，和孩子抱抱，把孩子背起来，哄孩子睡觉；第二份工作中的所有人都不和其他人说话，更别说身体接触了。当身体开始出现问题的时候，我并没有意识到是因为这个改变造成的，但是现在回想起来，我意识到这个改变对我的身体健康和心理健康造成了多么严重的影响。

我觉得安妮不仅说对了，还用非常戏剧化的例子展现了一个其实非常普遍的影响因素。安妮确信，不但她自己的这个岗位没有意义，而且她所在的整个公司都没有存在的必要，这个公司充其量是一个大规模拼接修补基地：整个公司每天都在处理因美国医保系统这个声名狼藉、问题多多的系统带来的这样或那样的问题，而这个公司本身也构成了这个功能低下的系统的一部分。当然，在办公室里是不允许大家谈论这些事的，甚至不允许大家谈论任何事情。肢体上的隔离带来了社交上的隔离，办公室里的每个人都被迫成了一个个孤立的社交泡泡，只有自己在泡泡里。

如此狭小且明显权力不对等的社交环境，会催生一些奇怪的事情。早在 20 世纪 60 年代，激进的精神分析学家艾里希·弗洛姆首次提出，在高度禁欲和等级森严的环境中，施虐狂和恋尸癖的"非性交"版本漫布在人们日常事务中的方方面面。[9] 到了 90 年代，社会学家林恩·钱瑟将弗洛姆的一些观点同女权主义精神分析学家杰茜卡·本杰明的观点综合在一起，提出了一套日常生活中的施虐受虐狂理论。[10] 钱瑟发现，和真正的 BDSM① 亚文化群体不同，日常生活中的施虐受虐行为是无意识的，人们往往不知道自己正在进行幻想假扮游戏。在等级森严的环境下，被认为是"正常"的人常常会陷入某种病态版本的施虐受虐行为过程中：受虐一方绝望地挣扎着，想要获得永远都无法获得的认可（这是施虐受虐行为过程内在的设定）；施虐一方为了巩固统治地位，越来越不择手段，而这个统治地位事实上并不成立，这一点双方都清楚（因为如果施虐一方真的像他扮演的那样无所不能、强大自信、主宰一切，那么他就不需要如此丧心病狂地逼迫受虐一方去认可他的权力了）。当然，在 SM（施虐受虐狂）幻

---

① BDSM 四个字母分别对应 bondage, discipline, sadism 和 masochism, 即绑缚、调教、施虐与受虐。——译者注

想扮演游戏（参与其中的人确实称之为"游戏"）和 SM 的现实生活"非性交"版本之间，还存在着最重要的一点区别。在游戏版本中，双方在扮演游戏前会商定好游戏边界，在游戏中，只要一方喊出提前商定好的"安全词"，游戏随时可以中止。比如，你一喊"橙子"，你的游戏搭档就会立刻停止在你身上滴热蜡，并迅速从刚刚的"邪恶侯爵"角色转变为暖男，仔细询问并检查你的身体，确保你没有真的受伤。（实际上，受虐一方的愉悦感很大程度上来自知道自己能够按照意愿随意切换游戏搭档扮演的角色。[11]）而这正是 SM 现实生活版本中所没有的。你没办法对你的老板喊"橙子"。如果下属冒犯了自己，主管从来不会提前研究好怎样痛骂下属是可以的，怎样痛骂是不可以的，而像安妮这样的下属，在被训斥或被羞辱的时候，她知道自己是无法阻止这种情况发生的，没有"安全词"，如果硬要说有，也只有"我不干了"。然而当你说出"我不干了"，你喊停的不是领导羞辱你的行为，而是整个雇佣关系。而且往往这一喊停，就会让你告别现有的游戏赛场，被迫来到一个穷困潦倒的地方，在那里，你绝望地寻找着填饱肚子的方式，在冬日里因没钱支付暖气费而惴惴不安。

"觉得自己没资格痛苦"带来的痛苦

在这里，我想补充一点，在任何自上而下的等级关系中，对于原本就可能已经存在的施虐受虐行为，狗屁工作的毫无意义性往往会使情况变得更糟。当然也会有特例，友善慷慨的领导确实也存在。然而，身处狗屁工作中时，你是无法感受到共同目标感的，办公室里的所有集体行为无法以任何一种方式去改善外面的世界，也不会对办公室外的任何一个人产生任何重要的影响，这样的认知常常会放大办公室生活里那些微小的侮辱、偶尔的坏脾气、零星的怨恨和轻度的虐待行为。毕竟在这里，人们拥有的只有办公室政治了。

许多人同安妮一样，被狗屁工作对健康的影响吓到了。正如那些被单独囚禁的囚犯不可避免地会开始经历脑损伤一样，毫无目标感的工作者往往也会经历精神和身体的双重衰退。第二章中提过的努里，那个为能力低下的维也纳心理学家老板修改代码的努里，对他从事过的一连串狗屁工作进行了类似日记式的记录，他记录了这些工作对自己精神和身体造成的影响。

> 努里：
> 第一份工作：程序员，（毫无意义的）创业公司。
> 对我的影响：第一次感受到自我憎恨的情绪。每个月都会感冒一次。冒充者综合征[①]摧毁了我的免疫系统。
> 第二份工作：程序员，（面子工程的）创业公司。
> 对我的影响：我把自己逼得太紧，眼睛都被搞坏了，只好休息。
> 第三份工作：软件开发工程师，（骗子）小型公司。
> 对我的影响：长时间抑郁，提不起精神。
> 第四份工作：软件开发工程师，（早晚要关门、乱糟糟的）前创业公司。
> 对我的影响：因为没办法集中注意力，我的脑子不好使了，这让我处在日复一日的平庸和持续的害怕中；每个月都会感冒；强行扭曲我对事物原本的觉察。为了能够让自己开始工作，这样的日复一日摧毁了我的免疫系统，导致我患上了创伤后应激障碍（PTSD）。我的想法极度平庸……

---

① 冒充者综合征（imposter syndrome），心理学词语，指的是对自身成就的怀疑，害怕外界有一天会发现自己是"骗子"。——译者注

努里很不幸，接二连三地遭遇了荒唐可笑或者充满虐待的工作环境。通过获得别的目标感，他设法让自己保持了神志的正常（最起码，身体和精神没有彻底崩溃）：他开始进行详尽的研究，分析失败的公司项目背后隐藏着的社会力量和制度力量。事实上，他成了一名人类学家。（这在很大程度上帮助了我的研究，谢谢努里！）然后他对政治产生了兴趣，开始将时间和精力转移，谋划着试图摧毁那个造成各式各样荒谬岗位的系统。他告诉我，正是这个时候他的身体状况开始大幅好转。

哪怕是在相对友善的工作环境中，目标感缺失也会侵蚀每一个人。即使没有引发身体和精神上的衰退，这种缺失也会让工作者深受空虚迷茫和自我否定的折磨。而此类岗位常常伴有威望、尊重和丰厚的报酬，这些往往并不能缓解这份空虚迷茫和自我否定，反而会加剧这些负面感受。就拿莉莲这样的狗屁工作从事者来讲，他们可能正在猜测，那些真正做实事的下属是不是比什么都没干的自己拿的报酬要少（"要真是这样，那实在太荒唐了！"），这些下属是不是完全有理由憎恨自己，这样的猜测令他们备受折磨。许多人由此陷入困惑，不知道自己应该有什么样的感受，他们找不到"道德指南针"。这也可以算作某种道德评判的"脚本缺失"。

我们再来看个相对温和的案例。芬恩所在的公司是提供订购式软件许可业务的。

> 芬恩：在几年前第一次读到《谈谈"狗屁工作"现象》那篇文章之后，文章的内容就一直在我脑海中回响。此后的日子里，我时不时会翻出这篇文章重读，并转发给朋友看。
>
> 我是一家"软件即服务"公司的技术支持部门主管，主要工作内容就是参加会议，发电子邮件，有什么新的需求就通知一下团队，客户遇到问题后初步未能解决的情况下会反馈给我，我还

负责给团队成员评估绩效。

芬恩承认，绩效评估这项工作完全无用，"谁干活、谁没干活这种事情大家本来就知道"。事实上，芬恩毫不犹豫地承认了他的工作大多没有意义。要说有用的工作内容，也就剩下些拼接修补工作还有点用，比如，公司官僚体系搞出来的各种复杂流程会带来许多问题，这些问题发生的时候我就得想办法解决。此外，整个公司本身其实就毫无意义。

芬恩：不过，虽然是这样，但现在坐在这儿敲这些文字的时候，我还是忍不住想为自己这份狗屁工作辩解一下。因为这份工作养活了我和我的家人。我想，正是这一点，让我出现了认知失调。从感情上来说，我并没有对我的工作和我所在公司有任何投入。如果我周一来到公司，发现整栋楼都不见了，那么不仅这个社会对此毫不在意，我也毫不在意。如果非要寻找这份工作给我带来的满足感，那也只有一点：在这个混乱的组织中，我能做到游刃有余。可是你可以想象，精通一件无意义之事并不会让人感到多么满足。

如果纯粹去选喜欢做的事，我会选择写小说和观点文章，我业余时间一直在做。但是我害怕，要是我辞掉了现在这份狗屁工作，开始全职写作，那我很可能就没办法养活自己和家人了。

当然，此种进退两难的困境很普遍。工作本身可能毫无意义，但这份工作养活了你和你的家人，在这种情况下，还要将这份工作视作一件坏事感觉说不过去。我们不禁想问：我们的经济体系究竟出了什么问题，使人们想要养活孩子就得把自己醒着的时间投入那些表格打钩工作中，或者处理解决那些本就不该存在的问题上。不过，这个问题你也可以反过来问：既然创造了这些工作的经济体系能助你养家糊口，那是否还能称其无用？我们真的想要对资本主义重做评价吗？或许不管这个经济体系看起来多么没有意义，它的方方面面都是无奈的必然选择。

然而与此同时，人们没有办法忽视自己的体验，无法不去想其中的种种明显错误。

如同莉莲，许多人都谈到了自身体验的极为痛苦的失调：来自社会外界对这份工作的尊重与自身对这份工作毫无意义的内在认知。丹是一家英国公司多伦多分部的行政承包人。丹表示自己每周实质性的工作时长只有一两个小时（这些工作其实在家就能轻松搞定），剩下的工作时间他过得毫无意义。每天穿上西装来到办公室，就好似一场精心的献祭仪式，为了证明自己配得上自己其实配不上的尊重，每天都要完成一连串毫无意义的动作。上班的时候，丹一直在想同事们是不是也有跟他一样的内心活动。

> 丹：好似卡夫卡式的梦中场景，似乎只有我不幸意识到了真相，只有我察觉到了我们所做的一切是多么荒诞。然而内心深处，我感觉其实所有人都意识到了真相，只不过大家都不说。肯定所有人都知道！我们办公室只有6个人，可我们6个人都是"经理"……整栋楼里经理肯定要比员工多。一切都荒诞至极。

在丹的办公室，所有人都配合着表演这出荒诞戏。他们所处的工作环境和虐待一点儿也沾不上边。他们办公室的6位经理以及主管这6位经理的经理都很礼貌、友善，大家互相扶持。他们告诉彼此，这份工作多么了不起；他们相互肯定，若是没有彼此的合作，一切都会变得糟糕透顶。不过丹认为，这只不过是大家知道真相后的彼此安慰。他们都知道，他们几乎什么都没有做，他们的工作内容完全没有社会价值，如果没有他们，这个世界不会有任何不一样。在办公室之外，丹的感觉更糟糕：家人觉得他很成功，觉得他很了不起。"真的很难描述我内心感受到的愤怒和无力。大家都觉得我是一位'年轻有为的专业人士'，但没有人知道我每天真实的工作内容。"

最终丹辞掉了工作，成了北魁北克某克里族印第安社区的一名科学教师。

· · ·

这种情况下，有些上司会时不时跟大家强调，你们感受到的"我的工作毫无意义"显然讲不通。但上司的这份强调并没有什么帮助，而且也不是所有上司都会这样。正如我们已经观察到的，有些上司的应对方式基本上就是使眼色加微笑，很少有上司愿意坦诚地讨论哪怕是一部分的真实情况。不过因为中层管理者普遍将自己的职能理解为鼓舞员工士气、维持工作纪律，所以常常会感到除了想办法合理化这一切，没有别的选择（事实上，这是他们工作内容中仅有的非狗屁部分）。而且，在职场，位置越高，就越容易忘却真相。但与此同时，表面上他们也将获得更大的权力。

瓦西里在某家欧洲外交事务办公室担任研究分析师一职。在他们办公室，主管和分析师一样多，研究员每完成一份分析报告，就会被往上传递两层，上司的上司审阅完、编辑完，再层层下传，然后再重复这个流程，直到这份分析报告变得毫无价值。当然，在这个办公室之外，是否有人能读到这份报告，是否有人知道这份报告的存在，才是更大的问题。瓦西里会时不时地试图向主管指出这一切。

> 瓦西里：每当我质疑工作是否有用、是否有价值的时候，老板就会用奇怪的眼神看着我，好像我来自另一个星球。他们当然

会这么看我：对他们来讲，保持我们对这份工作仅存的认可是至关重要的。因为如果大家完全否定了这份工作的价值，那么他们的岗位就没有存在的必要了，大家都可以失业了。

在瓦西里这个案例中，并不是资本主义经济体系，而是现代国际国家体系，在各领事部门、联合国以及各布雷顿森林①机构之间，在全世界范围内制造了无数（且往往是高薪、高社会地位、高舒适度）工作岗位。在所有这些岗位中，哪些真的有用，有什么样的用处，是我们可以讨论的。或许某些工作非常重要，比如阻止战争的发生。而某些工作则不大重要，比如家具的布置和重新摆放。还有一些则完全是多余的，起码在社会下层人士看来如此。瓦西里说，领悟到这些以后，心里就产生了负罪感和羞耻感。

> 瓦西里：在公共场合的时候，我不希望别人问我与工作相关的事情，因为没什么好说的，也没什么值得骄傲的。外交事务工作会赋予人很高的社会声誉，因此每当说"我在外交部工作"的时候，我都会在人们的脸上读出尊敬之情，同时还看出了一点，那就是他们其实并不了解我的真实工作内容。我觉得这份尊敬使事情变得更加糟糕了。

在这个世界上，存在100万种方式让一个人感到自己毫无价值。在这件事上，美国也总是冲在前头。美国发展出了一套典型的美国式政治讨论，来教训那些自以为拥有权利的人，告诉他们这种想法很愚蠢。我们就称其为"对权利的叱责"吧。"对权利的叱责"有许多表

---

① 1944年，布雷顿森林协议签订。布雷顿森林体系对美国、加拿大、西欧各国、澳大利亚和日本之间的商贸和金融往来制定了规则。——译者注

现形式。右翼版本的"对权利的叱责",主要集中在批评那些"人生来就得过舒服日子"的观点持有者,以及批评那些"得重病了就得有医疗救助""生了孩子就得有带薪产假""工作了就得享受安全的环境""法律之下人人平等"等观点持有者。而左翼版本的"对权利的叱责",是告诫人们当他们感到自己有权享受的任何一件事,一旦有更为穷困或更受压迫的人享受不到,那么就需要去阻止降临在自己身上的特权。

按照这些标准,哪怕你无缘无故被警棍砸破了脑袋并被拖到了监狱,也得把可能遭遇这类事件的所有人想全了以后,才可以抱怨自己遭遇了不公。"对权利的叱责"或许在北美经历了最繁复的发展,但是随着新自由主义市场意识的兴起,这种叱责也席卷了全世界。在这样的环境下,我们可以预期,若要求获得一项全新的、不为人熟悉的权利,比如要求工作得有意义这种权利[12],那这个要求被满足的可能性是很小的。如今,当你要求获得一件本该拥有的东西时,能得到足够的重视都已经很难了。

"对权利的叱责"这个重担主要压在了年轻一代人的身上。总的来讲,在大部分发达国家,如今20多岁的年轻人,是100多年来第一批机遇和生活水平远不如父辈的一代人。然而与此同时,这代人却一直被告诫(不管是来自左翼的告诫还是来自右翼的告诫)不要觉得自己还有权利渴求更多的东西,这就造成年轻一代面对自己毫无意义的工作时很难进行抱怨。

那就让我们最后以蕾切尔的例子来表达一下这代人的恐惧吧。

蕾切尔在数学方面很有才华,拿到了物理学的本科学位,不过她来自一个穷困家庭。她渴望继续深造,但是英国高校的学费涨了两倍,助学金又大幅度减少,她就不得不出来工作赚取必需的资金。蕾切尔成为一家大型保险公司的灾难风险分析师。她告诉自己,脱离一年自己原本的轨道算不上什么世界末日。

蕾切尔："这算不上世界上最糟糕的事情，因为你可以学点新技能，赚点钱，顺便搭建人脉。"我当时是这么想的。"实际上，情况能有多糟？"显然，在你的脑海深处，有一个声音在回响："许多人终其一生都在从事着无聊且辛苦的工作，还没挣多少钱。你不过就是在一个无聊的办公室待上一年嘛！到底你有多特别，怎么就忍不了了？"

最后这一句戳中了自觉自知的千禧一代全部的恐惧。刷脸书的时候，我的天，我总是能看到一些时事短评文章在说教，说我们这代人拥有的是那么的多，愿意付出的又是那么的少，哪怕好好工作一天都做不到。我都不知道我对于"可以接受的"工作的标准到底是合理的，还是荒唐可笑的（或者用我奶奶的话说，是雪花一代[①]不知好歹的胡说八道）。

顺便一提，这便是"对权利的叱责"非常英式的版本（尽管这股叱责之风已在整个欧洲肆虐开来）：那些享受了国家终身福利保护政策的年长一代，嘲笑现在的年轻人痴心妄想也能拥有这一切。这里还有另外一点，尽管蕾切尔有点不好意思承认：这份工作收入颇丰，比她父母的收入要高得多。对成年后一直都没什么钱，养活自己全靠打临工、在呼叫中心兼职、在派对端酒水食物的穷学生来讲，她终于尝到了资产阶级生活方式的一点甜头，这感觉定是令人神清气爽。

蕾切尔："办公室工作"我做过，"烂工作"我也做过，那份烂办公室工作能有多可怕？当时我对即将来临的深不见底的无聊毫无概念，对等着我的无边无际的官僚主义、糟糕透顶的管理

[①] 雪花一代（Generation Snowflake），用来嘲笑千禧一代的玻璃心，认为他们别人一说就炸毛，心理上脆弱不堪。——译者注

层、数都数不清的狗屁任务一无所知。

蕾切尔的岗位是迫于各种资方要求的规章制度而设定的，然而就和所有类似处境下的公司一样，对于这些规章制度，蕾切尔的老板根本无意尊重。因此，蕾切尔的一天常常是这么度过的：每天早上把收到的邮件过一遍，这些邮件里包含的数据显示了，如果出现了某个假设中的灾难性场景，那么公司各部门预计会损失多少金额；消化完这些数据后，"清空"这些数据，然后把它们复制粘贴到一个电子表格中（每次复制粘贴完，这个电子表格程序准会卡死，只能重启），然后算出公司的整体损失。如果发现了潜在的法律问题，蕾切尔需要篡改一下数据，直到这个问题消失。这样的一天是顺利的一天。如果不顺利，手头没有任何事情可以做，那么蕾切尔的主管就会搞出一些既费劲又没用的事情来让她忙活，比如，让她画一些"思维导图"[13]什么的。也有可能什么任务都没派给她，当然没事做不代表就可以做自己的事情了，你还得积极地假装在忙碌工作。

　　蕾切尔：我这个岗位最奇怪同时可能也是（除了岗位名称）最狗屁的地方在于，虽然大家普遍承认这个岗位的工作量不够，但却不允许你表现出明显没在工作的状态。当时互联网还没有像现在这样普遍，上班的时候连推特和脸书都禁止大家登录。
　　我在大学读的专业相当有趣，学业也非常繁重，所以当时的我对于未来将要面对的事情会有多么可怕毫无概念，当时的我完全没有办法想象每天早上起床后，等待你的将是一整天傻坐在办公室假装没有在浪费时间的生活。
　　在连续抱怨了几个月之后，压垮我的最后一根稻草终于来到。在上了一个礼拜高纯度狗屁班之后，我约朋友明迪出来喝了一杯。当时我刚被分配了一个任务，要我用不同的颜色将思维导图的内容按照"有了会挺好""必须得有""未来想要有"进行分类。（别问我，我也不知道这个分类方式是什么意思。）明迪当时也在一个差不多狗屁的项目上，每天给一份没有人会阅读的公司报纸撰写品牌内容广告。

她冲着我咆哮，我冲着她嚷嚷。我发表了一通长篇激情演讲后大声喊道："海平面快点上涨吧，世界末日快点来临吧！因为我现在宁可拿根破竿搞个长枪出去捕鱼或者猎杀食人族，也不愿意再继续这份狗屁工作了！"我俩一起大笑了很久，然后我开始哭了起来。第二天我就辞职了。大学期间做过各种各样奇怪的非技术性工作有一个巨大的好处，那就是你总是可以很快找到工作。

对，没错，我就是"雪花一代"的冰晶女王，在舒适的办公室里吹着空调的热风而融化。但是，我的天，工作的世界真的恶心死我了！

蕾切尔从最开始觉得"烂办公室工作"又不是什么世界末日，到最后被迫得出了"烂办公室工作"比世界末日还要可怕的结论。[14]

"知道自己做的是坏事"带来的痛苦

还有另外一种稍稍不同的社会痛苦：你不得不假装对人类有贡献，但事实上你知道自己所做之事恰恰相反。出于显而易见的原因，这类痛苦在那些任职于政府或者非政府组织的社会服务提供者中最为普遍。他们中的大部分人日常从事的工作就是在表格上打打钩，起码在某种程度上是这样。但是许多人都知道，他们从事的事情要比纯粹的无用来得更糟：他们正在伤害那些他们原本应该帮助的人。示日现在是一名艺术家，但她曾经是纽约市的一名社区治疗师。

示日：20世纪90年代到21世纪初这段时间，我在纽约布朗克斯区一家社区心理健康中心担任治疗师。我有社会福利工作的学位。

来我这儿治疗的人有两类：一类是因为犯了轻罪——根据克林顿政府打击犯罪的法案——而遭遇监禁的人，监禁完毕后他们被强制送来"治疗"，还因坐牢丢了工作、没了住所；另一类是那些需要向"从福利到就业"（welfare-to-work）部门或者向社会保障部门提供证明的人，他们需要证明自己患有心理疾病，以获准领取补充性保障收入或其他食物与租房津贴。

有些人真的患有严重的心理疾病，但是更多人只不过是极度贫穷，还被警察一直骚扰。就他们所处的生活环境，搁谁都要得"心理疾病"。

治疗过程基本上就是告诉他们，他们的生活之所以如此糟糕是因为他们犯了错，想要过上好日子他们就得靠自己努力。如果他们每天都来参加治疗，那么他们的医疗补助计划上就会有账单记录，然后工作人员会复制好他们的医疗记录，并寄给社会保障部门就伤残给付进行审核。他们医疗记录里的文书内容越多，审核通过的概率就越高。

我还负责"愤怒管理""应对技巧"等小组治疗项目。这些小组治疗项目非常羞辱人且毫无用处！你吃不饱的时候讲什么应对技巧？你被警察虐待的时候又谈什么愤怒管理？

我的工作无用且有害。太多的非政府组织依靠社会不平等造成的苦难来赢利。我的这份工作没什么收入，自己的生活水平也很低，但每每想起我是靠吸食他人贫穷而赢利的组织中的一员，我都会感到深深的痛苦。

很有意思也很重要的一点是，许多底层官员完全清楚自己借着文书工作的名义，实际上做着荒谬和可怕的事情，他们也非常明白这些事情会给人们带来什么样的损害（即使他们通常觉得，在面对公众的时候自己必须板着脸）。有些人会想办法给这一点寻找合理化解释，也有一些人享受这种施虐的快感。但是对每一位体制受害者，每一位默默质问过"他们这些人怎么能够心安理得做着这一切"的受害者来讲，以下案例或许能够提供些许安慰：很多人其实并不心安理得。米纳在某英国小镇的地方政府议会上班，该小镇有时会被人称作"海边的流浪者之家"。她刚刚上岗的时候就被告知她的这个岗位是和流浪汉打交道的。后来发现，从某种角度来讲这么说也没错。

> 米纳：这个岗位要做的并不是安置流浪汉，也不是给他们提供建议，还不能以任何方式帮助他们。这个岗位事实上做的事情是收集他们的档案（身份证明、社保账号、收入证明等），以便"临时庇护小组"收回他们的住房补贴。他们只有三天的时间准备这些档案。如果他们没办法提供或者没有提供必需的档案文件，我就得要求负责对接他们的社工把他们从临时庇护所赶出去。很显然，有着毒瘾的流浪汉是很难提供两份收入证明以及其他各种文件的。被父母抛弃的青少年、患有创伤后应激障碍的退伍军人、逃离家暴的妇女……无一不是如此。

所以米纳表示，从根本上来讲，她的角色就是威胁那些曾经流离失所的人可能要再次流离失所了，"我做的全是这些，目的就是让一个部门可以向另一个部门申请现金调拨"。从事这份工作是什么感觉？"感觉灵魂都要被摧毁了。"6个月后，米纳实在受不了了，对政府工作彻底失去了信心。

米纳辞职了。同样在地方从事公职的比特丽斯，在目睹了同事的所作所为后，也没办法忍耐下去了。政府在寄给养老金和抚恤金领取者的信件中，故意设置了错误，让他们无法正确理解要求，这样政府就可以因为这些领取者拖欠付款而欺诈性地收取他们的费用。这样的操作令比特丽斯的某些同事在办公室里哈哈大笑。比特丽斯表示，虽然只有少数同事会幸灾乐祸，会因为欺诈他们本该服务的对象而感到有趣，但这还是为本该轻松友好的办公氛围蒙上了一层可怕的阴影。她试过和领导反映（"他们这么做肯定不对！"），但是领导看着她的眼神好似在说，你是不是疯了？于是比特丽斯以最快的速度换了份工作。

乔治则选择继续忍耐。乔治任职于法国公司Atos，Atos受雇于英国政府，负责尽可能多地找出残疾人登记表中不符合要求的人（在随后的几年中，因为被鉴定为"具备就业能力"而失去补助、不久后便去世的人数超过了2000人）。[15]乔治表示，公司里每个人都知道他们在做的事情意味着什么，也都在"绝望地、默默地痛恨着Atos"。也有政府工作者确信，整个办公室只有他们自己清楚这份工作是毫无用处甚至有害的（尽管被问及是否将自己的观点和同事直接分享过的时候，大部分人都表示从来没有，这意味着很有可能你的同事也以为自己是唯一一个知道真相的人）。[16]

通过这些案例，我们的讨论开始转向颇为不同的领域。许多情况下，狗屁工作从事的事情仅仅是没有意义而已，但是一旦发现你做的事情正在导致他人的灾难，那么除了毫无意义对你的侵蚀，你还将经历内疚和恐惧带来的心灵摧残。为何会产生内疚很好理解，为何还会产生恐惧呢？那是因为在此类环境中，关于告发者会有怎样的下场的各种传言总是源源不断，散发着阴暗的气息。然而这一切，一天又一天地在这些悲惨的工作者身上烙下印记。

狗屁工作对创造力的扼杀

在做出总结以前，我们先回到精神暴力这个主题。

这个世界上，很难想出有什么事，要比米纳口中"违抗你的个人意志、逼你施行专横官僚残暴行为"这样的事更摧残人心的了。充当你所憎恨的组织的打手，成为一个怪物。我注意到，在流行文学中，最令人恐惧的怪物并不仅仅是威胁着要撕毁你、折磨你或者杀了你，而是把你也变成怪物。想想吸血鬼、僵尸、狼人，他们之所以可怕，是因为他们不仅可以摧毁你的身体，还可以摧毁你的灵魂。这大概也是青少年如此迷恋这些作品的原因。青春期正是我们人生第一次面临如下挑战的时候：如何坚持自己，如何避免沦为我们厌恶的怪物。

伪装成公益事业、实则无用甚至有害的工作或许是最糟糕的，但是本章提及的几乎所有工作都以不同的方式摧毁着我们的灵魂。狗屁工作常常引发绝望、忧郁和自我怨恨。这些精神暴力向我们袭来，抹杀着我们作为一个人最本质的意义。

如果我在上一章谈论的人类灵魂的完整性，乃至人类身体的完整性（虽然两者不可以完全分离）是与一个人同他人的关系、同他是否感到自己可以影响这个世界相关联，那么狗屁工作就纯粹是精神暴力，别的什么都不是。

但是这并不代表灵魂毫无抵抗的方法。现在我们有必要谈谈狗屁工作引发的属灵的战争①，以及人们为了使自己不发疯所做出的种种尝试。通过对引发的属灵的战争的关注，我们可以总结本章的内容。狗屁工作从事者通过各种方式或投身其他事业，来避免自己发疯。如果

---

① 属灵的战争（spiritual warfare），基督教概念，是对超自然的邪恶力量进行的坚定抗争。基督教教徒认为存在能够介入人类事务的魔鬼，与其抗争的方式有祈祷、驱邪、按手、斋戒、涂油等。——译者注

你愿意，可以称之为"游击战意志"（guerrilla purpose）。那位临时雇员罗宾，把计算机界面弄得跟在编程似的（其实是在浏览网页），通过这个办法赢得做自己事情的时间，比如做一些免费的编辑工作，编辑一些他管理的（显然也包括介绍我的）维基百科页面，来帮助自己获得除金钱以外的其他做事动力。还有一些人开始自己创业，有写电影剧本和小说的，还有偷偷运营性感女佣业务的。

然而，有些人选择了用幻想来逃离，沉浸在沃尔特·米蒂式的白日梦之中[1]，这是那些注定在枯燥的办公室中度过一生的人常见的应对机制。那么出现如下的变化或许也算不上什么巧合了：现如今许多人的白日梦已不再是成为一战时的王牌飞行员，也不再是嫁给王子，或者成为校园大众情人，而是想要一份更好的（好得多得多的、好到不可思议的）工作。我们不妨看看鲍里斯的白日梦。鲍里斯在一家"大型国际机构"工作，负责写些报告，都是些狗屁报告。下面是他的（显然是颇为自嘲的）一份"报告"。

> 鲍里斯：我做的显然是一份狗屁工作。因为我什么都试过了，读鸡汤书，时不时偷偷跑到厕所躲一阵，或者打电话和老母亲哭诉一番。我意识到自己整个人生的选择就是一坨屎，但我还是没有辞职，因为我得付房租啊。
>
> 现在这个状况搞得我经常抑郁，有时候轻点，有时候很严重。而且因为这份狗屁工作，我还被迫推迟了我人生真正使命的达成时间，即成为詹妮弗·洛佩兹或者碧昂丝的私人助理（单个或者一起来都行）。反正我工作很努力，做事不达目的誓不罢休，所以我觉得我肯定能搞定。给卡戴珊家族的成员做私人助理我也愿意，尤其是金·卡戴珊。

---

[1] 沃尔特·米蒂（Walter Mitty）是电影《白日梦想家》的主人公。——译者注

虽然如此，但是大部分人的反抗方式都集中在了创造力这一点：凭借顽强的毅力，许多人努力追求艺术、音乐、写作、诗歌，这些成了他们"现实"生活中那份能带来收入但毫无意义的工作的一剂解药。显然，这里会存在样本偏差的问题。我收到的反馈大部分来自我在推特上的粉丝，我的粉丝群总的来讲关心艺术和政治的比例要比平均数高。所以我不会推断通过投入创作来躲避狗屁工作的痛苦这个现象有多普遍，不过某些有趣的模式还是显露出来了。

比如，许多人因为某项技能而被录用，但是上班后却发现并没有使用这项技能的需求，一旦他们发现自己手头有空闲时间，很少会有人偷偷去使用这项技能，他们几乎把全部时间拿来做其他事情了。在第三章我们已经发现，拉马丹，这位曾经梦想工作在科技前沿的工程师，当发现自己的工作其实就是整天坐在办公桌前弄些文书工作之后，他就直接放弃了。他并没有偷偷去研究什么科学项目，而是沉浸到电影、小说和埃及社会运动史中。这种操作很有代表性。一直想着写本《如何身处公司却依然保持初心》小册子的费伊则转向了音乐领域。

> 费伊：内心深处的我是个不得志的音乐人。当我每天困于公司办公桌的时候，心中这位音乐人会想出各种办法来默默学习音乐。我学习了一阵子印度古典乐，学会并吸收了其中两套节奏体系。印度音乐表达方式是抽象的、数字的、非书写的，这方便我在大脑里默默练习，不被人发现。
>
> 这意味着虽然上班的时候我人被困在办公室，但是我的心却可以进行即兴音乐创作，甚至可以在创作的过程中将我身边发生的事情融入进去。无聊的会议没完没了开个不停的时候，我可以跟随挂钟的嘀嗒声在心中"歌唱"；枯燥的电话号码可以变成有节奏的诗歌；把公司里的行话一个一个音节地拆解开，编成具有

嘻哈感的音乐；将不同尺寸抽屉的文件柜阐释为复合节奏。

通过这些方式，我才能抵挡住工作环境中扑面而来的用言语根本无法描绘的密密麻麻的无聊。几个月前，我甚至还给朋友详细介绍了如何使用节奏游戏来缓解工作环境中的无聊感，示范了如何在枯燥乏味的会议中提取出元素，然后进行疯克乐（funk）创作。

在波士顿一家金融咨询公司工作的刘易斯自称"伪投资银行家"，他正在进行戏剧创作。当意识到自己在公司扮演的角色几乎毫无意义之后，他便失去了工作动力，这让他没办法集中注意力。虽然每天本来就没什么真正的事情需要做，但还是有一两个小时的工作量，可是丧失了工作动力的刘易斯，连这一两个小时的工作都没办法集中注意力。刘易斯的主管是个对工作"时长"和工作"状态"要求很高的人，而对工作"效率"则漠不关心：刘易斯具体在做什么她不管，只要刘易斯比她下班晚就可以。然而刘易斯表示，自己有中西部美国人常有的那种负疚情结（guilt complex），这种情结不允许他继续这么低效下去，于是他想出了改善的办法。

刘易斯：很开心的是，我的办公桌可以自动升降，高度可以在坐着工作和站着工作之间转换。除此之外，我还拥有大把虽然会有一点点内疚但确实没什么事情可做的空闲时间。因此，在过去三个月的时间里，我用这些空闲时间写出了我的第一部戏剧。很奇怪的一点是，这个文学创作与其说出于渴望，不如说出于我的需要。因为我发现每当构思完一段情节或者想完一段对话之后，我的工作效率就会大大提升。为了能完成当日必须完成的70分钟左右的"真实工作"，我必须搭配三四个小时的文学创作。

费伊和刘易斯只能算是特例，更多的人则是抱怨他们被困在办公室里无事可做的时候，很难想出办法来有价值地打发这些时间。我们可能会觉得，数百万受过良好教育的年轻人，每天没有什么实际工作可以做，却连接了互联网（在互联网这个宝库，几乎所有的人类文化和知识都有可能被找到），那是不是就有可能激发出某种文艺复兴？并没有，现实情况相差甚远。并没有什么新的文艺复兴，取而代之的是诸如脸书、YouTube、Instagram（照片墙）、推特等社交媒体的全面开花，也就是那些在假装工作的时候适合使用的电子媒体，不管是产出内容还是观看内容。我相信，这正是社交媒体兴起的主要原因，你只要想想越来越多的狗屁工作，以及真正工作的不断狗屁化就能明白了。正如我们已经观察到的，不同的狗屁工作之间有着这样那样的区别，大家的处境很不相同。有些狗屁工作从事者工作的时候始终被别人盯着，而另一些狗屁工作从事者只需要稍稍假装在工作就可以了，基本上没人管。大部分人的处境介于两者之间。然而哪怕是工作处境最为宽松的那些狗屁工作从事者，他们也要随时待命（随时随地都有可能被找，这种紧张感怎么也得耗费些许精力），也要表现出假装在工作的样子，不能过于专注自己的事情，以免被人看出来，因此也没有办法和他人全力合作工作之外的项目……所有这些都有助于形成全员上网来打发时间的氛围：不管是玩电子游戏、上 YouTube 刷视频傻笑、制作"觅母"图片，还是上推特和网友骂来骂去……而20世纪中期福利制度氛围下蓬勃发展的那些消遣方式，比如摇滚、毒品诗歌、"实验戏剧"等，在现在的环境下则不大可能再度活跃。眼下兴起的那些由办公室工作者产出和消费的流行文化，只可能发生在零碎的时间，在那些哪怕没有任何工作要做，但还得假装有工作要做的时候鬼鬼祟祟地进行。

有不少反馈表达了相似的观点，大家纷纷抱怨在狗屁工作的环境下，根本没办法进行传统意义上的艺术创作。毕业于爱尔兰某艺术学院的帕德里格，在毕业后被引领着来到了一家外国科技跨国公司，从事一份毫无意义的工作。帕德里格表示，之所以会做出这个就业选择，是因为爱尔兰复杂的福利和税收体系。他说，在这个体系下，个体经营基本上没戏，除非你已经很有钱。没办法，帕德里格只好放弃了自己本来的人生追求。

> 帕德里格：其实最让我抓狂的不是上班的时候，而是下班之后。我在下班后自己的时间里也没有办法集中注意力，没有办法作画，无法跟着我的创作念头在画布上画下灵感。我没有上班的时候，作画是高度专注的。可是不上班就没有钱。现在我有钱了，可是没了时间，没了精力，没了创作的源泉。[17]

不过帕德里格还是成功腾出了时间和精力，活跃在政治议题上。作为一个无政府主义者，他决心摧毁这个剥夺他追寻真正人生目标的经济体制。与此同时，作为纽约的一名法律助理，詹姆斯则默默地进行着他的抗议。

> 詹姆斯：整日整日身处枯燥乏味的办公环境之中，我的大脑已经完全麻木，什么事情都做不了，只能刷着毫无意义的社交媒体……是的，我时不时地会对这一切感到非常沮丧——孤立、徒劳、疲乏。我能想出的小小的反抗方式，不过就是每天上班时别上一枚红黑色五星胸针，但他们根本没发现过它！

最后，我们来看一位英国心理学家的故事。英国前首相托尼·布莱尔在20世纪90年代发起的高等教育改革令哈里被解聘。哈里被解聘之前是一名教师，被解聘后又被聘请为"项目评定专员"，专门评定这项解聘教师的工程效果好不好。

哈里：令我感到惊讶的是，在上班时间做别的事情在心理上很难过得去。如果我把做狗屁工作的时间用来做别的事情，比如试着写写小说什么的，我会感到非常内疚。我总觉得我必须尽最大的努力来完成上班时被分派的工作，哪怕我明确知道这些工作完全没有任何用处。

大卫：你知道，我在看大家给我的反馈时，发现这一点总是被提及。那些明明应该算是超级完美的工作，就是那种钱多活儿少甚至都不怎么管你上班在干什么的工作，反而会让人发疯，因为大家已经找不到办法来让自己把时间和精力投入其他事情中了。

哈里：这让我想到一件事，可以佐证你刚才所说的。最近我在一家公共汽车停车场担任培训经理。当然，这个工作没那么有魅力，但却实实在在，是真正有用的工作。我现在下班之后，感到更有精力和心情把我的自由职业（写短篇小说和文章）作为消遣了，比之前做那些无趣乏味的狗屁工作时更容易进入状态了。

大卫：我们或许发现了什么了不起的事情！

哈里：没错，真有意思。

所以，身处狗屁工作，然后利用"多出来"的时间去做其他事情并不容易。因为工作时间大都是在"枯燥乏味的办公环境"（用詹姆斯的话来讲）中度过的，我们所拥有的都是碎片化时间，哪怕回过头来发现其实有时也是一大段时间，但用这些时间去投入地做那些需要思考和创造力的事情则需要一个人足够足智多谋，并且具有坚定的决心。那些成功做到的人，他们有限的创造精力（一般来讲总是有限的）也已被消耗殆尽，单单为了想出办法他们就损耗了不少脑细胞：在大家都忙着做猫咪"觅母"的氛围下，怎样才能创造条件来做些稍稍有点抱负的事情，至少比猫咪"觅母"要有抱负一些。我并不是说猫咪"觅母"有任何问题，我见过好多"觅母"做得棒极了，但是我们对年青一代的期待总不能仅仅是这些吧。

在收到的反馈中，我觉得基本克服了狗屁工作带来的精神伤害的，只有那些通过某种方式把每周从事狗屁工作的时间集中到了其中一天或者两天的人。不用说，这种操作难度很大，往往不可实现，不管是从金钱角度还是从职业发展角度考虑。汉尼巴尔是其中成功做到的一个反馈者。读者可能还记得他，我们在前文中提到过，汉尼巴尔给营销机构撰写狗屁报告，一份就收取 12000 英镑。他努力把从事这份狗屁工作的时间控制在每周一天以内，如果做得到的话。剩下的时间，他则用来从事一些事业。汉尼巴尔很看重这些事业，觉得它们极有价值，但同时他也知道仅靠自己的钱是支撑不了这些事业的。

> 汉尼巴尔：我从事的其中一个项目是为发展中国家的结核病患者提供服务。我们致力于做成一个图像处理算法，从而帮助结核病患者读懂诊断试纸条上的检测结果（诊断试纸条很便宜）。结核病是全球最大的致死疾病之一，每年都会造成 150 万左右的患者死亡，感染者总数维持在 800 万人左右。结核病的诊治依然是个难题。因此，如果能够改善这 800 万感染者中哪怕仅仅 1% 的患者的治疗情况，那么每年就可能有好几万生命被拯救。我们的项目已经开始见效了。这个项目对参加的所有人都很有助益：技术上很有挑战性，涉及难题攻克、团队协作，但它正朝着我们共同相信的伟大目标前进。这个项目完全是狗屁工作的反面。不过，这个项目的经费筹集非常困难，只能筹到很少的钱。

汉尼巴尔花费了大量时间和精力去游说医疗领域的高层，试图说服他们这个项目或许会带来这样或那样的利益。尽管如此，他还是只筹到了项目本身所需的花费，根本没有多余的钱来犒劳项目的参与者，包括他自己。于是汉尼巴尔只好通过给营销机构写些狗屁报告的方式，来赚取资金资助一个真正能救人性命的项目。

> 汉尼巴尔：碰到合适的时机，我会问大家怎么看待此种情况。有时候问公关行业的从业者，有时候问全球制药企业的从业者，他们的反应很好玩。如果我问的人资历比我浅，他们大都以为我是在测试他们，是在给他们挖坑，让他们承认自己做的工作毫无意义，然后把这个情况反馈给他们的老板，好让老板开了他们。如果我问的人资历比我深，他们大都会以"欢迎来到现实世界"这种台词作为回答的开始，搞得我好像是个中途辍学的中学生，还没有"领悟"到现实世界的规则，也没有接受自己以后是不可以继续宅在家里整天打游戏的。当然我得承认，我中学那会儿确实经常宅在家里打游戏，但我现在已经不是中学生了啊。事实上，我问的这些对象常常要支付我大笔费用来换取我写的狗屁报告。所以很多时候，我问的对象会有一瞬间走神，看他们的表情似乎是在问自己，现在到底是谁没有"领悟"到真相。

汉尼巴尔是业界翘楚：他是颇有成就的研究员，是那种在公司走廊里可以昂首阔步、走路带风的成功人士。同时，他也明白，扮演好自己在职场的角色是最重要的，因为形式总是大于内容的。根据种种迹象我们可以推断出汉尼巴尔在职场很好地扮演了自己的角色，而且技艺精湛。[18] 因此，他可以把自己从事的那些狗屁工作基本视作某种欺诈行为，这是他在职场游刃有余的表现。他甚至可以把自己看作当代罗宾汉，在这个世界仅仅"做点有价值的事情就会显得极具颠覆性"（汉尼巴尔的原话）。

汉尼巴尔的情况算是最好的了，另一些人则转向了政治激进主义，这对于狗屁工作从事者的心理健康和身体健康都是非常有帮助的。[19] 比起更传统的各种创作，政治激进主义的活动往往更适合碎片化的上班时间（至少对网络世界中进行的政治激进主义而言）。尽管如此，若要平衡好"有意义的兴趣追求"和"狗屁工作"这两者的关系，心理上耗费的精力和情绪上的波动还是相当大的。我们之前已经说过狗屁工作给努里带来的健康问题，这一问题在他开展办公场所的工会组织工作之后有了显著改善。当然，这依然需要付出心力，但是和狗屁工作所需的心力，以及在公司高压环境下有效开展毫无意义的工作所需的心力相比，就少得太多了。

> 努里：曾经，我想要进入工作状态，就不得不"精神失常"，是真的精神失常——把"我"完全抹掉，变成一个能做这些工作的"东西"。狗屁工作进行完之后，我往往需要一天的时间才能恢复，才能想起我是谁。（如果没有恢复，我那就会伤害我身边的朋友和家人，使自己变成一个尖酸刻薄、吹毛求疵的人，一点点小事就能让我暴跳如雷。）
>
> 因此我不得不想出各种办法来让我的工作在精神上可以忍受。最有效的两个办法就是"截止日期"和"怒火"（比如，我假装自己被怠慢了，那我就会想，要"给他们瞧瞧"我有多出色、工作有多高效）。可这样操作的结果就是，我被拆成了不同的部分，这些不同的部分很难协调统一，"我"的这些组成部分很快就散落一地。
>
> 形成鲜明对比的是，我开始做工会组织工作以后，我能熬夜专注好几个小时在这项工作上面，比如，指导同事准备和公司谈判的材料、编写程序，以及项目管理的相关工作……在这样的时刻，我完完全全是我自己，我才思泉涌、逻辑在线、完美协同，一直工作到犯困才去睡觉。

和汉尼巴尔一样，努里也体会到在从事有意义之事时，自己的感受是完全不同的。是的，努里并没有像汉尼巴尔那样，是和整个团队协作项目。但是他觉得，只要是在为有意义的事业而奋斗，那破碎不堪的自己就能够重新黏合在一起，重新形成和谐和统一。并且他渐渐地找到了同道者，一个和他一样的独自奋战的工作场所组织者，找到一群志同道合者也似乎开始成为可能。

> 努里：和别人自我介绍的时候，我开始介绍自己平日里是程序员，不过真正的事业是工作场所组织者，编程工作则是为了资助激进主义这份事业。
>
> 最近我在网上认识了一个人，他跟我的情况非常相似，我们建立了非常深厚的友谊。上周起，我发现进入工作状态、找到"工作区"变得比以前容易多了。我想这是因为我找到了能够理解我的人。对所有其他的"亲密"朋友来讲，我只是一个积极倾听者，是回声板。他们根本不懂我在乎的事情，我只要一提政治激进主义，他们就会走神，眼神放空。
>
> 不过哪怕是现在，在开始工作之前，我还是必须把自己放空。我会听席格若斯乐队的 *Varðeldur*，它是我这位新朋友推荐给我的。听的过程中我会进入某种冥想状态，入定。一曲结束，我的脑子就放空了，然后就可以相当专注和高效地工作了，而且思路敏捷。

在救赎的声调中结束阴郁的章节，永远都不失为一个好主意。通过这些故事，我们发现，哪怕身处糟糕的狗屁工作之中，还是有可能找到目标和意义的。但同时我们发现，要做到这一点很不容易，还需要做大量工作。在某些工人阶级传统中，英国人口中的"逃避劳动的艺术"或许已经发展得很成熟了，甚至还能得到人们的赞美；但是传统意义上的逃避劳动有一个前提，那就是你得有真正实在的劳动供你逃避才行。身处纯正的狗屁岗位，你往往根本弄不清楚自己究竟要做什么；你完全不知道自己在做的或者没在做的什么可以公开说，什么不可以公开说；你不知道你可以询问谁，询问的内容又有什么样的讲究和限制；你不知道装样子工作需要装到什么地步，私底下偷偷做哪些事情是可以的，做哪些是不可以的，你心里也完全没有底。这真是非常悲惨的处境。这种处境对于一个人的健康和自尊往往会有毁灭性的打击，会让这个人的创造力、想象力逐渐走向枯竭。

在此种处境下，施虐受虐型权力模式通常就会出现。（事实上我想说，所有漫无目标、自上而下的处境之下，施虐受虐型权力模式必然会出现，几乎没有例外，除非采取公开的措施来杜绝，而公开的措施有时候也未必管用。）我把狗屁工作带来的影响称作"精神暴力"并不是没有理由。这种暴力已经对我们的文化、我们的感受力造成了影响。最重要的是，这种精神暴力影响了我们的年青一代。欧洲和北美地区的年轻人（全世界范围的年轻人也有这个趋势）正在接受一种心理上的准备，那就是从事毫无意义的工作是正常的。我们的年青一代被教导着如何假装工作，以这样那样的方式被引领着进入狗屁岗位，开始从事那些几乎所有人都知道毫无意义的工作。[20]

这一切是怎么开始的？现在这副局面又是如何走向"正常化"，甚至被鼓励的？我们将在第五章探讨这个问题。而且我们必须讨论这个问题：因为狗屁工作，一道深深的疤痕已刻在我们的集体灵魂之上。

第四章　论精神暴力（下）——身处狗屁岗位有何感受

第五章

狗屁工作为什么会激增

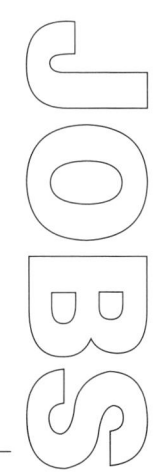

在锡利群岛……有种普遍的说法，当地人靠在家里给别人洗衣服勉强维持生计，我洗你的衣服，你洗我的衣服。

——19世纪一则不出名的笑话

资产阶级天堂随之而来，在这个天堂，所有人都可以成为剥削者，只不过找不到被剥削者了。总体来讲，我们可以断定，这种天堂将会成为我听说过的那种小镇，居民们靠给彼此洗衣服来维持生计。

——威廉·莫里斯[①]，1887年

如果说前面章节中谈论到的毫无意义的工作，以这样或那样的方式一直伴随着我们（哪怕仅仅从资本主义萌芽开始一直伴随着我们），那么情况已经很令人痛苦和苦恼了。但事实上，真实的情况要比这个可怕得多得多。我们完全有理由相信，狗屁工作的总体数量，乃至那些被从事者认定毫无意义的工作岗位在全部岗位中的占比，最近几年

---

① 威廉·莫里斯（William Morris，1834—1896），英国纺织面料设计师、诗人、小说家、翻译家、早期社会主义活动家，参与了英国工艺美术运动。——译者注

第五章　狗屁工作为什么会激增

都在急速上升。同时，有用岗位也正在经历越发严重的狗屁化。换句话说，这本书讨论的不是职场中长期被忽略的问题，它关注的是当下切切实实的社会问题。世界各地的经济体正在加速沦为一台台生产无用垃圾的巨型引擎。

这一切都是怎么发生的？公众为何没有关注这个问题？我认为，之所以几乎没有人承认这一点，其中一个原因就是在现行经济制度下，这个情况恰恰是原本最不该出现的。正如许多人做着钱多活儿少的工作却不开心，和我们通常对人性的判断相违背一样，企业会花钱雇人不做事也和我们对市场经济的全部认识完全冲突。20世纪有很长一段时间，那些致力于全民就业的社会主义政权把制造虚假就业作为一项公共政策。作为竞争对手，欧洲及其他地区的社会民主主义政权在公职部门（或政府合作企业）设置过多岗位，这至少与前者是一致的，但它们并没有启动类似"公共事业振兴署"（Works Progress Administration, WPA）这样的方案，设置大量心知肚明的无用岗位，而美国政府曾在大萧条最为严峻的时期启动了WPA。可这一切按理说都应该在20世纪90年代随着苏联解体和全球范围的市场改革而结束。如果说苏联时期对应的笑话是"我们假装工作，他们假装付工资"，那么在新自由主义时期，对应的情况不应该是"高效，高效，更高效"吗？如果说就业模式可以作为一定的依据，那么我们就会发现，1989年柏林墙倒塌后，真实情况的发展似乎和预想的恰恰反了过来。

因此没有人注意到，这个现象的部分原因就是大家从根本上拒绝相信资本主义具备造成此种结果的能力。哪怕这种拒绝意味着他们要一笔勾销自己、朋友和家人的真实体验，或者意味着假装发生的一切都只是特例。

这个现象被大家忽视的另一个原因是我们发展出了一套谈论工作本质之变革的话语体系。这套话语体系看起来能够解释发生在工作场所的我们的所见所闻，但事实上却具有很强的欺骗性。我这里讲的其实就是被称作"服务经济"这一板块的兴起。从 20 世纪 80 年代起，所有关于职业结构变革的讨论都认为，全球职业结构变化的总体趋势，尤其是在富裕国家，都体现为农业和制造业的稳定减少，和所谓"服务业"的稳定增加。比如，我们从图 2 中可以看到美国三大领域劳动力分布的一组长期变化趋势。[1]

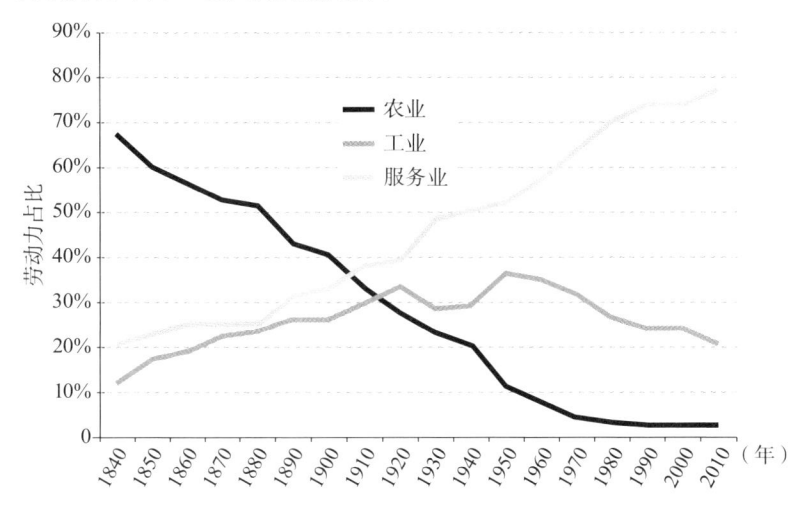

图 2　美国三大领域的劳动力分布情况（1840—2010 年）

人们往往觉得，制造业占比的下降（顺便提一句，美国制造业占比并没有下降那么多，2010 年时仅仅退回到和南北战争爆发时差不多的水平）不过是因为工厂都建到了国外，建在了那些贫困国家。在某种程度上，这个说法显然是有道理的，但有意思的是，哪怕是那些制造业岗位进口国，我们观察到的劳动力分布总体趋势依然是一样的。从图 3 中我们可以看到印度三大领域劳动力的 GDP（国内生产总值）贡献分布。

第五章　狗屁工作为什么会激增

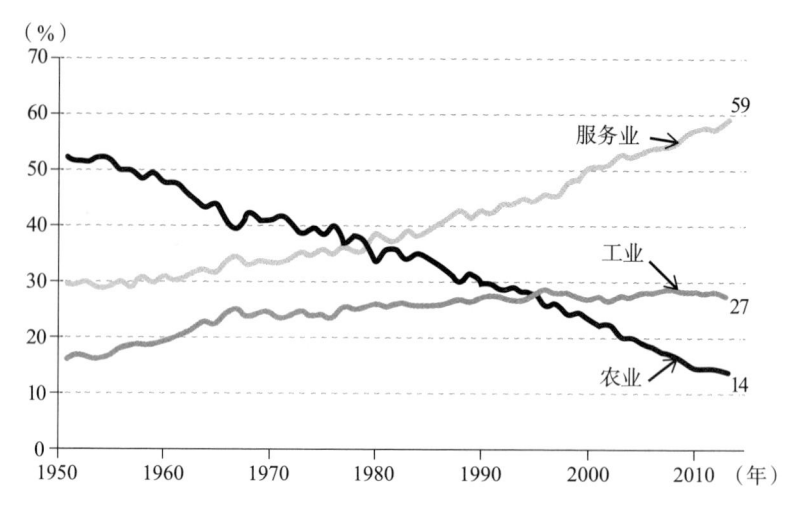

图3　印度三大领域劳动力的 GDP 贡献比例

工业岗位的数量基本维持不变，或者有略微增加，而农业和服务业的情况和美国并没有太大的差别。

这里真正的问题其实是"服务经济"本身怎么定义。我给"服务经济"打上引号是有原因的。当我们说某个国家的经济主要由服务业支撑的时候，脑海中第一时间浮现的画面是这个国家的人主要靠互相递送冰拿铁、互相熨烫短裤来维持生计。显然，情况并非如此。那么除了递送冰拿铁、熨烫短裤，"服务经济"还包括什么内容？经济学家在谈到第四产业（前三个分别为农业、制造业和服务业）的时候，他们往往指的是 FIRE 业，即金融业（finance）、保险业（insurance）和房地产业（real estate）。不过早在1992年，从事图书馆学的学者罗伯特·泰勒便提出，把第四产业定义为"信息业"会更好。图4显示出的结果很能说明问题。

我们从图4可以看到，哪怕是在1990年，由真正的"服务业"人员（餐厅服务员、理发师、售货员等）构成的劳动力占比都是很小的。而且这个比例一直以来稳定得惊人，100多年都维持在20%左

毫无意义的工作

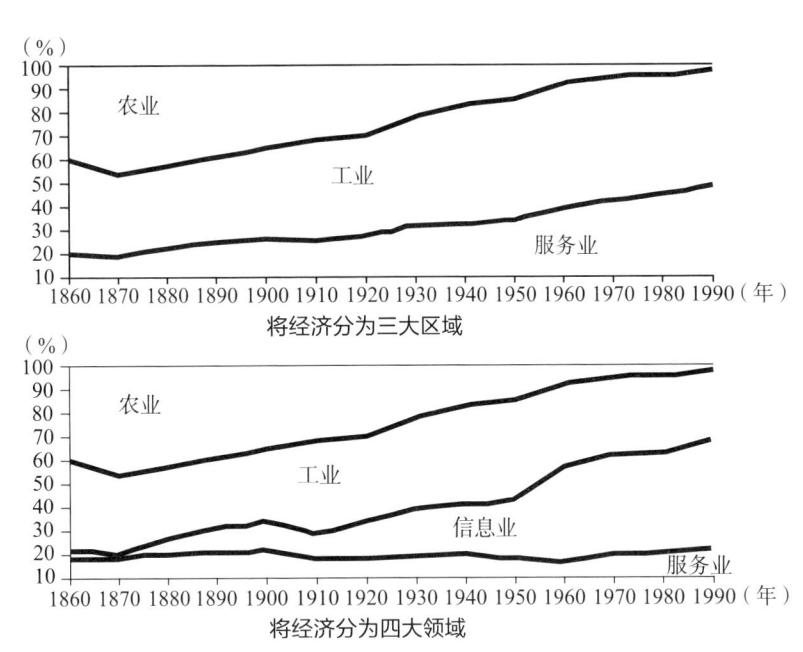

图4 将信息业划为一大经济领域

右。而之前被归到"服务业"的绝大部分人员其实是行政人员、顾问、办事员、会计、信息技术专业人士等。"服务业"中真正在增加的也正是这批人，而且从20世纪50年代起，增速堪称惊人。据我所知，虽然之后的数据并没有人在跟，但是我们可以看到，信息岗位在20世纪后半叶就已经在激增了。我们有理由相信，这个趋势在迈入21世纪之后还在继续，新增的"服务业"岗位绝大多数就是这些信息岗位。

当然，正是在这个领域，狗屁工作的数量在快速增加。很显然，并非所有的信息工作者都觉得他们是在从事狗屁工作（泰勒在分类的时候，把科学家、教师和图书管理员也列入了信息工作者之列），同时，那些觉得自己从事的工作是狗屁工作的人也绝不可能都是信息工作者。但是如果我们的调查靠得住，那么似乎很明显，大部分信息工作者确实觉得，如果这个世界上没有了他们所从事的岗位，几乎不会对世界有任何影响。

我觉得这很值得强调。虽然缺乏具体的统计数据，但是从20世纪90年代起，人们就开始针对信息化工作激增问题及其对社会的总体影响展开了大量讨论。有些人，比如美国前劳工部部长罗伯特·赖克在谈到新兴技术中产阶级的时候，用了"符号分析师"这个词。他认为，这些技术中产阶级正在瓜分走全部的增长利润，而传统的劳工阶级则在贫穷中越发悲惨。另一些人使用的是"知识工作者"和"信息社会"这样的词。有些马克思主义者甚至开始坚信，这种被他们称作"非物质劳动"的新的工作形式（主要集中在营销行业、娱乐业和数字经济行业，但已经逐渐渗入商业品牌越发饱和、手机沉迷越发严重的日常生活中）已经成为新的价值创造之地，他们预言这最终将会引发"数字无产阶级"的反抗。[2] 几乎所有人都认为这类工作的兴起是和金融资本的发展有某种关联的，虽然具体是怎么关联的大家的看法并不一致。正如华尔街的利润越来越少地来自商贸业和制造业，越来越多地来源于债务、投机和复合金融工具，越来越多的工作者开始通过操控类似的抽象概念来谋生——这看起来似乎合情合理。

2008年之前金融业被一种近乎神秘的气氛包围着，这种气氛现在已很难再次拥有。彼时，金融从业者成功说服了公众——其实不仅仅是公众，还有社会理论家（这一点我记忆犹新）。他们通过使用担保债务凭证和高速交易算法等复杂到只有天体物理学家才看得懂的金融工具，已经研究出了无中生有的赢利方法，他们就像现代版的炼金术士，采用的手段复杂到其他人压根儿不敢仔细看。于是崩盘自然而然地发生了，人们恍然大悟，原来大部分金融工具都是骗局，许多工具甚至不太高明。

某种程度上我们可以说，整个金融业就是一场骗局，因为整个行业表面上是针对商贸和制造领域的潜在赢利机会进行的各种操作，但事实上，这两个领域几乎没有被涉及。金融业绝大部分的利润来自同政府合谋生产、交易和操纵各种各样的债务。在本书中，我真正想说的是，就和金融业充满了烟雾幻境和假象一样，伴随着金融业繁荣而兴起的信息岗位，大部分工作也不过是魔术师的骗局而已。

不过在这里，让我们回到上一章已经提到的问题：如果这一切是骗局，那么究竟是谁在骗谁？

因果关系和社会学解释的本质

所以，在本章，我想要谈谈狗屁工作的兴起现象及其背后可能的原因和解释。

确实，我们在前面的章节中，尤其是在第二章，已经讨论了造成无用岗位的若干直接原因，比如由行政助理和下属人数决定自身影响力的管理层，奇怪的公司官僚力量，差劲的管理，糟糕的信息流，等等。这些对于理解整体现象当然重要，但是它们并不能真的解释这个现象。我们依然需要提出以下问题：为什么这种糟糕透顶的组织行为更可能发生在 2015 年而不是 1915 年或者 1955 年？是因为这一年发生了某种组织文化的变革吗，还是有更深层次的变革，抑或是我们对工作的基本构想改变了？

这里有一个社会理论中存在的典型问题，即因果关系的层面问题。对于现实生活中的任何事件，人们会给出大量不同的解释，这些不同的解释反过来可以归纳出一些类别。如果我掉进了某个敞口的下水道，你们可能会说是因为我走路心不在焉。但如果我们发现，某座城市掉入下水道出入孔的人数突然多了起来，那大家肯定会换种思路去解释这个现象，比如大家试图去思考为何心不在焉的人数在增加，或者更有可能的是，大家会想，怎么敞口的下水道会有这么多。当然，这个突发奇想的例子是我故意找的，我们还需谈谈更为严重的情况。

在上一章，米纳注意到，这些流浪者要么是有吸毒、酗酒等上瘾的历史，要么就是有性格上的缺陷，要么是被父母抛弃的青少年、得了创伤后应激障碍的退伍军人、逃离家暴魔爪的妇女，等等。无疑，在大街上随便拉一个流浪者，或者在收容所里随便找个被收容的人，然后查看下他（她）的历史，你就会发现上述情况十有八九发生过，而且往往是好几个情况同时发生过，还伴随着大把的坏运气。

因此，你不能说流浪街头的人之所以会这样是因为他（她）道德沦丧，但是哪怕睡大街的每一个流浪者真的有这样或那样的道德问题，那也没办法解释为何在历史不同时期，流浪者的比例有时候高、有时候低，也没有办法说明为何在同一个历史时期，不同的国家会有不同的流浪者比例。这一点至关重要。我们反过来思考一下这个问题。历史上不乏卫道士提出，穷人之所以穷是因为他们道德堕落，毕竟，人们总是听到这样或那样的故事，来说明出身贫寒照样可以飞黄腾达，只要具备勇气、毅力、决心和创业精神。那么显然，如果你一直穷下去，那只是因为你没有付出"本来可以"付出的努力。如果从个体层面观察这个问题，你会觉得上面的分析挺有道理的，但是一旦用统计数据来对比观察，你就会发现历史上不同时期的社会阶级流动性差异非常大，于是上述分析似乎就没那么可信了。难道20世纪30年代的美国穷人就比之前几十年的美国穷人要更懒惰、意志更薄弱、更消极呆滞吗？不是吧。这是不是和经济大萧条应该有点关系？当我们看到不同国家之间的社会阶级流动性也存在巨大差异的时候，就更难坚持认为穷人之所以穷只是因为道德缺陷了。出生于瑞典普通家庭的孩子，比同等家庭的美国孩子变成有钱人的概率要大得多得多，难道瑞典人总体来讲要比美国人更有勇气、更坚毅、更有创业精神？

我觉得哪怕是当代保守派卫道士大都也不会这么认为吧。

于是，大家就不得不寻求另一种解释，比如，受教育的机会，再比如，瑞典穷困家庭不如美国穷困家庭来得穷困。[3] 这并不代表"一些瑞典穷孩子成功了，另一些则没有"和个人品质没关系，但是这里针对的问题是不同的，分析的层面也是不同的。"为什么一个选手赢了比赛，另一个选手输了"和"这个比赛难不难打"是两个不同的问题。

· · ·

我们或许还可以问问"为何会有这个比赛"。这是第三个问题。同样，对待类似的情况，比如对狗屁工作的激增等社会变革的总体模式进行观察的时候，我认为需要寻求三个层面而非两个层面的解释：第一，某个流浪者会沦落到这个地步，有哪些个人层面的原因；第二，流浪者的比例增加，有哪些社会和经济层面的原因（比如，房租上涨、家庭结构的变化等）；第三，若无人对此种情况进行干预，原因是什么，这一点我们可以归为政治和文化层面的原因。第三点也是最容易被忽视的，因为它针对的是人们"没有"做的事情。我清楚地记得，我第一次同马达加斯加的朋友谈论美国流浪汉问题时他们吃惊的样子。他们不敢相信，在这个世界上最富有、最强大的国家竟然有人睡在大街上。"不是，美国人不惭愧吗？"其中一位朋友这么问我，"美国人这么有钱！世界上其他国家的人看到美国有流浪汉会觉得这是美国整个国家的难堪，这一点不会令美国人感到困扰吗？"

我得承认这是个好问题，为何美国人就不觉得街上有流浪汉是自己国家的难堪呢？在美国历史上的某些时期，他们是会觉得很难堪。如果在19世纪20年代，甚至在20世纪40年代，如果在大城市有许多人睡在大街上，人们肯定会抗议、会采取行动。采取的行动或许不是什么好行动，有时候可能是将流浪者圈起来，安置到教养所；有时候，可能是搭建公共住房，但不管采取什么样的行动，那些时期的美国都不可能放任流浪汉住在大街上或缩在纸板箱里受尽煎熬。从20世纪80年代起，面对大街上的流浪汉，同一个美国人可能不再觉得是社会环境造成了这种困境，也不再因此感到愤慨，而是开始诉诸第一个层面的解释，即流离失所不过就是人性弱点带来的无法避免的结果。人类是易变的，人类一直是易变的，没有任何办法能够改变这个事实。[4]

这就是我为何强调第三个层面的讨论既是政治层面的又是文化层面的，因为文化是基于我们对"人究竟是什么""人会有何种行为""人们会相互索求些什么"这些问题的基本假设。这些基本假设反过来又会决定什么样的事情是政治议题，什么样的事情不是。我这里并不是说大众观点是唯一的考虑因素。事实上，政治权威机构往往是忽略民意的。许多民意调查都发现，大约有2/3的美国人倾向于全民医保，但是没有哪个政治党派听取过这个民意。民意调查还显示，大部分英国居民倾向于重启死刑制度，同样没有哪个大的政治党派就此有所行动。[5]不过，总体文化氛围肯定还是构成一个因素的。

·　·　·

回到狗屁工作这个议题，上述分析意味着我们可以提出三个问题：

第一，个人层面——为什么人们会从事并忍受毫无意义的工作？

第二，社会和经济层面——什么样的力量推动着狗屁工作的激增？

第三，文化和政治层面——经济制度的狗屁化为何未被视作社会问题？为何没有人对此采取行动？[6]

关于社会议题的辩论，总的来讲有这样一个误区：人们往往会把这三个不同层面的解释作为非此即彼的选项来讨论，而不是把它们视作同时作用的不同因素。比如，人们有时候会告诉我，任何试图用政治术语来解释狗屁工作的企图都是错误的、固执的，他们坚持认为，之所以存在狗屁工作是因为人们缺钱（说的好像我从来没有考虑过这一点似的）。在他们看来，用狗屁工作从事者的个人主观动机来解释问题之后，就不可以再问为何会有如此多人陷入只有从事狗屁工作才能挣到钱的境况。

到了文化和政治层面，情况就更糟糕了。在高素质圈子里，大家有种心照不宣的共识：只有在谈论个人层面的事情时，你才能谈论个人动机。因此，一旦指出有权有势的人物做过他们并未承认过的事情，或者指出他们的所作所为并非出于他们宣称的原因而是出于其他考虑，马上就会被人谴责为"多疑偏执的阴谋论"，须立刻停止。因此，你要是说，某些"维持法律和秩序"的政客或社会服务提供者，内心可能觉得致力于消除造成流浪现象的根本原因是同他们自身的利益相冲突的，你就会被说成是在暗示流浪现象的存在本身就是某个秘密政治阴谋集团故意而为的结果，或被说成是在暗示银行系统是由"蜥蜴人"[①]控制的。

政府在创造和维持狗屁工作中扮演的角色

有必要谈谈这个。2013 年，我在最初的那篇关于狗屁工作的文

---

① 这里提到的"蜥蜴人"指的是西方著名阴谋论者大卫·艾克（David Icke）的说法，即所有政客，以及所有史上掌握大权的王朝，全都不是人，而是蜥蜴人。——译者注

章中提到，虽然我们现有的工作制度并非有意设计的结果，但之所以没有受到干涉，其中一个原因可能是，从政治上来讲，这个现状事实上对在位者而言是相当有利的。文章发表后，我的这个说法受到了大量批评，说我这是疯言疯语。因此在本章中我会就这一点展开阐释，讲清楚几件事。

首先，社会工程确实会有。比如，曾经的苏联和共产主义世界，在全民就业的政策指导下，各种无用岗位会自上而下有意识地被创建。这个说法不会有任何争议，几乎所有人都认为事实如此。虽然如此，但事实总不会是克里姆林宫里有人直接下令："我特此命令，所有官员开始想办法设计出各种无用岗位，直到失业率达到零为止。"

之所以不需要直接下达这样的命令，是因为不需要。政策自己会说话。除非明确表示"我们的目标是全民就业，但是设计的岗位必须遵从下列标准……"并且明确指出每一项标准都会被一一核实，不然肯定会出现无用岗位泛滥的结果。地方官员自会不择手段。

其次，虽然在资本主义体制下，不会直接自上而下下达全民就业的指令，但据我所知，至少从二战起，所有的经济政策都是以全民就业的理想为前提的。我们完全有理由相信，大部分政策制定者并非真的想要实现这个理想。因为如果真的全民就业了，那么工资方面就会承受太高的向上压力（upward pressure）。马克思提出的"产业后备军"乃资本主义正常运转的必然结果，看起来似乎是正确的。[7] 但不管如何，对于"更多就业"这个政治标语，不管是左翼政党还是右翼政党永远都是一致同意的。[8] 他们的分歧点在于，怎样的方式才能最有利于增加就业岗位。要求更多就业的工会游行中，高举的横幅上从来不会写清楚他们要求的岗位必须是有意义的岗位。大家就默认这些岗位会有意义，当然，实际上往往是没有意义的。类似地，当右翼政客为减税政策呐喊，表示这样可以让"岗位创造者"支配更多的金钱时,他们从来都没有说这些被创造的岗位究竟有没有好处。大家也是默认,既然市场创造出了这些岗位,那么就肯定有用。在这种风气下,我们可以说这个经济制度的管理阶层身上肩负的政治压力和曾经的克里姆林宫官方指令很类似,区别不过就是前者的源头更为分散,而且这种政治压力有很多落到了私营企业的头上。

最后,正如我强调过的,还存在有意识的公共政策层面。不管是颁布规划文件的苏联官员,还是呼吁增加就业岗位的美国政客,他们有可能并不完全清楚自己采取的这些行动可能带来的结果。但是,一旦某种状况发生了,哪怕是无意间造成的副作用,在政客决定如何应对它的时候(如果他们打算应对),他们就可以估算出这种状况可能带来的总体政治影响。

这是不是意味着统治阶级可能真的密谋好了要维持这些无用岗位?如果这种假设让你觉得过于大胆,甚至有阴谋论的感觉,那么看看下面这段话吧。这段话来自美国前总统奥巴马,当时他正在接受采访,阐明为何要不顾选民的意愿而坚持美国以赢利为导向的私有医保制度。

"我不是从意识形态来考虑的,我从来不以意识形态考虑问题。"奥巴马表示,并继续谈论医保这个主题。"所有支持国有化全民医保的人都会说,'瞧,这样我们能省去多少保险和文书的费用啊'。可是这代表着蓝十字蓝盾[①]或者恺撒医疗集团抑或其他企业100万、200万、300万员工的工作岗位要没有了。这些人怎么办?他们的工作怎么解决?"[9]

---

① 这里的蓝十字蓝盾(Blue Cross Blue Shield),指的是蓝十字与蓝盾协会,它由蓝十字蓝盾医保联合会和39家独立经营的蓝十字蓝盾地区医保公司组成,是美国历史最悠久、规模最大、知名度最高的专业医疗保险服务机构。——编者注

我鼓励大家好好想想这段话说明了什么，这里或许出现了确凿的证据。总统先生到底说了什么？他承认了恺撒医疗集团或蓝十字蓝盾等医疗保险机构的几百万个岗位是没必要存在的。他甚至承认了社会主义化医保制度比现有的市场化医保制度更有效，因为前者可以减少不必要的文书工作，还可以避免数十家有竞争关系的私营医保公司精力的重复消耗。但他同时表示，正是为了保住这几百万个无用岗位，我们不能采用社会主义化医保制度。他坚持表示，维持现有市场化医保制度的一个原因正是这个制度的低效性。因为维持几百万个基本上毫无用处的办公室岗位要好过绞尽脑汁寻找相应数量的其他什么岗位让这些办事员来做。[10]

在这里，我们看到了彼时全世界最有权势的人，在公开谈及自己最重要的立法成就的时候，坚持表示，之所以会有这个立法，主要是因为要保住狗屁工作。[11]

"创造就业"是第一位的政治文化会产生这样的结果并没有什么好惊讶的（尽管出于某种原因，这种结果被视作意料之外），但这个政治文化本身并不能解释为何在现有经济和社会环境下会产生这些无用岗位。本章接下来的部分，我们将对这个经济和社会环境因素进行详细讨论，然后再回到政府角色这一点稍微展开一下。

对狗屁工作激增原因的几种错误解释

在详细谈谈究竟发生了什么之前，有必要先排除几种非常普遍的可能欠考虑的解释，这些解释常常由市场狂热者提出，来分析为何毫无意义的工作会越来越多。因为自由论者、"无政府资本主义者"，以及安·兰德或弗里德里希·哈耶克的狂热追随者等在当代经济论坛上异常活跃,再加上这些市场狂热者致力于宣扬市场经济从本质上讲不可能产生无用工作的观点,[12] 因此我们对这些已相当熟悉。我们不妨也讨论一下这些观点。[13]

这些观点基本上可以分为两大类。两类观点的支持者都同意,那些认为自己工作毫无意义的公职人员中起码有部分是对的。不过,第一类观点认为,那些在私营企业工作却有着类似想法的人是没有道理的。因为在市场经济中面临竞争的私营企业绝不可能花钱去雇人什么都不做,他们的岗位肯定存在某种用途,只不过他们自己并没有理解而已。

第二类观点则承认在私营领域确实也存在毫无意义的岗位,甚至承认这样的岗位在激增。但是他们坚持认为,私营领域中的狗屁工作必然是政府干预的产物。

我们可以看一篇《经济学人》的文章,它是第一类观点的绝佳例子。这篇《经济学人》文章在我 2013 年最初那篇关于"狗屁工作"的文章发表后,仅仅隔了大概一天半就发表了。[14] 这篇文章具备所有仓促之作的特点,[15] 但是《经济学人》这个自由市场保卫者当时感到必须立刻做出回应。就这一点可以看出,当出现意识形态威胁的时候,编辑一眼就能看出来。他们对自己的观点进行了如下总结:

> 在过去的 100 年中,世界经济变得越来越复杂:商品变得更加复杂了,商品生产涉及的供应链变得更加复杂了,整个商品营销、售卖和分销的系统变得更加复杂了,为这一切提供资金的方式变得更加复杂了……正是这个复杂性令我们富有起来。但是要经营好这一切是非常棘手的。我想说,经营管理好这一切的其中一个办法就是搭建由通才构成的团队——技艺超群的管理者团队,从商品的设计阶段就开始介入,一直管到售后电话为止。可

是面对如此复杂的商品，这样的管理方法在经济上完全不可行（正如平价爆款汽车不可能由一次只做一辆车的汽车通才机师团队制造生产）。

这样肯定不行。有效的方法是将工序拆分开来，形成许多不同的子任务，实现高度专业化，各自负责各自的板块。反复给车牌贴上标签的流水线车间工作来到办事员工作场景之后，就变成了翻翻文件、处理处理供应链细节问题等具体操作。拆解后的工作看起来好似没有意义，因为许多人做的事情和最终的产品距离实在太遥远。铁矿石在车间这头运进来，成车从车间那头运出去，这样的日子已成历史，但是根本的运转方式并没有改变。

换句话说，这篇文章作者的观点是，当提到"狗屁工作"的时候，[16]我们其实是在谈论工厂流水线工人的后工业时期办公室版本。这些人面临的工作确实没什么好羡慕的，都是些重复的、麻木的、枯燥的工作，但对日益复杂的产品制作工序而言，它们绝对是不可缺少的，也绝不是毫无意义的。因为工厂工作已被自动化机器人占领，办公室"流水线工作"已经是仅剩的岗位了。（此类观点往往还伴随着一种非常居高临下的论调，暗示你们是不是太妄自尊大了：就算你们真的感到自己的工作没有什么意义，那也只不过是因为今时今日办公室里的办公者大多毕业于哲学专业或文艺复兴文学专业，妄想着自己原本应该做大事情。成为庞大行政机器中一颗小小的螺丝钉，让你们觉得没有享受到你们自以为应该享受到的尊严罢了。）

对于第二类观点，我想我不需要再展开反驳了，类似的观点大家肯定看过不知道多少次了。所有迷信市场魔力的人都这样，不管出现了什么问题，不管发生了什么不公正的事情，不管上演了什么荒诞剧情，他们都坚持认为，虽然表面上看起来是市场造成的，但事实上都是政府干预的结果。一定是这样的，因为市场是自由的，而自由永远都是好的。这么讲好像讽刺漫画里的句子，但我真的遇到过自由论者说过几乎一模一样的话。[17]当然，此类观点的问题在于这是循环论证，你没办法去驳斥。因为所有现存的市场体制多多少少都受到政府管控，因此一旦出现你喜欢的结果（比如，总体富裕程度高），那一定是市场的功劳，而一旦出现了你不喜欢的结果（比如，总体贫困程度高），那就一定是因为政府对市场进行了干预，然后把举证的压力抛向那些反对意见持有者。这个观点不需要什么实际的证据来支撑，因为这个行业本质上就关乎信念。[18]

我得先说明一点，我并不是说政府管控在狗屁工作（尤其是"打钩者"这一类别）越来越多这件事上一点贡献都没有。很明显，政府管控带来了一些狗屁工作。正如我们已经看到的，如果没有政府管控，就不会存在诸如公司合规性调查这样的行业。但我们这里要讨论的错误观点认为，政府管控并不仅仅是狗屁工作兴起的其中一个原因，而是狗屁工作越来越多最主要甚至是唯一的原因。

总而言之，现在有两种看法：第一种，全球化导致生产流程越来越复杂，相应地，我们需要的流程管理人员数量也越来越庞大，因此这些并不是狗屁工作；第二种，虽然很多岗位确实毫无意义，但是之所以会有这些岗位，是因为政府管控力度越来越大。这些管控不仅带来了越来越多的无用官僚，还逼迫私营企业雇用打钩者大军来应付管控。

这两种观点都是错误的，我举一个案例就可以一并反驳了。我们来看看美国私立大学。这里有两张表格，它们来自本杰明·金斯伯格的《高校教师团体之陨落》（*The Fall of the Faculty*）一书。该书就美国高校行政化问题展开论述，而书中的这两张表格对我们这里的论证来讲，几乎提供了我们需要的所有数据支撑。表1中，我们看到了美国大学行政管理人员及其他雇员的整体上升比例。这两张表格研究的这30年正是高校学费飞涨的30年，总体的师生比基本没有变化（事实上，在这个时期的最后，这个比例甚至略有下降）。但与此同时，行政管理人员的比例却增加了，而行政雇员的比例更是空前暴涨（见表1）。

表1　行政管理服务供给和需求的变化（1985—2005年）

雇员人数	+240%
行政管理人员人数	+85%
注册学生人数	+56%
教师人数	+50%
有资格授予学位的院校数量	+50%
授予的文学士学位数量	+47%

数据来源：《摘要》，美国国家教育统计中心，2006年。

这是因为1985—2005年，大学里"生产"（在这个案例中，"生产"按道理就是教学、阅读、写作和研究）的流程复杂了两倍到三倍，所以需要一个小型办公雇员军团来管理这些流程吗？[19] 答案当然是否定的，这个我有亲身体验。诚然，从我刚刚上大学的20世纪80年代到今时今日，教师的"生产"流程是有些变化：讲课的时候教师需要用PPT演示了，从而取代了之前的板书；大家普遍都会使用班级博客、Moodle课程管理系统等工具。但是这些都是微不足道的变化。和船运集装箱化、日式"准时制"①生产方式、供应链全球化等变化比起来，高校里教师"生产"工作的变化简直差得太远了。总的来说，教师还是做着他们一直以来做着的事情：讲课、组织专题研讨会、工作时间和学生面对面谈话、批改论文和阅卷。[20]

---

① 准时制（just in time，JIT），指的是零库存生产方式，其基本思想可概括为"在需要的时候，按需要的量生产所需的产品"。——译者注

毫无意义的工作　　188

那第二种观点呢？是不是因为政府的干预和管控？对此，我们还可以从金斯伯格的表格（表2）中看出，这个说法也是不成立的。

表2 公立院校和私立院校行政人员的人数变化（1975—2005）

	1975年	1995年	2005年	变化
公立院校行政人员和管理人员（人）	60733	82396	101011	+66%
私立院校行政人员和管理人员（人）	40530	65049	95313	+135%

数据来源：《摘要》，美国国家教育统计中心，2006年。

现实中，私立院校行政人员和管理人员的增幅是公立院校的两倍多。你总不能说，是因为政府的干预和管控，导致了私营机构的行政岗增幅是公立机构行政岗增幅的两倍吧。事实上，这组数据唯一的解释恰恰是相反的结论：公立大学最终是要向公众负责的，因此始终会受到政府施加的压力，需要节省开支、避免浪费。这会导致一些奇怪的优先操作（在美国大部分州，收入最高的公务员是州立大学的橄榄球队或篮球队教练），但在这种压力下，确实能够在一定程度上避免下述情况的发生：某位院长新上任，纯粹为了凸显自己的重要性，就雇用了五六个完全多余的行政人员来听命于他，然后等这些人到岗后，再开始绞尽脑汁想着分配他们做什么工作。私立大学的行政管理人员只需要对董事会班子负责，而董事会成员往往极其富有。哪怕他们自己没有身处公司，起码也对公司世界的氛围有所了解，知道这里有什么样的传统，明白身处其中的人有什么样的感受。因此，对于院长的这种行为，他们不仅不会有什么抵触，还会将其视作完全正常的行为，认为完全可以接受。

金斯伯格把大学行政人员数量的增加和权力的扩张解读为简单的权力争夺。他认为，这导致了我们对"大学的本质是什么""大学又为何存在"这些问题的理解产生了翻天覆地的变化。回到20世纪50年代或者60年代，我们依然可以说大学是为数不多的还保留着中世纪行事风格的欧洲机构。很重要的一点是，当时的大学依然按照中世纪的准则在运行：只有从事了某种形式的生产（不管产品是石制品、皮手套还是数学等式），你才有权利安排自己的事务，的确，只有它们有资格如此。大学本质上来讲就是由学者经营又为学者服务的行业协会，它们最重要的事务被认为是生产学问，第二重要的事务为培养一代代新的学者。确实，从 19 世纪起，大学和政府之间维持了某种君子协定，那就是大学会培养出一批公务员（以及后来的公司官僚），以换取政府不插手大学事务。但是金斯伯格表示，自 20 世纪 80 年代起，大学行政管理人员成功地策划了一场"政变"。他们从教师手中夺过了大学的控制权，引领着大学走向完全不同的目的地。今时今日我们已经司空见惯，高校发布的"战略愿景文件"中对研究和教学只字不提，却大书特书"学生活动"、"学术实力"（以获得拨款）、企业合作、政府合作等内容。

对熟悉大学情况的人来讲，金斯伯格说的这些听起来可谓非常真实。但这里还是有疑问：如果这是一场"政变"，那么这些行政管理人员怎么没有受到任何惩罚？我们可以料想，19 世纪 80 年代的大学行政人员肯定也很想用这种方式夺得权力啊，他们每个人肯定也想拥有一大批随从跟班。这之后的 100 年究竟发生了什么，使得他们得以把这种想法付诸实践？此外，不管发生了什么，同一时期在高校外的其他领域，管理人员、行政人员、无意义的办事员等人员比例也增加了，这之间又有什么关联吗？

恰好这个时期，金融资本主义兴起了，因此我们最好回到 FIRE 业，来看看经济环境的整体变化在这里是否发挥了作用。如果《经济学人》笔下负责管理复杂全球供应链的行政人员事实上并没有在管理复杂全球供应链，那么他们真正从事的是什么？我们是否可以从这些人员身上找到更广泛的视角？

一个典型的行业：金融业

- 无摩擦加速收敛；
- 协调交互市场机构；
- 受托虚拟清算所；
- 定向保证金调整。[21]

当然，从表面上来看，在 FIRE 领域，狗屁工作的直接产生机制和其他领域没有什么区别。本书第二章在描述狗屁工作五大基本类别及其产生方式的时候，我列举了一些。之所以会有随从岗位，是因为组织中有权有势的人将下属视作彰显自身威望的荣誉徽章；之所以会有打手岗位，是为了在竞争中占得上风（如果竞争公司聘请了顶级律所，那我们也必须聘请）；之所以会有拼接修补岗位，是因为有的时候组织会觉得，与其修复问题，不如处理这个问题带来的后果；之所以会有打钩岗位，是因为在大企业，文书工作或者记录下某些事情的发生，比这些事情是否真的发生更重要；而分派者的存在大多是组织权威缺乏人情味的副产品。如果把大型组织想象成各种引力之间的联合比赛，且有着不同力量之间的较量，那么你总会发现有一股力量来自上面五种狗屁岗位。尽管如此，人们会问：为什么没有别的更强大的力量来抵消狗屁岗位的力量呢？狗屁工作现象为何没被视作一个问题？公司不是喜欢标榜自己"至精至简"吗？

在我看来，在 FIRE 领域里那些创造、玩弄再毁掉大把大把金钱的从业者是我们提出这个问题的绝佳对象，部分原因是这些从业者中有许多人坚信，他们在这个行业中做的几乎所有事情本质上都是骗局。[22]

埃利奥特：我在为四大会计师事务所之一工作期间，曾短暂地跟过一个单子。我所在的会计师事务所受某家银行委托，给卷入PPI丑闻事件的顾客进行赔偿。事务所是按单子收费的，我们是按小时收费的。结果他们故意不好好培训员工，还乱安排、乱组织工作，于是大家不断地犯错。项目的系统流程一会儿变成这样，一会儿变成那样，以至没人能够摸得清做事的方法，于是所有人都在犯错。这样单子就需要续一次，合同就可以延期了。

可能有些读者不知道，PPI丑闻事件就是2006年被揭露的英国"支付保护保险"丑闻事件：大量银行一直在将没人要且通常很糟糕的账户保险单硬塞给客户。法庭判定银行须归还这些费用，于是就产生了围绕整个PPI赔偿的新行业。正如埃利奥特所说，这些参与PPI赔偿项目的人员中，起码有一部分人在故意全力拖延，来骗取更长时间的合约。

埃利奥特：高管肯定知道，但从来没有人明确地讲过。在大家比较随意的时候，有些领导可能会说出类似"我们是靠修理漏水管赚钱的，你说我们到底要不要补好这个漏水的地方呢"的话（原话可能有出入，反正中心思想差不多）。银行为PPI赔偿项目专门拨出了巨额款项。

在我收到的反馈中，类似的故事还有很多：有人告诉我，在石棉致病的赔偿支付单子中，相关律师事务所也有这么操作的。每当上亿英镑巨款被专门拨出来赔偿某个群体，就会出现一整套官僚机构来确认被赔偿者、处理索赔申请、给出具体的赔偿金。整套官僚机构往往有好几百人甚至上千人。因为他们的工资最终正是来自这笔赔偿金，所以他们根本找不到动力去高效解决这个赔偿问题。这可是会下金蛋的"鹅"，怎么能早早煮了分出去，那自己还哪有金蛋可以拿！埃利奥特告诉我,正是这种想法导致事情往"疯狂和荒诞离奇"的方向发展:比如,故意把办公室安排到不同的城市,然后迫使大家在不同城市之间来回跑;再比如,来来回回打印同一份文件,打印出来再废弃,这么折腾五六次……并且威胁所有人,若是向外界透露这里发生的事情,那就等着被起诉吧。[23] 很显然,这么做的目的就是想要尽可能多地榨取这份赔偿金,不能太快分给真正的受害者;底层雇员处理这些流程速度越慢,相关事务所赚取的利润就越多。但是正如我们在上一章讨论过的,当毫无意义在办公场所弥漫开来,奇怪的事情就会发生,人们会感受到越来越大的压力,上级对下级的精神虐待和折磨也逐渐升级。

> 埃利奥特:办公室里充满了负能量,大家一会儿嘲讽这个,一会儿讥笑那个,我猜想这或许是大家对抗某种寄生生活状态的方法了。碰巧的是,这份工作同时还非常难,压力感十足:它们的部分商业模式似乎被设定了不可能完成的目标,而且这个目标还会不断加码,这样人员流失率会非常高,于是就需要定期招新人进来,再故意胡乱培训一通,然后我猜它们就该到理直气壮、花言巧语地要求客户续签合同的时候了。
>
> 这当然令人沮丧,毫无士气可言。我现在做清洁工了,这是我所拥有的工作中最不狗屁、最不异化(第三章中提到过"劳动异化")的一份了。
>
> 大卫:这听起来感觉完全自成一类,跟前面的狗屁工作都不同——故意做错的工作!你觉得这个现象普遍吗?
>
> 埃利奥特:就我和其他公司的同行交流来推断,整个PPI赔偿行业基本就是围绕这个方针在运转的,因为除了这几家巨头会计师事务所,其他事务所根本没有能力承接这么大的单子。
>
> 大卫:我们是不是可以这么说,只要业务涉及巨款的分发,

就肯定会存在层层寄生岗位。但是最终榨取的是谁的利益？客户的，还是另有别人？

埃利奥特：我也说不准最终买单的人是谁。银行？还是说银行买了保险，由保险公司来买单？不管是谁，反正最后都是普通消费者和纳税人买单，这些公司只需要弄清楚怎么榨取就好了，榨取的对象是谁它们懒得管。

早在1852年，查尔斯·狄更斯在《荒凉山庄》中就已经通过描绘"贾戴斯控贾戴斯案"嘲讽过律师行业。该案中，双方律师使尽手段，使得这个巨额遗产争夺案迟迟不能被宣判，旷日持久到了令人发指的地步，直到最终这笔遗产被官司本身耗尽、被律师完全吞噬，他们才表示案件已无关紧要，一切就这么结束了。这个故事告诉我们，如果一家企业的业务是替人分发巨款，而自己的利润也来自这笔巨款，那么最佳的盈利模式就是尽可能不做事。

很明显，这基本就是整个FIRE行业的操作模式：先通过放贷的方式创造钱，然后用极其复杂的方式把这笔钱移来移去，每移一次就抽取一部分佣金。久而久之，银行的员工就开始觉得自己所在的整个行业都毫无意义，就和会计师事务所故意不好好培训员工来持续榨取"现金牛"一样。多到惊人的银行员工怎么都想不明白自己所在的银行存在的真正理由是什么。

布鲁斯：我在一家托管银行担任基金会计一职。我就没想明白托管银行到底是干什么的。我当然知道托管银行相关的那些概念，但是我总觉得其实就是额外加了层没必要的会计工作。托管银行的功能是保护股票和债券等概念，但究竟怎么保护？俄罗斯的黑客能把这些概念偷出来？据我所知，整个托管银行业就是狗屁一样的存在。

布鲁斯会有这种困惑的一个原因可能是银行业的整体氛围，那种恐惧、压力和多疑的气氛要比我们已经讨论过的其他大部分行业更浓重。银行业的员工处在巨大的压力之下，被要求不可以问太多问题。有位从业者比较反抗权威，他曾向我描述大型银行的诡计和花招儿，详细地介绍了这些银行业巨头是怎样游说政府去制定对它们有利的法规和条例的。他告诉我这些法规和条例颁布的时候，所有人都会假装他们事先毫不知情。这位从业者后来告诉我，在银行谈论狗屁工作这个话题，就好比在20世纪50年代公开"出柜"一样："很多人都看过《谈谈'狗屁工作'现象》这篇文章，也清楚我们这个行业的真实情况，但是他们（包括我在内）心中充满了恐惧，害怕失去工作，所以不会公开谈论这个话题。我们欺骗自己、欺骗同事、欺骗家人。"

这种看法很普遍。和我通过邮件的银行业从业者，几乎每个人都很小心，他们精心抹去了任何能让人猜到他们具体在哪家银行工作的细节。与此同时，许多人感叹，终于能够说出那些长期积压在胸中但无法诉说的感受真的是太舒服了。比如鲁珀特，他是来自澳大利亚的经济难民[①]，现在在伦敦的一家金融机构工作，下面是他对公司内部工作狗屁化的吐槽。

> 鲁珀特：所以，整个银行业显然没有贡献任何价值，它毫无意义。但是我们如果暂且把这一点放在一边，然后找找银行业从业者中真的一丁点儿工作都没有做的人，说实话还真的找不出几个。银行业真的很诡异、很矛盾。总的来讲，我们没有产出，但是在毫无产出之中，一切都高效运转，表现优异的人得到晋升和奖赏，而且大体上团队人员还很精简。

---

① 经济难民（economic refugee），指的是那些在自己国家很难改善生活，因此移居到其他国家，以获得更好工作机会和生活条件的人。——译者注

不过还是有什么都没做的人，最为突出的就是作为"啦啦队"的人力资源部门。在某个时刻，银行意识到所有人都恨死他们了，银行的员工也都知道这一点，所以银行就开始想办法让员工心里好受点。他们让人力资源部门做了个内部网络，设想是做成类似脸书那样的"社区"，只不过是专属于公司内部的。他们把这个网络建好了，但没有人用，然后他们就开始逼着大家用，于是大家就更不想用了。结果他们就开始让人力资源在上面投放各种煽情的废话，还安排人写些压根儿没人想看的"内部博客"，想要引诱大家去使用这个内部网络。但依然没人用。

这个内部"脸书"建成三年后，里面充满了人力资源发的对公司抒发感情的拙劣内容，评论区依然是人力资源员工的留言，诸如"这篇太赞了！说出了我的心声"。我完全不知道这帮人是怎么忍受自己天天做这些的。这个内部网络成了永久性纪念物，记录下了银行内部毫无凝聚力的气氛。

除此以外，还有一件事就是他们有种执念，即每年要做一周的慈善活动。我拒绝参加，虽然我平时也做慈善，但是我不愿意参加公司组织的慈善活动。因为他们组织的慈善活动压根儿就是作秀，对内可以提高士气，对外可以宣扬"银行并非窃取他人劳动果实来放高利贷的机构"。他们会公布慈善活动的"目标"，这个目标可能是90%的"自愿"参与率，然后接下来的两个月时间里，他们会一直催大家报名参加。如果你不报名，他们就会记下你的名字，然后就会有人问你为什么不报名。在活动前两周，大家会收到群发邮件，这些邮件看起来特别像是首席执行官亲自发给你、"鼓励"你报名的。上回慈善活动前，我真的很担心自己这么坚持不参加是不是会丢掉工作。对我来讲，丢掉工作可是非常可怕的，因为我是外国人，如果没了工作就等于没了工作签证，就会被迫离开英国。不过最终我没丢掉工作。

为了达到这个"自愿"参加慈善活动的目标人数，公司花费了大量的人力，耗费了惊人的工时。相关的术语好像叫作"被动自愿"。

慈善活动本身非常空洞，比如，让大家去捡两个小时垃圾，或者给流浪汉发劣等的三明治，而且三明治还是找别的机构负责包好的，银行职员就是分发一下，然后再开着自己的高档车回家。很多时候公司之所以执着于慈善活动，只不过是想获得类似"××区域最有价值企业"这样的荣誉，而这些荣誉的评选标准里包含"慈善活动"这一项。为了能够入选，公司就必须去完成评选标准里的要求。如果得奖，就可以吸引更多人前来面试就业。每年花在这些事情上的时间，我的天，不知道有多少。

再说一个，负责考勤表的人……

在列举了一些完全可以自动化的工作，它们存在的全部意义似乎就是为了提供就业岗位之后，鲁珀特最后谈到了所有无意义岗位中最无意义的那一个。

鲁珀特：最后，来说说中层管理人员吧。不久前的一天，我有一项工作需要得到中层管理人员的批准。于是我打开相关系统，发送了申请批准邮件。我发现系统里自动列出了25位中层管理人员（我这个申请批准邮件只需要发给其中一人）。我就看了下这个名单，发现自己只听说过一位。这些人每天都在做什么？难道他们不担心有一天被人发现自己什么都没做，然后被开除后只能去麦当劳打工吗？

根据那些联系过我的中层管理人员，鲁珀特"这些人每天都在做什么"的问题的答案应该就是"没做什么"，起码很多情况下是这样的。因此，根据鲁珀特的判断，起码在比较基层的岗位，能力和效率看起来还是占据重要位置的，但随着职位的升高，能力和效率就越来越显得不那么重要了。

鲁珀特说的这些内容从很多方面来看都非常有意思。这些假模假式的评选比赛，完全就是一整套狗屁程序，而且这样的评选在许多地方都在发生。比如，英国地方政府做的许多蠢事就是出于类似的渴望，即想要评上某某区域"最佳议会"甚至全国"最佳议会"的称号。每当出现类似的评选活动，就会引发疯狂的打钩填表工作。在本案例中，高潮是强迫现有员工上演的荒谬的模拟慈善大戏，以此获得"最有价值企业"称号，从而吸引潜在的应聘者。鲁珀特说的其他几点，绝大部分在我收到的其他大型金融机构员工的反馈中也有提及：某些部门混杂着狂乱、压力和魔法般的高效，另一些部门则明明白白地人浮于事，但不管是忙碌、高效还是无事可做，所有人都不清楚银行真正在做什么，甚至都不清楚公司做的事情是否正当，而且这些问题大家永远都不可以公开讨论。

除此之外，还有个主题也常常被提及，那就是在金融机构中，大量员工根本不知道自己的工作对公司整体有何贡献（金融业从业者对此的感受远强于其他行业）。我们来看看艾琳的体验。她在好几家大型投资银行工作过，负责"客户引导"工作，也就是持续监测银行的客户（在这里指的就是各种对冲基金和私募股权投资基金）是否遵守了政府的各项规章制度。理论上，银行需要对每一笔交易进行评估。流程本身就存在问题，因为真正的工作都外包给了不怎么正规的可疑组织，这些组织有些位于百慕大，有些位于毛里求斯，还有些可能位于开曼群岛（"用很少的钱就能行贿"），评估结果永远都是没问题。但是，100%的通过率有点儿说不过去，于是就建起了这么一个精心设计的评估机构，这样能制造出一种假象，好像有时候它们真的能检测出问题。操作步骤如下：艾琳先写报告表示外部评定交易没问题，然后会有一个质量控制委员会阅读审核艾琳递交的报告，适当找出来一些印刷排版或其他方面的小错误。之后不同部门的"失误"总数由一个专门的度量小组进行统计，填入表格。这样一来，参与评定的人员就可以每周开好几个小时的会，来探讨定夺每一个疑似"失误"是否确实是失误。

艾琳：因为有了度量小组这些狗屁岗位，自然而然催生出另一批狗屁岗位，那就是数据科学家。数据科学家把"失误"数据收集起来，然后使用复杂的软件生成漂亮的分析图。这样团队领导就可以拿着这些漂亮的分析图给他们的领导看，这可以有效缓解汇报时的尴尬场面，因为他们根本不知道自己在汇报什么，也说不出他们的团队究竟做了什么，所以有些好看的分析图能够显得稍稍不那么尴尬。在"大型银行A"工作的时候，两年内我有过五个领导，在"大型银行B"，我有过三个领导。他们绝大部分是因为表现优异而被高层委派任命到这个领导岗位、接过这份"恩赐"（狗屁工作堆砌起来的城堡）的。不过很遗憾，在很多情况下，正是通过这些委派，公司提升了少数族裔管理人员的比例，这样可以避免管理层出现少数族裔成员不够的情况。

所以，我们再一次看到了这样一套由欺诈、伪装（所有人都不被允许谈论那些位于开曼群岛的可疑公司）和"故意复杂到无人能看懂的系统"组合而成的操作方式，并且在操作完毕后被一股脑儿地扔给管理层。而管理层完全不知道底下的人究竟在做什么，很大程度上是因为底下人做的事情本来就没啥意义。大家日复一日完成这么一套无用的流程。现在的问题是，在公司食物链顶层，那些拿到数据胡看一通的管理层，那些只是经手各项报告的高管，甚至是公司决策层，他们是否知道发生的这一切多么缺乏意义。

最后，除了常见的人为引发的压力、紧张和DDL（截止日期）咆哮，除了人际关系中无处不在的施虐受虐情节，除了那弥漫着的可怕静默（也就是说，自上而下安排的无意义项目中常见的全部现象），还有一种施加在雇员身上的高压：这是另一套流程，安排这套流程是为了证明公司是在乎大家的，比如上文鲁珀特提到的慈善活动。艾琳的公司倒没有安排慈善活动，而是安排了新奇风格的讨论会。这些讨论会常常搞得艾琳想哭。

> 艾琳：除了度量小组，还有"灵活性"研讨会、"正念"研讨会这些残酷、居高临下的员工活动。想要减少工作时间？不行！想要加薪？不行！不想做狗屁项目？休想！但你可以坐着听完这个研讨会，银行会告诉你公司是多么注重"灵活性"。
>
> "正念"研讨会更可怕。在此类讨论会上，他们试图把美的高深、悲伤的复杂统统简化为纯肉体、纯物理性的简单行为：呼气吐气、吃喝拉撒。用正念去呼气吐气，用正念去吃喝拉撒，然后就可以事业圆满，走向人生巅峰。

这一切大概都是为了告诉员工，如果你将人生简化到纯粹的物理层面，那么哪些抽象概念更"真实"，哪些工作更合法、更端正甚至更挣钱，就都不那么重要了。公司这么做就好像首先阻止你承认自己所做的一切空洞无用，然后再强迫你在研讨会上倾听那些公司付费找来的"大师"说："归根结底，我们活在世上，做的哪一件事到头来不是一场虚无呢？"

我们目前引用的案例中，不管是埃利奥特、鲁珀特还是艾琳，他们对大型复杂机构的看法都不可避免地存在片面性，这些是他们基于个体的具体处境做出的观察。他们并没有全局视角。我们事实上也无法确定，是否存在具有全局视角的人，能一览无余地观察大型复杂公司里发生的一切。在艾琳分享的案例中，我们可以推测，那些特意任命少数族裔管理人员去负责客户引导部门的高管，是知道客户引导部门大部分的工作毫无意义这件事的，虽然他们或许并不清楚这个部门具体是怎么个无意义法，也不知道为何要让这个部门无意义。我们也不可能发起什么秘密调查，来找出私下觉得自己从事着狗屁工作的银行员工比例，自然也无法知道他们主要集中在哪些部门。我能找到的最可能拥有全局视角的人是西蒙，他曾受聘于若干家大型国际银行，负责风险管理工作。西蒙告诉我，风险管理其实就是分析并"找出银行内部工作流程中可能存在的问题"。

　　西蒙：我花了两年的时间，分析某家银行的支付和运维流程。分析的唯一目的就是研究明白银行内相关工作人员是否可以通过内部计算机系统进行欺诈和行窃等行为，如果可以，他们又是如何进行的，然后据此提出预防方案。结果我无意间发现大部分银行从业者只知道自己要做什么，但并不知道自己做这些的目的。他们知道的就是登录系统，选择菜单，输入内容。这一切操作意味着什么，他们不知道。

因此西蒙的工作本质上就是，从全局出发观察银行的方方面面是如何衔接的，若是发现不合理的布局、安全隐患、不必要的岗位，他便要提出解决方案。换句话说，没有谁比他更适合回答这个问题了。我们来看看西蒙的结论。

　　西蒙：据我保守估计，该银行6万名员工中有80%是多余的。他们的工作要么完全可以自动化，通过程序来实现，要么就根本不需要做，因为他们从事的项目一开始就是为了制造出毫无意义的工作。

也就是说，该银行6万名员工中，有48000名员工做的事情要么没有意义，要么就是能够轻松被机器取代。西蒙认为，这些岗位构成了事实上的狗屁岗位，哪怕个中从业者自身并没有办法去评估或者共同分析他们的处境——不管心里有什么样的疑惑，他们都只能自行消化。那银行的高层为何没有发现这个事实然后采取行动呢？想知道这个问题的答案，我们不妨看看西蒙向他们提议改革后发生的事情吧。

西蒙：有一次，我写了个可以解决某个重要安全问题的程序。我把这个程序展示给某位高管看。在这个展示会中，这位高管团队里的所有顾问都参加了。会议室里25位顾问围坐一圈。会议中和会议后，我感受到了扑面而来的敌意。后来我慢慢意识到，我写的这个程序可以取代他们所有人，他们现在人工完成的一切都可以被程序替代，要真的采用了我这个程序，他们就要走人了，还拿什么工资。并不是说他们有多喜欢自己的工作，人工完成那些事情是很单调乏味、令人厌倦的。我这个程序所需要的花费只占这25人工资的5%，但是这些人非常强势。

我发现了很多类似问题并提出了解决方案，但我提出的建议没有一个被采纳，因为每一个问题的解决就意味着有的人不再被需要，可以被裁掉。这些岗位的存在没有别的什么意义，除了给他们的上级一种权力感。

所以哪怕这些岗位最初设立的时候并不是"随从岗位"（估计大部分都不是），但这些人最终却纷纷沦为了随从，并一直这么"随从"下去了。当然，在任何大公司，大家都在担心自动化带来的威胁。我听说，有些公司的程序员上班时穿的文化衫上印着"走开点，不然我写一小段 Shell[①] 脚本就没你什么事了",但是在这个案例以及其他类似的案例中,我们发现这种担忧袭向了公司的高层。这些高管一直颇为得意他们残酷无情的行事风格(比如,他们都掺和过私募股权投资业务,不管掺和的形式如何)。他们靠着这股无情吞掉了其他公司,并借着精兵简政、提高效率等名头甩给这些公司巨额债务。正是这些高管,面对自己内部机构臃肿的现象,却非常骄傲。事实上,如果西蒙判断无误,这些高管之所以这么做是因为这就是大型银行的本质:大型银行就是由大批封建随从和少数封建领主构成的,每位高管享受领主般的待遇,手底下的员工便是听命于他的随从。[24]

现代企业管理中的封建主义与古代封建主义的比较

> 管理层越来越臃肿,收入越来越高,因为真正创造价值的基层员工被高层管理榨取得越来越狠。随着这种榨取的加剧,顶层掠夺者需要不断壮大自己的"护卫队",来看管"赃物"。
>
> ——凯文·卡森[②]

若回顾一下本书第二章提到的封建领主的例子,就会发现这一切都说得通了。当时我举封建领主及其随从的例子是作为一种隐喻,但是现在看来,起码对银行领域来讲,好像很难分清楚这个例子有多少是隐喻,又有多少是真实情况。正如我指出的,封建制度本质上来讲就是财富再分配制度。农民和工匠的生产行为很大程度上是自主的,

---

① Shell 不像 C 语言、C++、Java 等编程语言那么完整,但是 Shell 语言可以完成很多自动化任务,例如保存数据、监测系统的负载等。——译者注
② 凯文·卡森(Kevin Carson),美国社会理论家、互助论者,因主张左翼自由主义而闻名。——译者注

封建领主会抽走他们的部分劳动成果，通常是借着各种法律权利和传统惯例的由头——我在大学里学到的相关专业术语叫"法律—政治式直接榨取"[25]，然后再把榨取来的这些劳动成果分一部分出去给自己手下的人，如随从、武士或仆人；有时候也会赞助盛宴和节庆活动，偶尔还会分发些礼品、施加些恩惠，通过这些方式将榨取来的成果稍稍还回去一部分给农民和工匠。在这样的背景下分开谈论"政治"和"经济"并没有道理，因为商品的榨取是通过政治手段，商品的分发也是服务于政治考量。事实上，人类正是在工业资本主义苗头出现之后，才开始将"经济"当作独立的人类活动进行讨论的。

如果按照资本主义的标准释义，在该制度下，利润来自对生产的管理：资本家雇人生产、建造、修理和保养产品，他们若想获得利润，把钱带回家，从顾客那儿收取的费用就需要大于他们的总开销（包括他们支付给员工和承包人的费用）。在此类标准资本主义的情况下，花钱雇用不必要的员工确实完全没道理可言。利润的最大化意味着要尽可能少招人，尽可能压低支付出去的报酬，在竞争异常激烈的市场，那些雇用多余员工的企业不可能生存下去。当然，这就是为何"空谈自由论者"或"正统马克思主义者"总是坚称，在我们的经济制度下，不可能出现狗屁工作泛滥的情况。这就是为何他们觉得狗屁工作理论是想象出来的，是错误的观念。但我们如果换一下思考的逻辑，不再以经济看待经济，而是在经济和政治混合作用的封建制度框架下思考这个现象，就会发现一切都突然说通了。正如前文提到过的PPI赔偿金分发案例，"封建主"所做的就是想尽办法分一大杯羹（不管是从敌人那里窃取，还是通过收取服务费、过路费、租金、税款向平民榨取），然后再重新分配出去。在这个过程中，整支随从队伍形成，一方面很有排场和气势，另一方面也是一种分配政治特权的方式：收买潜在的反叛者，奖励忠诚的同盟（打手），打造一套复杂的荣誉等级体系，设置层层头衔，让初级贵族为了这些头衔彼此争夺不休。

若某家大型公司的内在运作模式跟上述封建制度运行逻辑相似，那么我想说这并非什么巧合：此类公司已经同生产、建造、修理和保养产品本身越发不相关，而是越来越多地进行着对资金和资源先窃取再分配的政治行为。我们再一次看到，想把经济和政治拆分对待已越来越困难。看看那些"大而不能倒"的银行吧，这些银行背后的游说团队直接起草了日后政府拿来管控它们的法律法规，而且银行的赢利本身绝大部分也是通过直接的"法律—政治"手段而得到的。我们以美国最大的银行摩根大通集团为例。2006年，摩根大通给出的报告显示，它大约2/3的赢利来自"服务费和罚金"，而所谓"金融"实际上就是买卖他人的债务，当然，这些债务靠的是法律的强制执行。[26]

眼下世界各国（比如美国、丹麦、日本等）每个普通家庭，每个月的收入被FIRE行业抽走的精确百分比我们基本上不可能获得，但我们完全有理由相信，这个数目一定是惊人的。不仅如此，我们还可以推断，这些国家的企业，通过制造和销售商品或服务产生的利润已越来越比不上FIRE行业通过榨取获得的利润了。哪怕是那些被我们视作工业核心的老牌企业，比如美国的通用汽车公司和通用电气公司，目前的全部赢利或几乎全部的赢利都是来自它们自己的金融部门。比如通用汽车，它现在不靠卖汽车来赚钱，而是靠收取汽车贷款利息获利。

不过，中世纪封建制度和现代金融化的封建制度还是有一个关键性不同。在本章我们已经提到，中世纪封建制度是以生产过程的自我管理为准则的。任何需要专业知识的工作者，不管是蕾丝制造工、车轮修造工还是商人、法律学者，都是同行集体制定行业规范，也是行业内部来决定谁可以进入，进入后又该如何培训，整个过程几乎没有外行插手监督。行业协会或者类似的机构内部一般都有复杂详尽的等级制度（不过大部分不如现代企业等级制度复杂，比如，在许多中世纪大学，教授是由学生选出来的），但中世纪铸剑工匠或肥皂制造工在工作的时候至少完全不需要担心会发生外行跑过来指手画脚的事情。而工业资本主义的到来则显然改变了这一切，20世纪兴起的管理主义更是加剧了这种改变。金融化资本主义之下，情况不仅没有好转，反而更加严重了。"效率"意味着赋予经理、监督人和其他各种所谓"效率专家"越来越多的权力，这样真正从事生产的人就几乎没有任何自主权了。[27] 与此同时，管理者的队伍似乎也在无休无止地壮大着。

• • •

如果你想听一则寓言故事，来观察过去40多年资本主义究竟经历了什么，位于法国马赛城外的大象茶叶工厂或许是我能想出来的最佳案例了。这家工厂目前已被员工占领。我在几年前去过这家工厂，其中一位占领者（他带着我和我的朋友上上下下参观了整个工厂并）向我们讲述了发生的事情。最开始，大象茶叶就是家地方企业，但随着合并收购年代的到来，这家工厂被全球最大的茶叶品牌立顿所在的联合利华集团收购了。收购后，最开始大象茶叶工厂多多少少还是有自主权的，联合利华集团并未过多插手，工厂的工人还是可以由着自己的性子这样搞搞、那样弄弄。到20世纪90年代时，他们引入的一系列改进措施已使生产速度提升了50%以上，工厂的利润自然也跟着大幅度提升。

在20世纪50年代、60年代乃至70年代，工业界有一条默认的不成文的规定，那就是企业若是提高了生产率，增加的那部分利润需要分出一些再次分配给工人，有时候是提高薪水，有时候是增加补助。然而从80年代开始，情况就不是这样了，于是我们就听到了这样的讲述：

"公司利润增加了，给我们加工资了吗？"带领我们参观的工人问道，"没有！那他们雇用更多工人了吗？引入新的机器设备了吗？扩大生产了吗？都没有！那他们做了什么？他们开始招进来一批又一批白领。最开始的时候，就是我刚来工厂那会儿，只有两名白领：老板和人力资源负责人。这样的状态维持了很长一段时间，然后突然就有了3名白领、4名白领、5名白领、7名白领……他们成天穿着西装转来转去。公司给这些穿西装瞎转悠的白领想出了各式各样华丽的头衔，但他们每天做的事情基本上就是努力想出点什么事情来做。他们每天沿着工厂里狭窄的通道走过来走过去，一边盯着我们工作，一边拿着小本本不知道在写些什么。然后他们就开会讨论记录的内容，讨论完毕后再写出报告。即使如此，这些穿西装的人也没有找到他们存在的合理借口。终于有一天，其中一位白领灵机一动想出一招：'我们要不把整个工厂关了吧，把全部工人都开掉，然后把生产线搬到波兰？'"

总的来说，雇用各种经理表面上来讲是为了提高效率，但对大象茶叶工厂来说似乎没经理什么事，工人自己就把效率提升了，而且提升得还不是一星半点，基本已经提升到极限了。但是不管怎样，公司还是聘请了一大把经理。这说明了什么？这说明我们现在要讨论的事情跟效率没有半点关系，我们讨论的是"企业道德责任"在这些年经历了什么样的变化。大约从1945年到1975年，工人、老板和政府之间存在着一种有时候被称作"凯恩斯主义协定"的默契，那就是如果工人生产率提升了，那么他们的报酬也定会相应提升。图5很好地证明了这一点。然而到20世纪70年代，生产率和报酬这两组数据开始分道扬镳了，在生产率狂飙突进的同时，工人的报酬却基本没有什么变化。

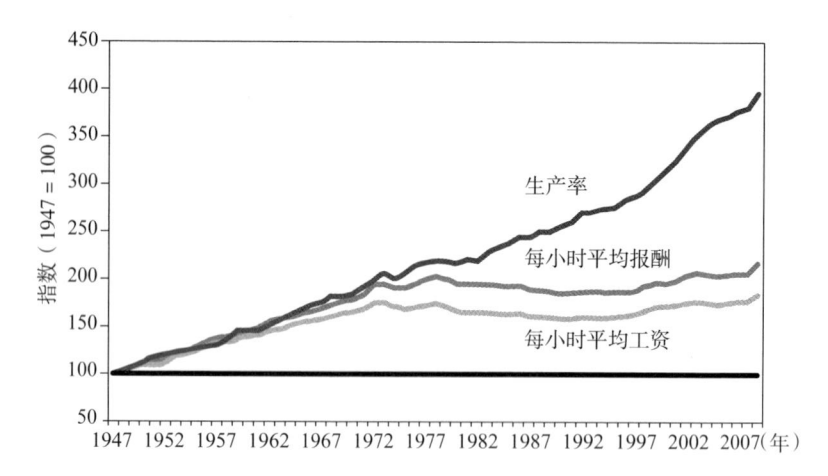

图 5　生产率、报酬与工资在 1947—2007 年的变化情况

数据来源：美国经济政策研究所（EPI）根据美国经济分析局和劳工统计局的数据进行的分析。

这组数据是基于美国的情况，不过几乎所有工业化国家都有类似的趋势。

因为生产率提高而带来的利润都去了哪里？是的，正如人们常常谈论到的那样，很大一部分进了财富金字塔顶部 1% 的人的腰包，比如投资人、董事会成员、顶级职业经理人等。但是如果把大象茶叶工厂作为整个公司世界的缩影来观察，我们会发现情况并非仅仅如此。除了供养这顶部的 1%，这些增加的利润很大一部分还用来打造了全新的几乎毫无用处的职业经理人队伍，以及随之而来的同样毫无用处的行政人员小型军团，正如我们在高校的案例中已经看到的那样。先给每位经理配上一批行政人员，然后再想给他们分配点什么事情来做，如果想得出来。这种操作我们已经太熟悉了。

换句话说，封建制度这个类比已不成立，因为管理主义的背后就是封建主义本身：这种新式封建主义充分伪装了自己，用管理主义作为遮挡，藏于其间；财富和地位的分配已不再依据经济，而是依据政治因素（准确来说，"经济"和"政治"已日趋一体，什么样的算是经济考量，什么样的算是政治考量，已经越来越难分清）。

中世纪封建制度另一个典型特征是创造了贵族等级和官员等级：欧洲的君主会赐予某位男爵一些土地，作为回报，男爵则献上一些骑士加入君主的军队；出于相同的考虑，这位男爵获得领土后，会将其中的大部分再赐予本地的封臣，然后封臣再往下分配……这种分配，通过"分赐采邑"的方式层层进行，从君主一直到地方小封建主。正是通过层层封地，封建制度产生了公爵、伯爵、子爵等复杂的爵位体系，该爵位体系至今仍留存于某些地方，譬如英国。古印度和中国古代的情况往往更迂回一点，通常的操作方式就是直接把某地区或某省份的收入分配给离这一区域最近的官员。不过就本书的研究目的，这个不同倒也不用太在意，因为导致的结果并没有太大不同。[28]

因此，我们可以做出如下总结：在任何以占有和分配商品为基础的政治经济体制中，非常多人从事的工作就是在整个系统中来回传送各种资源，而不是真正去创造、推进或维修这些商品，这一庞大的群体往往会将自己分成非常多的等级（起码有3个级别，有时候能达到10个、12个甚至更多）。然后我们还可以推论，在这些等级中，仆从和下级之间的界限往往很模糊，毕竟"服从上级"是经常出现在职位描述中的关键内容。大部分重要玩家自己既是领主又是封臣。

管理封建主义的帮凶：媒介经理人

院长手底下都得有副院长，每位院长手底下还得有整支管理团队，秘书和其他行政人员都得配好。这些人存在的意义就是阻碍我们教师上课，阻碍我们研究，阻碍我们从事我们本该做的最基本的工作。

——英国一名匿名高校教师[29]

随着管理主义封建制度的兴起，人们对等级制度又再次产生了痴迷。我们见过太多管理者，他们的工作要么就是管理其他管理者，要么就像艾琳描述的那样，一头扎入详尽而复杂的工作流程中（银行聘请了不同级别的管理者，就是为了从那些毫无意义、经不起推敲的数据中，不断精炼出"有价值的报告"）。通常来说，这种"管理主义分赐采邑"正是释放"市场调节作用"的直接结果。我们回想一下本书第一章开头便提到的库尔特，他是德国军方一家分包公司的分包公司的分包公司的雇员。他这个岗位正是市场改革的直接结果，而市场改革原本的目的是提高政府的办公效率。

类似的现象我们可以在许多其他领域观察到。我们以"创意产业"为例，几乎所有的"创意产业"都已被不断扩增的层层经理人控制，他们的工作就是互相推销产品：在图书行业，学术性出版社的编辑很多时候连他们负责编辑的图书的一半都没有读完，因为他们必须花费大量时间把这些图书推销给其他编辑；在视觉艺术行业，过去几十年里，兴起了一个被称作"策展人"的管理人媒介群体，他们收集艺术家作品的能力已被认为与艺术本身具有同等的价值和重要性；在新闻业，诞生了"制作人"群体，他们被硬生生插到了编辑和记者中间，使得新闻工作变得更复杂。[30] 电影和电视行业的情况尤其糟糕，至少从我获得的业内反馈来看是这样。在好莱坞电影公司，曾经只有制片人、导演和编剧，整个合作关系相对简单，而最近几十年，"管理主义分赐采邑"开始出现，人员和层级不断增多，多到吓人的程度，各种各样的制片人、副制片人、行政制片人、顾问等没完没了，这些人员每天都不知道自己究竟可以做些什么，都在挖空心思想出些事情做。[31]

  我收到了若干来自电视"开发"领域从业者的反馈。所谓电视"开发"公司，就是一些小公司，想出各种节目创意，然后试图推销给电视行业的大公司。我们来看一个案例，看看市场元素的介入对整个产业产生了多大的影响。

>   欧文：我是电视开发从业者。在过去20年中，电视行业的开发部门发展速度惊人。过去的电视人做节目流程很简单，频道老大直接委派，挑选出他喜欢的制片人，然后制片人想做什么节目就做什么节目。根本没有什么"开发"，直接做就是了。
>   而如今，电视行业（电影行业也是）每家公司都有开发团队，规模有3~10人。与之同步增加的是专门听开发团队推销节目创意的专员团队。不管是开发团队还是专员团队，都没人真正在制作电视节目。
>   我已经4年没卖出去电视节目创意了。不是因为我们水平太差，而是因为办公室政治和裙带关系。这是一事无成的4年。这4年我还不如什么都不做，反正结果没什么两样，或者我原本可以用这4年来拍摄电影。
>   我估计，平均每个电视开发团队3~4个月能推销出一个创意。电视开发就是彻头彻尾的狗屁工作。

  类似的抱怨我们在学术圈也经常听到。使人感到痛苦的不仅仅是工作过程毫无意义这一点，还有为了获得做事机会，不得不消耗大量原本可以用来做事的时间。正如那些日复一日的打钩工作那样，学术圈的从业者绝大多数时间被用来推销、评定、监督和争取工作，而不是工作本身。电影电视甚至广播业的情况就更糟了。归功于行业的内部市场化，相当多的从业者把时间耗费在了那些没有成形也永远不会成形的节目上。比如，阿波罗尼亚在某个电视开发团队待过一阵子，他们的团队想出各种真人秀节目创意，然后试图推销出去。他们想出的节目创意有《剪了就不乱》(Snipped)（观众选出选手中最滥交的那位，然后直播输精管切除手术）、《变性主妇》(Transsexual Housewives)，以及《肥到干不了》(Too Fat to Fuck)。创意、选角、推销有序推进，唯一没有进行的就是制作。

  阿波罗尼亚：整个流程就是一起想出创意，然后卖给广播公司。先寻找人才，然后做出宣传视频（用一个30秒左右的视频，推销一个还不存在的节目），然后带着这个宣传视频到处展示推销，试图卖给某家广播公司。我在的那段时间，并没有卖出任何节目创意，大概是因为我们老板脑子有问题吧。

  所有的活儿都是阿波罗尼亚完成的，然后副总和高级副总（他们团队总共就这三个人）就可以拿着阿波罗尼亚完成的工作，坐上直升机，在城市上空飞来飞去，跟其他副总和其他高级副总共进午餐，整得就像真的一样，还以为他们真的是位高权重的媒体大佬。阿波罗尼亚在的那段时间里，所有这些努力都成了徒劳。

  事情怎么就发展成了这个样子？那如果创意得到采用了又会怎样？一位目前在好莱坞担任编剧的从业者从内部知情人的角度，和我好心分析了具体情况：究竟哪里出了错？情况发展到了哪一步？

  奥斯卡：在好莱坞的黄金时代，也就是20世纪20年代到50年代，电影公司推行的是垂直式的经营方式，公司老板就一个人，所有的决策是老板定的，所有的资金是老板从自己口袋里掏出来的。那时候还没有并购而来的企业集团，也没有什么董事会，电影公司的"领导者"不是什么知识分子，也不是艺术家，但是他们有种本能的判断力，敢于冒险，与生俱来就知道怎样才能做出成功的电影。他们才不会雇用什么管理者军团，他们花钱雇用组建的是编剧团队，是真正写故事的人。公司给编剧薪水，由制片人管理，表演、导演、布景、拍摄等都在公司内部进行。

奥斯卡说，这一切到 20 世纪 60 年代开始发生变化。60 年代，人们开始抨击好莱坞电影公司，说它们品位庸俗、管理专横、扼杀艺术、压抑才华。这股抨击引发的骚动，在一段时间内确实让某些创新理念脱颖而出，然而短暂的活力之后，是更为压抑、更加扼杀一切的大规模公司化。

> 奥斯卡：在 20 世纪六七十年代，好莱坞电影曾短暂地出现过曙光（即新好莱坞电影时期，代表人物有沃伦、比蒂、马丁·斯科塞斯、弗朗西斯·福特·科波拉、奥利弗·斯通），因为当时整个电影业混乱无章。这种混乱和希望并存的状态，到了 80 年代，随着大公司的介入而宣告结束，从此电影业被垄断了。可口可乐公司曾一度买下了哥伦比亚影业公司，这是件大事，而且在我看来，这预示了将要发生的一切。从此以后，电影制作者不再是热爱电影的人，甚至都不是观影之人。（显然，这一切与新自由主义理念的出现以及社会的整体变化息息相关。）

最终形成的整个系统里里外外、上上下下都是狗屁工作。"开发"，或者说"地狱式开发"（编剧喜欢用这个词）的整套流程决定了每个剧本都要走很长的路才能知道是否可用。以前老板一个人就可以定夺，现在需要经过六七个经理，而且是克隆人一般看不出差异的六七个经理。他们头衔不同，有的叫"国际内容和人才部总经理"，有的叫"执行总经理"，有的叫"开发部执行副总裁"，还有的叫"电视部执行创意副总裁"（奥斯卡列举的这几个，我最喜欢"电视部执行创意副总裁"这个头衔）。这些人大部分都有市场营销和金融的 MBA（工商管理硕士）学位，但是大部分对电影和电视的历史以及相关的技术问题一无所知。他们的职场生活，正如阿波罗尼亚的老板那样，似乎就只有两件事：写邮件，以及同有着差不多天花乱坠头衔的其他高管共进看起来相当高大上的"大佬"午餐。于是，剧本创意推销和售卖这件曾经非常简单明了的事情，陷入一场迷宫般错综复杂的自我营销游戏，整个过程旷日持久，往往需要好几年才能真正通过一个项目。

在这里我们需要强调一件事：上述情况可不是只有独立作者到处碰运气试图将剧本创意卖给电影公司的时候才会发生，在电影公司内部也是这样的，公司自己的作者也得这么操作一遍。奥斯卡被要求同一位"孵化者"一起工作，这位孵化者的角色有点像文学经纪人，他会帮助奥斯卡准备剧本提案，然后再帮他将这个提案递到自己认识的那些高管手上，这些高管可能是自己公司的，也有可能是其他公司的。奥斯卡举了电视节目的例子，但是他强调电影的相关操作也是完全一样的。

> 奥斯卡：就这样，我跟这位"孵化者"一起"开发"出了某个系列电视创意……我们写了个"提案手册"：整整 60 页的文档，涵盖了项目的具体设想、角色、剧集、情节、主题等。完成这个手册以后，大型推销嘉年华就要开启了。我俩把这个项目交给了大批电视台、投资人和制片公司。这些人是传说中的食物链顶层人物，往往会好几个月听不到他们的任何回音，邮件发过去了，然后就没有然后了。如果直接打电话过去，就算不被当作可疑的骚扰电话，也会显得很不耐烦。他们的工作本该是看提案，

然后选出好的立项，然而你根本接触不到他们，想要联系他们，比联系住在亚马孙丛林深处小破棚屋里的人还要难。

推销好似战略芭蕾。每联络一次，都会按照惯例拖上起码一周才会有第二次联络。大概这么来回一两个月以后，某位高管来了兴致，同意面谈一次。

> 奥斯卡：面对面开会的时候，他们会要求你再从头介绍一次你的提案（按理说他们应该先看完提案再来开会的）。等你介绍完以后，他们会提一堆事先写好的问题（他们估计在任何提案会议上都用这一套问题），这些问题充斥着各种术语……面谈结束后，他们总是态度暧昧，而且每次都会告诉你，这个提案到底会不会被采用，还得同他其他高管进行讨论。
>
> 你走以后他们就把这事忘了……然后你不得不自己主动跟进，于是整个流程还得重来一遍。高管们从来都不会明确表示行或不行。如果他们说了"行"，可是项目最后却不了了之或者做了但失败了，那这个责任就是他们的。如果他们说了"不行"，可是项目最后经他人之手后大获成功，那他们会被说没眼光。他们是讨厌承担责任的一群人。

于是这个提案像是一个皮球，在空中被抛来抛去，时间拖得越久越好。只不过是挑选个剧本创意（只涉及象征性的小额费用支付），却需要公司其他三个部门的许可。一旦确认文件签署，新一轮拖延又开始了。

> 奥斯卡：他们会告诉我，他们选出的这个提案手册太厚了，不方便四处分发，需要我们做一个缩减版本，或者他们突然觉得

剧本设想可以做些修改。于是我们就需要继续开会，继续讨论，继续头脑风暴。

很多时候搞这个、搞那个不过是因为他们想要证明自己的岗位是有价值的。会议上每个人都会提出自己的不同意见，不是因为真的有不同意见，只是为了证明自己有存在的必要性。各种不同意见闹哄哄的，争论时大家的用词含糊不清、极为抽象。他们以精明商人和睿智思想家自居，但会的不过就是些皮毛，只会泛泛而谈。

他们喜欢在谈论中使用隐喻，他们喜欢猜测观众的看法、观众的需求，以及观众对叙事的可能反应。这些高管大都觉得自己就是公司化版本的约瑟夫·坎贝尔[①]。[32]毫无疑问，这又是受到了谷歌、脸书等巨头公司"企业哲学"的影响。

或者他们会讲些"我不是说你应该做某件事，但也许你应该做某件事"这种自相矛盾的话，让你同时做和不做同一件事。你越是追问细节，得到的回复越模糊。我努力破解他们说的高深莫测的胡言乱语，然后再把我的解读告诉他们。

有些高管风格就不一样了，他们会在面谈的时候万分真诚、百分之百地赞同编剧所提的全部内容，但等会议一结束，他们就会发一封邮件给这位编剧，邮件里提出的要求跟会议上讨论的结果完全相反，或者过了几周后突然说整个项目需要重新构思。毕竟，如果每次都只是和编剧握握手、点点头，什么反对意见都不提，那公司似乎也不需要这些执行创意副总裁了，一位都不需要，更别提五六位了。

换句话说，电影制作和电视制作过程，同前文中提到的为了拖延

[①] 约瑟夫·坎贝尔，于1904年出生于美国纽约州一个中上阶层的爱尔兰天主教家庭。他是美国研究比较神话学的作家，主要著作有《千面英雄》《英雄之旅》等。——编者注

PPI 赔偿金分发而故意胡乱培训员工的会计师事务所，以及狄更斯笔下"贾戴斯控贾戴斯案"中律师的做法已没多大不同。整个战线拉得越长，没完没了增加中层管理岗位的借口就越多，那些本该拿来真正做事的钱财也就被瓜分得越狠。

> 奥斯卡：这么多高管、这么多流程就是为了一份（现已被删减到）15 页的提案文档。我们可以推断编剧、导演、制片人、经理、拍摄人员、剪辑人员都是什么工作状况……想想整个行业是多么疯狂吧。

此时，我们进入了狗屁经济中被人们称作"虚幻缥缈"的区域，从"虚幻缥缈"这个词我们就可以看出，此区域几乎无法触及，我们很难进行研究。我们无法获知"执行创意副总裁"们的真实想法。哪怕在执行创意副总裁之中，有人意识到了自己岗位的毫无意义（说不定所有执行创意副总裁都意识到了），他们也不可能将此感受向人类学家坦诚相告，所以我们只能靠猜了。

不过他们存在的结果是可见的。我们每一次走进电影院，都能清晰地看到这些执行创意副总裁所作所为产生的影响。用奥斯卡的话来讲："说得直白点，现在的电影和电视系列节目烂透了。怎么就这样了？总有个原因吧。"

・・・

在金融规则的帮助下，这种竞争游戏进入了公司世界的方方面面，甚至那些曾经作为公司世界对立面的机构，诸如大学和慈善团体也未能幸免。或许有些领域工作狗屁化的程度不如好莱坞这么夸张，但是在所有行业，管理主义封建制度决定了成千上万小时的创意工作终将化为乌有。我们再次以科学研究或者高等教育领域为例。如果负责拨款的机构只通过 10% 的经费申请，那么剩下 90% 的经费申请报告的全部准备工作都将付之东流，正如阿波罗尼亚他们在准备真人秀节目《肥到干不了》的宣传视频时付出的那些努力，所有工作都没了意义。（我们甚至可以说，准备科研经费申请的工作比阿波罗尼亚他们准备宣传视频的工作还要无用，毕竟阿波罗尼亚他们的《肥到干不了》事后还能拿来当谈资说笑逗乐。）这真是对人类创造力和精力的极度挥霍和浪费。我们来感受一下这个问题有多严重：最近一项研究表明，欧洲大学每年花费在失败的经费申请书上的资金达到了大约 14 亿欧元。[33] 很明显，这些钱原本可以直接用来资助研究本身。

我在其他地方已经说过，过去几十年科学技术停滞的一个主要原因就是，科学家现在也不得不花费大量时间彼此竞争，去向潜在的经费提供者证明，他们已经知道自己未来能发现什么，能具体做出什么样的科学成果。[34] 私企没完没了地开着内部会议，"动态品牌协调人"和"东海岸愿景经理"[35] 日复一日地展示着幻灯片、思维导图和他们印刷精美、图表丰富的报告，这一切本质上还是在实践内部市场营销。

我们已经见过，在这种内部市场营销例行公事下，大量依赖此的次生狗屁工作会自然产生，比如，你要出幻灯片、要出报告，就会雇人来完成相应的准备、编辑、复制和制图工作。在我看来，这一切都是管理主义封建制度的内在特征。曾经的大学、曾经的企业、曾经的电影制片厂等，不管是决策还是资金，不仅给出的速度快，而且流程简单，而现在的我们已陷入无比复杂烦琐的行政旋涡：经费申请、战略愿景、开发提案……管理者层级越来越多，管理者人数不断攀升，毫无意义的岗位就这么快速增加着。这里的男男女女有着高大上的头衔，说着一口流利的公司术语，然而他们对自己所管理的事情根本没有一线工作经验，即使有，也早就想办法忘干净了。

毫无意义的工作

重谈因果关系的三个层面问题

现在我们不妨重新思考一下奥巴马总统关于医保改革的言论，零碎的现象似乎拼凑上了。奥巴马如此关心、如此想要保留的"100万、200万、300万员工的工作岗位"，不就是这么产生的吗？不就是我们刚才提到的那些流程的产物吗？为了将市场原则积极地运用到医保行业，毫无必要的行政和管理岗位越来越多，一层又一层，没完没了地增加着。美国的情况有点特殊，因为美国的医保系统是以私营为主，这一点在富裕国家里很少见。尽管如此（事实上，奥巴马之后情况更甚），美国医保系统显示出的那种公私纠葛、经济和政治纠葛，以及政府为了保障私营公司利润所扮演的角色，同我们在加拿大或者欧洲国家（国民医疗体系为部分私有化）所看到的纠葛和角色并没什么区别。不管是实行私有化医保的美国，还是实行公共医保的加拿大，抑或是实行部分私有化医保的欧洲国家，整个医保系统产生的利润起码都会拿出来一部分进行重新分配，流入那些收入颇丰、备受尊敬，但本质上毫无意义的办公室岗位之中。

本章开始的时候，我谈到了因果关系的不同层面问题。我们作为个体为何会创造并接受这些狗屁工作，同这些工作为何会在历史上的某些特定时期、在某些特定区域激增，两个问题的答案绝对不是一回事。而造成这些历史变化的深层结构力量，与公众和政客如何应对这些变化所体现的文化和政治因素影响，也不是一回事。本章主要谈论了结构力量。毫无疑问，狗屁工作一直都有，但是最近这些年毫无意义的工作增速尤为惊人，与此同时，有意义的工作也在迅速狗屁化。尽管很多时候这被误认为是服务业兴起所致，但无用工作激增、有用工作加速无用化的现象，似乎跟金融影响力的不断上升有着密不可分的关联。

公司资本主义，是生产过程主要通过组织官僚化的大型公司来完成的一种资本主义形式,最早萌芽于19世纪末期的美国和德国。在20世纪大部分时候,大型实业公司都是不搭理甚至有点敌视"巨额融资"的。不管是早餐谷物食品制造厂的老板,还是农业机械制造厂的老板,若是让他们在自家工厂工人和金融投机者(投资者)之间选一个,他们会毫不犹豫地选择自家工人。那个时候,管理者和员工之间的联结是超出管理者和金融力量的联结的,这一点我们从公司内部的组织形式就可以看出来。一直到20世纪70年代,金融力量和管理阶层(公司官僚体系中的最上层)才真正联结起来。首席执行官开始领取优先认股权,从而代替部分薪水,在毫不相干的公司之间来回跳槽,并以有权力裁掉大批员工而自豪。恶性循环就这么产生了:员工不再对公司忠诚,公司也不再考虑员工,在这种氛围下,自然需要增加对员工的监管和监督程度。

再往更深层次看,公司的这种组织调整后来引发了一系列的趋势变化,这些趋势变化影响深远,几乎波及从政治情感到科技研究方向的方方面面。这里举一个特别能说明这种变化的例子:20世纪70年代,银行依然是唯一热衷于使用计算机的行业。在经济金融化、信息产业繁荣发展和狗屁工作激增这三个趋势之间,似乎存在某种内在联结。[36]

这一切造成的结果,并不能简单归为资本主义现有模式的重新调整。从很多方面来看,这种组织调整标志着一种跟过去的深刻决裂。如果狗屁工作的存在看起来和资本主义的理念背道而驰,那么或许我们可以这么解释,即现有的制度并不是资本主义制度,至少可以说,并不是我们在亚当·斯密、卡尔·马克思、路德维希·冯·米塞斯和米尔顿·弗里德曼作品中看到的资本主义制度。现有的制度越来越成为一种建立在"抽租"基础上的制度,其内在逻辑(或者用马克思主义者喜欢的说法——"运动定律")同资本主义制度的内在逻辑完全不同,因为在现有制度下,经济职责和政治职责已开始大面积融为一体。从很多方面看，现有制度都与传统的中世纪封建主义类似，领主、封臣、家仆……各种不同等级，没完没了地扩增。在另一些方面（尤为突出的是管理至上主义），现有制度又同传统封建主义很不相同。但旧有的工业资本主义并没有因此消失，而是被密密麻麻、千变万化地融合叠加在了一起。因此我们也就不奇怪为什么整个局面令人迷惑到如此地步，哪怕你身处其中，也完全没办法说清楚到底发生了什么。

此为结构层面的分析。在接下来的两章里，我会从文化层面和政治层面进行分析。当然本书没办法做到中立，毕竟我在发出"为何没有将毫无意义的工作视作严重的社会问题"这个疑问时，就已经预设了立场——狗屁工作现象应被视作社会问题的立场。显然，我写的那篇关于狗屁工作的文章起到了某种催化剂的作用，它抓住了人们普遍拥有却未在办公室外进行过公开探讨的感受：人们觉察到了社会组织中有些地方出了很大的问题，很不对劲。那篇文章还提供了一系列思考框架，带着大家从政治角度去看待这些现象。在接下来的篇章中，我会在原始文章的基础上展开，详述并更系统地思考现有的劳动分配会带来什么样的普遍政治影响，并谈谈面对此种局面，我们可以做些什么。

第六章

为什么社会对狗屁工作的激增无动于衷

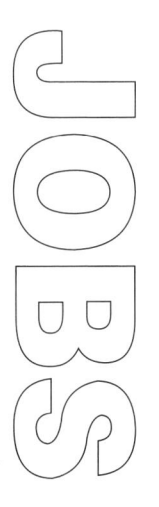

BULLSHIT JOBS
A Theory

东印度群岛某部落居民认为，他们周围数量众多的猿和狒狒智慧满满且能够说话，但它们选择不说，是因为害怕被雇用，害怕被派去工作。这种想法实在是太蠢了。

　　——**安托万·勒格朗**（Antoine Le Grand），写于 1675 年左右

　　我们已经谈论了狗屁工作激增现象背后的经济力量和社会力量，也谈论了狗屁工作从事者常有的糟糕体验和痛苦心情。尽管这种痛苦心情明显而广泛地存在，但是数百万人每天来到公司上班，内心却深信自己所做之事毫无意义，这样的现象迄今未被视作社会问题。我们没有看到过政客谴责狗屁工作，也没有看到过探讨狗屁工作兴起缘由的学术会议；我们没有读到过以狗屁工作带来的文化影响为辩论议题的评论文章，也没有看到过旨在废除狗屁工作的抗议活动。恰恰相反，如果政客、学者、社论作者、社会运动者真的对狗屁工作感兴趣，并强势介入，那么一般来讲，不管是直接的还是间接的，他们的介入都只能使这个问题变得更糟糕。

　　当思考狗屁工作激增带来的普遍社会影响时，我们发现整个情况变得更加不一般了。如果我们每天工作的内容减去一半并不会对总生

产率有什么明显影响，那为何不重新安排工作，然后大家每天上班四个小时就可以了？为何不安排每周上四天班，每年休四个月假，或者采取其他类似轻松的工作安排方式？为何不开始关闭全球这台工作机器？最起码对于解决全球变暖问题，估计没什么方法比这个更有效了。100年前，许多人认为，随着科技的持续进步以及各种节省劳动力设备的不断出现，每天只需工作四小时的生活到今天应该已经可以实现。讽刺的是，他们的这个假设或许是成立的。然而出于某种原因，我们整个社会集体做出了决定：让数百万人经年累月地假装忙碌（敲击各种有的没的内容到电子表格里，准备各种奇奇怪怪的思维导图以备公关会议上进行展示，等等），要比自由自在地织毛衣、遛狗狗、组建乐队、尝试新菜、在咖啡馆里争论政治议题或八卦朋友的狗血出轨剧情来得重要。

  要理解为何会这样，我觉得最简单的办法就是试图想象这样一个场景。某著名报纸或杂志上刊载了一篇评论文章，专栏作家在文章中提出，我们社会中某个群体过于勤奋，最好停止工作。我们会发现这种场景几乎不可能出现。恰恰相反，报纸杂志上随处可见的文章尽是指责某些群体（年轻人、穷人、政府补助领取者、某些国家、某些种族[1]）工作过于懒惰，对各种照顾过于理所当然，做事缺乏内在动机，生活总想着依靠他人。网络上时不时就能看到这样的文章。借用第四章中蕾切尔的话："刷脸书的时候，我总是能看到一些时事短评文章在说教，说我们这一代人拥有的是那么的多，愿意付出的又是那么的少，哪怕好好工作一天都做不到。"每当出现了什么危机，哪怕是生态危机，总会有人跳出来呼唤集体奉献。在这些呼唤呐喊声中，几乎毫无例外地会出现号召所有人更加努力工作的声音，完全无视具体情况。毕竟在生态危机中，正如我们前面已经提到的，大幅减少工作时间或许是能采取的拯救地球最快且最简单的方式了。

专栏作家就是今时今日的道德说教者。他们就是世俗版本的布道者，每每谈及工作，他们笔下的观点就渗透出悠久的神学传统。这种传统下，工作被视作神圣的职责，福祸兼具。这种神学传统认为，人类会想尽办法躲避工作，天生懒惰，充满罪恶。经济学这门学科本身就产生于道德哲学（亚当·斯密正是道德哲学教授），而道德哲学最初则是神学的一个分支。许多经济学概念都可以直接追溯到宗教思想上，因此，关于价值的争论总是避不开神学的影响。一些最初在神学范畴下给出的关于工作的解读是如此广泛地被人们接受，以至根本不允许质疑。总的来讲，你不可以说努力工作的人是不值得钦佩的（不管他们努力做的工作是什么），你也不可以说那些躲避工作的人并不可鄙，如果说了这样的话，你就别想在公共辩论中得到重视了。如果有人声称某项政策可以带来就业，然后你回复说，那也得看这些就业岗位有没有价值，那你就等着被嗤之以鼻吧。（我为什么知道呢？因为我偶尔跟政策"专家"这么说过，然后他们就会露出那种不可思议的吃惊和迷惑表情。）你一旦说过类似的话，那么不管你之后说什么，都没人会认真对待，他们会觉得这些不过是一个煽动者、一个滑稽表演者、一个精神失常者毫无克制的胡乱宣泄。总之，你和你的言论从此就会被他们自动略过。

但是，虽然在道德说教者的影响下，人们不会四处宣扬"狗屁工作激增"这个现象（因为在公共讨论中，所有工作都必须被当作神圣的职责来对待，因此有工作总比没有工作来得好），但一旦涉及我们自身的工作时，大家的评判标准往往就完全变了。我们会对工作有所期待，希望自己的工作有意义，能实现某种目标，一旦发现不能，情绪便会非常低落。但这就引出了新的问题：如果工作本身并没有价值，那么它又是如何为其他事物提供价值的呢？毕竟，当人们谈及工作的"毫无意义"和"对谁都没好处"时，他们是在谈论价值，而这价值又是什么价值呢？

第六章　为什么社会对狗屁工作的激增无动于衷

．．．

关于价值的讨论一直以来都很激烈。不管是"真理""美""爱""民主"还是其他，似乎任何一个词语只要被所有人喜爱，那么关于这个词语究竟意味着什么的讨论就永远都不会达成一致意见。（奇怪的是，哪怕关于"金钱"这个词也是如此，经济学家对于究竟什么是"金钱"一直争论不休。）但是对于我们所处的社会，关于工作价值的讨论尤其值得重视，因为这些争论造成的结果，在任何局外观察者的眼中都可以用奇奇怪怪、乱七八糟来描述。我们会发现，人们对自身工作的社会价值是有概念的，然而我们的社会已经发展到了这样一个地步：不仅工作的社会价值常常和这份工作的经济价值成反比（也就是说，你的工作越能造福他人，你获得的收入就越少），而且许多人已经逐渐接受这个事实，认为这种情况在道德上是正确的（他们从心底里认为就应该这样）。他们真心觉得我们应当奖励那些无用甚至有害的行为，与此同时，对于那些为了世界更加美好而付出劳动的人，则要毫不留情地予以惩罚。

这也太不讲道理了吧。不过，为了弄明白这一切发生的缘由，我们先得花点时间自己研究下。

用价值衡量绝对标准的不可能性

当一个人说自己的工作毫无意义或毫无价值的时候，他心中肯定已有某种隐含的价值判定：什么样的工作是值得做的，什么样的工作又是不值得做的。然而众所周知，对于每一个具体岗位，要判定其是否有价值都是很难的，更别提建立整套可靠的衡量体系，能随时比较任意两份工作中哪一份对社会更有价值、更有用。

经济学家根据被他们称作"效用"的标准来衡量价值。这里的"效用"指的是某件商品或某项服务满足某种需求的程度,[2]许多人就把类似的理念应用到了自己的工作上。我是否给社会提供了有用的东西?有时候这个问题的答案显而易见。比如你在造桥,如果有人有过河的需求,且觉得这个桥有用,那么你就会觉得自己的工作是有价值的。而如果你建造的桥没有人会去用,就像美国许多地方政客为了自己辖区能获得联邦经费而时不时倡议修建的那些著名的"无用之桥",那么你很可能就会认为自己从事的是狗屁工作。

然而,"效用"这个概念很明显存在一个问题。当我们说什么东西是"有用的",只是在说这件东西是获得另一件东西的有效手段。如果你买了条连衣裙,那么这条裙子的部分"效用"是保暖以及不会因为当众裸奔而触犯法律,但是主要"效用"是这条裙子是否能让你显得或者自己觉得漂亮。那当我们说这条裙子有"效用",那条裙子没有"效用"的时候,依据是什么?经济学家会说这事关品位,跟经济领域无关。可是如果你仔细深究,就会发现任何关于"效用"的问题最终都会走向此类主观判断,哪怕是造桥这样相对而言不那么复杂的事情。是的,有了桥我们就可以更方便地来到对岸,但请问我们为何要去对岸呢?要去看望长辈、打保龄球,还是说仅仅是想去买杂货?我们购买杂货并非仅仅为了维持身体的健康,还涉及个人品位、民族特色、家庭传统、饮酒派对准备、宗教节日活动准备等。而谈论以上这些的时候,我们并不能简单用"基本需要"这套措辞。在人类历史的许多时期(今时今日依然有许多地方如此),穷人欠当地放贷人钱款而陷入困境,很多时候是因为他们感到自己必须给父母好好办丧事,必须给孩子一个体面的婚礼,哪怕需要借大量的钱。他们"需要"这么做吗?显然,他们自己强烈觉得是需要的。因为并没有针对"人类需要"究竟是什么的科学定义,所以除了维持身体的最低热量和营养需求以及若干其他物质需求,那些可以算作"人类需要"的东西永远都属于主观判断范畴。很大程度上，"基本需要"不过就是他人对我们的期待。如果你没有给女儿举办体面的婚礼，那全家都会因此而蒙羞。

于是大部分经济学家觉得对人们应当有什么样的需求进行评论并没有什么意义，不如直接接受人们既有的需求，然后谈谈他们在努力实现自己需求的过程中是否有效（"合理"）。对此，大部分工作者似乎赞同。根据我的观察，那些觉得自己的工作毫无意义的人几乎从未说过类似"我是生产自拍杆的，自拍杆这东西傻透了，人们就不应该买这种东西""不是，到底有谁真的需要穿200美元一双的袜子"的话。虽然只有那么一两个例外，但是我们也能窥见他们的内心世界。拿迪特里希为例，他就职于某家派对用品供应公司，公司的客户主要是当地教堂。

> 迪特里希：我在某家出售新奇小玩意儿的商店库房工作了好些年。除了用"彻头彻尾的狗屁工作"这个词，我想不出用什么其他词语来形容这份工作。你如果没有体验过下面这种生活，是不会知道真正被羞辱是一种什么样的感觉：每天醒着的大量时间都在把各种箱子拖过来拖过去，而这些箱子里装的都是小丑鼻子、整蛊喷嚏粉、塑料香槟杯、篮球运动员硬纸板剪纸小人和其他各种愚蠢的没用玩意儿。上班的大部分时间，我们不过就是坐在仓库后部无所事事，想着和工作毫不相关的事情，就这么年复一年。生意一年不如一年了。
>
> 好像这些还不够羞辱人似的，我们的工资支票是大红色的，上面还印着小丑的脸。所有银行的出纳看了都哈哈大笑，显得他们的工作比我们的要有意义的样子！

我们可能想很久都想不明白迪特里希为何会觉得这些小玩意儿这

么羞辱人。(傻傻的小趣味何错之有？)我的猜测是：觉得这些小玩意儿是用完即扔的廉价物品的并不是迪特里希，而是我们整个社会。这些东西就从没被赋予过"用完即扔的廉价物品"之外的价值，它们注定要被丢弃，是无用之物，这些小玩意儿嘲笑"真正"的物品，嘲笑"真正"的价值（连工资支票都是个玩笑）。但同时，它们却没有以任何特定事物的名义去抗拒"真正"的价值，对所嘲笑之物毫无威胁。所以我们可以说，这些新奇小玩意儿甚至都算不上真正的嘲笑物件，而是对嘲笑这件事本身的嘲笑。其中包含的颠覆性和破坏性是如此微乎其微，哪怕社会上那些最乏味、最古板的人都可以"看在孩子的分儿上"接受它们。

世界上很少有什么要比强迫让人快乐更令人沮丧的了。尽管如此，像迪特里希这样的反馈还是非常少见的。

大部分情况下，在评价哪些工作有社会价值的时候，大家的评判标准和本书第二章中提到的特效师汤姆所说的大同小异："在我看来，有价值的工作是这样的——它或者能满足早已存在的某种需求，或者能创造出某种人们未曾想到的产品或服务，这种产品或服务能以某种方式改善人们的生活。"相反，大家对诸如汤姆的"美容美发（特效）工作"等岗位则持否定态度。汤姆通过给名人影像搞后期制作，让观众对自身的形象产生不自信，从而成功帮助客户推销出那些其实并没什么用的产品。电话推销员有时候会表达出类似的焦虑。但我们还是要说，他们做的许多事情就是纯粹的欺诈，人们并不需要依赖什么复杂的社会价值理论就能想明白，为何诱骗退休老人订购他们买不起也不会看的杂志是有问题的。我收到的反馈中，很少有人对客户的品位和爱好进行评价，更多时候是他们行为的"攻击性"和"欺骗性"，使他们觉得自己没有提供任何真正的价值。

除此之外，人们倾向于否定的那些岗位往往出于更为古老的社会批评传统。比如那位银行员工鲁珀特，他声称"整个银行业显然没有贡献任何价值，它毫无意义"，因为金融业事实上就是靠"放高利贷来窃取他人劳动果实的"。鲁珀特这里提到的劳动价值理论起码可以追溯到欧洲中世纪时期，该理论基于一个假设，即商品的真正价值取决于该商品生产过程中投入的劳动。因此，当我们花钱买面包的时候，我们真正支付的是小麦种植以及面包烘焙、包装和运输过程中涉及的劳动。如果某些面包比另一些面包价格要高，要么是因为这些面包的生产和运输所需的劳动量更大，要么是因为我们认为这些面包涉及的有些劳动本身质量更高（需要更高的技能、技巧且更费工夫）。于是我们愿意花更多的钱来购买这些面包。类似地，如果你在诈骗他人的金钱，就像鲁珀特在国际投资银行工作时觉得自己在做的那样，你实际上窃取的是这些财富背后所涉及的生产性劳动。

当然，人类很长时间以来都在用类似的标准去质问那些存在剥削（或者有人觉得存在剥削现象）的工作安排，但是狗屁工作的存在本身就令所有劳动价值理论站不住脚。是的，声称所有价值来自劳动[3]当然不等同于声称所有劳动都能产生价值。鲁珀特觉得大部分银行员工绝对没有无所事事，事实上，他发现大部分人都工作得很辛苦，只不过在他看来，银行员工的最终劳动成果只是用各种妙招窃取了其他人的"实际"劳动果实。但到底什么样的工作是"真正"产生价值的，而什么样的工作又是没有产生真正价值的？对于这个问题，我们依然没有得到解答。如果说提供理发服务有价值，那又凭什么说提供投资组合建议没有价值呢？

但鲁珀特的感受并非特例。虽然像他这样，用劳动价值理论的概念来清晰阐述的人不多，但是他所表达的这种不安情绪是金融及其相关领域众多从业者都能感受得到的。他之所以会采用这些理论来解释自身的处境，很可能是因为主流经济学并没有给他其他选择。根据当代经济学家的主流观点，因为价值从根本上来讲属于主观判断，因此产生这种感受是讲不过去的。每个人都应该把自己的观点收好，然后在下列假设的基础上好好工作就行了：如果某种商品或服务存在于市场（经济学家自然会把金融服务归进市场里），那么这种商品或服务显然就对某些人有价值，我们仅仅需要知道这些就够了。正如我们所见，在某种程度上，大部分工作者对经济学家的这种观点表现出了认同，最起码在谈及大众品位和癖好的时候如此，然而一旦涉及自身工作，他们的体验往往会完全背离"市场在这些事情上永远可信"的理念。毕竟，劳动也是有市场的。如果市场永远正确，那么拿着4万美元薪水，却成天在电脑上玩着游戏、在WhatsApp（瓦茨普）上和老友聊八卦的人，就必须相信他通过打游戏和聊八卦，为公司提供了价值4万美元的实实在在的服务。可这显然讲不通。因此市场并不总是正确的。市场既然可以在你最熟悉的领域错成这样，那么就不能想当然地认定，在那些你缺乏第一手信息的领域，能够以市场为可信凭证来评估某件商品或某项服务的真实价值。

　　因此，任何狗屁工作从事者，或者认识狗屁工作从事者的人都清楚地知道，市场并非永不会出错的价值评判者。不仅是市场，事实上谁都不是价值的永不出错的评判者。关于价值的评定永远不可能完全清晰。如果我说世界上有些公司并没什么存在的必要，大部分人会同意，但他们的同意很可能是基于某种直觉而非什么可以清晰描述的理由。如果让我提炼一下未被说出的主流观点，我会这么说（至少作为初次尝试我会这么说）：大部分人的看法融合了汤姆和鲁珀特的观点——如果某件商品或某项服务满足了某种需求或者改善了人们的生活，那么这件商品或这项服务可被视作具有真实价值，但如果它们仅仅创造了需求而非满足既有的需求，那不管是通过让人觉得自己太胖或太丑来购买产品，还是诱骗他人贷款以收取利息，这些商品或服务都不具备真正的价值。这种说法看起来足够有道理，但还是没有解决究竟怎样才算"改善了人们的生活"这个问题，而这个问题的答案显然决定了后续的一切判定。

当代社会大部分人为何脱离经济价值来理解社会价值

所以我们又回到了价值理论这个议题。究竟怎样才算改善了人们的生活？

在经济学领域，价值理论主要作为解释商品价格的手段：面包的价格会根据供需变化而波动，但这个波动总是在某个中心值上下，而这个中心值便是面包应该具有的自然价格。在中世纪，这被清楚地视作道德问题：我们如何给出商品的"合理价格"？商人如果在战争期间提高商品价格，提高到什么程度可被视作支付了合理的"危险工作津贴"，提高到什么程度可被直接视作趁火打劫？彼时法律学者借助了一个很受欢迎的例子：某位以面包和水为生的囚犯，服刑时为了换取一个煮鸡蛋，将自己的财富卖给另一名囚犯。这是否属于自由选择？等到双方刑满释放后，这项契约是否还有效？

所以，市场可能低估也可能高估事物的价值，这个认识由来已久，至今依然深深地扎根在人们的意识中，否则，我们就不会说出"被坑了"或者"赚到了"这样的话，虽然并没有人成功给出过任何可靠的公式，能够精确计算出某件商品的"真正"价值，来准确说出人们"被坑"或"赚到"的程度。这里涉及的因素实在太多，而且许多因素（个人品位或亚文化品位，即情感价值）显然没有办法进行量化。如果有什么令人惊讶的，也不是上面的结论，而是大量经济学家的执念：不管是业余经济学家还是非业余经济学家，他们都坚持认为，商品的"真正"价值应是算得出来的。

许多人认为，经济价值以外的任何价值都是虚幻的，或者都是与市场考量无关的。以经济学家为例，他们常常认为，因为价值最终即效用，那么随着时间的推移，商品价格将逐渐逼近真实的市场价值，哪怕这种观点会沦为纯粹的循环命题，即某件商品随着时间推移逼近的价格必然是该商品的真实市场价值。马克思主义者及其他反资本主义者坚持认为,既然资本主义制度是完备的,那么任何人若是认为自己可以脱离资本主义而存在,或者认为自己可以追寻非资本主义制度带来的其他价值,这个人就是在欺骗自己。在激烈的论坛上,我通常一提出狗屁工作的概念,某个沉迷于马克思主义理论的人就会立刻蹿出来说我完全理解错了:或许某些人确实认为自己的工作毫无意义,但是他们的工作肯定为资本主义带来了利润,而在现行的资本主义制度下,这样就够了。[4] 那些对马克思主义理论研究更为细致的人则会出来解释,表示我讲的其实正是马克思所区分的"生产性劳动"和"非生产性劳动"(马克思认为,对资本家来说,劳动要么是生产性的,要么是非生产性的)。生产性劳动能够带来某种剩余价值以供资本家榨取;非生产性劳动最好的情况便是"再生产劳动",也就是家务或教育等劳动(每次提到再生产劳动,总是这两个例子)。"再生产"提供了必要的次阶劳动,这样,生产性劳动者可以精神饱满地去劳动,而一代又一代新的生产性劳动者又可以源源不断地被培育出来,以便资本家持续剥削。[5]

资本家自己当然也经常这么看待问题,看看企业游说团就知道了。众所周知,企业说客一直都在敦促政府将学校的首要职能定为职业培训。但反资本主义者也这么看待问题就显得有点奇怪了,不过从某种程度上讲,这其实也讲得通,据此我们可以看到,折中的办法永远都没办法解决问题。举个例子,自由主义者出于自以为是的好意,不管是购买了公平贸易咖啡还是赞助了"同志骄傲大游行"的花车,都没有对权力体系和世界上的不公平现象造成任何威胁,只不过把这些体系和现象"再生产"到了另一个层面罢了。必须要指出这一点,因为许多假装高尚的自由主义者很令人恼火,所以我们得告诉他们这一点。不过现在的问题是(起码对我来说),我们不能从"用资本主义的观点来看,母亲的爱和教师的付出只不过是劳动力的一种再生产方式"这种说法,直接跳跃到"除了从资本主义角度看待母亲的爱和教师的付出，其他角度都必然是不相关、虚幻或不正确的"这样的假设。资本主义并非单一的完备系统，并不能决定和包含我们生活的方方面面，甚至连提及"资本主义"这个词是否有意义我们也不十分清楚（马克思本人就从来没有这么提过）。因为如果提到了"资本主义"，就好似存在某种方式，可以将一系列抽象概念构成的"资本主义"放到工厂和办公室进行实体化。这个世界可比这来得复杂和混乱。历史上，工厂和办公室在人们想出"工厂"和"办公室"这两个称谓之前就早已出现，到今时今日，不管是工厂还是办公室，其运转的逻辑和目的我们都没办法给出简单的总结，因为这里面融合了各种矛盾，错综复杂。同样，价值本身也是一场永恒的政治争辩话题，没有人能百分之百清楚地说出价值究竟为何物。

・・・

在现行英语中，我们倾向于将"价值"这个词的单数形式（value）和复数形式（values）区分开来。前者（value）用来指代"价值"，比如金子、猪胸肉、古董或金融衍生工具的价值，后者（values）则用来表示"价值观念"和"行为标准"，即家庭观念、宗教道德、政治理想、真理、正直……基本上，当我们谈到"价值"的时候，我们是在谈论经济事务，即那些可以归结为上班领薪或其他赚钱行为的事务。然而当我们谈论"价值观念"的时候，情况就完全不同了。比如做家务和带孩子，这自然是最为常见的无报酬工作。因此，我们总是听到关于"家庭观念"重要性的言论。而教会活动、慈善工作、政治志愿工作、大部分艺术研究和科学研究工作同样也是没有酬劳的。即使有哪位雕塑师最后真的变得超级富有并迎娶了艳星，或者有哪位运动倡导者最后成了拥有劳斯莱斯车队的成功人士，只有当这些财富和成功是艺术追求和运动倡导的意外结果的时候，大部分人才会觉得这份财富和成功是正当合理的，起码他不能直接为了钱去搞艺术、搞运动。

金钱使得精确的量化对比成为可能。有了金钱，我们就可以说数量 A 的生铁、数量 B 的果汁饮料、C 次足疗和 D 张格拉斯顿伯里音乐节（世界上规模最大的绿地音乐节）的入场券有着同等价值。这一点似乎理所当然，但仔细想想其中包含的深意却不容忽视：一件商品的市场价值正是这件商品同另一件商品可以相比的程度（也就是说商品之间是可以进行交易的），而这种相比性在"价值观念"领域恰恰是没有的。有时候，我们确实可能说出艺术作品 A 比艺术作品 B 更美的话，也可能评论说某位宗教信徒比其他宗教信徒更为虔诚，但若是需要在这个更美、更虔诚上标注精确的倍数，就会显得非常奇怪。试想这样的评价：僧侣甲对宗教的虔诚度是僧侣乙的五倍；这幅伦勃朗画作的迷人指数是那幅莫奈画作的两倍。[6] 就更别提用数学公式来计算为了艺术而忽视家庭到什么程度，或为了社会正义而违反法律到什么程度，可以算是正当合理的。这样的量化尝试显然非常荒谬。不管是为了艺术而忽视家庭，还是为了社会正义而违反法律，这些事情并不少见，但这些事情从本质上而言都是没办法进行量化衡量的。

事实上，我们甚至可以说，恰恰是无法量化这一点构成了"价值观念"的价值。正如商品，我们之所以可以说商品 A 具有经济"价值"，是因为商品 A 可以和商品 B、C、D 等进行精确对比，而"价值观念"的价值恰恰是因其具有不可对比性。每个"价值观念"都是独一无二、无法比较的，也就是无价的。

在我看来，当人们面对复杂问题时，出于常识，往往会使用"价值"和"价值观念"这样的词来进行简略表达。此种表达并不糟糕，但它更多的是人们在思考事物运转时寄予的理想而非事物本身运转的真实情况。毕竟，我们的生活并非一分为二，不能简单地划分为互不渗透的"经济"和"非经济"领域：在"经济"领域，所有人只考虑钱，只考虑物质私利；在一系列其他领域（政治、宗教、家庭领域等），大家突然都不在乎钱、不在乎私利了。真实的动机往往是混合而成的。这里必须强调，纵观人类的大部分历史，原本是不可能出现"价值"和"价值观念"这种划分想法的，不管是完全的"利己主义"还是纯粹的"利他主义"都很奇怪（事实上，其奇怪程度堪比"售卖个人时间"的提法）。但到公元前600年前后，横跨欧亚大陆逐渐兴起了"非熟人交易市场"，这些想法才开始有了存在的土壤。金属货币系统的诞生带来了市场，而市场的存在则使得陌生人之间纯粹建立在物质层面的互动和交流成为可能。不管在中国、印度、地中海地区还是其他什么地方，货币交易市场一出现，某种"面向大众的宗教"就会立刻跟随而来，去宣扬物质并不重要的理念，去规劝虔诚的信徒要无私奉献、做慈善、捐出物品。然而，对于人们面对物质时的利己主义和人们面对理想时的利他主义（即价值和价值理念），任何试图在两者之间搭建绝对防火墙的努力均以失败告终，两者总是互相渗透。这里需强调：这种渗透并不是单向的。诚然，我们时不时会听说这样的故事：某位艺术家、某位理想主义者、某位神职人员或者某位政治家表面大公无私，实际上却做着中饱私囊的勾当，甚至做着更恶劣的事情，但我们同样也会听说，某位商人为人正直、重视名誉，或者某位工作者因不确定自己的工作是否有助于他人而感到极度焦虑和痛苦。

毫无疑问，当人们在探究工作更广泛的意义时，首先考虑的就是这个问题。在我收到的大部分反馈中，"有意义"已成了"有用""有益""有价值"的代名词。我们来简单看几个例子，看看人们思考自身工作价值时都是怎么想的。

> 某汽车销售：我在美国一家大型二手车信贷公司工作，公司主要服务于次级市场。我常常在思考，这份工作除了给公司老板

带来利润,是否还存在任何别的价值。

某航空航天工程师:高级管理人员对自己每周假模假样工作五六十个小时感到心满意足(他们也鼓励下属这样),即使他们什么价值都不产生……确实,知识和新科技很多时候可能是以副产品的形式产生的,如果这一点属实,那么确实可以说我这份工作还是有存在的价值的。是的,确实有成功的案例,但这些更多的是个案、是例外,而不是普遍情况。

某电话推销员:我这份工作压根儿没有任何社会价值可言。哪怕说在超市理理货架都好啊,起码做的事情是对人们有帮助的,毕竟大家都需要到超市买日用品。而在呼叫中心工作,你打出的所有电话本质上都是浪费时间的骚扰电话。

某自由职业学术翻译:这些年我几乎把所有学科的论文都翻译遍了,从生态学到公司法,从社会科学到计算机科学……其中大部分论文对人类就没什么明显的价值。

某药剂师:我是怀揣着将来能从事一份有意义、有助益的工作的梦想而进入医学这一行的。但后来我发现,医学领域大部分都是摇摇欲坠的纸牌屋。当上医生就肯定能从事对他人有助益的工作,对于这样的说法我是不同意的。

某公务员:这些工作就从没有以任何方式帮助过任何人。[7]

对于上述摘选的说辞,大部分读者都不会感到陌生,可以说这些几乎就是所有人从理论上反思自己工作的时候会说出来的评价。比如第三章里的埃里克,在埃里克辞掉了他的高薪工作以后,他父亲先是扮演了父亲应有的角色,痛斥了埃里克的行为,说他是个"荒谬至极的笨蛋",随后又说道:"不过,你这份工作有给任何人带来任何好处吗?"

前文提及的这位电话推销员,很明显诉诸了"社会价值"(对社会整体而言的价值）这个概念。这个概念在我收集到的其他反馈中也时不时地出现。

> 某业主协会经理：业主协会管理工作纯粹就是狗屁工作。一群互不认识的有钱人一起买了栋公寓楼，然后雇人来管理和保养这栋大楼。业主协会管理工作之所以存在，唯一的原因就是这些业主彼此不信任也不喜欢彼此。这份工作我做了三年，压根儿没有丝毫社会价值在其中。

我们也可以再回想一下第四章中"资料完备工"奈杰尔说的话。奈杰尔花费了成百上千个小时盯着会员积分卡信息，就为了寻找上面根本不存在的错误。

> 资料完备工奈杰尔：我真切地认为，如果我们是在处理那些社会价值更高的事务的申请表格（比如，器官移植登记表，格拉斯顿伯里摇滚音乐节门票申请表），那我们的感受就会和现在完全不同。

把这两份反馈放在一起看很有趣，因为从这里我们可以看出，对大部分人而言，"社会价值"并不只是关乎财富创造，甚至都不关乎闲暇，而是关乎社交，关乎合群。器官捐献能彼此提供救命机会，格拉斯顿伯里摇滚音乐节能让人们一边在草地里一起踩着烂泥，一边演奏或聆听着他们最爱的歌曲，能给彼此带去幸福和愉悦。这样的经历是集体的，被视作具有"明显的社会价值"。相比之下，帮助有钱人避开彼此（众所周知，几乎所有巨富都不喜欢自己的邻居）则显得"压根儿没有丝毫社会价值在其中"。

很明显，此类"社会价值"是没有办法进行精确测量的。毫无疑问，如果我们找来前文出现过的那些反馈者，坐下来询问他们什么对社会是有用、有价值的，什么对社会是没用、没价值的，那么他们每个人的答案都会有些不同。但我相信他们起码都会同意以下两点：第一，工作带给人最重要的东西一是金钱，以便支付各种账单开销，二是给世界做出积极贡献的机会；第二，以上两者成反比，即你的工作越是对他人有帮助、有好处，带来的社会价值越高，那么这份工作带给你的酬劳往往就越低。

工作的社会价值和经济报酬之间的反比关系

做好事即乐在其中。

——爱比克泰德[①]

这一点我在 2013 年最初那篇文章中就提到过。这个想法还是文章写作两年前，在"占领华尔街"运动期间产生的。当时我从运动支持者（尤其是那些上班太忙，根本没时间长时间扎营，只能抽出时间来参加游行，甚至连游行都没时间参加，只能在网上声援的支持者）口中听到最多的抱怨是这样的："我想做有用的事，我想从事一份能够带给他人好处，至少不伤害他人的工作。可是在如今运行的经济制度下，如果从事一份能给人们带来帮助的工作，那你获得的经济报酬会很少，然后会陷入严重的债务危机，最后都没办法照顾好自己的家人。"这样不公平的现实，给大家带来了深而持久的愤怒感。[8] 于是，我对自己说，这场运动就是"爱心阶级的反抗"。与此同时，曼哈顿

[①] 爱比克泰德（Epictetus），公元 55 年（前后）至公元 135 年，古罗马斯多葛学派哲学家。——译者注

祖科蒂公园里的占领者也经常告诉我们，有时年轻的华尔街交易员也会过来跟他们聊上几句，说的内容大都类似："那什么，我知道你们抗议的内容是有道理的，我对这个世界确实没做什么积极贡献，整个制度已经腐坏，而在这个腐坏中说不定也有我的一份功劳。但你告诉我，在纽约生活，如果赚不到6位数的薪水，怎么过？如果你有办法，我明天就辞职不干了。"

我们前面引用过的反馈中也有一些人表达了类似的两难困境。比如安妮，她注意到，有许多女性原本从事保育工作，但最后迫于经济压力都辞职了，再找份办公室工作以便付得起房租。再比如医药研究员汉尼巴尔，他把自己在医疗领域的经历用一个公式进行了总结："我每份工作获得的报酬和这份工作的有用程度几乎完全成反比。"

这样就真的有问题了。为什么这么说呢？再看看2013年那篇文章中，我提出的那个简单思想实验就明白了：想象一下，如果这个世界上某个群体所有人突然都消失了，那会怎样？现在我把这个虚拟场景再加强一下：如果我们某天早上醒来后发现，所有的护士、垃圾清理工或机械师消失不见了，或者所有的公交车司机、杂货店伙计、消防员或快餐店厨师都跑去了另一个维度的世界，那么无论消失的是这些中的哪个群体，后果都将非常严重。如果小学教师突然都消失了，那大部分孩子可能会欢天喜地庆祝个一两天，但一两天过后会怎样？没了小学教师的长期后果那可是相当可怕的，甚至比前面提到的群体消失带来的后果更甚。再比如，对不同的音乐流派，虽然人们不会有统一的看法，有些人喜欢死亡金属，有些人喜欢克里兹莫（东欧犹太人传统音乐），同样，关于言情小说和科幻小说哪个更牛，虽然大家也争个不停，但若世界上某个流派的音乐家或者某个类型的作家突然全部消失，哪怕有些人漠不关心甚至窃喜，但对另一些人来讲，这个世界将从此变得暗淡无光。[9]

但倘若消失的是对冲基金经理群体、政治顾问群体、行销大师群体、游说人员群体、企业律师群体或者那些每天的工作就是跟人道歉"木匠又来不了了"的行政人员群体,那这个世界才不会遭到什么严重的打击呢!第四章中,芬恩对他所在的软件许可公司这样评价:"如果我周一来到公司,发现整栋楼都不见了,那么不仅这个社会对此毫不在意,我也毫不在意。"世界上肯定存在那些消失之后一切反而会更美好的办公大楼(我相信正在读此书的各位不假思索就能说出几栋)。

可就是这些人,拿到了最高的薪水。

事实上,还经常发生这样的事情:在某个组织的最高层,表面上最重要的岗位因为这样或那样的原因空置了很长时间,结果这个世界根本没有因此有什么明显变化,甚至对这个组织本身而言也是,一切照常。最近几年,比利时经历了一系列宪法危机,导致其有段时间处于无政府状态:没有首相,没有卫生部长,没有交通部长,没有教育部长……这一系列危机持续了相当长的时间(目前的记录是541天),可是不管是卫生、交通还是教育,都没有出现任何看得到的负面影响。我们有理由推测,如果此种局面延长到几十年,那肯定会有些影响,但是我们不清楚这种影响程度的大小,也不知道到底是正面的影响多,还是负面的影响多。[10] 类似地,就在我写到此处的时候,优步公司(被认为是当今世界上最具活力的公司之一)正在经历创始人特拉维斯·卡兰尼克以及一众高管的集体辞职,这就导致优步"目前在没有首席执行官、首席运营官、首席财务官以及首席营销官的情况下运转",但并没有对公司的日常经营造成任何明显的影响。[11]

所以就不难理解,为何那些金融业从业者,或者更宽泛地说,那些收入极高的人群几乎从不罢工。正如鲁特格尔·布雷格曼[①]常常提

[①] 鲁特格尔·布雷格曼(Rutger Bregman),1988年出生,荷兰历史学家和作家,英国《记者》杂志记者,杰出的青年思想家,两次获得欧洲新闻奖。有多部畅销书,比如《现实主义者的乌托邦——如何建构一个理想世界》《进步的历程》等。——译者注

起的，1970年爱尔兰爆发了长达6个月的银行业罢工，可是经济却没有像罢工组织者预测的那样发生停滞，大部分人继续写支票，然后这些支票就以货币的形式直接流通起来，价值不受任何影响。而再往前两年（1968年），当纽约的垃圾工人发起罢工的时候，仅仅用了10天就获得了成功，他们提出的诉求被满足，因为没了他们整个城市几乎没法住人了。[12]

· · ·

很少有经济学家真正试图去测量各职业的总体社会价值，大部分经济学家很可能觉得这种尝试注定会白费功夫，而极少数真的做过这个尝试的，得出的结论基本确认了工作的有用性和经济回报之间确确实实是成反比的。美国经济学家本杰明·B.洛克伍德、查尔斯·G.内桑森和E.格伦·韦尔在2017年发表的一篇论文中，梳理了那些探讨各类高薪职业"外部效应"（社会成本）和"溢出效应"（社会收益）的既有文献，来看看是否有可能精确计算出每种职业给整体经济带来的效益或造成的损害。他们给出的结论是，虽然在某些情况下（尤其是和创意产业相关时），涉及的价值实在过于主观而很难计算出来，但是在其他情况中，粗略估算一下还是做得到的。根据他们的估算，在贡献值能够计算出来的工作中，社会价值最高的要属医疗研究员了，他们每拿一美元的薪水，就能够给社会带来9美元的总价值。而社会价值最低的则是金融领域从业者，他们每赚取一美元报酬，平均能给社会带来1.5美元的价值损失（而且别忘了，金融领域从业者赚的报酬那可是高得不得了）。

下面是他们的总体统计分析结果：[13]

• 研究人员　+9

- 中小学教师 +1
- 工程师 +0.2
- 顾问和信息技术专家 0
- 律师 -0.2
- 广告人员和市场人员 -0.3
- 经理 -0.8
- 金融领域从业者 -1.5

上述分析结果看起来完全证实了许多人对这些岗位总体价值的本能猜测。本来只是猜测，现在能看到实实在在的数据支撑，感觉非常好，不过这篇论文的作者将研究聚焦在了那些收入最高的从业者身上，这就使其结论对于本书探讨的议题作用有限。中小学教师或许是上述职业中收入最低的，起码平均而言如此，而且许多研究人员的生活相当窘迫艰难，因此这里的统计结果并不违背工作有用性和经济回报之间成反比的猜测。但若是想要真正理解职业全貌，我们需要更大范围的样本。

我所知的最符合我们要求并且确实使用了更大范围样本的是英国新经济基金会研究人员进行的一项研究。他们采用投资社会回报分析的方法，对6种有代表性的职业（三种高薪，三种低薪）进行了研究。研究结果可以总结如下：[14]

- 城市银行家，年薪约500万英镑。据估计，他们每赚取1英镑，就会造成7英镑社会价值的损失。
- 广告业经理，年薪约50万英镑。据估计，他们每赚取1英镑，就会造成11.5英镑社会价值的损失。
- 税务会计师，年薪约12.5万英镑。据估计，他们每赚取1英镑，就会造成11.2英镑社会价值的损失。

- 医院清洁工，年薪约 1.3 万英镑（时薪 6.26 英镑）。据估计，他们每赚取 1 英镑，就能产生 10 英镑的社会价值。
- 回收站工作人员，年薪约 1.25 万英镑（时薪 6.10 英镑）。据估计，他们每赚取 1 英镑，就能产生 12 英镑的社会价值。
- 保育员，年薪 1.15 万英镑。据估计，他们每赚取 1 英镑，就能产生 7 英镑的社会价值。

研究人员承认上述结论中，涉及的许多计算都有点主观（计算这类数据，肯定躲不开主观判定），而且他们的研究只聚焦于收入等级的上下两极。因此，本书讨论过的大部分工作都未能出现在此项研究结果中。本书探讨过的工作大都收入中等，而且在很多情况下，这些工作的社会价值是既不为正也不为负的，而是在零的附近徘徊。虽然如此，从这项研究既有的结果来看，我们还是可以得到有力的数据支撑，从而证明：你的工作越是对他人有助益，这份工作带给你的经济回报往往就越少。

不过也有例外，最突出的就是医生了。医生的收入在整个收入等级中位于顶端，尤其是在美国，但他们的的确确造福了他人，这一点无可争辩。不过哪怕是医生，对于他们的社会价值，依然有医疗从业者表示怀疑（这些医疗从业者认为他们也算不上什么例外）。比如前面提到的药剂师，他认为大部分医生对人类健康快乐的贡献微乎其微，他们的工作不过就是发发安慰剂。这话可能对也可能不对，说实话，我没有什么资格判断，但不管如何，"1900 年以来人类之所以越来越长寿，真正的原因并非医疗水平的提升，而是卫生、营养及其他各种公共健康领域的进步"[15] 这一经常被引用的事实则表明，我们或许可以尝试这么说：医院里（收入极低的）护士和清洁工对人类健康的贡献事实上要比（收入极高的）医生大。

除了医生，还有少数例外，比如水管工和电工。他们的工作既有用又回报颇丰。与此相对地,有些低薪工作却毫无意义。不过大部分情况下,工作都是"对社会越有益,回报越少"。[16]

然而,若是要研究造成社会价值和经济回报成反比的原因,那就完全没这么简单了。我们能想到的许多常见解释都站不住脚,比如我们会说,你的受教育水平很大程度上决定了你的收入水平。可如果真的是这样,如果收入真的就是靠教育、靠培训,那美国的高等教育圈就不会是现在这个样子了:成千上万受过极佳训练的博士毕业生,靠辅助性的教学工作勉强维生,生活水平远低于贫困线(甚至还得靠食品券维生)。[17] 再比如,我们可能会说,收入高不高跟供需关系息息相关。可如果真的是这样,那又怎么解释,在美国,护士的收入远低于企业律师,明明今日美国的现状是正规护理人员严重短缺,而法学院毕业生严重过剩。[18]

不管是什么原因造成了这种情况(我个人倾向于认为,"阶级力量"和"阶级忠诚"是其中重要的原因),最令人不安的莫过于,有相当多的人不仅承认社会价值和经济回报之间确实存在反比关系,还认为此种关系天经地义。他们认为做了好事之后,我们应得的回报就是好事本身,正如古代斯多葛学派人士曾主张的那样。

很久以来,教师这份工作就受到了此类说法的影响。人们总是说,小学教师和初中教师的收入可不能太高了,肯定不能和律师或经理一样高,因为我们不希望人们主要出于对金钱的渴望才去给孩子教书。如果这种说法对其他需要美德的工作也一视同仁,那么还多多少少有那么点道理,可事实并非如此。(我还从没听谁说过要给医生少发钱的。)

可以说,这种不应给高社会价值岗位提供高薪的观念,是对平等主义的曲解。

我来解释下这是什么意思。道德哲学家柯亨主张,根据下述逻辑推理(我把这个推理简单总结了一下,可能略显粗糙),我们有充分的理由认为，全社会所有成员都应该享受平等的收入。柯亨一开始就问道，为何我们会给有些人高于另一些人的薪水呢？人们通常给出的理由是，因为这些人比另一些人更有生产力或者这些人给社会带来了更多的好处。但为何会出现这样的差异呢，这是我们接下来必须要思考的。

1. 如果某些人比另一些人更有才能（比如天生嗓音优美，适合歌唱，比如具有喜剧天分，比如数学才能出众），我们就会说这些人拥有了"天赐的礼物"。他们既然已经拥有了一份好处（一份"天赐的礼物"），那就没道理因为这份既有礼物带来的影响，再给他们额外的好处（更多金钱）。

2. 如果某些人比另一些人工作更勤奋，那我们往往没办法判断，他们之所以这么勤奋，到底有多少是出于他们更强的工作能力（这同样是"天赐的礼物"），又有多少是出于他们想要勤奋工作的主观意愿。如果他们勤奋工作是出于更强的工作能力，那同样没有道理因这份先天优势而给予他们更多奖赏。

3. 即使有办法证明某些人比另一些人工作更勤奋完全是出于个人选择，那接下来我们还必须去判断，他们做出这样的选择究竟是出于利他主义（为了造福社会而选择更努力地生产），还是出于想给自己谋求更多利益的自私之心。

4. 如果是出于利他主义，那么他们努力生产就是为了尽可能多地增加社会财富。这样的话，若是给他们多于他人的报酬，就会反过来减少他们好不容易增加的社会财富，这违背了利他主义者的初衷。从道德上来讲，我们只能给予那些出于自私而更加勤奋的人额外奖赏。

5. 可是总的来讲，人们做事的动机是变幻莫测的，所以我们没办法简单地把工作者分为利己主义者和利他主义者两大类。于是我们就只剩下两种选择，一是给所有勤奋工作者都提供额外奖赏，二是对所有人一视同仁，不管你勤奋不勤奋。不管做出哪种选择，都会违背一部分人的意愿。如果给所有勤奋工作者额外奖赏，那么出于利他之心而努力工作的人就没办法实现他们尽可能造福社会的目标；如果对所有人一视同仁，那么出于利己之心而努力工作的人就没办法实现他们尽可能给自己赢得收入的目标。如果必须要伤害一部分人的意愿，那么从道德上来讲，伤害利己主义者的意愿要来得更为合理。

6. 因此，我们不应该因为某些人工作更努力、工作效率更高而给他们加薪，也不应该给予他们任何其他形式的额外奖赏。[19]

这里的逻辑推理没有问题。但对于其中涉及的诸多隐含前提，我们显然可以找出各种理由来质疑。不过在本章，对于平均分配收入的做法在道德上是否合理，我并不十分感兴趣，更吸引我的是我观察到的一个现象：我们的社会似乎已经从方方面面接受了上述推理中的第3、第4点，却没有接受第1、第2、第5和第6点。我们的社会小心地否认了"无法按照不同工作动机对从业者进行分类"这个前提。只需要看看某人从事了哪些职业，我们就能判断他的工作动机。只需要观察这个人，除了金钱是否还有其他动机来从事他所从事的职业，如果有，那么就应该按照第4点来操作。

因此人们认为，那些选择造福社会，尤其是那些知道自己造福了社会之后会感到心满意足的人，是没有资格再要求获得中产阶层的薪水、带薪假期和丰厚退休金的。基于相同的逻辑，人们还认为，对于那些知道自己从事的工作除了经济回报之外毫无意义，甚至有害，并因这样的认知而备受折磨的人，恰恰应当给予他们更多的经济回报。

这样的操作我们在政治层面见得太多了。比如，英国8年来奉行"财政紧缩"，已经让几乎所有给公众带来直接和明显好处的政府工作人员（护士、公交司机、消防员、铁路信息亭服务人员、医疗急救人员等）的薪水都遭到了实实在在的削减。甚至已有全职护士需要依靠"慈善食品银行[1]"来维持生活。然而，对于这样的局面，执政党不仅不羞愧还引以为傲，当提高护士薪水以及提高警察薪水的法案经投票被否决后，那些雄辩的议员甚至当场齐齐爆发出欢呼声。而这个执政党，对于几年前差点把全球经济搞垮的城市银行家却相当宽容。众所周知，他们对城市银行家连年暴涨的收入毫不在意。但这一切并没有影响该执政党的受欢迎程度。在人们眼中，似乎为了全社会的共同利益牺牲某些特定群体是合理的。那么选择牺牲哪些群体呢？自然是那些通过职业选择，早已开始为社会牺牲自己的那些群体，或那些从事着对社会有价值的工作而感到心满意足的群体。

这种看法想要讲得通，必须先把工作（或者更精确地讲，领薪工作）本身看作某种价值。是啊，工作本身的价值是如此之大，大到不管是工作动机还是工作效果都得排在后面。一方面，左翼示威游行，挥舞着"给我们更多工作"的标语；另一方面，路过的右翼口中则嘀咕着"你们先找份工作做起来啊！"。似乎有种广泛的共识：工作本身好不好暂且不谈，但不工作可是万分不好的；那些在他们并不特别喜欢的事情上不努力工作的人，都是卑鄙的坏人，是逃避劳动的懒汉，是窃取他人劳动成果的寄生虫，我们无须同情他们，社会更无须向他们伸出援手。这种声音不仅出现在保守派声讨懒汉和"福利女王"[2]的抗议中，同样也出现在了自由派为"辛勤劳动的大众"（那些只是适度劳动的人怎么办？）摇旗呐喊的抗争口号中。更惹人注目的

---

[1] 食品银行（food bank），慈善机构，起源于美国，人们把吃不完的食物（一般是罐装食物）捐到这里，穷人可以免费领取。——译者注

[2] 福利女王（welfare queen），该词产生于20世纪70年代的美国，是政客、社会评论家和其他人用来形容那些通过各种手段骗取福利或滥用福利制度的女人。——译者注

是，如今连顶层人士都逃不开这一套道德观念的评判。我们现在很少再听到讲述富人阶层悠闲生活的故事了（并非现在没有生活悠闲的富人了，而是大家不再赞美闲散了而已）。而在 20 世纪 30 年代经济大萧条期间，穷困潦倒的人们可是很喜欢观看描绘上流社会的电影的。影片中，花花公子坐拥百万财富，浪漫不羁，胡作非为。这样的故事曾备受欢迎。但现在，人们更喜欢听工作狂首席执行官的故事。大家乐此不疲地谈论着首席执行官超人般不怎么睡觉的变态工作安排。[20]而在英国，报纸和杂志甚至会刊登王室成员极为紧凑的日程。通过这些报道我们知道，王室成员每周花在准备和出席各种仪式典礼上的时间是如此之多，以至他们几乎没有一丁点儿私人时光能留给自己。

我收到的反馈中，很多人都谈到了这种把工作本身当作目的的道德观。克莱门特在美国中西部某所公立大学从事一份（用他自己的话来讲）"经费评估的狗屁工作"。在他不忙的时候（大部分时候他都不忙），克莱门特就泡在网上看各种政治观点，他渐渐发现，那些进出他所在部门的经费竟然同美国在伊拉克和阿富汗发动的战争密不可分。他辞去了工作，在同事惊愕的目光中，换了份收入低得多的地方政府工作。他表示，新的工作更辛苦，但是"起码这份工作有时候挺有趣，有时候甚至还能造福人类"。

克莱门特百思不得其解的一件事便是，他的前同事总是做出一副忙不过来的样子，好似他们必须这么假装，可事实上他们根本没什么事做。

> 克莱门特：那些同事经常说他们很忙、很辛苦，可他们每天下午两三点就下班了。这种对明摆着的事实不加任何掩饰的公然否认，我们该给这种行为起个什么名字？
>
> 我禁不住一直思考，为何人们会感到必须要用是否努力工作来评价自己和他人，哪怕这份工作我们根本不喜欢？这种必

须要用是否努力来评价一个人的看法包围着我们。我们呼吸着这样的观点，然后作为某种社会性条件反射，又在闲谈中吐露出这样的观点。在这里，我们看到了社会关系的某项指导原则：如果你没有因为工作而感到身心俱疲，那么你就没有正确地生活。我们真的就打算告诉自己，之所以这么拼命工作，都是为了孩子而牺牲我们自己吗？哪怕这份该死的拼命让我们都没什么时间陪孩子！

克莱门特认为，在深受德国新教徒影响的美国中西部地区，此种人人都必须努力工作的看法尤为突出。有些人还谈到了清教主义。不过此种观点并非新教群体独有，也并非北大西洋地区独有，它无处不在，区别不过是程度不同、密度不同而已。如果说工作的部分含义在于它是"我们并不那么情愿做的事情"，那么我们想做的事情自然就不怎么算得上是工作了，而更像是娱乐、爱好，或闲暇时光会做的事。因此我们若是做着自己想做的事，那么我们就不怎么会有理由拿酬劳，甚至一丁点儿物质回报都不应得到。

这一点我深有体会。大部分学者最初投身学术的原因，是知识的魅力，是各种令他们兴奋不已的思想。毕竟，能够花 7 年时间攻下哲学博士学位的人，大部分都清楚，如果他们选择了法学院，那么只需花 3 年时间就可以毕业，而毕业后第一份工作的薪水就会高出大学教师许多倍。尽管如此，当系里的教师边喝着咖啡边聊天的时候，他们却很少聊到自己对知识的渴求、对思想的热爱。事实上，他们很可能正在抱怨系里行政事务的繁杂，很可能正在吐槽那些永远填不完的表格。没错，现在留给大学教师阅读和写作的时间越来越少了，他们的大量时间都被拿来应付各种行政事务。[21] 即便有人有了某项振奋人心的新发现，他也不能表现得太过明显，因为当其他人都在做着自己不喜欢的工作的时候，你若是表现出享受，这样的行为会被认为不够体贴。不同高校之间，此种"反知识"氛围有轻有重。但是不管在哪，起码对一件事大家是有共识的：每个人职业中令人愉悦的那部分，比如思考，并不是他们领到薪水的原因，与其说这令人愉悦的部分是工作的一部分，不如说是某人"真正的工作"（主要就是填写各种表格）完成后，作为一种肯定，被偶尔允许的放纵和沉迷。

大学教师的收入并非来自研究文章的撰写或评论，但支付他们薪水的学校不管有多不情愿，至少承认大学教师的职位描述中是包括研究工作的。在商业世界，情况就更夸张了。比如，纽约大学一位名叫杰夫·舒伦伯格的写作教师，在看了我2013年最初那篇文章后写了篇博文。他在博文中指出，现在许多公司都觉得，如果某份工作能够给人带来满足感，不管是什么方面，只要有满足感，公司就可以不支付报酬。

> 舒伦伯格：对于格雷伯，狗屁工作的产生伴随着某种道德责任："如果你没有始终处在忙碌工作的状态中（只要在做事就行，具体做什么并不重要），那么你就是一个糟糕的人。"此逻辑的另一面是：如果你真的喜欢做某件事，而且这件事是有价值的、有意义的，能够给你带来内在奖励的，那么你就不应该期望通过这件事赚到大钱。你应当无偿奉献，哪怕他人会因为你的奉献而获利，甚至他人越是得利，你越应该无偿奉献。换句话说，我们是靠你们（无偿）做着你们喜爱的事情而谋生，而你们为了谋生又不得不做你们讨厌的事情，正是这样，我们控制了你们。

舒伦伯格举了个翻译的例子。不管是段落还是文件，大部分人并不会觉得翻译有什么好玩的，尤其是碰到枯燥乏味的商务类文件，尽管如此，除了金钱，还是存在其他理由促使人们去做翻译的（比如，可以不断提升自己的语言能力）。因此，公司管理层一旦听说有东西需要翻译了，第一反应是去看看有没有人愿意免费做。然而正是这些管理者，在给各种"创意开发副总裁"之流发放高薪的时候，那可是完全心甘情愿的，哪怕这些"副总裁"其实什么都没做。（事实上，这些管理者可能自己就是"创意开发副总裁"，除了想办法让别人免费干活，什么事情都没做。）

　　舒伦伯格谈到了"志愿者阶级"的兴起。资本企业正将成果收割之手从有偿劳动力的身上慢慢移开，越来越多地伸向了无偿实习生、互联网爱好者、积极分子、志愿者和发烧友。此外，在各大平台投注热情和创造力的互联网用户大军也成为数字时代的"佃农"，他们投注的热情和创造力被资本转化为私有产品出售。[22] 相当出乎意料的是，自由软件业已经成为这方面的范例。读者可能还记得巴勃罗，我们曾在本书第二章引用了他提出的"拼接修补"概念：软件工程工作被分割成了两部分，一部分是有趣又有挑战性的核心技术开发，另一部分则是无聊乏味的"拼接修补"工作，用来拼接各项核心技术，以便这些核心技术可以协同作用。之所以会需要这样的拼接修补工作，是因为在开发核心技术的时候，设计者懒得考虑兼容问题。不过巴勃罗主要想表达的是，开源软件使得那些真正有魅力的工作都被免费完成了，而这个趋势正越来越明显。

　　　　巴勃罗：20年前，各家公司对开源软件不予理会，大家都在公司内部开发自己的核心技术，可到了现在，这些公司却严重依赖开源软件。那么公司自己雇用的软件开发工程师呢？他们做的事情几乎全是在各种免费拿到的核心技术基础上的拼接修补工作。
　　　　久而久之，你会发现软件开发工程师白天（上班时）做着毫无满足感的拼接修补工作，晚上（下班后）则转而做能给自己带来满足感的核心技术开发工作。

这就导致了很有意思的恶性循环：既然有人愿意免费做核心技术，那就没什么公司愿意花大钱投在核心技术的开发上；而投资不足则导致了核心技术的开发有始无终、质量堪忧、故障毛病一大堆……于是，公司又不得不花钱雇用更多的拼接修补者进行后续处理。

自相矛盾的是，不管是出于对创造本身的热爱还是想要造福人类，软件工程师越是在网上齐齐做着免费的创造性开发工作，就越缺乏动力去考虑成果的兼容性，然后这些业余时间在核心技术上挥洒着热情的软件工程师，到了白天上班时，面临的拼接修补工作就更多了，拼接修补岗位因而激增——没人愿意无偿做的维护类工作在有偿的上班时间做吧。

巴勃罗：我猜想，类似的情况还将出现在其他行业。比如，如果有人愿意免费撰写新闻，那么就没人愿意花钱雇用职业记者了，这些钱就会进入公关和广告行业。最终，新闻的质量会因缺乏资金而下降。

可以说，此种情况已经开始发生了。如今，雇用真正职业记者的报纸和通讯社已越来越少。不过在此，我的目的并不是要去寻找方案，去解决上述社会精神特质带来的复杂难解的劳动安排问题，我只是想证明，此种社会精神特质确实存在。人们对待劳动的态度变了。为什么？为何有这么多人会一步步接受这样的想法：哪怕工作再糟糕、再多余，工作的人还是要比不工作的人更高尚？

在这里，我们必须回顾一下历史上人类对工作本身都有过哪些看法。

从神学根源角度谈谈我们对劳动的看法

  人类是上帝按自己的形象创造的。人类被上帝安排生活在这个可见的宇宙，来开垦土地，来开拓世界……只有人类有能力工作，也只有人类工作，并通过工作填满其在地球上的全部生活。

  ——教皇约翰·保罗二世，《论人类劳动》（*Laborem Exercens*），1981年

  我们可以这样定义"劳动"："劳动"是脑力或体力上的付出，这种付出完全出于或者部分出于我们对某种利益的期待而非出于对劳动本身可能带来的愉悦感的需求。

  ——阿尔弗雷德·马歇尔，《经济学原理》，1890年

  什么是"工作"？通常我们认为"工作"为"娱乐"的反面。那什么是"娱乐"？常见的定义为："娱乐"是人们出于对其本身的兴趣，出于对愉悦感的追求，或仅仅出于想要娱乐的心情而采取的行为。因此，"工作"便不是人们出于对其本身的兴趣而从事的活动（工作往往是繁重的，且重复性高）；对工作本身，人们现在不感兴趣，以后很可能也永远不会有兴趣，哪怕真的产生了兴趣也是短暂的，人们只会因为其他目的（比如，活的时候有的吃，死了以后有地葬）而"工作"。

  大部分语言都有表达"工作"的专门用词，或起码接近"工作"的含义，然而不同文化之间对"工作""娱乐""教学""学习""仪式""抚育"的具体划分区别很大。今时今日，世界上绝大部分地区关于工作的看法来自某个特定的传统，这个传统可以追溯到东地中海地区。最初的记录出现在《创世记》的开篇几章以及古希腊诗人赫西奥德的作品中。在伊甸园的故事和普罗米修斯的神话中，人类因蔑视神圣造物主受到了必须劳动的惩罚，但与此同时，劳动赋予了人类生产食物、制作衣物、建立城邦，乃至最终创建人类自身物质世界的能

力。在这两则故事中,赋予人类能力的劳动,其本身亦被视作造物主自身神圣力量的朴素具象呈现。正如存在主义者常说的,人类注定要承受"自由之苦",被迫违背自身意愿去使用造物主的神圣力量。毕竟,若是有的选,大部分人会更喜欢给伊甸园里的动物取名,更喜欢来到奥林匹斯山的盛宴,品尝琼浆玉液、珍馐美味,也会更喜欢前往世外桃源,看煮熟的鹅飞入自己蠢蠢欲动的食道,而不会选择辛勤耕耘土地,用满身的伤口和满手的老茧去换取果腹的食物。

我们可以这么说,神话故事中对于工作的记载不过是当时人们对待工作的看法的诗意化展开,这种展开依靠两个关键点:第一,人们工作往往并非出于对工作本身的渴望(对应"惩罚");第二,不管如何我们还是去工作了,为了实现某种超越工作本身的东西(对应"创造")。然而,这里的"某种超越工作本身的东西"是否就可以理解为"创造",对此并没有明显的根据。这种理解其实颇为奇怪。毕竟,大部分工作并没有"创造"事物,而是对事物进行了保养维护和重新整理。[23] 就拿咖啡杯来说吧。我们"生产"咖啡杯的时候,只需要"生产"一次,剩下的几百几千次都是清洗工作。哪怕是所谓的"生产型工作"(种植土豆、锻制铁锹、组装电脑),其实都可以理解为对已有材料和部件的照料、改变、重新塑造和重新整理。

这就是为何我坚持认为,我们对于"生产"的理解,以及工作可以用"生产率"来定义这种想法,本质上都是具有神学特性的。犹太教和基督教的上帝无中生有地创造了宇宙(这一点就有点不寻常:大部分宗教中的创造者都是用已经存在的原始材料来创造一切)。对于上帝的这种创造方式,近代崇拜者及其后代逐渐认为,他们必须模仿,必须去承受因此带来的苦难。大部分人工作的方式跟"生产"沾不上边,因此必须摒弃,而对于具体应该如何模仿上帝的创造方式,主要可以分为男性模仿方式和女性模仿方式。在《创世记》关于亚当和夏娃偷食禁果后人类堕落的故事中,上帝惩罚男人去耕地——"你必须汗流满面才得糊口",惩罚女人去生育(因此不管是男人还是女人,面临的环境同样恶劣)——"我必多多加增你怀胎的苦楚,你生产儿女必多受苦楚"。[24] 故事中这些话为人们所熟悉。于是在这里,男人的"生产性"劳动被视作女人生育的同等行为,而从男性的视角来看(女性视角则无法成立,此处是纯男性视角),生育行为可以说是人类可以做到的最接近"无中生有"的纯粹创造行为了(婴儿似乎正是从"无"而来,出生时却已完整成形)。

而这种"劳动"绝不轻松,充满痛苦。

此种想法现在依然存在。比如,社会科学家口中的"生产"(production)和"生殖"(reproduction),从词源来看,英文中的动词"生产"(produce)来自拉丁语的 producere,即"取出来",正如我们在"她从手袋里'取出'了钱包"中使用的那样。"生产"和"生殖"这两个词都基于相同的核心隐喻:前一种情况中,物体似乎从工厂中蹦了出来,并已然成形;后一种情况中,婴儿从女人的身体中蹦了出来,并完全成形。当然,不管是物体还是婴儿,事实上都不是这样产生的。但是正如众多家长制的社会秩序一样,男性喜欢把他们自己所从事的社会或文化活动同女性所从事的自然生产相提并论。因此,"生产"既是男性对女性生育的一种幻想,又是男性对上帝仅仅通过思想和言语创造了整个宇宙的一种幻想。同样,男性认为他们通过思想和体力创造了这个世界,在他们眼中,这才是"工作"的本质,那些真正的整理和维护工作则被甩给了女性,而事实上正是这些整理和维护工作才维护了男性的此种幻想。

北欧价值观"没有领薪工作的人生不完整"之起源

我们有必要强调此类想法的神学起源。现代经济学的大部分核心假设都可以追溯到神学领域的某些主张，比如，圣奥古斯丁认为，人类深受无穷欲望之苦，奈何身处的世界却有限，因此必然无法摆脱彼此竞争的局面。此种观点在后来的 17 世纪演变出了世俗版本，由托马斯·霍布斯提出，这为后来人提出"理性的人类行为总体来讲关键在于'经济化'"奠定了基础（"经济化"指的是在这个充满竞争的世界，面对匮乏的资源，理性行为者对其进行最优化配置）。

当然，在中世纪的欧洲，经济问题都归教会法管辖，对于这一点，没人真的会否定与神学的关联性。然而当时的欧洲还有另一个重要特色，这个特色表面上和神学没什么关系，但对后来者对劳动的理解却有着怎么说都不为过的重要性。这便是"仆从工作"的概念。[25]这个概念非常北欧化。

理论上，封建社会是由众多仆从工作构成的大型体系：不仅农奴从事着仆从工作，就连低级别封建主也在"服务"高级别封建主，而高级别封建主同样"服务"着君主。然而，对大部分人的生活而言，影响最深刻、最广泛的服务形式并非"封建式服务"，而是历史社会学家口中的"生命周期服务"。基本上，当时每个人的人生中都要经历一段到别人家"服务"的阶段，从他们工作生涯开端起，持续 7~15 年。各种同业协会按此运行，对这一点我们大部分人并不陌生：孩子青少年后就会被送到老工匠家里当学徒，在一段时间后学徒师满，成长为技工，但只有当他们自己也成长为名师之后，才有足够的财力谈婚论嫁，组建自己的家庭并开始独立经营，然后招录自己的学徒。事实上，这套运行体系绝非手艺人专有，农民的一生也是如此。通常，农民家的孩子长到青春期后，会被送到另一户农民家（通常会选择情况稍好于自家的农户），当上几年的"农牧仆人"。男孩女孩都如此（比如，去别人家当挤奶女工，正是农民家女儿长到一定年龄后将要经历的），甚至连精英家庭的孩子也需要经历类似的时期。最出名的例子可能就是"男侍"了，即骑士身边的侍从男孩，他们先给骑士做侍从，作为有朝一日自己成为骑士的第一阶段经历。贵族家庭的女孩，除非出身于顶级贵族，同样需要在青春期的时候服侍其他人，担任"女侍臣"，服侍级别稍高的某位已婚贵族女性，打理她的私人寝室，服侍她梳妆打扮，照料她的饮食起居，等等。在服侍期间，这些女孩自己也在"等候"合适的时机嫁人，然后成为某户贵族家庭的女主人。宫廷中的情况也类似，"男侍臣"服侍君主，打理君主的私人寝室。[26]

对于年轻贵族，"等待"主要指的是等待遗产（或者这名年轻贵族的父母在世的时候就认为，不管是在年龄上还是在能力上，这名年轻贵族都已做好准备，那么父母可能直接就把头衔和财产转移给他了）。对于农牧仆人，情况应该也类似，不过总的来讲，平民在充当仆人的这个时期，能够领到工作报酬，并且按照社会惯例往往需要存下其中相当一大笔钱财。这样等到需要的时候，不管是在管理家庭、店铺或农场的知识和经验储备上，还是在成家立业的经济准备上，他们都达标了。年轻女性平民在结束自己的仆人时期时也已存好钱，备好嫁妆，然后在那些能力达标的追求者中挑选一人结婚。因此，中世纪时期，人们普遍得到30岁左右才结婚。这也就意味着，"年少时期"（这段多多少少有点放荡不羁、桀骜不驯的青春期）往往会持续15~20年之久。

仆人能领到薪水这一点至关重要，因为这意味着虽然领薪工作的确早在资本主义出现几百年前就已存在于北欧，但是在中世纪时期，几乎所有人都认为这不过是每个体面人在自己工作生涯第一阶段需要做的事而已。做仆人和从事领薪工作基本被视作一回事，哪怕是在奥利弗·克伦威尔时期，按天领工资的打临工者依然会被称作"仆人"。因此对年轻人而言，当仆人这段经历最重要的不仅是为了学习手艺，更是为了学习"规矩"，学习有责任、有担当的成年人应有的言行举止。正如 1500 年前后一位来到英国的威尼斯访客所言（这段话经常被引用）：

> 在英国，你能清楚地看到，人们不怎么疼爱孩子。在这里，孩子一旦长到 7 岁或至多 9 岁，就会被送走，不管是男孩还是女孩，都会被送到其他人家里去当仆人，服侍他人 7~9 年之久。[27] 而这些被称作学徒的孩子，在漫长的仆人生涯中，做的全是那些毫无技术含量的琐碎工作。绝大部分人生来就要面对此种安排，只有极少数可以幸免。不管你多么富有，都得把自己的孩子送到他人家里，与此同时，你自己家里则会被送进来陌生人的孩子。如果你问那里的人们为何要做出如此严厉的安排，他们会告诉你，一切都是为了孩子能够更好地学会做人的规矩。[28]

在中世纪和近代早期的人们看来，"规矩"的范畴远超"礼节"。"规矩"指的是某个人在这世上总的行事风格和做人态度，指的是这个人的习惯、喜好和感受力。年轻人需要到他人家中劳动来换取薪水，这是因为我们后人眼中的领薪工作和教育在当时的人看来基本就是一回事（除非是想成为神职人员，从事专业学术研究）。不管是领薪工作还是教育，都是学习自我约束的过程，在这个过程中，学会控制那些低级欲望，[29] 逐渐成长为自律体面的成年人。

这并不是说中世纪和近代早期文化中没有青春狂野、放纵行为的空间，恰恰相反，年轻人即使在别人家中当着学徒，也有属于他们自己的另一种文化。他们往往集中在一些青年会社，这些青年会社的名字很怪异，比如"混乱无序上议院""胡说八道修道院"等。在一些备受喜爱的节日期间，人们甚至会允许这些青年会社临时掌握大局。但是欢闹过后，还是要归于节制，年轻人继续当学徒，规规矩矩，服侍着带领他们的那位一家之主。在这个过程中，他们逐渐从放荡不羁的年轻人变成懂得自我约束的成年人。在完成这样的转变之后，他们便可以和学徒生涯说再见了，然后开始拥有属于自己的家庭和商铺。

· · ·

这就导致在中世纪的北欧，人们对待工作的态度和古典时代人们对待工作的主流态度完全不同，甚至跟地中海时代后期也完全不同，正如我们已经了解到的（那位威尼斯大使就被英国人的做法震惊到了）。根据古希腊和古罗马时期的大部分资料，我们了解到，当时的男性贵族并不从事体力劳动。在他们眼中，体力劳动或仆人工作只适合女人和奴隶。亚里士多德坚持认为，工作绝不能让你成为更好的人，事实上，工作只会让你变得更糟，因为工作占用了太多时间，剥夺了人们履行社会职责和政治职责的机会。因此，每当古典文学谈及工作，都往往倾向于强调其惩罚性的一面。至于上帝般创造性的一面，则基本被视作专属男性一家之主的特权。这些男性一家之主足够富有，可以不用亲自干脏活，只需差使他人即可。而在中世纪和文艺复兴时期的北欧，几乎每个人都需要在人生中的某个阶段亲自干脏活。[30] 因此工作，尤其是领薪工作，发生了革命性的变化。这一点非常重要，因为这意味着在新教出现很久以前，后来的"新教工作伦理"中某些关键的方面早已存在。

资本主义制度对工作的美化和劳动者的反击

关于工作的意义，还没有足够的历史被撰写。
——C. 赖特·米尔斯，《白领：美国的中产阶级》，1951 年随着资本主义的到来，一切都变了。我这里提到"资本主义"，并非想说市场的变化（市场早已存在），我想说的是原本"短期的主仆关系"逐渐变成了"长期的雇佣关系"：拥有资本的那部分人成为雇主，而没有资本的那部分人则不得不替他们打工。这对个人意味着什么呢？首先，成百上千万的年轻人发现他们陷入了社会意义上的永久青春期出不来。随着同业公会结构的瓦解，学徒虽然依然可以从新手变成熟手，但从熟手成为独立经营者的老路已经不复存在，这也就意味着，从传统角度来看，他们是不具备谈婚论嫁、组建家庭的资格的。他们构成了事实上的"不完整的人"，如此过完一生。[31] 于是，不可避免地，许多人开始反抗，他们放弃了漫长的等待，干脆早早结婚（虽然没有达到传统意义上结婚的资格），弃主人而去之后，搭个小破屋就开始自己的家庭生活了。随之而来的是一股萦绕在雇佣阶级这个不断兴起的群体心间的道德恐慌浪潮，这股浪潮很容易让人想到后来为我们所熟悉的针对"未成年人怀孕问题"的道德恐慌。下面这段文字来自16世纪的一本宣言册《剖析不正之风》（*The Anatomie of Abuses*），它由清教徒菲利普·斯塔布斯撰写：

> 除此之外，每一个调皮躁动的小伙子，不管是十岁、十四岁、十六岁还是二十岁，都会找到一位女性，追逐她，向她求婚，心中并无对上帝的敬畏……更夸张的是，他们连对未来的生活该如何进行都毫不关心。有没有工作，有没有房子，他们都不在意！这些事情都不打紧，有漂亮媳妇儿搂着就够了，他们想要的只有这个。一栋栋简陋小屋盖了起来，破旧木头是它们的材料，小巷尽头是它们的所在。几乎所有的小巷尽头都可以看到这些小屋，住在小屋里的人将在此乞讨着过完一生。这片土地遍布行乞者……不用多久，贫穷和匮乏便会遍布开来。[32]

正是到了此时，我们可以说无产阶级作为一个阶级诞生了。"无产阶级"这个词的英文来自拉丁文，该拉丁文短语直译为"那些生产后代的人"，可以说很贴切了。在古罗马，那些穷到没办法向他们征税的最贫穷的市民，对政府来说唯一的用处就是生孩子了，源源不断地生儿子，为军队做好储备。

斯塔布斯的《剖析不正之风》或许可以被看作清教徒的"风俗改良"宣言。"风俗改良"这个说法来自清教徒，有着很明显的中产阶级视角：他们既看不惯宫廷生活的糜烂不堪，又瞧不起普罗大众的野蛮放荡。通过这本小册子我们还知道，若想要理解围绕清教徒习俗教义和新教工作伦理的各种争论，必须先知晓"生命周期服务"传统的消亡和无产阶级的出现这两个大背景。英国加尔文派教徒（事实上只有那些不喜欢他们的人才会称他们为"清教徒"）大都来自独立经营的匠人阶层和"经营状况不断变好"的农民群体，他们雇用新生的无产阶级为之工作，而"风俗改良"抨击的对象便是那些备受欢迎的节日、赌博活动、饮酒行为，以及"一年一度被年轻人把持，从而导致社会秩序完全颠倒的各种混乱仪式"[33]。对此，清教徒理想中的处理办法是将所有"无主之人"圈在一起，逐一安置到虔诚的家庭中，去遵守严格的行为准则，在该家庭的一家之长监督指导下认真工作和祈祷。这不过是日后人们对下层阶级行为改造的漫长历史的开端，从维多利亚女王时代的济贫院（穷人在里面接受正确的时间管理训练），一直延续至今时今日的工作福利制和类似的政府项目。

为什么中产阶级会在 16 世纪开始突然产生如此强烈的兴趣去改造穷人的行为举止、作风并使其合乎道德呢？为何在此之前他们就没觉得这种风俗改良有任何值得关注的点呢？对此，一直没有很好的解释，多少有那么点历史之谜的感觉。可是一旦把"生命周期服务"考虑进来，我们就会发现，一切都说得通了。穷人被视作"失意青少年"。从传统意义上来说,青少年通过工作,或者更确切地说,通过"在主人严密监督下的领薪工作",最终学会了如何成为合乎习俗的、自律的、自给自足的、体面的成年人。可事实上,清教徒等各种虔诚的风俗改良派已不再能够像原来那样向穷人承诺什么了,曾经的"无须听从他人命令、自给自足生活的成年人身份"肯定是没法再提供了,于是他们通过慈善和戒律,通过注入更新后的神学理念来替代之前的承诺。他们教导穷人,工作既是惩罚也是救赎。工作是自我禁欲,其本身就有价值,这种价值甚至超越了工作所能产生的财富,工作纯粹是上帝施予人类恩惠的标志,可不是拿来给你们享受的。[34]

工业革命之后,歌颂工作的热情由循道宗信徒重新拾起,甚至那些并不觉得自己有多大宗教信仰的受过教育的中产阶级人士也加入了歌颂工作的队伍中。托马斯·卡莱尔或许可以称得上其中最狂热的歌颂者。卡莱尔是个很受欢迎的散文家,出于对玛门①新时代道德沦丧现象的担忧,提出了他所谓的"工作福音"理念。卡莱尔坚持,人们不应该把工作当作满足物质需求的方式,而应将其看作生命的精髓,上帝创造世界的时候故意留下了未完成的部分,正是为了让人类有机会通过工作完成上帝布置的任务。

> 人类通过工作使自身完美……哪怕从事着最平庸的工作。当你开始投入,你的整个灵魂就会立刻安静下来,进入某种真正的和谐状态。想一想这些是如何发生的吧!怀疑、欲望、悲伤、懊悔、愤懑、绝望本身,所有这些情绪如同地狱之犬,纠缠着贫穷的劳动者,困扰着他们的灵魂,困扰着每个人的灵魂。但你一旦勇敢地、自由地委身于工作,顷刻间,所有这些"地狱之犬"都

---

① 玛门(Mammon),贪欲之神,在《圣经·新约》中是财富、贪欲的化身。——译者注

会一动不动，然后嘟囔着退回到自己遥远的洞穴之中。于是你终于成为真正意义上的人。在你身上洋溢着的"神圣工作之光"难道不是净化心灵的火焰，烧光了你心中全部的毒和恶吗？

所有真正的工作都是神圣的。在所有真正的工作中，但凡是真正用双手进行的工作，都含有某种神性……啊，如果这都不算"对上帝的崇拜"，那么要我说，与其为工作感到遗憾，不如替崇拜感到遗憾吧。因为在上帝创造的神圣苍穹之下，迄今为止还没有出现过比工作更为高贵的事情。是谁在抱怨自己的工作太辛苦？别抱怨了！抬头看看吧，心生厌烦的朋友们，看看那些和你们一样辛勤工作的人，现已身处上帝的永恒之中，成为神圣的不朽，在天上一起保卫着人类帝国。[35]

卡莱尔最终得出一个结论，而这个结论正是今时今日许许多多人所得出的：如果工作是高贵的，那么最高贵的工作不应该获得报酬，因为给这样一件有着无上价值的事物标上价码，实在污秽可憎（"当然在天堂等地方，真正的'酬劳'已准备好，来回馈每一份高贵的工作"[36]）。不过卡莱尔还是很体贴地表示，确实需要提供给穷人"合理的酬劳"，使他们具备生存的能力。

这样的看法在中产阶级圈子里非常普遍。可以意料到的是，在卡莱尔所处的时代，正在欧洲开始形成的工人运动没怎么受到此种看法的影响。当时的大部分工人，不管是拥护卢德主义、宪章运动、李嘉图派社会主义，还是其他早期英国激进主义，他们的观点大概是这样的：对，工作是有其神圣之处，但这份神圣并不存在于工作对人的灵魂和身体的影响（这一点工人们知道得更清楚），而是因为工作能够带来财富；有钱有势的人之所以有钱有势，正是因为穷人的努力工作。英国经济科学的创始人亚当·斯密和大卫·李嘉图拥抱了劳动价值理论，许多新兴实业家也认可劳动价值理论，因为该理论将他们和土地拥有者乡绅阶级区分开来，乡绅阶级在实业家的眼中不过是无所事事的消费者，然而这套理论很快就被社会党人和劳工组织者吸收，反过来作为攻击这些实业家的武器。不久以后，经济学家出于显而易见的政治诉求，开始寻求其他替代理论。早在1832年，也就是马克思的《资本论》面世35年前，就已经出现了类似这样的告诫："'劳动是财富的唯一来源'是种既危险又错误的说法，因为很遗憾，这种说法给了那些认为'所有财产都应该属于工人阶级，除了工人阶级，任何人获取财富都属于对工人阶级的掠夺和欺诈'之人以可乘之机。"[37]

到19世纪30年代，事实上许多人开始公开声明上述观点。紧随工业革命，好几代人普遍对劳动价值理论深信不疑。强调这一点非常重要。这一切甚至发生在马克思著作传播之前（马克思的思想为此种观点注入了新的活力和更加缜密的理论表达）。此种观点在英属美国殖民地尤为盛行。在美国独立战争中浴血奋战的技工和商人眼里，他们自己才是财富的创造者，而英国王室的行为则纯粹属于掠夺，而战争结束后，这套说辞被拿来攻击那些未来的资本家。正如某位历史学家所说："他们对美好社会的想象建立在劳动创造全部财富的坚石之上。"[38] 在当时，"资本家"一词基本算是骂人的话。比如时任美国总统亚伯拉罕·林肯在1861年第一次发表国会年度咨文时说："劳动先于资本且独立于资本，资本只不过是劳动的成果；若是没有劳动，则绝对不会产生资本。劳动优于资本，远远更为值得关注。"这种说法虽然在现在看来颇为激进，但在当时只不过是大众的普遍认识。[39]

不过，林肯还说了，美国之所以和欧洲国家不一样，民主之所以能够在美国行得通，是因为美国并没有哪个群体固定处于领薪工人这个身份中。

在这里，并不存在说哪个受人雇用的自由人会一辈子给人打工。各个州到处都有许多独立经营的人给别人打过工。那些身无分文的人，起步阶段先给人打工来赚取收入，生活节约，攒够钱后开始购买属于自己的工具或土地，独立经营很长一段时间之后，最终自己成为雇主，再雇用一个起步阶段的工人为其打工。

换句话说，林肯其实表达的意思是（即使他并没有直接这么说），由于快速的经济和领土扩张，美国或许可能维持中世纪的旧有风格，形成这样一套制度：每个人起步阶段都给他人打工，然后用打工时赚的钱开始独立经营，或者买个农场（买一块从美国原住民那里抢来的土地），然后最终他们成为资本家，再自己花钱雇用年轻人替他们干活。

这绝对是美国南北战争爆发前的理想情况，尽管林肯是来自距离西部开发边缘地带不算太远的伊利诺伊州。东海岸那些成立时间更久的城市中，各种工人联合会已经对类似观点提出异议了。[40] 这里值得注意的一点是，在林肯当时看来，他必须接受劳动价值理论，并将其作为辩论的框架。不只是林肯，所有人都是这么认为的。这种情况一直持续到起码19世纪末。哪怕是在西部开发边缘地带，在那片最不可能复发欧洲式的阶级之间紧张状态的区域，人们甚至也是这么认为的。在1880年，一名新教"上门传教士"沿着西部开发边缘地带走访到户传教若干年后说道："从科罗拉多到太平洋沿岸，一路上你经常能看到牧场工人或矿工嘴里要么念着丹尼斯·克尼的工人黑话，要么说着无神论活页文章作者罗伯特·英格索尔的无神论粗俗段子，要么谈论着卡尔·马克思的社会主义理论。"[41]

显然在我看过的所有西部牛仔片里都忘了把这一点放进去了！（有一个例外值得注意，那就是电影《浴血金沙》，电影一开场，约翰·休斯顿扮演的矿工就在和亨弗莱·鲍嘉讲解劳动价值理论。）[42]

劳动价值理论的破绽，以及资本拥有者是如何利用这个破绽的

> 事实上，任何劳动都可以被视作"照料"类劳动，如果考虑到这些劳动最终都能帮助他人实现某种需求。
>
> ——南希·弗伯尔[①]

我拿美国进行讨论是有原因的，因为美国在这个议题中扮演了重要的角色。世界上没有其他什么地方像美国那样如此广泛地把"所有财富均来自劳动"当作常识来看待，也没有其他什么地方像美国那样如此有力、持久且最终有效地对该常识进行反击。到20世纪初，也就是最早的西部牛仔电影开始上映的时候，这样的"被接受"和"被反击"已基本进行完毕。如果告诉20世纪初的美国人，大牧场工人曾经都是马克思作品的热心读者，他们会和今时今日的大部分美国人一样，觉得完全不可信。更重要的是，此番反击给后来看起来很奇怪的对待工作的看法打下了基础，这种对待工作的看法主要来自北美，直到今天还在全世界各地飘散，造成各种危害。

虽然毫无疑问，林肯的说法是言过其实了，但在美国南北战争之前的"匠人共和国"，某种与传统生命周期服务稍稍有点相似的运转方式确实存在（只是有点相似，还是有许多区别的，比如值得注意的某种区别就是，当时大部分雇工并不被称作"仆人"，也并不住在雇主家中）。当时的政治家确实把这样的运转方式看作理想情况，并据此进行立法。有意图进行投资的商人是不准成立有限责任公司的，除非他能够证明这么做能够带来明确的不可争辩的某种"公共利益"（也

---

① 南希·弗伯尔（Nancy Folbre），美国女权主义经济学家，主要研究家庭经济学、非市场工作和照顾经济学。——译者注

就是说，不仅仅存在社会价值这个概念，更是将之直接写进了法律）。这个规定实践起来往往意味着，你的公司业务必须是挖掘运河或修建铁路什么的。[43] 西部开发边缘地带是有无神论者，但我们如果从宗教角度来思考，便能明白这股反资本主义情绪从何而来了。建立在清教徒基础上的新教教义广受欢迎，人们不仅称颂工作，甚至还觉得"工作赋予人以神圣职责，以及在道德上和政治上胜于闲散有钱人的权利"，这是我的人类学家同行迪米特拉·多卡斯和保罗·达伦伯杰总结出来的。这可以说是比卡莱尔的"工作福音"（大部分历史学家直接称之为"生产主义"）更明显具有宗教意味的说法。"工作福音"就是，工作不仅自身具备价值，还是价值的唯一真正生产者。

而这一切在美国南北战争爆发以后很快发生了变化，大规模的官僚资本主义和公司资本主义开始出现。那些被称作"强盗资本家"的新兴企业大亨一开始是遭到了人们的极大敌意的（从大家对他们的称呼中就可以大概看出来），但到19世纪90年代，这些企业大亨开始发起一场思维反攻，提出了被多卡斯和达伦伯杰称作"财富福音"的理念（多卡斯和达伦伯杰提出这个词是借鉴了安德鲁·卡内基的一篇文章）：

> 这些开始逐渐羽翼丰满的企业巨头，以及他们的银行家和政治盟友并不认可"生产主义者"所提倡的道德主张。到19世纪90年代，他们开始宣扬一种新的思想：与人们的认识恰恰相反，创造财富和繁荣的并非劳动而是资本。强大的企业利益联盟努力在学校、大学、教堂和市民团体中宣扬新的理念，试图彻底改变人们的看法："商业已经解决了工业社会根本性的道德问题和政治问题。"

钢铁大亨安德鲁·卡内基是这场文化运动的领导者。面向劳动者阶层的时候，卡内基大肆宣扬被我们当代人称为"消费主义"的理念：资本"集中"后，在正确人的正确管理下，实现高生产率，从而大大降低商品的价格，以至未来每个工人的生活质量堪比往日的国王。而面向精英阶层的时候，卡内基则表示，给穷人高薪会把他们宠坏，对"民族"无益。[44]

消费主义的传播恰逢管理革命的出现，而管理革命给大众认知带来了巨大的冲击，尤其在一开始。曾经的桶匠、运货马车制造师傅和女裁缝都把自己视作某种传统的继承者，为此自豪并拥有各自隐秘的知识和技能，然而随着管理革命的到来，由行政管理组织起来的公司开始登场，"科学管理"竭尽全力追求效率，从此工人成了机器的延伸，他们不再自主工作，而是在他人设计好的流程下机械执行。

在我看来，此处我们真正需要提出的问题是："为何这场运动如此成功？"之所以这么问是因为我们无法否认这样一个事实，那就是短短不到一代人的时间里，"生产主义"就已经被"消费主义"取代。用哈里·布雷弗曼的话来说："象征地位的不再是生产力，而是购买力。"[45] 与此同时，劳动价值理论也因"边际革命"而被踢出经济理论的赛场，慢慢地越来越不被普通大众熟悉，以至到了今时今日，除了革命马克思主义理论小圈子和研究生几乎没人知道。现在只要有人提到"财富创造者"，大家自动对应的就是资本家而不是工人。

这是大众意识的一次极大转变。究竟是什么因素促成了这次转变？在我看来主要原因在于，最初的劳动价值理论本身就存在瑕疵，这个瑕疵便是对"生产"的过分关注。正如前文已经分析过的，"生产"这个概念是有神学根源的，并且存在明显的父权偏见。甚至在中世纪，基督教上帝的形象就是匠人和技师，[46] 人类工作（几乎总是被默认为男性工作）就是制造、建造东西，或许还有耕作，而对女性来说，"劳动"被象征性地视为生儿育女，她们付出的其他劳动则大都

第六章　为什么社会对狗屁工作的激增无动于衷

遭到了彻底忽略。很明显，随着工业革命的爆发，生产率的空前增长在这里也起到了一定作用：因为生产率的惊人增长，人们的注意力只会集中到机器和人究竟谁更重要的争论中，事实上，这个议题贯穿整个19世纪，一直是政治经济问题的辩论焦点。

然而若是要探讨工厂工人这个议题，其中的故事怕是要更黑暗了。早期工厂主最开始的时候，大都本能地选择去雇用女性和孩子而非男性，毕竟人们往往认为女性和孩子更加温顺，更加习惯于单调的重复性工作，尤其是女性。这带来的结果往往相当残忍和可怕。与此同时，此种状态也导致传统的男性匠人陷入颇为痛苦的境地。他们不仅被淘汰出局，无法进入工厂这个新的工作环境，还要承受家庭内部的变化——曾经被吆来喝去的妻子和孩子，如今成了家里的顶梁柱。这一切显然促进了"毁坏机器"这个发生于拿破仑战争时期、后来被称作"卢德主义"的浪潮的兴起。而这场反抗的浪潮最终能够退去，其中一个关键因素似乎正是某种心照不宣的社会妥协：人们逐渐认同，工厂应当主要雇用成年男性。出于这样的社会妥协，以及接下来一个世纪左右，工人组织往往集中发生在工厂工人身上（部分原因是他们最容易被组织起来）这个事实，就有了目前的局面：只要一提起"工人阶级"这个词，人们脑海中就会浮现出穿着工装裤的男人在生产线辛勤劳作的画面。我们也经常听到平时还挺有见解的中产阶级知识分子大谈特谈，比如随着工厂工作的衰落，英美等地的工人阶级已不复存在（好像给他们开公交车、给他们修剪树篱、给他们安装有线电视以及给他们祖父母换便盆的都是设计精巧的机器人似的）。

事实上，从来就没有出现过大部分工人都在工厂工作的时期。哪怕是卡尔·马克思、查尔斯·狄更斯的年代，工人阶级居住的区域中，女仆、擦鞋匠、清洁工、厨师、护士、司机、教师、妓女、看门人、小贩也要比煤矿工人、纺织工人、铸铁工人多得多。女仆、擦鞋匠等工作是否属于"生产性工作"？又在何种意义上可以算作"生产性工作"？生产的东西又由谁消费？是谁"生产"出了蛋奶酥？正是因为这些都很难清晰界定，因此探讨价值议题时，大家往往直接把这些忽略掉。然而这种忽略会让我们看不清现实，即大部分工人阶级，不管是男性还是女性，从事的工作事实上都更接近人们眼中的典型女性工作：照顾照料，需求满足，解释说明，安慰鼓励，揣度上司心理，更别提照料动物、植物、机器等物件以及观察和养护等工作了。与此同时，锤打、雕刻、重物搬运、庄稼收割等工作反而是少数。

这样的忽略是有后果的，我来举个例子。2014年，当伦敦市长声称或许要关闭大约100处伦敦地铁售票厅，只留自动售票机时，公交系统爆发了罢工。这引发了当地一些马克思主义者在网上的争论：这些面临裁员威胁的地铁售票人员从事的是不是"狗屁工作"。有些人提出了这样的逻辑：一份工作（要有意义），要么就是为资本主义创造了价值（地铁工作人员显然在资本家眼里已经不创造价值了），要么就是起到了某种社会职能，这种职能哪怕在不存在资本主义的社会也依然必不可少（而这一点地铁工作人员也不符合，因为如果哪天全面实现了共产主义，那么公共交通将是免费的）。不用说，我肯定被牵扯进了这场辩论，因为我被要求对此事进行回应，最终我让提问者直接去看罢工者贴出的宣传文章《未来伦敦地铁乘坐建议》。我摘录其中部分内容：

> 乘客您好，乘坐未来伦敦地铁之前，请您确保完全熟悉伦敦地铁11条线路和270个站点……请确保出行中不会出现任何耽搁、事故、紧急情况、突发事件或疏散需求。请务必保证您不是残疾人、不是穷人，也不是初来伦敦的人。请务必保证您的年纪不要太小也不要太大。请务必保证乘坐过程不会遭遇骚扰和攻击。请务必保证您出行中不会丢东西也不会丢孩子。请务必保证

您在乘坐地铁时不会需要任何形式的帮助。

看来许多无产阶级革命的拥护者从来没有想过去调查一下公共交通工作者真正做的事情是什么，他们似乎陷入了某种类似右翼小报上经常出现的对城市雇员的刻板印象，认为他们是报酬过高、浪费公共开支、成天无所事事的懒汉。

伦敦地铁工作者真正从事的工作事实上更接近女权主义者口中的"照料工作"。在护士和砌砖工人两者中，地铁工作者的工作性质与前者更为相似。只不过，就像和人们在谈论"经济"的时候总是把女性那些无偿照料工作忽略不计一样，工人阶级岗位中那些涉及照料方面的工作也同样被抹去了。有人或许会说，英国工人阶级照料工作的传统在流行文化中很突出。确实，英国流行文化很大程度上是工人阶级作品，从音乐到喜剧再到儿童文学，处处可见那些典型的动作姿势、风俗习惯和说话时为彼此鼓气的抑扬顿挫的呐喊。但是，照料工作并没有被当作自身能够产生价值的工作。

照料工作总体上被看作面向他人的工作，并且总包含一些与解释、移情和理解相关的工作。某种程度上，人们可能会说照料工作不算真正的工作，这不过就是生活，或者说是生活应该有的样子（人类天生具有移情能力，并且为了能够彼此沟通，我们必须不断地站在他人的角度考虑问题，试图去理解他人的所思所想，这往往意味着多多少少要"照料""关心"他人）。但是如果所有的移情、所有的设身处地都是单方面的，那这在很大程度上就成工作了。作为商品的照料工作的关键并不在于有人在"照料"，而在于其他人"不在照料"。那些花钱购买"仆从服务"（注意：封建时期的用词今日依然在使用）的人是不会觉得自己需要进行什么解释性工作的。哪怕你是一个砌砖工人，也是需要做照料工作的，除非你是在给你自己砌砖。下属得时时刻刻观察猜测老板的心思，而老板则无须这么做。而这一点在我看来，正是心理学研究常常发现出身工人阶级的人要比出身中产阶级（更别提富人阶级了）的人更擅长察言观色、更具有共情能力、更关心他人的原因之一。[47] 某种程度上，察言观色这个技能正是工人阶级工作内容的体现：富人之所以不需要懂得如何进行阐释，是因为他们可以雇用其他人来替他们做这些；同时，那些为了赚钱而被雇用的工人，已经养成了揣测他人心思的习惯，自然也就会看着老板的脸色行事。[48]

照此看来，正如许多女权主义经济学家所指出的，所有工作都可以被看作照料工作，因为哪怕是建桥，说到底也是出于对他人的关心，出于对那些有过河需求的他人的关心。正如我在书中举那些例子时已经表明的，当人们思考自身工作的社会价值时，他们的的确确会从这些方面去想。[49]

而倘若我们把"生产力"作为看待工作价值的首要标准，并认为工厂工人是"生产性工作"的典型代表，那么这一切"关心"和"照料"就都被抹去了。工厂车间里，汽车、茶包或药品神奇般地被"生产"出来，其中涉及的"劳动"跟女人生孩子一样，费力却又神秘。这种看待"劳动"的方式，自然也使工厂主很容易地说出"工人和机器并无区别"的话。显然，后来被人们称作"科学管理"的理念更是促进了此种看待劳动的方式。然而若人们心中默认的"工人"是厨师、园丁或按摩师而不是工厂工人，这样的看待方式就绝不可能形成。

・・・

今天大部分经济学家都把劳动价值理论视作经济学发展过程中产生的某个稀奇概念，如果把兴趣点放在对价格形成模式的解读上，那么或许确实存在其他更好的工具。但就工人运动而言（你也可以说对像卡尔·马克思这样的革命者而言），真正的重点从来就不是价格形成模式，真正的重点在哲学层面。有这么一种想法：我们所居住的这个世界是全体人类以社会的形式共同创造的产物，因此人类当然还可以用不同的方式来创造这个世界。在任意时间，对人类可以触及的几乎任意物质客体而言，这种想法都是成立的。所有人在成长过程中，都受到了某种对"我们应该是什么样的""我们可能会有什么样的需求"的设想的影响。对"资本主义""社会""政府"这些抽象概念来讲，更是如此。这些抽象概念之所以存在，是因为我们每天的生活都在制造这些概念。约翰·霍洛威或许可以被称作当代最有诗意的马克思主义者，曾经提出要撰写一本名为《停止制造资本主义》（*Stop Making Capitalism*）的书。[50] 他表示，我们虽然都做出一副被资本主义笼罩的样子，好似资本主义是某种庞然大物一样，但事实上，资本主义不过就是人类自身创造出来的某样东西。每天早晨醒来之后，我们都在重新制造资本主义。倘若有一天，所有人醒来后都决定不制造资本主义了，改成制造点别的什么东西，那么资本主义就将不复存在，这种别的东西将取而代之。

我们甚至可以说这才是所有社会理论和革命思潮的核心问题所在（从根本上来讲，或许是唯一问题所在）。我们居住在我们共同创建的世界，然而如果让我们中的任何一个人去试图想象理想生活中的世界，没有人会去想象一个跟现存世界完全相同的世界，所有人都会去想象更美好的世界。既然如此，我们为何就不能干脆去创造这样一个更加美好的世界呢？为什么仅仅是"停止生产资本主义、停止生产政府，或只是停止提供差劲服务以及免去烦人的官僚形式"这样的想法就会让人感到不可思议？

将工作视作生产让我们提出了这些问题，这一点非常重要，然而将工作视作生产能否帮助我们找到这些问题的答案，就不清楚了。下面是我的想法：许许多多工作严格来讲并不是生产性质的，而是照料性质的，哪怕那些看起来最没有人情味的工作，我们也总能从中找到体现出照料特性的地方。这一点为我们提供了某种合理性解释，来告诉我们为何换套规则、换种社会的想法不现实。哪怕我们不喜欢这个世界现在的样子，我们也无法改变一个事实，那就是我们的大部分行为，不管是不是生产性的，都在有意识地照料他人，而且往往是照料特定的他人。我们的行为同我们与他人的关系紧密相关，而这些关系中则包含着照料元素。大部分包含照料元素的关系都要求我们多多少少维持这个世界的原貌。正如理想主义者通常在结婚生子之后就会放弃年少时改变世界的梦想，然后逐渐和成人世界妥协那样。照料他人，尤其是长期地照料他人，是建立在这个世界维持在相对可预测状态的基础上的。有可预测性才有照料行为展开的可能性。省钱供孩子上大学是建立在 20 年后这个世界仍有大学可读的基础上的（当然，钱本身也不可以从这个世界上消失，不然省了也用不上了）。这就意味着对"他者"的爱，不管是对人、对动物还是对景色，往往需要我们维持这个也许很令人讨厌的现有制度结构。

工作如何在 20 世纪转变为自律和自我牺牲的一种方式

  我们不断发明出各种各样的工作，是出于我们所有人都必须工作这样一个错误观念，因为按照马尔萨斯主义达尔文主义理论，我们每个人都必须证明自己存在的合理性。

——巴克敏斯特·富勒[1]

---

[1] 巴克敏斯特·富勒（Buckminster Fuller），美国建筑师、系统理论家、作家、设计师、发明家和未来学家。——译者注

不管是如何发生的，"财富福音"这场反攻都成功了。工业巨头先是说服了美国民众，随后又说服了全世界民众，使人们逐渐相信繁荣的真正创造者是雇用者而非广大被雇用者。然而，正是这场反攻的成功，带来了一个不可避免的问题：当工人在工作中不断被当作机器对待的时候，他们如何才能在工作中找到目标感？当工人被不断告知自己不过就是机器人一样的存在，但与此同时却被要求整天除了工作还是工作的时候，他们又如何能在工作中找到意义呢？

想要解决这个问题，就得再次求助于老办法，即用"劳动塑造品格"这个观念，而后来也正是采取了这个老办法。我们可以将这个办法称为"清教主义的复兴"。但正如之前已经谈到的，这种观念实际上可以追溯到更久之前，即基督教教义和北欧价值观的相融时期。在基督教教义中，亚当因为没有克制住欲望，受到了诅咒，而在北欧价值观中，也早已有"听雇主话、领薪水、好好工作是真正长大成人的唯一方式"这样的观念。有了历史作为铺垫，工人自然就很快接受了如下观念：工作不是为了创造财富，也并非为了照料他人（至少不是主要为了创造财富或照料他人），而是为了实践自我克制，是世俗生活中的"刚毛衬衣"[1]，是对欢愉的牺牲，是为了让我们成为配得上消费主义购买行为的成年人。

当代许多研究都证实了这一点。诚然，从历史上来讲，欧洲人或美国人并未将个人的职业视作后人对自己的主要评价来源。来到一个墓地后，你是找不到刻着"蒸汽管装修工""执行副总裁""护林员""办事员"这样的墓碑的。人死之后，在这个世间曾经的存在，都被浓缩在曾付出和曾收获的爱之中：墓碑上刻下了人们生前曾共度时光的伴侣和后代的姓名，有时也记录着逝者生前曾服役的部队的名字。而这

---

[1] 刚毛衬衣（hair-shirt），宗教禁欲者苦修时直接穿在身上的一种粗糙的粗毛衣服。——译者注

些都是与强烈的情感承诺相关的,也是与生命本身相关的,不管是生命的传递还是生命的奉献。与此相反,在生前,人们相遇时并不会问对方关于爱和承诺的问题,而是问:"你是做什么工作的?"

现在的情况依然如此,这就让人感到存在某种很难消除的矛盾点,毕竟"财富福音"也好,随之兴起的消费主义也罢,按理说是会改变这一切的。我们不再以生产能力审视自己的存在,而是通过消费的对象来表达自己:穿的衣服、听的音乐、追的球队等。尤其从 20 世纪 70 年代起,每个人都希望归属到某个亚文化部落:你的身份可以是科幻迷,可以是爱狗人士,可以是彩蛋射击迷,可以是瘾君子,可以是芝加哥公牛队球迷,还可以是曼联球迷……但你绝不会用码头工人来定义自己,也不会用巨灾风险分析师来审视自己的存在。诚然,在某种程度上,我们大部分人更希望通过工作以外的什么东西来定义自己而非工作本身。[51] 可不知道为什么,矛盾的事情发生了,当被问及生活的意义这个问题时,人们常常会回答,是工作赋予了他们生活的终极意义,而失业则会给他们的心理造成毁灭性的打击。

在过去的整个 20 世纪,人们对工作进行了各式各样的研究,生成了大量的调查报告、研究结果和人种志。关于工作的工作本身就成了某种小型行业。根据这些海量研究得出的结论(根据这些研究结果得到的推论看起来是成立的,对全世界几乎所有地区的工作者来讲,不管你是蓝领还是白领,只存在微小的偏差),我们可以总结如下:

1. 大部分人的尊严感和自我价值感与工作谋生息息相关。
2. 大部分人憎恨自己的工作。

我们可以将之称为"现代工作的悖论"。整个劳动社会学学科很大程度上都是在寻找以上两点能够同时存在的原因,对于劳资关系的研究就更是如此了。正如该领域两位代表人物阿尔·吉尼和特里·沙利文在1987年说过的：

> 在过去25年中，远远超过100份的研究显示，人们常这样描述自己的工作：令人身心俱疲，使人感到无聊，让人丧失尊严感和存在感。
>
> （然而与此同时，）人们想要工作。因为在某种程度上他们知道，工作在精神上对于人类品格的形成，扮演着至关重要甚至无与伦比的角色。工作不仅仅是谋生的手段，还是极其重要的给生命内在提供养分的方式……一个人若失去了工作的机会，他失去的绝不仅仅是那些工作可以带来的物质收入，更是丧失了定义自我、尊重自我的能力。[52]

吉尼经过对该课题的多年研究，得出了下列结论：工作已越来越不被当作达到目的之手段（即一种获得资源和经验的手段，这些资源和经验能够帮助人们追求前文中提过的经济以外的其他价值，如家庭、政治、集体、文化、宗教），而是越来越被当作目的之本身。然而与此同时，作为目的之本身存在着的工作，在大部分人看来是有害的，是令人失去尊严的，是令人压抑的。

对于这对矛盾，我们如何才能找到能够使两者协调的合理解释呢？或许可以尝试回到我在本书第三章提到过的论点，即承认下面这一点：人类本质上由一系列目标构成，若是完全丧失了目标感，那么可以说人类将不复存在。此种说法当然有一定的道理。从某种意义上来讲，我们所有人的处境都同那个宁愿在监狱洗衣房工作而不愿意待在牢房里整日看电视的囚犯一样。但是社会学家普遍忽视了一种可能性：如果工作是自我牺牲和自我克制的一种形式，那么正是现代工作的可怕之处使得"让工作本身成为目的"这件事成为可能。前文已提到过卡莱尔的观点：工作应当是痛苦的，正是工作的痛苦"塑造了品格"。

换句话说，正是因为憎恨自己的工作，工作者才获得了尊严感和自我价值感。

正如克莱门特所说，这样的态度在当今的职场依然处处可见，在办公室的闲谈中也隐隐透出这种态度。"必须要用是否努力工作来评价自己和他人，哪怕这份工作我们根本不喜欢，这种必须要用是否努力来评价一个人的看法包围着我们……如果你没有因为工作而身心俱疲，那么你就没有正确地生活。"诚然，比起移民雇农、停车场服务小哥和快餐店厨师，这样的想法在诸如克莱门特这样的坐办公室的中产阶级中更为普遍。但是哪怕在工人阶级群体，类似的观点我们也可以通过其否定形式观察到：因为哪怕是那些觉得无须通过日日夸耀自己工作有多忙来证明自己存在的人，肯定也会认为，那些完全不工作的人可以去死了。

在美国，因为种族歧视，一直都存在"穷人游手好闲、不思进取，不配过好日子"的刻板印象：美国的一代代移民被灌输"奴隶的后代缺乏管束"的虚构结论，通过这些他们建立了什么样才是"勤劳努力的美国人"的概念，就像日本工人被教导去蔑视韩国工人，英格兰工人被教导去轻视爱尔兰工人一样。[53] 如今，主流媒体在表达观点的时候往往不得不更加得体和小心，但发表的文章中依然充斥着对穷人、失业者，尤其是对领着政府救济金的群体无止境的污蔑之辞。而大部分读者也真的认同这些当代道德主义者的基本逻辑：这个社会已被只索取不付出的"伸手党"包围；穷人之所以为穷人是因为他们缺乏意志力、毫无自制力、懒惰不生产；只有那些为不想从事的工作勤奋工作的人才值得他人的尊敬，倘若他们的工作受到严格监管那就更好了。因此，本书第四章描述的工作中存在的施虐受虐元素，与其说是工作场所中自上而下的命令链所产生的丑陋的（即使是意料中的）

次要作用，不如说它们起到了合法化工作本身的核心作用。工作中的忍耐成了"经济公民"的荣誉徽章。忍耐已成了类似家庭住址那样稀松平常的存在了，如果你连忍耐都没有做到，那么你就没有权利提出任何其他要求。

于是我们绕了一圈又回到了开始的地方，不过起码现在我们可以站在完整的历史背景下去理解这个情况。今日狗屁工作激增，主要原因在于掌控富裕经济体（同时也在逐渐掌控非富裕经济体）的管理主义封建制度的独特性。狗屁工作之所以给人们带来了痛苦，是因为人类幸福感的源泉是来自一种对这个世界能产生一定影响的感觉，而当提及自身工作的时候，人们大都会将这种感觉同社会价值等同起来。但是与此同时，他们意识到一点，一份工作产生的社会价值越大，它能给工作者带来的经济回报则越小。诸如安妮这样的工作者，他们不得不在社会价值和经济回报中做出抉择：若是选择了社会价值，你就可以从事照顾孩子这样有用且重要的工作，但是你却被不断告知，帮助他人所获得的满足感本身就是这份付出的回报，至于如何养活自己，那你自己想办法好了；若是选择了后者，各种各样的生活开销是没问题了，但是却需要接受一份毫无意义且备受侮辱的工作，付出了身心俱疲的代价却丝毫不能带来任何价值，当然能够符合"如果你没有因为工作而身心俱损，那么你就没有正确地生活，不管这份工作是否有意义"这种普遍的价值观。

在最后的结论部分，或许我们可以引用卡莱尔的话。在他那本歌颂工作的书中，卡莱尔用了整整一章的内容来专门抨击幸福。他这是在回应杰里米·边沁等人的功利主义学说。边沁等人看来，人类的快乐是可以被精确量化的，因此所有的伦理道德议题都可被简化为对如何使"最多的人获得最大的快乐"的计算。[54] 卡莱尔则持反对意见，他认为幸福是个可耻的概念，"勇敢伟大之人唯一会费心关切的幸福问题便是自己的快乐程度是否足够支撑自己完成本职工作。

毕竟，一个人唯一的不幸便是无法工作，无法使自己生而为人的命运得到圆满"[55]。

认为人生唯一的目的在于对幸福的追求的边沁和其他功利主义者，可被视作现代消费主义哲学意义上的先驱，而现代消费主义如今依然是通过建立在"实用"基础上的经济理论得到合理解释。但是卡莱尔的观点事实上并非在否定边沁学说，哪怕确实是，也只是从辩证的角度来讲能够成立。当这两种表面上对立的学说始终彼此为敌时，它们的拥护者并没有意识到在他们彼此争执之际，一种建立在两种学说共同基础之上缺一不可的更高层次的协调统一已经形成。"人类根本的驱动力一直以来都是并且永远都会是对财富、权力、舒适、快乐的追求"，这样的看法一直以来并且永远都将是以下学说的补充，即"工作即自我牺牲""工作的价值正是体现在其痛苦、被虐、空虚和绝望的特点之中"，两者相辅相成。正如卡莱尔所说：

> 所有的工作，哪怕是棉纺工作，都是高贵的。工作之所以高贵只是因为工作本身，不管你是否听过这个说法，这里我都要再次强调。类似地，所有的高贵也是痛苦的。轻松闲适的生活并不适用于所有人……人类的最高信仰是"对悲伤的崇拜"。凡人之子哪有什么皇冠可戴，但荆冠人人可得，不管你戴得好还是不好！[56]

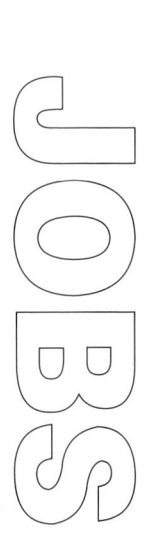

第七章
狗屁工作的应对

在我看来，这种没完没了延续毫无意义的工作的冲动，实际上不过是来源于对暴民的恐惧：暴民这种动物如此低等，以至一旦让他们获得闲暇，就会立刻变得危险，还是让他们忙忙碌碌没有时间思考来得安全。

——乔治·奥威尔，《巴黎伦敦落魄记》

假如有人想要设计出一项制度，能够完美地维护资本的力量，那他（或她）是很难想出超越前文做法的方案的。真正有产出的工人被无情地压榨和剥削，剩下的人分成两组：一组是惶恐的不工作的人，这些人受到普遍的抨击和斥责；更多人是在另一组，他们领着工资但其实什么都不做，他们的岗位是为了认同统治阶级的观点和感受（比如经理、行政管理人员等，其中统治阶级的财务代理人尤为突出），同时还能促使人们对那些从事着具有无可辩驳的社会价值之工作的人产生隐隐不满。

——节选自《谈谈"狗屁工作"现象》

在本书的最后一章，我想谈谈此种工作的现状在政治上的影响，并提出某种可能的解决方案。前面两章中，我们谈到了造成狗屁工作激增的经济力量，也就是我所说的"管理主义封建制度"；我们还谈到了人们能够忍受狗屁工作的宇宙学，即对人类在浩瀚宇宙中该如何自处的普遍理解。经济越是沦为单纯的钱财分配问题，效率的低下和管理的臃肿就越能说得通，因为正是这样的组织结构，才能最大限度地榨取钱财。某份工作实际生产效能越低、造福他人价值越少，这份工作从自我牺牲意义上出发的价值便越大，也就是说，任何使工作变得好玩、变得不再繁重的事情，哪怕是因造福他人而产生的满足感，都会被视作削弱了这份工作带来的自我牺牲价值。所以，如果某份工作给人以满足感，那么"经济回报就比较低"这个现象也就有理论基础了。

这一切真是不合常理啊！

在某种意义上，持下述结论的那些评论者倒也不是毫无道理：人们之所以没有过上每周只需工作15小时的日子，是因为大家选择了消费主义而放弃了闲暇。这些评论者只是搞错了其中具体的过程。人类工作越来越辛苦并非因为投入了所有时间去生产PlayStation等游戏机，也并非因为投入了全部精力在餐厅递寿司给对方。生产行业的自动化正与日俱增，而纯服务业在整个就业市场中所占的比例一直没有增加，平稳地维持在20%左右。人类工作越来越辛苦是因为人类创造了某种奇怪的施虐受虐逻辑论证法，通过这种逻辑论证，我们觉得只有在工作时不断感受痛苦，才能赋予我们那些隐秘的消费主义愉悦感以合理性。在这种理念的驱使下，工作占据了我们越来越多的时间，于是人们不再享有"生活"这件奢侈品——这是卡蒂·威克斯[①]的简洁概括，这又导致隐秘的消费主义愉悦行为成为我们仅有的选项。整日闲坐在咖啡馆里，或争论政治议题，或八卦朋友复杂的多角

---

① 卡蒂·威克斯（Kathi Weeks），著有《工作的问题：女性主义、马克思主义、反抗工作的政治，以及后工作想象》（*The Problem with Work: Feminism, Marxism, Antiwork Politics, and Postwork Imaginaries*）。——译者注

恋，这会花掉不少时间（事实上能花一整天时间）。与此相比，去一家附近的健身房举举杠铃、练练瑜伽，回家后叫个外卖，看一集《权力的游戏》，上网买点护手霜、消费性电子产品什么的，都是我们可以预先安排好去做的事情，和他人完全无关。我们或是在工作的滚滚洪流之中找到偶有的停歇，安排上述娱乐活动，或是被这滚滚洪流冲垮后，沉浸在这些消遣之中。我想用一个词来形容这些做法：补偿性消费主义。我们做这些不过是为了弥补自己已不再拥有"生活"或基本告别"生活"这个事实而已。

通过平衡各方愤恨情绪来维持管理主义封建制度

　　回到我刚刚谈到的那个时期，当时投票者拿到陶片后，纷纷将自己认为需要被驱逐出城的政客名字刻在上面。[①] 据说，当时有个目不识丁的粗人把自己的陶片递给了阿里斯提得斯[②]。这个粗人并不知道眼前之人就是阿里斯提得斯本人，他想让眼前这个人帮自己把"阿里斯提得斯"的名字刻在陶片上。阿里斯提得斯听后非常震惊，赶紧问这个人阿里斯提得斯何时何地做了对他不公的事情。"从没有，"粗人回答，"其实我根本不认识阿里斯提得斯，只是烦透了一天到晚听人们说到他，还总是'公正的''公正的'，烦死了。"听完这些，阿里斯提得斯什么也没说，默默地将自己的名字刻在了陶片上，然后递还给这个粗人。
　　　　　　——普鲁塔克[③]《**公正的阿里斯提得斯传**》(*Life of Aristides the Just*)

---

① 陶片放逐法（ostracism），古代希腊城邦雅典的一项政治制度。通过大众投票强制将某人短期驱逐，目的在于驱逐可能威胁雅典民主制度的政治人物。——译者注
② 阿里斯提得斯（Aristides），雅典政治家和将军，他是被称为提洛同盟（公元前478年）的希腊城邦联盟的一个中心人物，人们常称之为"公正的阿里斯提得斯"。——译者注
③ 普鲁塔克（Plutarch），古希腊传记作家和哲学家。——译者注

当然，我这里肯定说得夸张了些。消费主义社会下的人，哪怕身处狗屁工作，还是能多少拥有一点点生活的。虽然从长期来说，这种生活究竟能维持多久值得怀疑，毕竟最易陷入狗屁工作泥潭的人群似乎也正是深陷临床抑郁症等各种精神疾病的人群，更别提还是不孕不育的高发人群了。至少我是这么怀疑的，至于是否真的如此还有待实证研究。

哪怕上述说法并不成立，至少有一点是必然的：这样的工作安排，营造出了一种充满憎恨和愤懑的政治风貌。那些在失业中痛苦挣扎的人憎恨那些有工作的人。那些有工作的人被鼓动着去仇视穷人、去憎恨失业者，因为穷人和失业者一直被描绘成好吃懒做、白吃白拿之流。狗屁工作从事者痛恨那些拥有对人类有益的真正工作之人，而那些从事着对人类有益的真正工作之人，在饱受低薪、羞辱和忽视之后，则越发讨厌那些垄断着极少数华丽、高尚、有用且高薪岗位的（他们口中的）"自由派精英"。所有这些人都讨厌统治阶级，认为统治阶级是腐败的、堕落的（他们确实是），而统治阶级则觉得可以好好利用这些人彼此之间空洞的相互仇恨，因为这样他们自己可以躲开些关注。

在这些仇恨之中，有一部分是读者一眼就能看出来的，大家对此已经足够熟悉；另一些受到的关注则少得多，乍看起来或许有些令人费解。我们不难理解，一家法国茶叶工厂的工人为什么会讨厌那群新来的毫无用处，却对他们指指点点的中层经理（这种讨厌早在中层经理决定裁掉这些工人之前就已存在）。然而，中层经理为何讨厌工人这一点，其中的缘由就不是那么容易想通的了。但事实上，中层管理者乃至他们的行政助理，的的确确憎恶工厂工人。之所以出现这种情绪，原因很简单，因为工人可以堂堂正正为自己的工作感到骄傲。工人的报酬之所以过低，很关键的一点正是"道德嫉妒"。

我们对道德嫉妒现象的理论研究还很匮乏。我不知道是否有人就此写书讨论过，但是这一现象显然是人类事务中重要的存在。我所说的道德嫉妒，指的是因为行为举止展现出更高的道德水平而非因财富、天赋或幸运等因素而招致的妒忌和仇恨。最常见的情绪是："你竟敢（通过你高尚的行为）传达出你比我更是个好人的信息（然后我还不得不承认你确实比我更是个好人！）。"我记得第一次接触这种情绪还是在上大学的时候，有个朋友是左翼人士，他有一次跟我讲，他知道了某著名左翼激进人士竟然在纽约有一套高级公寓（前妻和孩子住），之后他对这位人士的尊敬之情也就到此为止了。"多么虚伪的人啊！"我这位朋友愤愤不已，"他养这套高级公寓的钱，本可以拿来救助穷人的！"当我指出这位激进人士已经把自己绝大部分家当都捐献给了穷人的时候，我这位左翼朋友听后无动于衷。可当我紧接着指出，"你自己也不算穷人，不过好像从没有做过什么慈善嘛"，他立马大动肝火。事实上，我都记不得在此之后他是不是还跟我说过话。从那一次起，类似的情况不断重现，我时不时就会见识到道德嫉妒这种情绪。在社会改良空想家群体中，共有价值观的美德典型人物若是典型得过分了，都会被视作威胁；美德一旦展现得过猛、过于炫耀（流行词"美德信号发射"指的正是这种行为），往往就会被视作一种道德挑战，即使这位典型人物本人非常谦逊和低调（事实上，谦逊和低调反而会火上浇油，因为这对那些觉得自己不够谦逊的人来说本身就构成了某种道德挑战）。

此类道德嫉妒现象在激进群体以及宗教群体中很普遍，不过在这里我想指出的是，在与工作相关的政治活动中也存在道德嫉妒，只不过更为微妙罢了。正如移民遭到的仇视往往既有人们对这些新来者工作太过努力的抱怨，也有人们对他们工作太不努力的指责，同样，感受到敌意的穷人既包括不工作的穷人（被认定太懒惰），也包括工作的穷人（起码他们不需要从事狗屁工作，除非被拖进了什么工作福利①计划）。就拿医疗人员工会和汽车工人工会来说，为何美国的保守派人士能够如此成功地煽动起民众对这两大工会组织的憎恨情绪？2008年，当金融业深陷泥潭，政府对其提供紧急资金援助的时候，银行家依然拿着百万美元的奖金，民众对此表示强烈谴责，但是后续却没有任何实质性的制裁措施出台。然而，当随之产生危机的汽车业受到援助的时候，政府却出台了制裁措施：对生产线工人进行制裁。人们纷纷指责这些装配工人拥有的工会合同简直就是对他们的溺爱：工会合同提供的医保和退休金方案太过丰厚，竟然还有那么多假期和每小时"高达"28美元的薪水。这些工人被迫接受大幅度削减援助金。而正是与这些工人同处一家公司的那些负责金融业务的人员（如果不是每天无所事事的话），造成了公司的这场危机，可是他们却无须做出公司里工人做出的牺牲。正如当地一家报纸事后写道：

> 2月的时候，在对银行进行紧急援助之后，汽车公司也获得了援助。有人指出，为了保证这些汽车公司能够再次赢利，必须裁掉几千个工人岗位。很长时间以来，汽车工人良好的工作保障和医疗补助招来了妒忌，现在他们成了替罪羊。在密歇根州那些曾经辉煌的制造业城市几乎全面停工之际，右翼广播电台评论员却声称，这些工人（这些历史上为我们每个人带来了8小时双休日工作制的功臣）不过是得到了他们应有的惩罚。[1]

比起其他蓝领工人，美国的汽车工人之所以能拥有相对丰厚的福利，一个很重要的原因就在于他们创造的东西是所有美国同胞切实需

---

① 工作福利（work-fare），指的是用提供工作的方式来帮助失业者而非直接对其提供经济援助，因此也产生了不少狗屁工作岗位，故该福利制度饱受争议。——译者注

要的,不仅如此,他们的产品被认为在文化层面具有非凡的意义(提供了让美国人感到自己是美国人的核心支撑)。[2]我们很难不产生这样的想法:恰恰是上述事实造成了人们对汽车工人的憎恨。"汽车都让他们造了!还想怎样?我每天不得不傻坐着填一堆毫无意义的表格,这帮家伙竟然还不满足,还敢动不动就威胁要闹罢工,闹着要得到什么看牙补助,闹着要休什么两周年假,好带孩子去看大峡谷和罗马斗兽场?!"

除了汽车工人,美国的中小学教师也饱受此类非议,原因一模一样。要不是对他们能够从事有价值的工作产生了嫉妒,根本无法想明白人们为何会敌视教师。当然,选择当一名中小学教师,就是一种典型的职业选择,即明明知道等待自己的是高压的工作环境和可怜的收入回报,但仍决心投身于这份高尚工作——压力大,收入少,但充满社会价值感。选择当教师是因为他们想给他人的人生带来正面影响,正如一则投放在纽约地铁的教师招募广告中所说:"没有人会在 20 年后给曾经的保险索赔核算人打电话,感谢他工作上的热忱。"然而再一次,教师群体也成为抨击对象。抨击者认为教师群体被惯坏了,他们不过是些自以为是的话痨,心安理得地拿着他们不应得的收入,没完没了地说着世俗人文主义①、反美主义。的确,要理解共和党积极分子为何会攻击教师工会这一点不难,因为教师工会是民主党的重大支持者之一。但是教师工会是由教师和学校行政人员两部分组成的,而共和党积极分子反对的政策,大部分正是由这些行政人员促成的。既然如此,为何不把矛头指向这些行政人员?如果把矛头指向行政人员,声称是这些行政人员而不是教师群体是配不上现有收入的寄生虫,那会更有说服力。正如伊莱·霍洛威茨所说的:

---

① 世俗人文主义(secular humanism),一种提倡人的价值而非神的价值的世界观或哲学。——译者注

值得注意的是，共和党等保守派人士事实上还真的抱怨过学校里的行政管理人员，然而这种抱怨随即便停止了。不管出于什么原因，这些声音（虽然一开始就不怎么有存在感）几乎在对话刚刚开始的时候就消失得无影无踪了。结果就是教师出来躺枪，哪怕他们的工作才是产生价值的一方。[3]

再一次，我认为这只能用"道德嫉妒"来解释。在大家看来，教师是主动选择了自我牺牲，主动选择了为社会做贡献，而且充满了炫耀。他们是为了成为20年后能够接到"谢谢您为我做的一切"感恩电话的那种人。而这样的人竟然组织起工会，竟然以罢工相威胁，竟然要求更好的工作环境，这也太虚伪了吧！

. . .

你的工作高尚、有用，而你依然想要获得舒服的工资收入和丰厚的福利待遇，那你就会成为人们憎恨的对象，除非你是士兵或者其他军方直接工作人员。士兵不仅不会因为从事的工作既高尚又高薪而被憎恨，恰恰相反，他们是永远不被憎恨的群体。他们超越一切批评。

士兵这个有趣的例外我曾经在其他地方提到过，不过我想在这里简单重提一下，这样可以帮助读者来理解本书。因为在我看来，只有这样才能彻底理解右翼民粹主义。[4] 请允许我再次以美国为例，毕竟这是我最熟悉的（虽然我确信，接下来要论述的观点，从广义上来看，适用于从巴西到日本的任何地区）。军方人员是终极好人，尤其在右翼民粹分子的眼中：我们必须"支持部队"；这是绝对命令；任何对此观点持有哪怕一丁点异议的人，不管出于什么情况，都是叛徒，没别的可能。与此相对，知识分子是终极坏人。比如，大部分保守派工人阶级，虽然对公司高管没什么好感，但一般也就止于此，并不会有太强烈的反感情绪。他们真正憎恨的对象是"自由派精英"（而自由派精英则可以细分为"好莱坞精英""媒体精英""高校精英""律所精英""医疗精英"等），也就是住在沿海大城市，观看甚至参与制作或入镜公共电视、公共广播的那群人。我认为，对知识分子群体的憎恨情绪背后隐藏着以下两种认识：第一，精英分子眼中的普通工人是一帮愚蠢的土鳖；第二，精英阶级是一个不断被固化的阶级，工人阶级的孩子想要闯入精英阶级的难度，事实上已远远大于想要成为资本家的难度。

在我看来，这两种认识基本上都是正确的。第一种认识很大程度上可以说是不言而喻的，我们看看2016年特朗普竞选后大家的反应就知道了。在这个文明社会，白人工人阶级可以说是美国唯一一个受到各种偏执言论（比如说他们又丑又蠢还充满暴力）抨击却无人站出来维护的身份群体了。第二种认识你仔细想想，就会发现也有道理。再次以好莱坞为例。在20世纪三四十年代，只要提起"好莱坞"三个字，人们心中就会浮现一派社会进步的迷人景象：那个年代，追随着"好莱坞"三个字，天真的农场女孩来到繁华的都市，被星探发现，摇身一变成为万众瞩目的明星。这样的事情发生的概率高不高今天暂且不议（反正肯定是偶有发生的），今天我们要讨论的重点是，这样的情节在当时是为人所信服的，当时的美国人并不觉得这样的故事不可能发生。如果你查看一下当今的电影大片主演名单，很难找到一名演员，家族里没有至少两代的好莱坞演员、编剧、制片人或导演的。电影业逐渐被一个"好莱坞阶级"统治，不断地"近亲繁殖"。因此，当好莱坞名人提出平等主义政治主张时，大部分美国工人阶级听着都会觉得有那么点空洞，也就没什么奇怪的了。高薪和高尚无法同时拥有，好莱坞的各位也不会例外，甚至在这一点上他们可以作为所有知识分子的代表。

我认为，比起对富人的憎恨，保守派选民更加憎恨知识分子群体，因为他们能想象自己或后代变得有钱，却无法想象他们有朝一日能够打入文化精英阶层。如果你仔细想一想就会发现，保守派选民有这样的想法也不是没有道理。内布拉斯加州一名卡车司机的闺女有朝一日成为百万富翁的概率虽然很小（美国现在是发达国家中社会流动性最差的国家），但是这种概率并不是零。但这个女孩有朝一日成为国际人权律师或者《纽约时报》剧评家的可能性还真的可能是零。哪怕她成功考入了合适的学校，也绝对无法熬过头几年避不开的无薪实习期，那可是生活在纽约或者旧金山啊。[5] 玻璃安装工的儿子哪怕克服重重困难获得了一份好的狗屁工作，也有可能像埃里克那样，无法或者不愿意在这份"好"工作的毫无意义中找到"意义"，找到不可或缺的人脉搭建平台。卡车司机的女儿们、玻璃安装工的儿子们，他们眼前是无数看不见的屏障。

重回上一章提到的"价值"和"价值观念"的对比，我们或许可以这么说：如果你的目的仅仅是挣大钱，那么也许存在某种可能的路径，但如果你想要追求金钱以外的其他价值，不管这个价值是真实（新闻、学术），是美（艺术、出版），是正义（激进运动、人权），还是慈善，等等，而你同时还想拥有体面的收入，那么除非你有一定的家族财富、社会人脉和文化资本作为背景，否则绝无可能。于是，文化精英阶层成功地在所有可以获得经济回报以外其他价值的工作岗位上设置了屏障。文化精英阶层正试图将他们自身打造成新的美国贵族，并且在很大程度上已经成功。好莱坞贵族正是如此，世袭垄断了所有经济回报颇丰，同时还能给人高贵感、成就感和价值感的岗位。

当然在美国，奴隶制和根深蒂固的种族歧视等历史原因使这一切变得更为复杂。针对知识分子的阶级憎恨情绪主要来自美国白人工人阶级，而非裔美国人、移民及移民后代往往对反知识分子的政策持拒绝态度，他们依然将教育视作后代社会晋升的最可靠手段。这就令底层白人很不平，他们觉得非裔美国人和移民没有跟他们站在同一条战线上，反而跟富裕自由派白人结成了联盟。

但这一切又跟支持军队有什么关系呢？这么说吧，如果那名卡车司机的女儿真正下定决心要找到一份既能满足自己追求无私和高尚理想，又能支付租房费用和体面看牙费用的工作，那她还有什么选择呢？如果她禀性虔诚，那或许可以试着在当地教堂找个岗位，但此类岗位不容易获得。如此，只剩参军一个选项了。

我彻底想明白这些情况背后的真相是在十多年前。当时我参加了凯瑟琳·卢茨教授的一堂讲座。作为一名人类学研究者，卢茨教授多年来致力于美国海外军事基地群岛的研究。在那次演讲中，卢茨教授有一点内容说得很有意思：这些军事基地几乎无一例外都会组织拓展活动，在这些拓展活动中，士兵冒着危险到附近的城镇和村庄去帮助村民修理当地教室，或者免费给他们看看牙齿什么的。表面上，这些拓展活动的目的在于促进部队和当地百姓之间的关系，但事实上，这些拓展活动很少能真正促进双方的关系。军方发现这一点后，依然将这些拓展活动保留了下来，因为这些活动对于士兵的心理状况有巨大的调节作用。许多人每每提及这些活动，就会变得情绪高涨，比如："这正是我参军的原因。""这正是军人的真正职责所在——不仅要保卫国家，更要帮助他人！"他们发现，有机会参与公益行动的士兵再次愿意入伍的比例是没有机会参与公益行动的士兵的两到三倍。当时我就想："等一下，所以说部队里大部分士兵想要参加的是和平工作队[①]？"于是我查了一下和平工作队的加入条件。果然，想要加入和平工作队，你得拥有大学文凭。

[①] 和平工作队（the Peace Corps），美国联邦政府组织，建立于1961年，其职能是将训练后的美国志愿者派往国外，以帮助发展中国家人民提高技术、农业和教育水平。——译者注

于是，因为这个限制条件而感到沮丧的人，就把军队当作了他们的避风港。

· · ·

有理由相信，人们口中的左翼和右翼之间的巨大历史分歧主要集中在"价值"和"价值观念"之间的关系上。左翼一直致力于跨越那些纯粹由自私驱动的领域和那些往往体现高尚品格的领域之间的鸿沟，而右翼则一直试图将这两个领域拉得更远，然后声称这两个领域都为自己所有。右翼既支持贪婪又赞同慷慨。这也就是为什么共和党内支持自由市场的自由论者能和基督教右翼"价值选民"神奇般地结成联盟。这其实就是"红脸黑脸"策略在政治领域的实践：先放纵市场的混乱，使人民的生活陷入动荡，使已有的真理被质疑，然后再挺身而出，以教权和父权的最后堡垒自居，来对抗那些正是由于他们的放纵而滋生的野蛮。

人们心中一边呐喊着"入伍吧！""参军吧！"，一边谴责自由派精英的自私和垄断。基于此我们发现，右翼用"伪君子"来评价左翼，可以说没毛病。在右翼人士看来，"这些20世纪60年代的校园激进分子在当年曾声称，他们正试图创建一个美好新世界，在这个世界里，人人都精神愉快，人人都是理想家，人人都生活富足。共产主义之下，价值和价值观念之间将不再有鸿沟，价值就是价值观念，所有人都为人类共同利益而奋斗。然而这些激进分子最终做的，却是将所有既能实现理想又能使生活富足的岗位彻底垄断，专供给他们那些被惯坏了的子女"。

这一点，对于揭示我们所处的社会的实质有着重要作用。从广泛意义上来看，这些事实说明了在资本主义社会中，"社会建立在人性贪婪之上""人类天生就自私""自私和贪婪可以产生价值"那一套不可相信！就请暗暗握住"无私奉献"这个权利，并把它当作配合游戏的酬劳吧。唯有那些证明了自己足够自私的人才能够获得无私奉献的权利。或许游戏是这么玩的。如果你愿意忍受着、谋划着，并因为这份忍受和谋划积累了足够的经济价值，那么你就被允许兑现，你的巨额物质财富将被转化成某种或独特、或高尚、或无形、或美丽的事物，即"价值"转化成了"价值观念"。你开始收藏伦勃朗的画，你把车库的空间腾出来去停放经典款赛车，或者你建立了基金会，将余生投入慈善事业中。说什么可以一步到位，可以直接做慈善，那不过是骗人的。

又回到了亚伯拉罕·林肯的中世纪式生命周期服务的说法，只不过今时今日，我们绝大部分人就算有机会体验到"完全成年"，也只能等到退休之后了。

军人则成为唯一被接受的例外，因为他们为国"服役"，而且（我怀疑）从长期来看，他们往往并没有从中获得多大好处。这也解释了为何右翼民粹主义者，能够一边对现役军人无条件支持，一边又不可思议地对退伍军人漠不关心。许多退伍军人余生都在流离失所、失业、穷困、药物成瘾中度过，或带着失去了双腿的残疾身躯到处乞讨，却无人关心他们。穷人出身的孩子或许会对自己说，去参加海军陆战队可以为自己赢取教育资源和职业机会，但是所有人都知道等待他的是什么，说是一场冒险都算是轻的了。这就是他付出的牺牲的本质，因而也是他真正崇高品质的体现。

我在前文中提到，所有被憎恨的对象都是高调打破了"经济回报"和"社会贡献"之间成反比的普遍准则。汽车工人也好，教师也罢，他们的工作对社会而言极其重要、不可或缺。你们已经有机会对社会做出贡献了，还想怎样？你们竟然还有胆子成立工会来要求享受中产阶级的生活？我想，那些深陷心灵摧残的低级别或中等级别狗屁工作的人，对汽车工人工会和教师工会一定会分外愤怒吧。而在人们

第七章 狗屁工作的应对

看来,像"彪马叔"①和安吉丽娜·朱莉这样的自由派精英,在人生每一次的排队中都跳过了等候,直接插到了队伍最前面,去垄断那所剩无几的集趣味、金钱、意义于一身的工作。可就是这样,他们竟然还敢以社会公正代言人自居。工人阶级尤其憎恶这些自由派精英,因为工人那痛苦、艰难、有伤的身体但对社会同样颇具贡献的工作,在这些自由主义典范的心目中,既不重要,也没有趣味。与此同时,那些深陷高级别狗屁工作的"自由派阶级"成员,则对这些无愧于良心的、能够过上诚实生活的工人阶级表现出了毫不掩饰的嫉妒和敌意。

机器人化危机同狗屁工作总体问题之间的关联

清教主义就是对世界上某个地方的某个人可能是开心的这件事感到一种挥之不去的恐惧。

——H. L. 门肯②

纵横交错的憎恨正日益成为富裕国家政治生态的特征。这是一种灾难性的事态。

在我看来,这一切都使一个左翼旧问题变得前所未有地与现实相关,这个问题就是:"每天早上我们醒来,所有人共同打造这个世界,但若有机会可以独立进行,那我们中又会有谁愿意去打造一个和现在一模一样的世界呢?"在许多方面,20世纪初期的科幻想象已经成

---

① 比尔·马厄(Bill Maher),美国著名脱口秀主持人,中国观众习惯称其为"彪马叔",因为比尔·马厄连在一起读和"彪马"的发音很像。——译者注

② 门肯(H. L. Mencken, 1880—1956),美国新闻编辑及评论家,是《美国信使》的创始人和编辑,他笔下辛辣讽刺性的社会评论小品文经常针对自负的中产阶级。——译者注

为现实。没错,人类还没有实现瞬间移动,人类也未能殖民火星,但是我们已具备能力,去对身边的各种事物进行重新安排,好让地球上几乎所有人都过上相对轻松、相对舒适的生活。从物质角度来讲,这个难度不会太高。虽然比起1750—1950年这200年的狂飙突进,科学革命和技术突破的发展速度已大大减缓,但是机器人领域依然在大步前行,这主要是因为该领域本质上是对已有科技知识的一次改进版应用。随着材料科学的发展,机器人领域的进步正在开启一个新时代。在这个新时代,那些最枯燥乏味、最令人疲倦的机械类工作,很大一部分将会被彻底淘汰。也就是说,未来的工作将会大为不同,未来的岗位将越来越偏离我们已知的"生产类"工作,而是越来越倾向于"照料类"工作。毕竟,对照料类工作涉及的方方面面来说,大部分人还是很不希望看到全然由机器人代劳的。[6]

最近几年,涌现出大量描述机械化严重危害的惊恐文学,其中大部分作品都遵循库尔特·冯内古特1952年写的小说《自动钢琴》(*Player Piano*)中创建的概念来写。这些作品警告我们,随着各种人力劳动被淘汰,社会必然会分裂成两个阶级:一个是富裕精英阶级,另一个则是憔悴忧郁的前工人阶级。前者设计并拥有机器人,后者则整日在打台球和喝啤酒中浑浑噩噩地度过,除此之外,他们已经没有别的什么事情可以做了(中产阶级则一分为二,要么跻身精英阶级,要么跌至前工人阶级)。很显然,这些作品一是完全忽略了真实劳动中照料性的一面,二是假设了永恒不变的产权关系,三是认为人类(起码有些人,比如那些不是科幻作家的人)是如此彻底地缺乏想象力,他们哪怕有无穷无尽的闲暇时间,也想不出任何特别有趣的事来做。[7]通过20世纪60年代的反主流文化运动,我们可以看到前述第二点和第三点假设并不怎么站得住脚(至于第一点则没怎么受到挑战)。许多60年代的革命者呼喊着这样的口号:"让机器去做所有的工作吧!"而这些口号则导致新一轮更为猛烈的宣扬"工作即价值"

第七章 狗屁工作的应对

的道德说教（这种道德说教我们在本书第六章中已经提到过）。与此同时，反击者表示，工作还可以作为出口物，向那些劳动力足够便宜（因此还无须用机械代替人工）的贫穷国家提供许多工厂工作岗位。正是在这些对反主流文化运动的反击之后，也就是在20世纪七八十年代，第一波管理主义封建制度浪潮兴起，而各行各业各岗位的极度狗屁化也开始强势登场。

最新的这一波机器人化浪潮，引发了与20世纪60年代同样的道德危机和道德恐慌。唯一真正的区别在于，鉴于目前经济模式上的任何重大改变都被视作绝无考虑的可能，更别提财产制度的改革，因此人们就简单地认定，机器人化的唯一可能结果就是金字塔尖1%的人将会垄断更为庞大的财富和权力。举个例子，硅谷企业家马丁·福特在他2015年出版的《机器人时代》一书中，阐述并证明了硅谷在用技术取代了大部分蓝领工作之后，现如今已经把目标转移到健康护理、教育和知识界了。按照福特的预测，人类未来很可能会面临"技术封建主义"这样的结局。工人从此要么没了工作，要么整日和机器比拼效率，在这个过程中他们变得越来越贫穷，这一切的后果将会相当严重。福特还指出，问题不单单是工作没了、更贫穷了，而是这些闪亮的机器人以及它们提供的华丽高效的服务，费用必然不菲。一边是更为贫穷的工人，一边是不断上升的服务价格。福特也许只是简单粗暴地总结了下情况，但我想要特别指出一点（我指出的这一点将会对你理解有所帮助），那就是《机器人时代》这类的论述，对于机器人将会取代人类这样那样的岗位往往说到一个程度就结束了，不会再进一步。比如，未来学家可能会说，体育编辑、社会学家、房地产经纪人在未来将会被机器人取代，但我还没听到有哪位未来学家说出资本家的基本功能，即基于目前或未来潜在的消费需求，设计出最优化的资源投资方案，会被机器人取代这样的话。为什么不这么说呢？不难证明，苏联经济当年之所以被搞得一团糟，主要是因为他们未能开发出足够强大的计算机技术去自动协调规模如此庞大的数据。可是苏联在20世纪90年代就结束了，现在情况不同了，这样的技术将不再困难，然而没人敢指出这一点。比如工程师迈克尔·奥斯本和经济学家卡尔·弗雷在他们著名的牛津研究中，对702种不同的工作在多大程度上能挺过（或者挺不过）机器人化浪潮进行了评估和判断。[8] 他们的研究对象包括水文学家、化妆师和导游，却压根儿没有提到企业家、投资人和金融家。

此时此刻，我本能地觉得应该把注意力从库尔特·冯内古特转移到另一位科幻作家斯坦尼斯瓦夫·莱姆身上，来看看能否有些新的启发。莱姆笔下的主人公之一太空旅行者伊扬·蒂西某次来到一个星球，这个星球上住着某个名叫"憨憨"（Phools）的族群。莱姆给这个族群取的名字可以说是一目了然了。蒂西到访该星球的时候，憨憨族正经历一场典型的马克思所说的生产过剩危机。憨憨族的阶级划分也很传统，即分为灵士阶级、杰人阶级和苦力阶级，三者分别对应传统意义上的神职人员、贵族和工人。正如该星球一位热心的本地人所说：

> 几百年来，发明家造出一台又一台机器，大大简化了工作。几百年前百名苦力弯着腰、流着汗才能做完的工作，如今只需要几个人站着操作一台机器即可完成。科学家不断改进机器，人们为此欢呼雀跃，可是随后发生的事情表明，这份欢呼雀跃是多么天真，人们对于即将到来的残酷事实是多么的毫无准备。
>
> 最终，工厂的效率有点太高了。某天，有位工程师造出了完全不需要人力操作和监控的全自动机器。
>
> "随着这些'新式机器'进驻工厂，一批又一批的苦力失去了工作。很快，因为没有收入，这些苦力面临着被活活饿死的

第七章　狗屁工作的应对

结局。"

"不好意思，我打断一下，憨憨，"我问道，"我想知道机器替工厂赚的钱都去哪儿了？"

"利润，"他回答道，"当然是归其合法所有者了。刚才说到哪儿了，哦，对了，现在摆在眼前的是就要活不下去的现实威胁……"

"你在说什么啊！值得尊敬的憨憨！"我大声喊道，"你们要做的事情是将工厂公有化，这样一来，'新式机器'就是你们的福音，而不是像现在这样！"

我这句话刚一出口，眼前的憨憨就浑身战栗了，紧张地眨着他的10只眼睛，窝起掌心放在耳后，仔细听了听，确保楼梯附近没有正好路过的同伴听到。

"以憨憨的10个鼻子的名义，我恳求你，陌生人啊，不要说出如此大逆不道的恶毒语言，不要试图攻击保障憨憨一族自由权利的基石！我们的最高法——'公民倡议原则'规定，绝不可强迫和哄骗任何人做他们不情愿的事情。既然如此，又有谁敢剥夺杰人阶级的工厂所有权？毕竟对杰人而言，保留对工厂的所有权就是他们的意愿。剥夺这份所有权，便是对自由最大的冒犯。好了，我们接着说刚才的，虽然'新式机器'生产出了大量超便宜的商品和巨美味的食物，但是苦力却什么都没买，因为他们没有钱——"[9]

不久之后，苦力大批大批倒下，虽然他们（按照蒂西遇到的那位憨憨所坚称的那样）完全可以想做什么就做什么，只要不干预他人的财产所有权就行。随后憨憨们展开了广泛而热烈的讨论，并提出了一连串不成熟的权宜之计。经憨憨族最高议会"憨憨全体大会"商讨，他们决定进一步用机器取代苦力阶层。继生产者身份被取代之后，苦力阶级作为消费者的存在也被抹除了。机器人消费者被制造出来，专门用来消耗"新式机器"生产出来的商品和食物。这种机器人消费者消耗食品和使用商品的速度远超憨憨；与此同时，用来支付这些密集消费的货币也被制造出来。然而这一切并没有带来令人满意的结果。终于，"憨憨全体大会"意识到，他们搞出来这样一个生产和消费全部由机器人完成的系统根本没有任何意义。对此，憨憨们得出结论，解决这一切的最佳方案是：全族人主动将自己送往工厂，自愿地结束生命，经过工厂加工，把他们变成亮闪闪的好看的盘子，然后把这些盘子铺在广阔的憨憨族大地上，形成漂亮的图案。

　　这看起来似乎过于冷酷无情了，[10]但我认为时不时来点苛刻的马克思主义正是我们需要的。莱姆讲的没错，还有什么迹象要比"单调、卑贱、无趣的苦力劳动将彻底消失会被视作社会问题"来得更为明显、更能证明所处的经济体制是荒谬的呢？

　　为了解决这个问题，《星际迷航》采用了复制机，而当下英国年轻的激进分子则会时不时谈论一个"全自动奢华共产主义"的未来，但两者本质上是一回事。要证明未来所有机器人和复制机都应是人类共有财产这一点并不困难，毕竟它们是人类作为整体、运用集体机械智力、历经几百年时间共同创造的成果。这就跟民族文化差不多，人人创造，归属人人。但这些机器人和复制机并不能消除人类对于苦力的需求。不管是莱姆的故事还是其他类似的小说，都有一个"工作"即"工厂工作"的前提，或者起码说是"生产性"工作。这些故事都忽略了大部分工人阶级的工作实际上是由什么组成的。比如上一章提到的，伦敦地铁售票厅工作人员的主要工作其实并非售票，而是当出现孩童走失、醉汉闹事等情况时，能够帮忙解决问题。而要让机器人具备这些功能，我们还需等待很长时间，再说，就算真的出现了能够解决地铁站孩童走失和醉汉闹事问题的机器人，大部分人也不会喜欢遇到此类问题时，出现在面前的是一个机器人吧。

因此，在自动化技术越来越先进的背景下，照料类工作才是真正的价值所在，这一点也会变得越来越突出。而这又引出了另一个问题：工作中照料方面的价值恰恰是劳动中没有办法被量化的那部分。

真正的工作正在不断狗屁化，而广泛意义上的狗屁岗位也在不断增加，在我看来，这很大程度上是人们试图去量化那些没有办法被量化的内容所导致的直接结果。直截了当地说，自动化使某些工作可以更高效地完成，但与此同时，自动化也使其他工作的完成效率降低。之所以会这样，是因为若要将那些具有照料价值的工作的详细过程、目标和结果都用计算机能够识别的表格表达出来，需要耗费巨大的人类劳动。目前人类已经生产出将瓜果蔬菜按照成熟、不成熟和腐烂进行分类的全自动机器人。这是好事，因为给水果分类，尤其是这个分类过程超过了一两个小时的话，是非常无聊的。但是人类还未生产出能够全自动看完十几门历史课阅读书单，并据此判定哪门历史课最优秀的机器人。这倒也不是什么坏事，因为这样的工作很有意思（或者起码说，不难找到会觉得这份工作有意思的人）。之所以要制造出可以为水果分类的全自动机器人，其中一个原因就是真正的人类可以拥有更多的时间，去研究自己更喜欢哪门历史课，或去思考其他同样无法量化的内容，比如，自己最喜欢的疯克乐吉他手是谁，再比如，把头发染成什么颜色好。然而问题在于，即使我们出于某个原因（比如，考虑到经费申请，高校决定内部运作的时候，我们需要遵循可量化的、统一的"质量"标准），确实想要假装计算机可以在不同历史课之间选出最佳，计算机也依然没办法独立完成。如果是水果分类，把水果扔进机器就可以，但若是要选择最佳的历史课，就需要耗费大量的人力去细分材料，以免计算机无从下手。

下面几张图可以帮助大家找到一点感觉，来看看究竟发生了什么。图中展示了昆士兰大学这所澳大利亚现代管理大学（在这里，所有的课程材料都必须制成统一样式），在试卷印刷或者上传教学大纲的时候，跟传统的学术院系相比，在流程上会有什么区别（见图6至图9）。

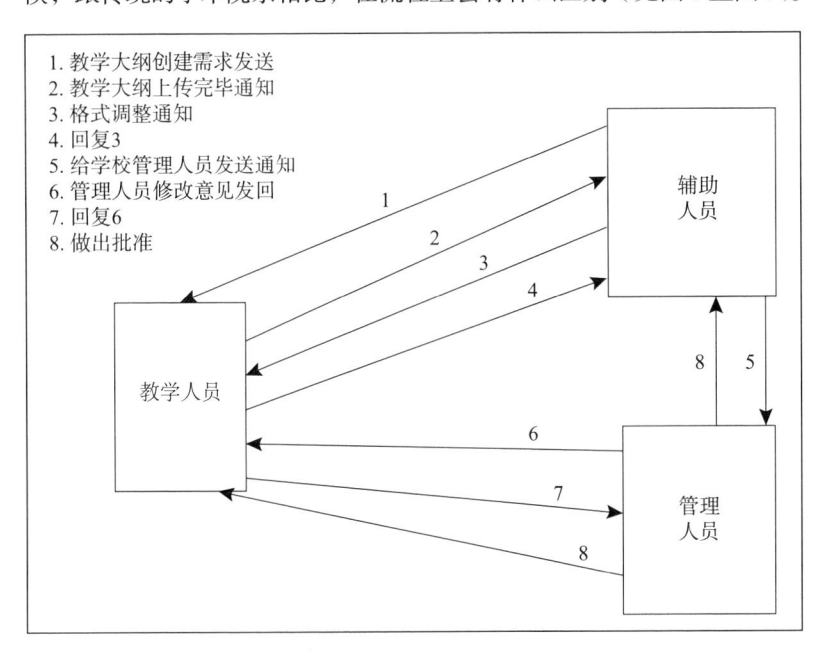

```
1. 教学大纲创建需求发送
2. 教学大纲上传完毕通知
3. 格式调整通知
4. 回复3
5. 给学校管理人员发送通知
6. 管理人员修改意见发回
7. 回复6
8. 做出批准
```

图6 课程概况／教学大纲创建（管理模式）

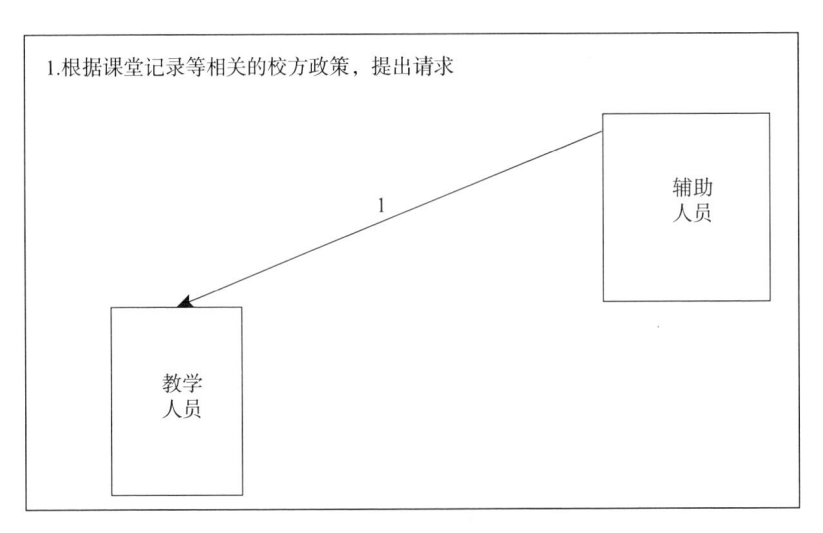

1. 根据课堂记录等相关的校方政策，提出请求

图7 课程概况／教学大纲创建（非管理模式）

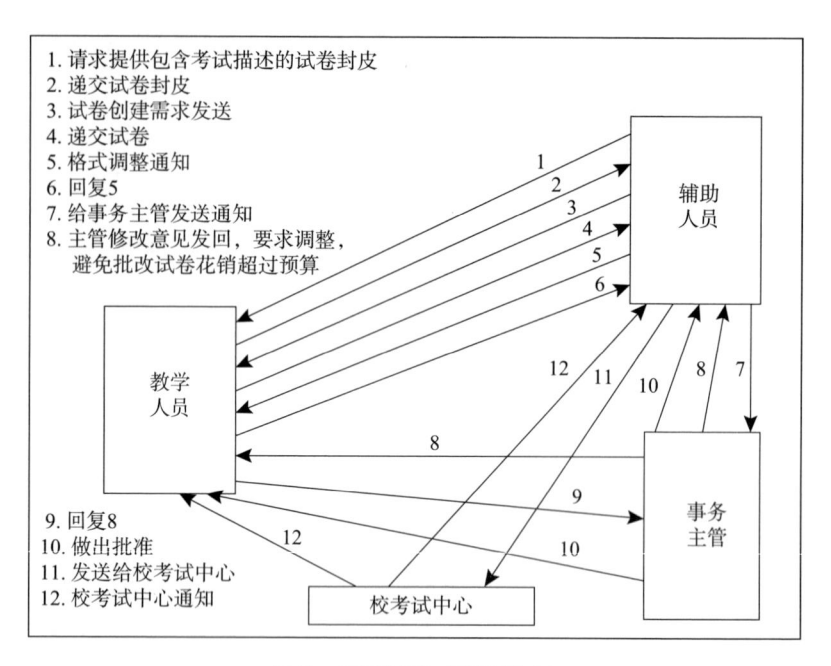

1. 请求提供包含考试描述的试卷封皮
2. 递交试卷封皮
3. 试卷创建需求发送
4. 递交试卷
5. 格式调整通知
6. 回复5
7. 给事务主管发送通知
8. 主管修改意见发回，要求调整，避免批改试卷花销超过预算
9. 回复8
10. 做出批准
11. 发送给校考试中心
12. 校考试中心通知

图 8　考试创建（管理模式）

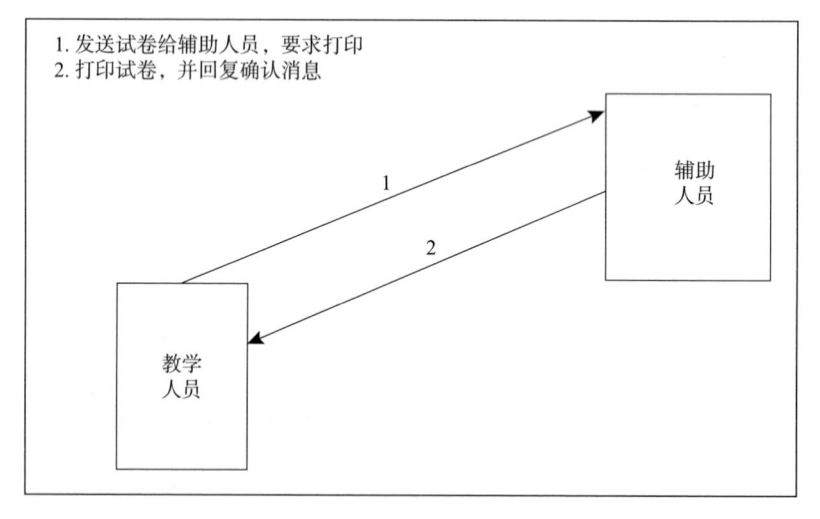

1. 发送试卷给辅助人员，要求打印
2. 打印试卷，并回复确认消息

图 9　考试创建（非管理模式）

毫无意义的工作　　308

这组图的关键之处在于，每一条线都代表了一份人工，即必须由人力完成而不可以用机器替代的内容。

工作狗屁化的政治后果，以及照料类工作生产率的下降

起码从大萧条时期开始，我们就一直听到各种警告，警告我们自动化正在或者将要夺走成百上千万个工作岗位。凯恩斯在当时创造了"技术性失业"这个术语。许多人预言，20世纪30年代的大规模失业只不过是一个开始。这样或那样的警告层出不穷，尽管这可能使"技术导致失业"这种说法听起来颇为危言耸听，但本书想要告诉大家，情况并不乐观，事实上，自动化确实导致了大规模失业，只不过我们用大量硬造出来的"挂名岗位"把这个失业口子补上了而已。一方面是来自右翼和左翼的政治压力，另一方面是公众根深蒂固的"只要从事领薪工作，你便是具有高尚道德的人"的观念。再加上乔治·奥威尔1933年就提到过的来自上层阶级的恐慌，即上层阶级对劳动大众"若拥有过多闲暇时光，就不知会做出什么事"的恐慌，导致在富裕国家，一旦涉及官方失业率这个数据，真实情况就已不再重要，人们想做的只是用尽一切办法，使这个数字能够被控制在3%~8%这个区间。但如果把就业岗位中的全部狗屁工作以及所有为了支持狗屁工作而存在的实际工作都一一删除，我们就会发现，20世纪30年代预言的灾难还真就实实在在地发生了：50%~60%的人实际已失去工作。

当然，有一点需要指出，那就是50%~60%的人没有工作这件事压根儿就不能算是什么灾难。在过去的几千年里，人类曾出现了数不清的可以被称作"社会"的群体，这些"社会"绝大部分都成功地做到了，把维持整个群体生存的工作按照他们所熟悉的方式分配给大

家：群体中几乎每个人都有自己参与贡献的方式，但没有任何一个人需要像今天的人们那样，投入睡觉以外的绝大部分时间，去做那些他们并不愿意做的事情。[11] 并且，面对大把空闲时间这个所谓的"问题"，那些社会中的人似乎也没经历什么麻烦就找到了自娱自乐或者其他打发时间的方式。[12] 如果以他们的视角来看今天的我们，很可能就如同伊扬·蒂西眼中的憨憨族那样：毫无道理，荒谬至极。

所以，如今的劳动力分配方式既和经济状况没什么关联，也和人类本性没多大关系，归根结底不过是因为政治。我们过去没有理由去试图量化照料类工作的价值，未来也没有理由将这种尝试继续下去，这个行为完全可以停止。但在展开一场对工作本身及其价值衡量方式进行重构的运动之前，我们不妨再一次来仔细探讨一下那些发挥作用的政治力量。

· · ·

想要弄明白究竟发生了什么，其中一个办法就是再次回到"价值"与"价值观念"之间的对立上。通过这个角度，我们看到的是一方试图迫使另一方服从自己的逻辑。

工业革命之前，大部分人在家工作。我们今天熟悉的社会形式——社会由两部分组成，一部分是专门用来工作的工厂和办公室（"工作场所"），另一部分是专门用来生活的家、学校、教堂、水上乐园等，两者之间很可能还有一家大型购物中心——直到1750年甚至1800年才开始出现。如果工作是"生产"的场所，那么家便是"消费"的领地，除此之外，家当然还是"价值观念"的所在（这意味着，哪怕家庭生活涉及"工作"，这些"工作"人们也都是无偿从事）。但是我们不妨将这一切翻转，从对立的角度来看一下。从商业的角度来说，家庭和学校正是我们生产、养育和训练劳动力的场所，但如果从人的角度来看，这其中的疯狂程度堪比这样的事实：造出成百万机器人来消耗那些真正的人已支付不起的食物，或者警告非洲国家要努力控制艾滋病，否则人死光了会伤害经济发展（世界银行时不时就会发出这样的警告）。正如卡尔·马克思曾经指出的，工业革命之前，似乎没有任何人想过要写一本书，来探讨在何种情况下人类才能够创造出最大的总体财富。倒是有许多人写书探讨怎样的环境才能创造出最好的人，即如何最佳地组织社会，才能培养出值得喜爱的人，不管这个人是作为朋友、爱人、邻居、亲戚还是同为公民。这类问题，亚里士多德、孔子、伊本·赫勒敦①都苦苦思索过，但直到现在，此类问题依然是唯一真正重要的问题。人的一生是一个过程，通过这个过程，我们创造了彼此。哪怕是最极端的个人主义者，若是脱离了他人的关怀和支持，那么他连成为"个人"的机会都不会有。同时，从根本上来说，"经济制度"不过是人类为了提供自身生存所必需的物质储备而发展出来的途径。

如果是这样，那么从传统意义上理解，人们每每谈及"价值观念"（而"价值观念"之所以有价值，正是因为无法将其简单降格为可以用数字衡量的事物）便是在谈论彼此创造和相互照料的过程。[13]

显然，如果这些分析是正确的，我们便可以说，关于"价值"的一切一直在系统性地侵入"价值观念"的领地，这种侵入起码已经持续了50年，于是，看着如今各种各样的政治争辩话题，也就没什么奇怪的了。举个例子，现在美国的许多大城市，其最大的雇主是大学和医院。于是在这些城市，经济制度便围绕着生产人类和维护人类的大型组织展开（完美地按照笛卡儿主义②的一分为二，即塑造头脑的教育机构和维持身体的医疗机构）。（诸如纽约等其他城市，大学和医

---

① 伊本·赫勒敦（Ibn Khaldun，1332—1406），阿拉伯哲学家、历史学家，他的《历史绪论》是有关历史理论的一部重要著作。——译者注
② 笛卡儿及其追随者认为头脑和身体是完全分离的。——译者注

院是第二大和第三大雇主，最大的雇主是银行。稍后我会谈谈银行。）那些左翼政党曾经号称自己是工厂工人的代言人，现如今这些伪装也被撕掉，取而代之的是职业经理阶级，这些职业经理人管理着学校、医院等机构。而右翼民粹主义则以一整套不同的宗教和父权"价值观念"的名义，将矛头系统性地对准了这些机构，试图削弱其权威。比如，通过拒绝气候科学和进化论来挑战大学的权威，通过组织反避孕和反堕胎运动来挑战医疗系统的权威，偶尔还会涉及（比如特朗普就曾提到过）回到工业时代这种完全不切合实际的幻想。不过这真的有点像一场不把不可能变可能就绝不罢休的游戏。从现实的角度来看，美国的右翼民粹分子从公司主义左翼手中抢出人类生产大型组织的控制权的可能性，和社会主义政党在美国掌权并将重工业集体化的可能性差不多。目前看来场面暂时僵持住了。主流左翼主要控制着人的生产，主流右翼则主要把持着物的制造。

正是在这样的背景下，金融化和工作狗屁化侵入了公司领域和照料领域，尤其是照料领域，这就导致了社会成本的不断上升，哪怕真正一线的照料工作从事者正在遭受越发凶狠的压榨。照料阶级随时可以发动反叛，一切似乎都已准备就绪，然而又是为何，哪怕一起来自照料阶级的反抗运动都未曾出现呢？

一个显而易见的原因便是右翼民粹主义和"分而治之种族主义"将大量照料工作从事者放在了敌对的阵营。除此之外，还有更棘手的问题：在大量争辩出现的地方，争辩双方按理是属于"同一个"政治阵营的，可银行在这个时候却介入了。银行、大学和医院之间的纠缠在暗中开始产生实实在在的害处。金融渗透到方方面面，从汽车贷款到信用卡。然而有一点很重要：在美国，人们破产的首要原因是医疗债务，狗屁工作能吸引来年轻人也要归功于他们身上背负的学生贷款。然而自美国的克林顿和英国的布莱尔以来，那些表面上的左翼政党便成了"金融治国"的头号拥护者，金融领域也成了这些政党资金的最大来源。金融说客最亲密的合作伙伴还是这些政党，双方共同促成了各种法律法规的"改革"来给这一切铺路。[14] 正是在此时期，这些政党自觉主动地抛弃了它们原来的主要支持者，即工人阶级，转而开始为职业经理阶级代言，正如汤姆·弗兰克已经有力论证的那样。这些政党成为"职业经理阶级的政党"，即不仅成了医生和律师的代言人，还成了那些照料部门狗屁化的罪魁祸首——行政人员和经理的代言人。[15] 如果护士想反抗轮班时不得不花费大部分精力来应付文书工作，那么他们就不得不向自己的工会领导发起抗议，而这些工会领导与拥护希拉里·克林顿的民主党合作紧密，而追随希拉里·克林顿的民主党的核心支持者就来自医院行政人员，也就是那些一开始给护士安排文书工作的人。如果教师想反抗文书工作过多这个安排，那么他们就得反抗学校的行政人员，而很多情况下，代表这些行政人员的恰恰是同一个工会。如果他们抗议得过于激烈，就会被轻描淡写地告知：你们别无选择，只能接受工作的狗屁化，如果不接受，剩下的仅有选项便是听任那些充满种族歧视的右翼民粹主义野蛮人的摆布了。

我个人就屡次在此种困境中撞得头破血流。比如2006年，我当时因为支持了参与教师工会化运动的研究生，耶鲁大学就忙着策划把我开除了（为了把我踢出去，人类学系不得不专门申请了一个对教师再任用政策进行调整的许可，只是为了对付我一个人）。当时，工会战略家还考虑借助MoveOn.org①和类似左翼自由派邮件列表为我发起维权运动，最后经提醒我才想起来，那些操控开除我的耶鲁行政人员本身很可能正是这些列表上的活跃分子。几年后，我在"占领华尔街"这场可被视作照料阶级首次大型反抗的运动中看到，同一批"进步改革派"的职业经理人，先是试图替民主党拉拢运动参与者，然后

---

① MoveOn.org，美国请愿网站，1998年成立，最初是邮件列表，成立初衷是声援克林顿总统，针对其遭遇的弹劾，该网站向国会提出"骂一骂就算了，多关注国家大事"的请愿，并在列表内进行扩散。——译者注

在拉拢尝试失败后便干脆坐视不管，甚至与镇压方串通一气，对这场和平运动采取了武装镇压措施。

谈谈"全民基本收入"

一般来讲，我不怎么喜欢在自己的书里给出政策建议。为什么不喜欢呢？其一，就我的经验，如果某书作者对社会的一些既有安排进行了抨击，那么人们在评论该书时，往往会先问"那你来说说该怎么做"，然后在书里翻来翻去，直到找到看起来像是政策建议的片段，于是它们便被当作书里最基本、最重要的片段了。因此如果我提出大规模减少工作时间或实行全民基本收入（Universal Basic Income, UBI）政策或许可以开始解决本书所提出的问题，那么大家很可能就会把这本书当作一本谈论"减少工作时间"和"全民基本收入"的书，并以这项政策是否可行来判断本书的成功与否（甚至根据这项政策实施起来是否容易来判断）。

这样就很容易造成误解。本书所讨论的并非某项具体解决方案，而是一个现实存在的问题，一个大部分人甚至都不承认其存在的问题。

其二，我对"政策"这个概念本身持怀疑态度。"政策"二字暗示着存在某个精英团体（往往由政府官员构成），这个精英团体能够替所有人做决定（"制定某项政策"），并将此决定强加到所有人身上。每当谈论起此类议题，人们的大脑总会产生某种惯性思维。比如，大家会说："我们该如何应对问题甲呢？"说出这句话的时候，仿佛"我们"即社会，"我们"是一个整体，"我们"以某种方式对"我们自己"造成影响，但是事实上，除非"我们"恰好属于那3%~5%能够左右政策制定者的群体，不然一切不过就是场自欺欺人的游戏。我们把自己放到统治者的位置思考问题，却忘了自己其实是被统治者。每当看到电视里的政客发问"该为那些不那么幸运的人做些什么"的时候，我们就会进入这种统治者视角，忘了电视机前的你和我起码有一半就是这些"不那么幸运的人"。我觉得压根儿就不要出现什么政策精英，我觉得这种统治者视角的游戏有很大的危害性。从个人角度而言，我是无政府主义者。什么意思呢？就是说我不仅盼望着未来能有一天，政府、公司和其他所有类似组织都能成为历史，成为未来人类眼中很奇怪的存在，就如同现代人回看曾经的西班牙宗教法庭或历史上的游牧民族入侵那样；我还希望在面对当前人类遭遇的种种问题时，不要去创造那种能够赋予政府或公司更多权力的方案，而是向人们提供必要的手段，让大家有能力自行处理各项事务。

  因此，每当面对一项社会问题，我不会以统治者视角去思考要实行什么样的解决方案，而是去寻找社会上那些已有的运动，那些已经在努力解决问题、提出解决方案的运动。不过这种思路在解决狗屁工作这件事上遇到了不寻常的挑战，因为找不到任何反狗屁工作运动。之所以没有发展出反狗屁工作运动，一方面是由于大部分人并不觉得狗屁工作的蔓延是个问题，另一方面是因为哪怕大家意识到了这是个问题，也很难就此组织起运动来。就拿"地方倡议"来讲，你要是发起这样的运动，提什么样的地方倡议呢？工会也好，其他工人组织也好，在自家工厂范围内发起反狗屁工作的倡议，甚至在整个行业发起这样的运动（不过他们要求的大概也是消除实实在在工作岗位里那些狗屁成分，而不是直接消除那些狗屁岗位），我们还是可以想象的。但更为扩大化的全面反狗屁工作运动会是什么样，我们实在很难想象。在这样的运动中，人们或许会试图倡导去减少每周的工作时长，寄希望于工作时长的减少，并以为这样狗屁工作问题就能自然而然地被解决。但工作时长的减少似乎并不能解决狗屁工作问题。哪怕一场呼吁每周只工作 15 小时的运动获得了胜利，也不可能消灭那些毫无意义的岗位和行业。与此同时，若是倡议政府成立专门的机构，来评估社会各界各个工作岗位的必要性，那势必会滋生出新一轮的狗屁岗位，即专门用来评估"工作狗屁与否"的狗屁工作。

任何"保障岗位"项目也会有类似结局。

在现有社会运动所倡议的各项解决方案中，我能找到的能够缩减政府规模、降低政府侵扰性的方案，就只有全民基本收入这一项了。

让我最后再摘录一段采访内容，以此作为本书的结尾。采访对象是我的一位激进主义朋友莱斯莉和她的激进主义同人。莱斯莉自己就从事着一份狗屁工作，她的政治目标是向公众证明这样的狗屁岗位毫无意义，并最终消除这些岗位。她在英国某非政府组织工作，是一名福利顾问，该组织致力于帮助公民跨越历届政府精心设置的重重障碍，而这些障碍旨在尽最大可能阻止失业者及其他需要资助的人士拿到那份政府声称专门拨出来帮助他们的款项。下面是采访的部分内容。

> 莱斯莉：我这份工作本不该存在，因为它完全没有必要，但现如今它却很必要。为什么？因为政府先设立了一整串阻碍人们拿到补助金的狗屁岗位。好像索要补助金这件事本身还不够恐怖怪诞、不够侵扰、不够羞辱人似的，他们还特意把这个过程设置得极其错综复杂。明明具有某项补助金的领取资格，但申请过程过于复杂，乃至大部分人都需要在专门的辅助下才能弄明白申请步骤里的各项问题，弄清楚自己拥有的各项权利。

人类的照料行为被简化为某种计算机能够识别的格式（更别提这些计算机本身就被设计成精确限制照料行为）：这种尝试带来了各种

疯狂和荒唐的行为,莱斯莉多年来就同这些疯狂和荒唐的行为打交道。最终,她陷入了类似第二章中塔尼亚的处境(塔尼亚不得不花费数小时来替求职者重写简历,帮他们挑选合适的关键词,以便"通过计算机审核")。

> 莱斯莉:有一些关键词你必须在填表的时候用到,这些词被我称为"答题技巧"。你若是在填写申请表时没有参照这份"答题技巧",那么就很可能拿不到补助金。可是这份"答题技巧"普通人并不知晓,只有像我这样经过培训并有机会阅读到指导手册的专业人士才知道。哪怕知道了"答题技巧",通过了计算机的审核,补助金申请者(尤其是伤残补助金申请者)往往还得继续努力,直到最后争取到法庭审理团的认可,才能最终拿到原本就应该属于他们的补助金。虽然每次帮助申请者拿到补助金,我都会有点小激动,但是一想到这件事浪费了大家大量的时间和精力,我就会感到很愤怒,而每次成功的小激动根本无法抵消我持续的愤怒情绪。对于申请者,对于我,对于英国就业和退休保障部处理申请的各环节工作人员,对于裁判官,对于被召唤前来提供支持的各行专家,所有卷入此过程的人用这个时间做点更有益的事情不行吗?比如,安装太阳能电池板或者养养花、种种菜什么的。我常常在想,究竟是谁编的这些规则?他们编这套规则拿到了多少报酬?又费了多长时间?他们有多少人?我猜在他们看来,这些规则可以确保不合格的申请者拿不到钱……于是我不禁开始打开脑洞,这些行为若是被外星人看到了,我们一定会被嘲笑的:人类编出各种规则,仅仅是为了阻止同为人类的其他人拿到承载"金钱"这个人类概念的符号(而"金钱"从其本质来说并不稀有)。

此外,由于莱斯莉是致力于社会改良的人士,所以她自己的收入只能保障基本的生活，而她所在的工作部门，需要持续投入大量经费去满足那一长串数也数不清的、自鸣得意的、与文件打交道的家伙。

> 莱斯莉：雪上加霜的是，我工作的部门是由各个慈善信托基金提供资金的，这就导致了又一长串狗屁岗位。穿过这层层岗位，我写的经费申请表才能来到那些首席执行官手里。这些首席执行官或声称致力于消除贫困，或声称"让世界变得更美好"。光我这里，就得先找出相关基金名单，然后再一一阅读他们的指导方针，接下来还得研究如何更好地跟这些基金接洽，之后是表格填写工作以及打各种电话。这一串工作做下来，已经花费了大量时间，而如果做成了，等待我的将是浪费更多时间：每月都得忙着收集统计数据，忙着观察监控表。每家信托基金都有自己的一套系统，不管是答题技巧、数据指标还是能够证明我方部门正在"赋权"于民、正在"带来改变"、正在创新的证据。但事实上，我们做的不过就是变着花样适应规则、不断调整文书措辞，以帮助有需要的人顺利完成相关申请手续，好让他们继续自己的生活而已。

莱斯莉告诉我，有研究表明，任何个人经济状况调查体系，不管如何拟定，都必然导致至少 20% 符合资格的人直接放弃补助金申请。这个数字几乎超过了这套体系可能检测出的"骗子"的数量。事实上，哪怕算上那些被误算的"骗子"，"骗子"数额也仅仅达到 1.6%。哪怕没有人被正式拒绝过，这套体系所导致的直接放弃者都能高达 20%，更何况设定这些规则的时候，当然是以最大可能不让申请者通过来设计的，所以只要有一丝模棱两可的地方，必然被斩钉截铁地拒绝。在这样一套审核规则以及规则的随意解读的共同作用下，目前在英国，有资格领取失业金的人中有 60% 的人并没有领到。换句话说，莱斯莉提到的每个人，从撰写相关资格审核规则的官员，到英国就业和退休保障部的工作人员、负责实施执行的审理团、辩护人员，再到帮助辩护人员所在非政府组织处理申请材料的资金方员工，共同构成了这样一个庞大的组织。这个庞大组织存在的意义不过就是为了延续一个错误观念，即人类生来懒惰，他们并不想工作。出于这样的动机，哪怕社会确实有责任保证生活在其中的人不被活活饿死，大家也会想方设法使这个帮助人类继续生存的过程尽可能地令人感到迷惑，让人耗费时间，使人感到屈辱。

因此，这份工作本质上就是某种打钩工作和拼接修补工作的可怕组合，以此来弥补以"越不顺利越好"为原则设计出来的这套照料给予系统所存在的效率低下问题。成千上万的人拿着优厚的薪水，坐在空调房，日复一日地辛勤工作，其目的只是让穷人继续觉得他们是糟糕的存在。

莱斯莉比谁都更清楚这些，因为她对事件双方都很熟悉。一方面，她从事着福利顾问的工作；另一方面，作为单身母亲，她自己多年也申请着相关的福利金，她非常清楚这一切在申请者眼中是什么样的。在莱斯莉看来，怎么解决这个问题呢？她给出的答案是：彻底消除这套申请和审核流程！莱斯莉加入了倡导全民基本收入的运动，呼吁通过给居住在英国的所有人发放相同的补助金额，来取代各式各样涉及个人经济状况调查的社会福利发放。

另一名全民基本收入的支持者坎迪（坎迪同样在体制内从事着一份毫无意义的工作，详情她表示不愿透露）告诉我，她在20世纪80年代刚刚搬到伦敦居住时，就开始对此类议题感兴趣。彼时，她参加了国际"家务劳动有偿化"运动。

> 坎迪：当时加入"家务劳动有偿化"运动，是因为我觉得这项运动的诉求正是我母亲需要的。她当时深陷糟糕的婚姻之中，

第七章　狗屁工作的应对

若是自己有积蓄，就不用等那么久才离开我父亲。对任何一名被配偶或恋人虐待的人来说（或者只是两个人的生活已无聊透顶），"家务劳动有偿化"都是至关重要的，因为这保证了当事人可以在财务不受剧烈冲击的情况下离开对方。

当时我到伦敦生活才一年。此前在美国，我已经尝试加入争取女权的运动有一段时间了。在我童年的成长过程中，对我性格形成影响深远的有这么一件事：我9岁的时候，母亲带我参加了俄亥俄州的一个"意识唤醒小组"，小组成员从《圣保罗福音》上撕下那些诋毁女性的篇章，并将它们堆放在一起。因为我是小组里最年轻的成员，所以大家让我点火烧掉这些文字。记得一开始我并不愿意，因为从小大人就教导我不要玩火柴。

大卫：但你最后还是把火点着了？

坎迪：是的。是我母亲准许我的。不久之后，她找到了一份足够支撑生活的工作，就立刻离开我父亲了。对我来说，这就是很好的检验理论的具体实践案例。

到伦敦以后，坎迪被"家务劳动有偿化"运动吸引（这项运动的参与者在当时被大部分其他女权主义者视为边缘团体，因为她们即使算不上危险，也绝对很烦人），因为她认为这起码是个替代方案，好过自由派和分裂派毫无结果的一场又一场辩论。至少这是针对女性面临的真实问题的经济分析。当时有人开始提及"全球工作机器"的概念，即全球范围内的一套致力于从更多人身上榨取更多劳动力的"工资劳动系统"。但是女权主义批评人士指出，这套系统对什么是"实际"劳动、什么是"非实际"劳动进行了定义（这套系统将"实际"劳动定义为：可以用"时间"来粗暴衡量，从而可以被出售和购买的劳动）。在这种衡量体系之下，大部分女性从事的劳动就被归为"非实际"劳动。事实上，没了女性提供的这份"非实际"劳动,那台将这份劳动划为"非实际"劳动的机器本身将立刻停止工作。

"家务劳动有偿化"本质上是一种"要求资本主义摊牌"的尝试,运动宣扬的逻辑是:大部分工作,哪怕是工厂工作,都出于多种动机,如果你坚称只有把劳动化作可出售的商品才算有价值的劳动,那么也请你一以贯之!如果女性能够像男性那样获得酬劳,那么这世上大量的财富就会迅速转移到女性手中。毋庸置疑,财富即权力。下面摘录一段莱斯莉和坎迪两个人同时接受我采访时的谈话。

> 大卫:在"家务劳动有偿化"运动内部,是否有许多针对"策略解读"的辩论。也就是说,有没有讨论"有偿化"具体怎么操作,有没有讨论"家务劳动"的报酬具体怎么发放?
>
> 坎迪:哦,这个没有。"家务劳动有偿化"更多的是一个视角,揭露了这份原本谁都不谈论但真实存在的没有任何酬劳的劳动。而在这一点上,运动的效果达到了。在20世纪60年代,几乎无人谈及女性无报酬付出的这份劳动;到20世纪70年代,随着"家务劳动有偿化"运动的发起,此事开始成为公众谈论的议题;如今,在起草离婚协议时,将家务劳动的价值核算进去,已成为标准操作。
>
> 大卫:所以说"家务劳动有偿化"提出的需求本身,从本质上来讲是种挑衅?
>
> 坎迪:"家务劳动有偿化"更多是种挑衅而不是"以后真的要开始给家务劳动支付工资"这样的具体方案。我们确实讨论过如果有偿化家务劳动,哪些地方可以作为资金来源。开始的时候想的还是从资本这里入手,等到20世纪80年代,随着薇尔梅特·布朗《黑人女性与和平运动》(*Black Women and the Peace Movement*)一书的出版,[16]重点也开始转移。我们更多地开始谈

论战争以及战时经济对女性尤其是黑人女性带来的影响（谈论这个群体受到的影响是如何超越其他群体的），因此我们开始使用"雇用女性而非士兵"这样的标语。哪怕到现在，你依然能听到"为照料工作支付而非杀戮"的口号。

所以毫无疑问，哪里有钱，我们就对准哪里。只不过我们从未真的开始具体操作。

大卫：慢点，"为照料工作支付而非杀戮"，这个口号是哪个组织的？

莱斯莉：是"全球女性罢工"运动的。"全球女性罢工"运动是"家务劳动有偿化"运动的当前继承者。当我们在2013年首次提出"欧洲全民基本收入"请愿时，"全球女性罢工"运动的响应是：两个月后提交了为照料提供者申请工资的请愿。我个人对这份请愿没什么意见，如果"全球女性罢工"愿意承认所有人都是照料提供者，那么只是形式不同。每个人即使没有照顾别人，最起码也在照顾自己，而照顾自己需要花费时间和精力，这些时间和精力又是政府不断在削减的部分。认识到这一点之后，我们又回到全民基本收入上了：如果所有人都是照料提供者，那么不如就直接拨款给所有人，然后让所有人自己决定自己在任意时间提供照料的对象吧。

出于类似的原因，坎迪也从"家务劳动有偿化"转而投向全民基本收入。她和其他一些运动积极分子开始追问自己：如果我们确实想倡议一项切实可行的行动方案，那么该倡议什么呢？

坎迪：我们之前在街上分发"家务劳动有偿化"传单的时候，现场经常会遇到以下两类反应。第一类是："哇，太棒了！在哪儿可以报名加入？"第二类是："你们怎么想得出来？我爱做的家务还要什么钱？"做出第二类反应的人并非全然荒唐，这些女性不想商品化所有人类活动，而有偿化家务劳动则透露出支持商品化人类活动的意味。对于这种对商品化人类活动的抵触心理，我们可以理解。

法国社会主义思想家安德烈·高兹的观点尤为触动坎迪。当我给出我的分析，即照料工作存在不可量化这个内在特性时，她告诉我高兹在 40 年前就已预见到这一点。

> 坎迪：高兹是这么评价"家务劳动有偿化"的：如果一直用严格的金融视角来强调照料工作对于全球经济的重要性，那么就可能存在这样的风险，即给各种照料工作赋予以美元为衡量标准的"价值"，并声称这才是其真正的"价值"。如果这种风险成为现实，那么越来越多的照料行为就会在经历货币化和量化之后陆续终结，因为此类工作的货币化往往意味着质量的下降，尤其当这些照料工作是一系列固定任务，且被要求在固定时间内完成时，而现实往往正是如此。早在 20 世纪 70 年代，高兹就预言了这一切，当然如今这一切真的发生了，在教育和护理行业尤甚。[17]
>
> 莱斯莉：更别提我的工作了。
>
> 大卫：是啊，我懂，我把这个称作"狗屁化"。
>
> 坎迪：是的，被狗屁化了，绝对地。
>
> 莱斯莉：然而关于全民基本收入……激进分子西尔维娅·费德里奇在近期的一次采访中谈道，在 20 世纪 70 年代，联合国和当时的世界各团体利用女权主义来寻求资本危机的解决之道。它们说，当然，让女性和照料者加入领薪劳动力大军（虽然当时大部分工人阶级女性早就打"双份工"了，在外一份，在家一份），

第七章　狗屁工作的应对

并不是为了赋予女性权力，而是为了管教男性。因为从70年代起，你能看到的任何一次薪水平等化，只要仔细研究所有事实就会发现，这主要是由工人阶级男性的薪水下降导致，而非女性的收入有所增加。它们一直试图让我们彼此对立，而这正是所有使用相对价值法对不同工作进行评估所必然包含的目的了。

出于这样的缘故，在印度进行的基本收入实验性研究令我激动不已。这项研究有太多令人兴奋的点了，比如，家暴发生的次数大大减少了。（这点不难理解，因为我认为大概80%最终引发暴力行为的家庭纠纷都和钱有关。）但最令人兴奋的一点在于，社会不平等现象开始随之消失。第一步便是给所有人提供数量相等的钱。这一点本身就非常重要，因为金钱具有某种象征性权力：金钱对每个人来说都是一样的，当你给所有人——男人和女人、老人和年轻人、高种姓者和低种姓者——分发数量完全一致的金钱时，这些人之间的差异就开始消失了。这些在印度的实验中发生了：用餐时女孩得到了和男孩一样多的食物，而以前都是男孩得到的更多；在村里的活动中残疾人不像原来那样不被接受了；年轻女性也抛开了社会对女性应该保持羞涩的传统观念，开始在公共场所悠闲地溜达，就像年轻男性一直做的那样……女孩开始参与公共生活。[18]

此外，任何全民基本收入的金额都必须满足生存的需要，使大家单单依靠这份收入就能够生存，并且全民基本收入的发放必须完全不设限，每个人都能拿到，哪怕是不需要这份收入的人。建立这样的准则是值得的：关于这份生存必需金，所有人都理应得到，一视同仁，不加任何限制条件。这就使其成为一项人权，而非仅仅做慈善或者改善缺乏其他形式收入的状况。随后，如果在获得基本收入后还有额外需求，比如身患残疾等，那么再基于这一点给予进一步的保障。但所有具有针对性的进一步保障都需在保障全民物质基本需求之后再谈。

很多初次听说全民基本收入这个概念的人都感到诧异和困惑。我们当然不用给洛克菲勒家族的成员一年发25000美元（或者其他随便什么数字），对吧？答案是，要发。既然说了所有人，那就是所有人。亿万富翁又不是满大街都是，这笔钱数量也高不到哪儿去，再说富翁本来交的税也更多。若分发这笔钱需要在对所有人进行个人经济状况调查后再给予，这个调查甚至包括对亿万富翁的调查，那么就不得不建立专门的行政机构来实施，按照历史的经验，这样的行政机构必然会不断扩张。

全民基本收入最终的目的是将生计与工作分离。全民基本收入方案一旦实施就会立竿见影，行政官僚机构将急剧减少。正如莱斯莉的工作，在大部分富裕社会中，大量的政府机构以及依附于政府机构的那些半政府机构、公司和非政府组织存在的意义，不过就是让穷人觉得自己很糟糕而已。这是一场奢侈无比的道德游戏，旨在支撑起这台很大程度上毫无用处的全球工作机器。

> 坎迪：举个例子。最近我开始考虑收养孩子，并着手研究相关的补助政策。结果发现这个政策相当慷慨啊。首先能住上政府的保障房；其次每周能拿到250英镑用来照顾孩子。我突然意识道：等等，那不就是一个孩子对应一套公寓和每年13000英镑吗？而这些待收养孩子的父母自己养孩子的时候大概率是没有这种程度的补助的。如果我们直接把钱给这些孩子的父母，使他们避免陷入困境，那么一开始也就根本不需要将这些孩子送养了。
>
> 当然这还没把负责安排和监督收养过程的公务员的工资算在里面，这些公务员上班所在的办公楼的建造和维修费用也没算在里面，各种各样监管这些公务员的机构所需消耗的费用也没算在

里面，这些机构的工作人员办公处所的建造和维修费用也没有算在里面，再就是监管这些机构的……

本书并不是讨论全民基本收入这项服务具体如何运作的地方。[19] 如果这对大部分人来讲难以相信（"那这个钱从哪里来？"），那是因为我们在成长的过程中，大都对金钱是什么、金钱怎么来、税收如何用等一大堆问题有着几乎错误的理解，而这一大堆问题更是远远超出了本书的讨论范围。而使情况更加复杂的是，关于什么是全民基本收入以及为何全民基本收入对我们有好处，存在着各种各样截然不同的想象。比如，保守派的版本是：用定期发放的适度津贴作为掩饰，来彻底消除既有福利制度供应（比如免费教育、医保），剩下的一切交给市场。再比如，莱斯莉和坎迪支持的激进派版本是：保留既有的无条件保障（比如英国国家医疗服务体系）。[20] 一些人把全民基本收入视作紧缩的手段，另一些人则将其视作扩大无条件保障范围的方式。对我个人而言，我支持后一种，尽管这么选不符合我的政治观点。我的政治观点很明确，反中央集权：作为一名无政府主义者，我的愿景是国家这个形式彻底瓦解，同时，对任何能够赋予国家在现有权力基础上更多权力的政策毫无兴趣。

但是奇怪的是，也正是因为我的反中央集权观点，使得我能够支持全民基本收入。表面上来看，全民基本收入似乎是对国家权力的一次大型扩张，因为我们会假设这笔钱的制造和分发会由政府或者某种类似央行这样的半国家机构实施，但事实恰恰相反。大量的政府部门，而且正是那些最具侵入性、最可憎的政府部门，在实施全民基本收入后，将立刻成为多余的机构，并面临关门，因为这些机构最深入地参与了对普通公民进行的道德监视。[21] 是的，成百万政府低级官员和诸如莱斯莉这样的福利顾问会失去眼下的工作，但他们同时也都能拿到基本收入。或许他们中的一些人未来会开始从事真正重要的事情,比如安装太阳能电池板,正如莱斯莉提议的;又比如找到癌症的治疗方案;再比如一些人组建了即兴坛罐乐队[1],修复了古董家具,去洞穴探险,翻译了玛雅象形文字,这些都没什么关系,即使是致力于创建世界性交最高年龄纪录,那又有什么关系呢?让他们想做什么就做什么!不管最终选择去做什么,几乎可以肯定的是,他们一定比现在开心多了,而现在要么失业者被要求在简历指导研讨会上不准迟到,要么流浪汉时不时被检查三证是否齐全(否则就拿不到他们应得的补助),而其他人也会因为这新得到的快乐而变得更加舒心。

哪怕是最不激进的全民基本收入方案都可能带来最深远的转变:工作不再只是解决生计问题,它将彻底和生活的手段脱钩。正如在本书前文可见,"不管人们从事何种工作,都支付其同样的报酬"这样的操作,在道德层面是能得到有力论证的。然而当时引用的论证中存在一个前提,那就是人们得到的报酬源自他们的工作,而这怎么也得需要某种形式的行政监督,来确保人们真的在工作,即使不需要确保他们的工作是否足够认真、产出是否足够多。彻底的全民基本收入方案则可以将人们从必须工作的状态中释放出来,让所有人过上足够水准的生活。在这个基本生活得到保障之后,每个人都可以做出决定,是想要追求更多的财富,不管是通过打工的方式还是通过做买卖的方式,还是想要用自己的时间来做点别的事情。还有一种可能:全民基本收入方案一旦实施,商品的分配方式或许就会发生彻底的改变,更好的分配方式或许会出现。(货币毕竟是一种配给券,而在理想的世界,人们很可能是希望尽可能减少配给行为的。)显然,这一切都建立在如下假定的前提之上:人类会在非强迫的情况下进行工作,或者人类至少会在非强迫的情况下做一些他们认为对他人有助益的事情。

---

[1] 即兴坛罐乐队(jug band),使用罐子、玩具笛或洗衣板等反传统的器材并即兴表演的乐队。——译者注

第七章 狗屁工作的应对

根据本书之前的论述，我们知道这种假定的前提是合理的。大部分人不愿意整天闲着一直看电视，而少数愿意什么都不做、愿意成为彻头彻尾寄生虫的人，也并不会给社会造成多大的负担，因为维持人类舒适和安全所需的工作总量并没有庞大到这个地步。而那些欲罢不能的工作狂，他们所完成的工作量远远超过了他们本该做的，也完全能够轻松弥补少数几个懒汉缺失的工作量。[22]

最后，这种无条件地对全民进行资助的概念，同本书中反复出现的两个议题直接相关。

第一个议题，在人人皆知自己的工作毫无意义之时，等级制度工作环境中的施虐受虐态势会迅速加剧。上班族日常生活中的诸多苦难都直接源于此。在本书第四章，我引用了林恩·钱瑟提出的"日常生活中的施虐受虐行为"这个概念，尤其提到了以下观点：和真正的BDSM扮演游戏不同，在现实工作场景下，"正常人"一旦陷入这种施虐受虐情境，是没有"安全词"可以喊的。

"你没办法对你的老板喊'橙子'。"

我常常想，林恩·钱瑟提出的这个见解太重要了，它甚至可以成为某种社会解放理论的基石。我愿意相信法国社会哲学家米歇尔·福柯正是朝着这个方向努力的，直到1984年他悲剧性的死亡。据熟悉福柯的人叙述，福柯在发现BDSM游戏之后，个人发生了巨大的转变，从人尽皆知的冷淡疏远、谨小慎微的性格，变成了一个很快就能和人敞开心扉、温暖且友好待人的人。[23]虽然他的理论思想同样进入了转变期，但他并没有机会将此转为完整的成果呈现给世人。当然，福柯的成就主要源自他对权力的理论研究。在他看来，权力贯穿于人类全部的关系，甚至可被视作人类社会性的基本内容。他曾这样定义权力：权力不过是"对他人的行动采取的行动"。[24]这就导致了某种奇怪的悖论：一方面，福柯的文字中暗示他自己是一名反权力主义者；另一方面，他又将权力定义为社会生活中绝不可能绕开的要素。

在事业的最后阶段，福柯通过区分他口中的"权力"和"支配"，似乎已开始尝试解决这个难题。按照福柯的叙述，"权力"只不过是"战略游戏"。每个人每时每刻都在进行权力游戏，我们很难不这么做，但我们这么做也没什么不对。因此在人生的最后一次访谈中，福柯留下了这样的话：

> 权力并不邪恶。权力是战略游戏。我们清楚地知晓，权力并非邪恶之事。拿性关系或各种情感关系为例，以双方均可参与的开放战略游戏的形式来施加权力，这并不邪恶，因为局面随时可以翻转，权力的施加方和被施加方并不固定。权力只不过是爱和激情的组成部分，是性愉悦的组成部分……
>
> 在我看来，我们必须区分开"作为战略游戏（出于人们试图决定他人行为的愿望）在自由双方之间展开的权力关系"和常被误称作"权力"实则为"支配和统治的状态"。[25]

对于"权力"和"支配"，福柯并没有给出清晰明白的区分方式，只是点出了在"支配"状态下，事情不是开放的，也不能逆转。原本流动可变的权力关系在这里僵住了、"冻结了"。福柯以师生之间的相互操控和独裁学究治下的专制状态作为例子，对比了良善的权力和邪恶的支配。我认为福柯在这里已经快触及某些东西了，但从未真正来到应许之地，即关于社会解放的一种"安全词"理论。因为这正是明摆着的答案。角色固定这件事倒不怎么关键（有些人就是喜欢角色固定，不管是出于什么原因），关键在于有时候你根本无法喊停。于是现在问题实际上变成了：如果在工作环境中也存在"安全词"，那么对老板喊什么？什么样的词是办公场景下的"橙子"？或者说对令人不堪忍受的官员喊什么？对可憎的学术导师喊什么？对虐待你的男友喊什么？如何才能保证只存在我们想玩的游戏，只创造那些我们随时可以选择退出的游戏？在经济领域，答案显而易见。办公室政治中之所以存在种种毫无必要的虐待行为，只是因为没有人能够在大喊"我不干了"的同时还能确保自己的经济状况不受任何影响。如果安妮的老板知道，当安妮因某个数月前就已解决的问题还被一而再再而三召唤时，哪怕真的愤而离开，收入也不会受到丝毫的影响，那么老板一开始就不会把安妮叫进办公室。从这种意义上说，全民基本收入确实能够让员工拥有对老板喊"橙子"的"权力"。

第二个议题：全民基本收入一旦实施，首先改变的是安妮老板的态度，也就是说，在人人收入有保障的世界里，安妮的老板将不得不对安妮展现出起码的尊重，面对员工的时候能够稍微体面些。其次改变的是这些岗位本身，我们很难想象诸如安妮这样的岗位还能长时间存在下去。我们完全可以想象的是，脱离不得不工作的命运之后、在无须工作也可以生存的情况下，人们依然会选择去当牙科助手、玩具制造商、电影院引导员或拖船操作员，甚至是污水处理厂检验员，更容易想象的是，人们会选择混搭几个岗位，同时做不同的工作。但是，我们完全没有办法想象，在脱离经济约束之后，还有人会去选择花费大把的时间替一家医疗护理成本管理公司，拿着荧光笔在各种表格上涂涂画画，更别提是在一间员工不准聊天的办公室里做这些了。在这样的世界中，安妮就不需要被迫放弃自己保育园教师的工作了，除非她对这份工作本身失去了兴趣。而如果医疗护理成本管理公司依然存在，那么这些公司就得想其他法子在各种表格上涂抹荧光色的记号了。

不过医疗护理成本管理公司估计也没多长时间了。对此类公司的需求（如果这也能被称作"需求"），直接来源于美国医疗保健系统——在绝大部分美国人眼中是一个相当愚蠢和不公的存在——的各种奇葩设定和弯弯绕绕（绝大部分美国人都希望这个系统能被某种公共保险或公共卫生服务取代）。如我们所见，这套系统还未被取代的一个主要原因（至少，如果奥巴马总统所说属实）正是因为这套系统的低效性创造出了诸多类似安妮所处岗位的工作。哪怕没有别的好处，全民基本收入至少也意味着成百上千万认识到当前局面荒诞性的人，终于有时间来从事致力于改变此种局面的政治组织行为了，因为他们不再被迫每天耗费8小时在各种表格上涂抹荧光标记了。如果他们坚持想要做一些有意义的事情，也不用在有意义的事情做完之余，还得额外挤出同等时间去折腾各种能带来收入、支付账单的"工作"了。

人们很难避免这样的想法：对像奥巴马这样坚称我们社会存在狗屁工作的人而言，上述情况正是全民基本收入这类安排最动人之处了。正如乔治·奥威尔提到的，当全社会都忙于工作，哪怕身处的岗位毫无意义，人们也没什么时间做其他事情。最起码我们可以说，正是这样的想法进一步促成了许多人不想改变狗屁工作现状的决定。

尽管如此，这为我要提的最后一点提供了可能。每当有人建议，不管是否工作，所有人都应该得到生活保障，往往就会立刻出现如下异议：如果我们这么做，那么人们就直接都不工作了。这种反对意见显然是错误的，我想本书写到这里，这种意见我们就直接跳过不用讨论了。我们来看看另一种值得讨论的异议：如果我们这么做，虽然大部分人依然会继续工作，但是许多人只会选择自己感兴趣的事来做——走在路上，随处都是糟糕的诗人、恼人的街头哑剧、狂热的伪科学家，而真正的工作却无人来完成。然而狗屁工作现象早就清楚地阐释了此类担心的愚蠢之处。毫无疑问，在一个自由的社会，肯定有一部分人会将自己的时间投入大部分其他人眼中愚蠢或无意义的工作中，但我们很难想象这部分人能超过总人口的10%或者20%。然而在当前社会，在世界上的富裕国家，已经有37%~40%的工作者觉得自己的工作毫无意义。粗略来看，50%的经济是由狗屁工作或者支持狗屁工作的工作构成的，而且这些狗屁工作甚至没什么有趣的地方！如果我们让所有人自己来决定，在没有任何限制的情况下，自己最适合做什么样的事情来造福人类，那么怎么可能最后的结局会比现在的还要糟糕，怎么可能导致的劳动力分布比现在的还要低效呢？

　　这是有关人类自由这个议题的强有力讨论。大部分人都喜欢在抽象层面谈论自由，甚至声称自由是最重要的事情，是值得所有人去奋斗，甚至付出生命的事情，但是很少有人去思考自由的生活具体意味着什么。本书的主要目的并非提出实际的对策，而是倡导大家去思考和讨论真正自由的社会具体会是什么样的。

致谢

我要感谢成百上千位同我分享自身痛苦工作经历的朋友,真实名字不便说出,但你们知道你们是谁。

感谢《罢工!》杂志的维维安·拉乌尔当初约我写稿。感谢《罢工!》杂志所有人(尤其是SPG)的帮助,使这一切成为可能。①

没有西蒙·舒斯特(Simon & Schuster)出版社团队的辛勤付出,就没有这本书。在此感谢我的编辑本·勒纳、埃琳·里巴克、乔纳森·卡普和阿马尔·德奥尔。我的经纪人是来自詹克洛&内斯比特文学经纪公司(Janklow & Nesbit)的梅丽莎·弗莱什曼,没有她的鼓励,也不可能有这本书,在此感谢梅丽莎。

此外,当然还要特别感谢我的朋友对我的包容,感谢伦敦政治经济学院的同事给予我的耐心和支持,尤其要感谢学院行政人员:亚宁娜和汤姆·欣里希森、雷纳塔·托德、卡米拉·肯尼迪·哈珀和安德烈亚·埃尔希克。感谢索菲·卡拉皮什和丽贝卡·科尔斯为本书的调研

---

① 维维安和SPG这两个名字均取自20世纪80年代英剧《超现实大学生活》,剧中的维维安是名医学院在读的朋克青年,偏爱暴力;SPG,即"特别巡逻队",是剧中维维安养的宠物仓鼠的名字。——译者注

所提供的杰出协助和支持。

  我想我也应当感谢伦敦政治经济学院人类学研究生梅甘·劳斯，感谢她不知疲倦地全职监测着我的"影响力"。我衷心希望这本书的出版能够帮助她的工作。

注释

序言

1. 关于精算师这点，我这边收到了大量的反对意见。我回头想了想，当时把他们列进去确实有失公正。有些精算工作对社会是有意义的。不过我还是确信，有意义的只是部分精算工作，剩下的那些如若消失，并不会对这个世界造成什么负面影响。

2. David Graeber, "The Modern Phenomenon of Bullshit Jobs," *Canberra*（*Australia*）*Times* 网站，最后修改时间为 2013 年 9 月 3 日，www.canberratimes.com.au/national/public-service/the-modern-phenomenon-of-bullshit-jobs-20130831-2sy3j.html.

3. 据我所知，此前只有一本书是以"狗屁工作"为主题的，即 2015 年出版的《该死的工作》(*Boulots de Merde*！) 一书，由驻巴黎记者朱利安·布里戈和奥利维尔·齐兰所写。两位作者告诉我，该书灵感直接来自我的文章。这本书写得不错，不过讨论的问题跟我这本书讨论的不是一回事。

第一章

1. "Bullshit Jobs," LiquidLegends, www.liquidlegends.net/forum/general/460469-bullshit-jobs?page=3，最后修改时间为 2014 年 10 月 1 日。

2. "Spanish Civil Servant Skips Work for 6 Years to Study Spinoza," Jewish Telegraphic Agency（JTA），最后修改时间为 2016 年 2 月 26 日，www.jta.org/2016/02/26/news-opinion/world/spanish-civil-servant-skips-work-for-6-years-to-study-spinoza.

3. Jon Henley, "Long Lunch: Spanish Civil Servant Skips Work for Years Without Anyone

Noticing," *Guardian*（US），最后修改时间为 2016 年 2 月 26 日，www.theguardian.com/world/2016/feb/12/long-lunch-spanish-civil-servant-skips-work-for-years-without-anyone-noticing。或许这名西班牙公务员受了斯宾诺莎观点的启发：所有人都在力求最大化自己的力量，而这种力量既来自你施加在他人身上的影响力，亦来自他人施加在你身上的影响力。按照斯宾诺莎的理念思考的话，拥有这样一份既无法影响他人又无法被他人影响的工作，真是糟糕透了。

4. 邮递工作显然原本不属于狗屁工作，但通过这则故事，我们似乎可以认为邮递工作已经沦为毫无意义的工作了，因为那些没被递送的邮件里有 99% 属于垃圾邮件。这则故事虽然可能是编造的，但确实体现了公众的看法。更多关于公众对邮递工作态度转变的讨论，可参见我的《规则的乌托邦》一书，第 153-163 页。

5. http://news.bbc.co.uk/1/hi/world/europe/3410547.stm?a，引用时间为 2017 年 4 月 17 日。

6. "Vier op tien werknemers noemt werk zinloos," http://overhetnieuwewerken.nl/vier-op-tien-werknemers-noemt-werk-zinloos/，引用时间为 2017 年 7 月 10 日。

7. 分享一段来自鲁弗斯（鲁弗斯出现在本书第三章）的话，这段话很典型："我乐意说我做过的最没价值的工作是给那些非常挑剔、非常古怪的人冲泡拿铁咖啡，但回头想想，却发现当时我做的事的的确确帮助他们度过了他们的一天。"

8. 我得说一下，接下来的分析主要是基于流行文化中对杀手的刻画，而非对真实杀手进行民族志分析和社会学分析的结果。

9. 有趣的是，"bull"并非"bullshit"的缩略表达，实际上，"bullshit"是从"bull"繁化而来，这个繁化版本源自 20 世纪初期。往前追溯这个词，最终可追溯到法语中的 bole（意为"欺诈"）一词。"bullshit"一词有记载的最早出处是 T. S. 艾略特一首未出版的诗歌。另一个源自 bole 的英文单词是"bollocks"。

10. 我本打算用 lying 这个词，不过哲学家哈里·法兰克福曾在 2005 年提出了一个著名说法，即 bullshitting 和 lying 并非一回事。他认为，两者之间的差异可类比为"谋杀"（murder）和"过失杀人"（manslaughter）。bullshitting 是"蓄意欺骗"，lying 则是"对真相不顾后果的漠视"。我不确定这种区分在本书是否完全适用，但觉得没必要卷入一场关于 lying 是否等同于 bullshitting 的辩论。

11. 为了充分理解黑帮和封建传统的关联，我们可以仔细想想"柯里昂"这个姓氏。柯里昂是马里奥·普佐撰写的小说《教父》和由他编剧并由弗朗西斯·福特·科波拉导演的同名电影中虚构的黑手党家族之姓氏。但其实柯里昂是意大利西西里一个小镇的名字，该小镇因为出了很多响当当的黑手党而臭名昭著。"柯里昂"在意大利语中意为"狮心"①。这个小镇的名字之所以会叫"狮心",似乎跟诺曼人1066年征服英格兰之前还征服了西西里有关。西西里此前是阿拉伯人统治的,所以诺曼人从阿拉伯人统治下的政府机构继承了一些做法。读者可以回想一下罗宾汉,大部分故事的大反派都是诺丁汉郡长(the Sheriff of Nottingham),而当时正在遥远他乡领导十字军东征的国王则是"狮心王理查德"(Richard the Lion-Hearted)。这里"sheriff"就是从阿拉伯语的"sharif"一词英语化而来,而sheriff等政府岗位本身也是借鉴了西西里此前的阿拉伯政府岗位设置。柯里昂和理查一世之间到底有什么样的关联一直有争论,但毋庸置疑,两者之间一定存在某种关联。因此不管绕得有多远,《教父》中马龙·白兰度饰演的角色是以"狮心王理查德"命名的。

12. 许多小偷是利用业余时间行窃的。我曾经居住过的某住宅区,有一段时间饱受失窃之苦,盗窃案总是发生在周一。最终案件告破,原来小偷是名理发师,周一正是理发师的休息日。

13. 许多小偷,从艺术窃贼到普通商店扒手,确实也出租自己的偷窃服务。但从本质上来讲,他们依然是独立承包人,因此属于个体户。至于杀手则更加难以界定。有些人可能会说,如果某人长期从属于某犯罪组织,那这确实算得上是"工作"啊。但在我印象中(当然,真实情况怎么样我并不清楚),身处杀手这个位置的人大都不觉得这是"工作"。

14. 我的意思并不是说这种领薪工作"让人觉得毫无意义、完全多余甚至有害,乃至其从事者都无法合理化其存在",我想说的是这种领薪工作"确实实毫无意义、完全多余甚至有害,乃至其从事者都无法合理化其存在"。换句话说,我在这里想要指出,不仅从事者觉得自己从事的是狗屁工作,而且从事者的这种判断确凿无误。

15. 让我以自身情况为例。目前我受聘于伦敦政治经济学院,从事人类学教授的工作。有些人觉得人类学正是狗屁学科的绝佳例子。2011年,佛罗里达州州长里克·斯科特甚至把人类学单独拎出来,作为他心目中该州各州立大学可以考虑取消的头号专业(Scott Jaschik, "Florida GOP Vs. Social Science," *Inside Higher Education*, 最后修改时间为2011年10月12日,www.insidehighered.com/news/2011/10/12/florida_governor_challenges_idea_of_non_stem_degrees)。

16. 有人告诉我,2008年次贷丑闻关键玩家之一的美国国家金融服务公司内部,员工基本上分为两类:低级别"书呆子"阶层和"局内人"阶层。这里的"局内人"

---

① 英格兰金雀花王朝第二任国王理查一世(1189—1199年在位)被称作狮心王。——译者注

注释

指的就是那些知道骗局内情的人。我在调研的时候甚至遇到过更为极端的案例：有位女士给我留言，告诉我她曾替一本飞机杂志销售广告将近一年，但她逐渐意识到这本杂志其实根本不存在。之所以起疑，是因为她从未在办公室见过这本杂志，也未在飞机上见过，而她本人经常坐飞机。最终，同事悄悄告知她，整件事确实就是场彻头彻尾的骗局。

17. 这里也有例外，正如所有事情都有例外那样。在许多大型机构，诸如银行（我们之后会谈到），高管会聘请顾问或内部审计人员来统计人们的工作内容。有银行分析师告诉我，大约 80% 的银行员工参与了无用差事，但他感觉这些员工大都不知道自己从事了无用工作，因为他们未被告知个人在整个机构中扮演的具体角色。不过分析师告诉我，主管一级的人也没有好到哪里去，他们知道的也很少，于是分析师的改革提议就从没被接受过。这里还需要强调一下，并非从事非狗屁工作的人误认为自己从事了狗屁工作，而是从事了无用差事的人误以为自己从事了有用的工作。

18. 说到这儿，肯定还是有人反对。有人会说那山达基教徒怎么算？山达基教使用心灵电仪表提供"听析疗程"，旨在助人发现自己过往人生中所经历的各种创伤。那些"听析疗程"操作人员大都认为自己做的事很有社会价值，哪怕外界绝大部分人认为这些人要么精神错乱了，要么就是骗子。但这有什么关系呢，又没有人在那里说"信仰治疗师"是狗屁工作。

19. 我们可以论证，很多时候各种宣传鼓吹活动表面上是为了诱骗局外者，但其实主要是为了平息宣传鼓吹者自身良心的不安。

20. 萨克斯这些话是即兴说的，并没有被写下来。本书此处重现的内容整合了三处来源：（1）约翰·亚当·伯恩在 *New York Post* 网站 2013 年 4 月 28 日发表的文章 "Influential Economist Says Wall Street Is Full of Crooks"，http://nypost.com/2013/04/28/influential-economist-says-wall-streets-full-of-crooks。此文中伯恩引述了萨克斯的即兴发言。（2）珍妮特·塔瓦库利在 *Business Insider* 发表的文章，www.business-insider.com/i-regard-the-wall-street-moral-environment-as-pathological-2013-9?IR=T，引用时间为 2017 年 4 月 21 日，此文中珍妮特提供了萨克斯演讲的不完全文字记录。（3）我自己在演讲现场做的笔记。

21. 事实上，在整个调研过程中，我遇到了超级多的人（好吧，其实是三个），明明有着大学文凭，明明找得到白领工作，但因为觉得毫无意义的办公室工作令人沮丧，就转而去当清洁工了！他们仅仅是为了每天下班后能感到良心安宁。

22. 有些话其实我根本不用讲，但发现总有读者不具备基本逻辑，那我还是讲一下吧：我们说"狗屎工作"往往有用，并不等于在说有用的工作都是"狗屎"。

23. 摘自陀思妥耶夫斯基《死屋手记》（原版 1862 年出版）英译本（Mineola, NY:

Dover, 2004）第 17–18 页，康斯坦斯·加尼特翻译。我的朋友安德烈·格鲁巴契奇告诉我，他的祖父 20 世纪 50 年代在南斯拉夫铁托主义再教育营就经历过这种折磨。狱卒显然读过这本经典著作。

24. 这三类工作并没有把所有情况都包括进去。比如，常被称作"监视工作"的这类工作就没有被归进去。这类工作很多时候属于狗屁工作（无意义的监督），但又有很多时候属于纯粹的邪恶工作。

25. 在《规则的乌托邦》第 9 页，我将此现象称为"自由主义之铁律"："任何市场改革，任何旨在减少繁文缛节和促进市场力量的政府倡议，最终都会导致规章制度总量、文书工作总量和政府官员总量的增加。"

26. 事实上，很大程度上这就是让人穿统一工作服工作的目的。毕竟很多穿上制服的人（比如酒店洗衣人员）根本不会被外面的人看见。这不过是在向穿制服工作的员工传达"你现在的工作必须服从纪律，就像在部队里一样"。

27. 奇怪的是，调查却根据投票者的政治倾向进行了细分：英国保守党支持者感到自己工作毫无意义的比例最低，英国独立党支持者最高。调查还根据投票者的区域进行了细分：苏格兰投票者认为自己从事着狗屁工作的比例最低，只有 27%；伦敦外英格兰南部比例最高，达到了 42%。相对来说，年龄和社会阶层似乎并不重要。

28. 《宇宙尽头的餐馆》（银河系漫游指南五部曲之二）。*The Restaurant at the End of the Universe*（Hitchhiker's Guide to the Galaxy, book #2）（London: Macmillan Pan Books, 1980），140。

29. 道格拉斯·亚当斯的粉丝对这个话题进行了辩论，这一点我们可以想象。但似乎大家一致同意，尽管在 20 世纪 70 年代确实存在某些岗位，其职责内容包含了对电话等电子设备的清理工作，但是"电话消毒员"作为独立职业从未存在过。不过这并未阻止亚当斯同"巨蟒小组"（Monty Python）的格雷厄姆·查普曼商量着要一起制作一部名为《纳瓦隆电话消毒员》的电视特别节目，找林戈·斯塔尔主演，可惜节目最后并未制作出来。

30. 说句公道话，我们随后发现这个笑话其实是针对高尔伽弗林查姆人的。因为这个星球上的人最终都死于一场瘟疫，而这场瘟疫正是由电话消毒不规范引发的。不过似乎没人记得这个背景知识。

31. 在移民社区，理发店的这种功能不仅仅针对女人，对男人也同样如此。我有些朋友在成为伦敦某大型私占楼的内部理发师后，发现类似的情况也开始发生在他们身上：任何人进入这个社区后，都会来他们这儿理个发，看看能否听到些有用信息。

32. 她还告诉我，整个投资在性产业的资本如果用到环境领域，完全可以改变全球气

注释　339

候变化的走向。"性产业的存在等于在清楚无误地告诉大家，大部分女性最赚钱的点就是自己年轻时作为性商品的身体。性产业的存在导致许多女性 25 岁以后再也赚不到她们 18~25 岁时可能够赚到的数额。我自己就是活生生的例子。"这段话出自一名事业有成的学者兼作家，而她目前作为成功学者和作家一年赚到的钱可能还不如年轻时跳脱衣舞三个月的收入。

33. 我这么归纳是有依据的：哪怕我们宣布电话推销员或者无意义中层管理者这些岗位是违法的，也不会滋生充斥这两种岗位替代品的黑市。但是显然，从历史上来看，一旦遇到性服务工作，情况就不同了，一定会有黑市。这也就是为何我们可以说性工作的问题来源于父权制社会制度本身（财富和权力如此集中于男性之手，而这些男性要么处于性未满足的状态，要么被灌输了要通过某些特定的方式找乐子而非培养其他爱好的想法），也可以说问题出在了对社会本质来讲更重要的方面。

34. "L'invasion des «métiers à la con», une fatalité économique?," Jean-Laurent Cassely, *Slate*, August 26, 2013, www.slate.fr/story/76744/metiers-a-la-con。引用时间为 2013 年 9 月 23 日。

第二章

1. 为此我专门注册了邮箱（doihaveabsjoborwhat@gmail.com）并放到了我的推特上，鼓励大家给我来信。看我的邮箱地址，bullshit 用 bs 代替了，是因为 Gmail 注册的时候邮箱地址里不准出现 "bullshit"（狗屁）这个词，真是莫名其妙。

2. 所以本书引用的案例全部使用了化名。机构名我也不提，给出具体地理信息的时候也避免让人一眼看出来说的是哪家机构，比如我不会这么写："位于康涅狄格州纽黑文的一所著名大学""柏林某集团所有的、位于英格兰德文郡的一家小型出版公司"。我处理的方式是改掉一些细节或者干脆略过不写。

3. 后文中所有引言都来自这个内容库，如果不是的话我会专门指出。我在引用的时候基本是原封不动引用的，除了一点点编辑，比如把缩写词改成全称，对标点、语法或文风进行微调……

4. BBC（英国广播公司）有个视频挺有意思，里面把"无意义工作"分成了三类：上班时没事做的工作（No Work at Work）、负责管理管理者的管理层的管理者（Managers of Management that Manage Managers）、负社会价值的工作（Negative Social Value）。参见："Do You Have a Pointless Job?," BBC on line，最后修改时间为 2017 年 4 月 20 日，www.bbc.com/capital/story/20170420-do-you-have-a-pointless-job。

5. 因此在 1603 年，某位威廉·珀金斯这样写道："那些常被称作侍者的人员，除了服侍工作，还需再找点其他事情做，除非他们服侍的对象地位非常高……毕竟这些侍者大部分时间要么吃吃喝喝，要么睡觉，要么赌博，真的是最没效益的职业了，不管是在教会里还是在教会外。这些侍者如果除了服侍主人什么都不做，那么一旦他们侍奉的主人过世了，或者他们因某次行为不当被除名了，就再也无法从事别的工作了，因为他们已经失去了踏实劳动的能力，最终只能沦为乞丐或小偷。"［参见托马斯（1999），第 418 页］关于"侍者"这个说法的来历，见第六章。在这里我得强调一下，我并非在说历史上真正的藩士所做的工作属于现代意义下的狗屁工作，因为他们工作的时候基本不需要装样子，他们本来是什么就是什么，如果非得说他们要进行掩饰，那也是假装自己做的工作要比自己实际做的少，而不是多。

6. 男仆有时也帮忙跑跑腿做点差事。看看英文中有多少表示男仆的词就知道这个角色曾经有多普遍了：footman（男仆）、还有 flunky（奴才）、henchman（走狗）、gofer（跑腿）、minion（奴才）、lackey（走狗）、menial（仆人）、attendant（仆人）、hireling（雇工）、knave（无赖）、myrmidon（仆人）、retainer（仆人）和 valet（随从），这还不包括那些稍微生僻点的用法。注意不要把 toady（谄媚者）、crony（密友）、sidekick（跟班）、sycophant（马屁精）、parasite（寄生虫）、stooge（傀儡）、yes-man（应声虫）等词混进来，后面这组词代表的人虽然也是傍着他人在生活，但相对来说有自己的独立营生。此外，还需要指出，在古代欧洲宫廷，正是那些廷臣（courtier）没有从事任何实际有用的工作。一旦有庆典仪式，这些侍臣便身着统一服饰，在边上傻站着什么也不做；庆典之外，事实上他们会做各式各样的零工。但这里要追求的是假装什么都没做的样子。

7. 我承认，这么高的榨取率还是极少出现的，但是正如我说的，这只是个思想实验，用来清楚地显示此类情况下事情往往会如何动态地发展。

8. 你甚至可以说，这正是人们口中的"荣誉"在历史上的一个组成部分。

9. 自第一次世界大战起，北大西洋各国家庭仆佣的人数都在急剧下降，但是很大程度上取代这些家仆的，先是人们口中的"服务工作者"（比如，"侍者"这个词正是直接来自某类家仆的称呼），再是公司世界中不断扩增的行政助理等下属军团。下面这段记录非常好地展现了旧有封建时期的那类无意义工作是如何渗入今日生活的："我的朋友在某电影剧组工作，当时他们在赫特福德郡的一座古老庄园布景。我的朋友负责跑腿和确保剧组人员不要破坏庄园的美观。在每日工作快结束时，他需要花费整整两个小时来'照看蜡烛'。庄园主夫妇告诉剧组，大厅内蜡烛熄灭后，必须派人盯着它们起码两个小时，确保蜡烛不会复燃以致烧毁庄园。庄园主夫妇不允许我朋友通过浸湿的方式来熄灭蜡烛，也不允许任何其他'作弊逃避'手段。"至于为何不可以通过浸水来熄灭蜡烛，这位朋友表示："他们并没有

10. 为了避免误会，这里我要说明一下：世界上真正做实事、必不可少的接待员是非常多的。只是这里我们讨论的是那些不做实事、毫无意义的接待岗位。

11. 顺便提一句，如今情况还是一模一样。我有位熟悉的女性朋友，她自己压根儿没有任何军事经验，结果因为成了某位北约军官的私人助理，就写了大量战区军事行动战略计划（而且我绝对有理由相信，她写的战略计划不会比任何北约将军写出来的差，她写的说不定还更好）。

12. 这一点起码对高科技武器来说是成立的。有人可能会说，大部分国家的军队除了制敌功能，还有平定正在发生或未来可能发生的内乱的作用。但平定内乱很少能用到喷气式战斗机、潜艇以及和平卫士洲际导弹什么的吧。历史上，墨西哥倒是有明确的政策，开诚布公地表示不会浪费金钱在这些极其昂贵的"玩具"上。他们认为，考虑到墨西哥的地理位置，可能与之交战的国家就只有美国和危地马拉了。而不管他们怎么备战，一旦与美国开战，墨西哥肯定输；反之，一旦与危地马拉开战，墨西哥必赢，不管有没有喷气式战斗机都必赢。因此，墨西哥的军事装备就只准备到足够应付国内可能发生的各种情况而已。

13. 对我而言，类似这种谈话内容显得特别有意思，且充满挑战。这是因为在20世纪80年代，包括我在内的专业学者大都不再认为消费者需求是市场营销操纵之下的产物，而开始有了如下看法：消费者基本上是按照商品设计者压根儿没想过的方式在使用各种商品，并将这些消费品胡乱拼接（好似在美国，人人都成了史努比或鲁保罗）。当然，对于这种说法我一直持怀疑态度。但显然，在业内许多人心中，各类消费品的实质正是六七十年代人们认为的那样。

14. 20世纪60年代末期的粗糙的自然语言脚本。

15. 关于这点，我个人有亲身体会：伦敦政治经济学院要求讲师填写各种详尽的工作时间分配报告，报告内的每周工作内容被细分到小时。表格中，对不同类别的行政工作内容的细分简直没完没了，却找不到"书籍阅读和专著写作"这个条目。我跟校方提出后，他们告诉我可以把这个内容归到"校资研究"这个条目里。也就是说，在学校看来：一是我没有申请到外部的经费来资助自己的书籍阅读和专著写作工作；二是我在明明可以从事"本职工作"的时候进行了阅读和写作，占用了学校的经费。

16. 分享一则来自信息技术行业的反馈，这则反馈可以说相当典型："太多项目一开始就是冲着遮掩责任这个目的设计的。举个例子，公司安排大家对某信息技术系统进行评估。这么安排并非真正为了收集意见来帮助做决策，因为领导早不知道什么时候就已经做好决策了，此项评估流程不过是为了制造出所有人的意见都被倾听了、所有人的关注点都被认真考虑过了这个假象。既然整件事就是装样子，那

毫无意义的工作　　342

么所有相关的工作都是浪费，而大家也很快意识到了这一点，因此跟这个项目相关的所有工作也就被所有人应付了事了。"这种假模假样的意见征求流程在诸如高校、非政府组织等表面上全员平等的机构里很常见，不过在层级分明的公司里也相当普遍。

17. 给大家感受下这个行业的规模：花旗集团在 2014 年的时候宣布，等到 2015 年，花旗集团从事公司合规性调查的员工数量将达三万人，大约占集团总员工数的 13%。Sital S. Patel, "Citi Will Have Almost 30,000 Employees in Compliance by Year-end," *The Tell*（博客），MarketWatch, 2014 年 7 月 14 日，http://blogs.marketwatch.com/thetell/2014/07/14/citi-will-have-almost-30000-employees-in-compliance-by-year-end。

18. 当然，这里的帮忙不包括特许其他人替她完成这些文书工作。不知道什么原因，这么操作被院方认为是不可能的。

19. 公营/私营打钩产业的又一典型案例发生在建筑行业。看下面这则反馈：

> 索菲：我在建筑规划许可的"咨询"行业，这条咨询产业链利润颇丰。20 世纪 60 年代，就建筑规划许可提出意见的顾问只有建筑师而已；可到了今天，稍微有点规模的建筑，若是要拿到建筑规划许可，就需要附上长长的一串咨询报告（其中就有我的这一份！）：
>
> • 环境影响评估
> • 景观及视觉影响评估
> • 运输报告
> • 风微气候评估
> • 日照分析
> • 历史文化遗迹背景环境评估
> • 考古学评估
> • 景观维护管理报告
> • 树木影响评估
> • 洪水风险评估
> ……
>
> 这还没完呢！
>
> 每份报告都有 50~100 页那么长，然后有意思了。在这么多咨询顾问评估和报告的加持下，盖出来的建筑依然是丑陋的大方盒子，和 60 年代盖的简直如出一辙。那你说这些报告有啥作用呢？！

注释　343

20. 或表面上专门做这个。

21. 某位在公司里担任咨询业务的顾问这么写道:"我很期待有那么一天,在我们咨询顾问行业能出一位索卡尔①式的人物,站出来揭穿这一切。也就是说,提交一份完全由含糊不清的商务时髦术语组成的咨询报告,看似很专业,但实际上完全没有任何结构化信息。尽管我怀疑这种报告说不定已经被写出来很多次了,只是写的人并非有意为之而已。"

22. 回头看这件事其实能讲得通,因为医学研究者直接去自己所在的院系图书馆就能找到这些期刊,也有获得电子版期刊的渠道,没有必要借助馆际互借。

23. 如果对比公司内刊和工会刊物,就会发现很有意思。我怀疑工会刊物早于公司内刊已经成了一个固定类别。当然,工会刊物里也有吹捧文,但同时也不乏对严肃问题的探讨。我父亲曾是平版印刷匠联合工会 1 号纽约地方分会的成员。我还记得小时候对他们工会刊物《平版印刷之见》(Lithopinion)的美观度感到特别自豪,当时我没见过比这更漂亮的杂志。这主要是因为他们是做印刷的,一有新的印刷技术,他们就忍不住显摆。刊物中亦有强有力的政治分析文章。

24. 比如,最近有个调查显示,80% 的员工认为他们的经理没有任何作用,没有经理他们自己照样能把工作做好。调查报告里看起来似乎并没有记录多少经理同意这一点,但我们可以想象,这个数据应该要低得多。("Managers Can be Worse than Useless, Survey Finds," *Central Valley Business Times*,2017年12月5日,http://www.centralvalleybusinesstimes.com/stories/001/?ID=33748,引用时间为 2017 年 12 月 18 日。)

25. 我们后面会看到,在美国情况也不会有什么不一样。英国、美国之外,其他地方亦是如此。

26. 这里克洛似乎是在回应我最初那篇文章某个流传版本的标题,那个版本的文章登在 evonomics.com 网站,标题取的是《资本主义为何会带来毫无意义的工作》(Why Capitalism Creates Pointless Jobs)。这个标题不是我取的。通常来讲,我会避免将事物的发生归结于抽象原因。

27. 这么假设是没问题的,除非有理由相信无意义岗位比有意义岗位所耗费的支持类工作要更多或更少。

28. 这个数据当然不严谨。一方面,清洁工、电工、建筑工人等之中,有相当大一部分是为私人提供服务而不是服务公司的。另一方面,我这里把那 13% 表示不确定

---

① 艾伦·索卡尔(Alan Sokal),曾在 1996 年写了篇学术钓鱼文,并投稿著名文化研究杂志《社会文本》。文章使用大量术语,一本正经地胡说八道了一通,但杂志的编辑无人识破,该事件被称作"索卡尔事件"(Sokal affair)。——译者注

自己的工作是否属于狗屁工作的人也算进来了。这里的50%（事实上是50.3%）是基于上述两个因素大致能相互抵消这个假设前提得到的。

第三章

1. 而且我们会发现，这极少数人之中，很多人还特别犹豫不定。
2. 写完本书后，我把这些分析发给了埃里克，他表示认可的同时又加了些细节："完全是这样，当时在公司里，中产阶级以上家庭出来的孩子，在那些低级别岗位工作时，就是把这个作为个人职业生涯进阶之路的——看看他们彼此在工作之余的社交就大致能感觉到（比如，周末在某人的宝维士郊区阳光房一起看看橄榄球赛，在花里胡哨的酒吧里边喝鸡尾酒边没完没了地聊天）。对某些人来说，这份工作不过就是在家族帮他们找到更好机会前的临时落脚点，免得简历上有空白期而已。"他还补充道："你提到了照料阶级这个概念，这很有意思。我辞职后我父亲在表达完'你可真是个荒谬至极的笨蛋，收入这么高的工作都不要'这一点后，紧接就说了一句'不过，你这份工作有给任何人带来任何好处吗？'"

    埃里克还告诉我，他后来又拿了两个研究生学位，拿了份助研奖学金，并拥有了成功的事业，他把这些成就主要归功于私宅时期获得的关于社会理论的知识。
3. 当我向鲁弗斯问及他父亲当时的动机时，鲁弗斯多多少少证实了我的猜测。他告诉我，他父亲也受不了公司，他父亲觉得连他自己的岗位都是狗屁，当时这么安排不过就是想让儿子在履历上有东西可写。但这里依然有一个疑问：作为公司副总的鲁弗斯父亲为什么要让儿子真的经历这份狗屁工作而不是直接扯个谎呢？
4. 值得注意的是，同战后大部分国家的福利制度类似，英国的福利制度在创建的时候都是有意识地不去考虑"穷人没有动力就不会去工作"这个看法的。然而从20世纪70年代起，各地的福利制度几乎都开始考虑这一点了。
5. 从20世纪70年代起，就定期会有针对工人赢得彩票后是否会辞职的调查。根据这些调查，74%~80%的工人声称，他们若是中了彩票或继承了大笔财富，依然会继续工作。最早的一份调查是莫尔斯和韦斯在1966年进行的。之后，此类调查不断被重复。
6. 关于这一点，典型的出处来自：Robert D. Atkinson "Prison Labor: It's More than Breaking Rocks."（2002），*Policy Report*, Washington, DC, Progressive Policy Institute. 不过我这里引用这篇文章绝不是支持"监狱劳动力应普遍做好投入产业的准备"这项政策结论！
7. 当然，婴儿也意识到如果不是刚才自己的行为，那么这个事件就不会发生，这一点也很关键。因此，格鲁斯将此种行为伴随而来的愉悦情绪定义为"自由的滋味"。

8. 因此，比如，另一位精神分析学家 G. A. 克莱因这么写道："当婴儿开始用手抓住物体、开始坐起、开始尝试走路时，他慢慢感觉到这些成就发生的起因都是自己。当这个孩子以这种方式感受到变化、意识到变化的起因正是自己时，他就开始拥有某种'成为自己'的感觉了，他感受到自己是独立存在的一个单元，不仅仅从肉体上，也是从精神上。"（1976: 275）

弗朗西斯·布鲁切克认为此种分析还不够深入，于是他在《自我感》[刊登于 *Bulletin of the Menninger Clinic* 41（1977）: 86] 一文中写道："效能感乃原始自我感的核心，并非其他已被定义的自我的某种体现。这种原始的效能感在精神分析文献中被称为'婴儿期全能'（infantile omnipotence）——效能的局限性尚未被感知……将意图和效果成功建立联系后产生的效果愉悦中，浮现出了这种原始的自我感。"因此，以可以对周遭一切和他人随意造成影响（起先不管这种影响究竟是什么）这种方式认识到自我存在之后，某种根本性的愉悦就出现了。

9. Francis Broucek, "Efficacy in Infancy: A Review of Some Experimental Studies and Their Possible Implications to Clinical Theory," *International Journal of Psycho-Analysis* 60（January 1, 1979）: 314. "此类创伤带来的内在与环境的分离预示着未来可能出现的精神分裂、抑郁、自恋或恐惧行为，具体如何取决于'未能施加影响力'或'期待落空'的体验发生的频繁程度、严重程度和持续时长，还取决于产生此类创伤时的年龄和创伤发生前基于效能体验已经产生的自我感的强度。"

10. 当然，这里我对席勒的观点进行了极大的简化。

11. 从法律上讲，大部分拥有奴隶制度的社会都通过"奴隶即战俘"的法律拟制来证明这项制度的正当性。事实上，人类历史上许多奴隶被抓，的确是军事行动导致的结果。最早的铁链囚徒队伍是在古罗马种植园里劳作的。铁链囚徒队伍由奴隶组成，这些奴隶曾违抗命令或试图逃跑，被关在了种植园的 ergastulum（古罗马关押奴隶的私人劳教所）或监狱里。

12. 当然，有作品记载了中国道德家、印度道德家、古希腊古罗马道德家以及他们的工作观和闲暇观，比如，古罗马人对 otium（闲暇）和 negotium（日常工作）的区分。但在本书，我讨论的更多是实际议题，比如说从什么时候、什么地方开始，哪怕是毫无意义的工作，也被认为比不工作更为可取。

13. E. P. 汤普森在书中写 16 世纪和 17 世纪的织工时，提到了下列内容："对自己的工作拥有控制权的工人，他们的工作模式都是猛干一阵、放松一阵，交替着进行。（此种工作模式在今时今日的某些个体经营者身上依然能看到，比如艺术家、作家、小农场主，或许还有学生，这也引发一个探讨，那就是这种工作节奏是否不属于人类'自然'的工作节奏。）根据惯例，周一周二，手织机上吟唱着'时间多得很，时间多得很'的调调，等到周四周五，就成了'完了完了，就剩一天了'。"
（1967:73）

14. 我上高中的时候，那些最酷的学生会在考试前进行某种"猛男"游戏，大家互相吹嘘自己考前不睡连续抱佛脚的小时数：36小时，48小时，甚至60小时。游戏参与者之所以觉得自己是"猛男"，是因为连续临时抱佛脚的小时数越多，就越说明自己平时压根儿没学，平时去操心其他更加"猛男"的事情了。我很快意识到，如果一个人把自己降格为没头脑的行尸走肉，那么额外的学习时长并不会有什么帮助。我怀疑这是我今日成为教授的原因之一。

15. "狩猎"和"收割"的对比再次成为典型例子。"孩童照顾"或许是引人注目的例外：这项事务主要落在女性身上，却一直是讨论的课题。

16. 这里我把封建领主打理庄园的管理职能给忽略了。但我们并不清楚庄园打理的管理事务在那个年代是否被看作劳动，我猜测答案是否。

17. 从历史上来讲，工资劳动制度的形成并不容易，这中间经历了复杂的历程，姗姗来迟。工资劳动这个想法的产生需要经过两步概念准备。第一步，需要从"人类本身"和"人类工作"中将"人类劳动"抽象出来。在古代，如果一个人从匠人手里买了件东西，那这个人并没有购买到劳动而是购买了物件，这个物件是匠人在属于自己的时间和工作环境下制作出来的。但这个人若是购买了"抽象物"，则购买到了"劳动力"，这个"劳动力"什么时候被使用，取决于购买者的时间和状况，而非"劳动力"拥有者本身的时间和状况（这种情况下，购买者往往是在自己使用完这个劳动力之后再支付费用）。第二步，为了决定支付的金额，工资劳动制度还需建立一套办法，去衡量购买而得的劳动，这往往就需要引入第二个"抽象物"，即"劳动时间"。M. I. Finley, *The Ancient Economy*（Berkeley: University of California Press, 1973），65–66："我们不应低估这两步概念产生的重要性，这里考虑的是社会范畴而非智力范畴，哪怕古罗马法学家都会觉得这两个概念难以理解。"

18. 如果把这句话说给早期基督徒听，他们会立马生气，因为时间严格说来不属于任何人，只属于上帝。

19. 不过事实上，荷马展现出了无地穷人阶级——有时还有雇农阶级，即那些以此方式将自己出租出去的人——的命运比奴隶还要悲惨，因为奴隶起码是体面家庭的组成成员（*Odyssey* 11.489–91）。

20. 对此，唯一的例外是民主政体的自由公民，他们往往愿意将自己租给政府去参与公共工程。但这是因为政府被视作集体，每一个自由公民都是这个集体的成员，因此从本质上来讲，这依然是在为自己工作。

21. David Graeber, "Turning Modes of Production Inside Out: Or, Why Capitalism Is

a Transformation of Slavery (Short Version)," *Critique of Anthropology* 26, no. 1 (March 2006): 61-81。

22. E. E. Evans-Pritchard, *The Nuer : A Description of the Modes of Livelihood and Political Institutes of a Nilotic People* (Oxford: Clarendon Press, 1940), 103; Maurice Bloch, *Anthropology and the Cognitive Challenge* (Cambridge: Cambridge University Press, 2012), 80-94。埃文斯-普里查德言过其实了。若某些被归为埃文斯-普里查德本人言论的激进论点真的是他本人说的，那么布洛克这个说法无疑是正确的，但我觉得埃文斯-普里查德没说过。不管怎样，这里的驳论主要针对历史时间感，与日常活动无关。

23. E. P. Thompson, "Time, Work Discipline, and Industrial Capitalism," *Past & Present* 38 (1967): 56-97。

24. 在雅克·勒高夫的经典文章中，E. P. 汤普森的领悟被延展，讨论背景回到了中世纪鼎盛时期，参见：Jacques LeGoff, *Time, Work and Culture in the Middle Ages* (Chicago: University of Chicago Press, 1982)。（中译本为《试谈另一个中世纪：西方的时间、劳动和文化》，商务印书馆，2018 年版。）

25. 现代普及教育体系的设计者对这一切毫不含蓄，汤普森本人就引用了其中一些设计者的话。我自己也读到过，有人曾对美国的一些雇主进行了调查采访，问他们在招聘广告中写明必须有高中学历的真实原因是什么，他们内心的期待是什么：有点文化？会算数？大部分雇主的回答是否定的，他们发现高中文凭并不能保证人们识字和算数，之所以这么要求，主要是想招来的人能准点上班。但很有意思的是，一个人的受教育程度越高，这个人的独立性、自主性就越强，就越有可能呈现出旧有的忙一阵、闲一阵的间歇式工作模式。

26. 1966 年，西印度群岛的马克思主义者埃里克·威廉斯首次强调了种植园的历史对后来工厂采用的劳工控制手段的形成起到的作用；马库斯·雷迪克在 *The Slave Ship: A Human History* (London: Penguin, 2004) 一书中补充道，船只（主要聚焦于奴隶贸易中活跃的大型商船）是研究重商时期工作纪律改进历史的又一个重要实验区。军舰也可以作为研究对象，尤其军舰上往往也有很多非自愿被雇用情况，许多海员是在个人意愿被违抗的情况下"强行"被征用的。所有这些都涉及一个背景：在缺乏悠久的传统来指导雇主可以或不可以命令雇员做什么的领域（在那些更为直接地从封建关系演变而来的领域，这种传统似乎依然存在），围绕时钟式效能这类新理想，就可以重组出密切监督式工作。

27. 这一切之所以不明显，其中一个原因便是一提到"工资劳动"，我们习惯于马上想到工厂劳动，而一提到工厂劳动，我们又习惯于第一时间想到生产线工作，而生产线上劳动的节奏是由机器设定的。事实上，只有很小一部分工资劳动属于工厂劳动，而工厂劳动中基于传送带生产线的劳动相对来说也是一小部分。在本书第六章我会进一步谈谈此类错误想法带来的后果。

28. 不相信我吗？在这个网站可以雇到这样的人：www.smashpartyentertainment.com/living-statues-art。

29. 我有点惊讶，1900年或1910年左右出生的人竟然已经内化出此种态度，于是我问温迪，她的外婆是否当过监督员或雇主。温迪当时回答说应该没有，但后来发现她外婆多年前曾短暂帮着运营过某连锁杂货店。

第四章

1. 正如在上一章中谈到的，学校里按照一堂堂课来划分在校时间的整体结构事实上只是为了强化学生的时间观念，以应对未来的工厂工作。从这个目的来看，这种结构或许可以被淘汰。但不管怎么说，这种按堂划分教学的系统依然存在。

2. 本段是我翻译的，原文为法语：

   Je suis conseiller technique en insolvabilité dans un ministère qui serait l'équivalent de l'Inland Revenue. Environ 5 percent de ma tâche est de donner des conseil techniques. Le reste de la journée j'explique à mes collègues des procédures incompréhensibles, je les aide à trouver des directives qui ne servent à rien, I cheer up the troops, je réattribue des dossiers que "le système" a mal dirigé.

   Curieusement j'aime aller au travail. J'ai l'impression que je suis payé 60 000$/an pour faire l'équivalent d'un Sudoku ou mots croisés.

3. 显然，对前来同这些政府官员打交道的公众来讲，这种环境可完全不会让人觉得无忧无虑和逍遥自在了。

4. 显然，如果这个数据等于4%，那么接受民意调查的工作者既觉得自己的工作有意义又对自己的工作感到不满意的人数必须一个都没有。这是不大可能的。

5. 虽然很少有主管直截了当地告诉员工他们需要假装工作，但还是有的。某位汽车销售员写道："按我那些上级的说法，如果我正领着薪水，那么我就有必要做些'什么'，哪怕这个'什么'没有实际价值，也必须'假装'很高效。所以，我每天就会花好几个小时打电话给空气。这讲得通吗？"关于这个问题，太过于诚实的处理方式似乎在所有地方都是大禁忌。我记得读研的时候接了个活儿，帮某位马克思主义教授做研究。这位教授的一个研究领域是"工作场所阻力政治"，所以我觉得如果我要跟谁实话实说，那就是他了吧。于是当教授跟我讲解完工时表怎么运行后，我问了个问题："所以我可以谎报到哪种程度？编造出多少小时以内的工作内容是可以接受的？"问完后，教授看我的表情就好像是我刚刚说了我是来自另一个星系的星际种子，于是我赶紧切换了话题，心中默默认定答案是"零星几个小时"。

6. 许多工作场所都很清楚，主管如果太过随和、太好相处会带来什么样的危害，因此会积极阻止这样的事情发生。好多连锁快餐店的柜台员工（当然，按照我的定义，快餐店的柜台工作总的来说是狗屎工作而非狗屁工作）告诉我，总店给各家分店仔细装了闭路电视，这样可以确保员工哪怕没有工作也不能闲坐着休息；分店的员工一旦被集中监控点的人员发现在无所事事，他们的主管就会被叫过去挨一顿骂。

7. Roy Baumeister, Sara Wotman, Arlene Stillwell, "Unrequited Love: On Heartbreak, Anger, Guilt, Scriptlessness, and Humiliation" *Journal of Personality and Social Psychology* 64, no. 3（March 1993）: 377-94. 我有个朋友曾同一名已婚男子保持了长时间的关系，她跟我提到了某种类似的困境：和遭遇背叛的妻子不同，"第三者"很难在社会文本中找到此类身份者的典型内心描述，来作为此种身份者应该如何感受的参考。她在考虑写本书来弥补这种文本缺失。我希望她能写出来。

8. 软件开发师努里给我们提供了一种有意思的视角。他提出在狗屁工作场所，人和人之间的敌意和互相憎恨弄不好能起到激发大家全力工作的功能。他说在一家注定要倒闭的横幅广告公司工作的时候（这份工作把他搞得抑郁，整天病恹恹的），"我当时实在是无聊死了，然后就有几个程序员跑到管理层（所谓"敏捷专家"，笑死）那里给我告状，说什么我没有效率。然后该敏捷专家充满敌意地给了我一个月时间，让我证明自己，其实是想趁机逮到我没病却请病假的证据。两周的时间，我的工作表现胜过了团队其余员工。公司的主架构师看了我的代码后评价道'完美'。这个敏捷专家突然恢复了笑眯眯岁月静好的样子，告诉我说假条不假条的不重要。

"我跟他说，如果想要让我保持高昂的战斗力，你接着侮辱我、接着威胁要我丢工作好了。这是我古怪的幽默方式。他像个傻子似的拒绝了。

"这教会我们一件事：恨能带来强大的动力，起码在激情和乐趣消失殆尽的时候。这或许解释很多工作场合的互相攻击现象，跟人干起来起码能给你继续做下去的理由。"

9. Erich Fromm, *The Anatomy of Human Destructiveness*（New York: Holt, Rinehart and Winston, 1973）. 约瑟夫·斯大林被弗洛姆列为"非性交"版本施虐狂的首要范例，而阿道夫·希特勒则被看作"非性交"版本恋尸癖的重要典型。

10. Lynn Chancer, *Sadomasochism in Everyday Life: The Dynamics of Power and Powerlessness*（New Brunswick, NJ: Rutgers University Press, 1992）.

11. 比如，在浪漫小说中，魅力十足的男主角往往看起来残酷、无情、冷冰冰，但最终读者会发现他其实是个相当温柔、高雅、好心、体贴的人。我们可以说，从"女性服从方"的视角来看，BDSM 实践其实就是将这种可能性，即施虐受虐双方角色可以按照她的最终意愿进行切换的可能性（而这种角色的可切换性其实本来就是 BDSM 整个行为框架的组成部分）隐藏起来的方式。

12. 举个例子，联合国《世界人权宣言》第 23 条声明："人人都有工作的权利，人人都有自由选择职业的权利，人人都有要求合理、合适工作环境的权利，人人都有免于失业的权利。"此外，第 23 条还保障了工作者：同工同酬，收入足够家庭基本支出，有权组织工会。但宣言里并未提到任何有关工作本身目标的内容。

13. 办公室里还"充斥着霸凌行为以及非常非常奇怪的办公室政治"，这都是人们可以想象的等级分明环境下常常滋生的施虐受虐现象。同往常一样，因"这里的一切其实根本无关紧要"这样的共同认知和集体愧疚，这些现象呈加剧之势。

14. 这则案例最后倒是有一个美好的结局，起码暂时还不错：蕾切尔说她辞职后很快找到了一个给穷困孩子补习数学的工作。这份工作和之前那份保险公司的工作完全不一样，但报酬应该足够支付她未来继续深造的费用。

15. Patrick Butler, "Thousands Have Died After Being Found Fit for Work, DWP Figures Show," *Guardian*（US），最后修改时间为 2015 年 8 月 27 日，www.theguardian.com/society/2015/aug/27/thousands-died-after-fit-for-work-assessment-dwp-figures。

16. 马克说："就个人而言，我那时常常希望自己没有意识到自己干的是狗屁工作。就有点像《黑客帝国》系列中尼奥时不时会有的想法那样，有时候尼奥会后悔选了红色药丸[①]。当时的我常常感到绝望（现在依然是），我明明任职于应该对他人有所帮助的公共岗位，可我事实上几乎没有帮到过任何人。我这份工作的收入来源于纳税人这一点也常常令我产生愧疚感。"

17. 帕德里格补充道："赫伯特·里德的《文化该死》（*To Hell With Culture*）将这种情况绝佳地描述了出来。"我看了一下这本书，确实不错。

18. 有必要强调一件事：在职业环境中，扮演好角色的能力总的来讲要比真正做好工作的能力重要得多。数学家杰夫·施密特在他杰出的《规训下的思想家》（*Disciplined Minds*，2001）一书中，详尽细致地向读者展现了中产阶级执迷于形式而非内容给各行各业带来的巨大危害。杰夫问道，为何《猫鼠游戏》（*Catch Me If You Can*）里的假冒之流能够成功伪装这么多身份？《猫鼠游戏》里的弗兰克假装成航空公司的飞行员和医院的外科大夫却无人识破。弗兰克之流怎么就能逃过大家的眼睛，他们的资质为何无人怀疑？杰夫给出的回答是，从事一份职业，

---

① 《黑客帝国》中，吞下红色药丸意味着步入残酷的现实世界，吞下蓝色药丸则意味着活在幻觉、美好、甜蜜、幸福之中。——译者注

哪怕是飞行员和外科医生，也不会仅仅因为工作能力不足而被开除，但你若胆敢违抗公认的外部举止标准（也就是没有好好扮演角色），那被开除就是分分钟的事了。这些冒牌货业务能力为零，但是他们完美地扮演着角色，因此，他们被开除的概率要比业务能力强但是不好好扮演角色（公开蔑视所在职业伴随着的默认外部举止准则）的飞行员或外科大夫等要低得多。

19. 心理学研究显示，参加抗议活动和街头行动起码对整体健康是有好处的，整体压力降低，心脏病等疾病发病率也就降低了。参见：John Drury, "Social Identity as a Source of Strength in Mass Emergencies and Other Crowd Events," *International Journal of Mental Health* 32, no. 4（December 1, 2003）: 77-93；M. Klar and T. Kasser, "Some Benefits of Being an Activist," *Political Psychology* 30, no. 5（2009）: 755-77。不过此研究是聚焦于街头行动的，如果有机会看看这个研究结果是否同样适用于不么具体化的抗议形式，那会挺有意思。

20. 当然，许多人随后在惊恐和厌恶中辞了职，但是具体有多少人我们没有数据。蕾切尔告诉我，除非生活在伦敦这样消费高昂的大城市，许多年轻人已不像他们父辈那样愿意忍耐，原因不过是因为住房花费和整体生活花费上涨得过于荒唐，以至如今哪怕进入公司工作，入门级的工资也不再能够提供安稳生活之所需。

第五章

1. Louis D. Johnston, "History Lessons: Understanding the Declines in Manufacturing," *MinnPost*，最后修改时间为 2012 年 2 月 22 日，www.minnpost.com/macro-micro-minnesota/2012/02/history-lessons-understanding-decline-manufacturing。

2. 把这些讨论列全不大实际。不过要提一下罗伯特·B. 赖克的《国家的职责》（*The Work of Nations*，1992）一书以及毛里奇奥·拉扎拉托关于非物质劳动的经典言论（1996）。此说法的走红主要是通过哈尔特（Hardt）和内格（Negr）的《帝国：全球化的政治秩序》（1994，2000）一书，书中预言了计算机极客的反叛。

3. 此类研究有许多，参见：Western and Olin Wright，1994 年。

4. 我有个朋友曾经因海洛因上瘾，参加了美沙酮替代治疗服务。因为总得等医生来决定他是否"准备好"降低剂量这件事，我朋友觉得很烦，于是他决定干脆自己来，每天倒掉一点药，几个月后他就做到零服药了。他得意扬扬地找到医生，告诉医生自己戒毒成功。结果医生大为震怒，告诉他只有专业人士才有能力决定什么时候可以降低剂量，才可以决定怎样才算戒毒成功。原来，这个替代治疗戒毒服务能够拿到多少经费，是取决于在他们这里戒毒的人数，所以他们压根儿没有任何动力去真的帮人戒掉毒瘾。

我们每个人都绝不能低估各种各样的机构为了保全自己能够做出来什么事。比如，巴以"和平进程"（如果现在还能被称作和平进程）之所以僵持了30年，有种说法就是巴以两国都已经建立起围绕这项进程的强大的机构组织群体。若是冲突真的结束了，这些组织和机构就完全没有存在的理由了，而海量致力于和平事务的非政府组织也可以解散了，那些整个职业生涯都依靠维持这个虚构场景——有这样一个"和平进程"确实在进行中——的联合国官员也可以下岗了。

5. 英国独立党（UKIP）不算。

6. 以防有人说我本质主义，所以我先声明：这里我提出的三个层面只是作为分析的方法，并没有说从任何意义来讲社会现实的自主层面本身就存在。

7. 在讨论马克思的时候，有时候我会问学生："古希腊的失业率是多少？中古时期的中国失业率又是多少？"答案当然是零。人口中有大量人希望就业却没办法就业，这似乎是马克思口中"资本主义生产方式"特有的产物。但正如公共债务，这似乎是制度的结构特征，却依然被视作一个应该要去解决的问题。

8. 随便举个例子，比如著名的 1963 年华盛顿大游行，就是马丁·路德·金发表《我有一个梦想》演讲那次，官方的叫法是"为了工作和自由，向华盛顿进军：除了反歧视措施，还要求实现全面就业，提供就业服务计划，提高最低工资"（Touré F. Reed, "Why Liberals Separate Race from Class," *Jacobin* 8.22.2015, www.jacobinmag.com/2015/08/bernie-sanders-black-lives-matter-civil-rights-movement/），引用时间为 2017 年 6 月 10 日。

9. David Sirota, "Mr. Obama Goes to Washington," *Nation*, 2006 年 6 月 26 日。

10. 当然有人会说，奥巴马是在假装不知情，故意贬低私营医疗行业的政治力量，就如同政客为了给银行提供紧急融资的行为合理化会声称这完全是考虑银行成百上千万基层员工的利益，因为若不这么做，这些人就要面临解雇。而公共交通工人、纺织工人等群体面临失业的时候，政客从未表达过此类担忧。虽然如此，但奥巴马愿意公开这么说，不管是不是在装傻，本身就很说明问题了。

11. 因为我指出政府有意识地扮演了产生和维持狗屁工作的角色，就有些人指责我偏执多疑，是阴谋论者，这里我给出了最后陈述。除非你觉得奥巴马在撒谎，没有说出他的真实动机（如果你真的这么觉得，那么究竟谁才是阴谋理论者？），不然我们就必须承认，事实上统治阶级清楚"市场导向的解决方案"导致了低效（尤其是产生了不必要的工作岗位），起码在某些情况下，正是因为其低效而给予其赞同。

12. 或许我也要顺便提一下，许多传统马克思主义者也是这样的。他们认为，根据马克思的定义，资本主义生产方式下的所有劳动要么生产剩余价值，要么辅助价值创造机构的再生产，所以某个工作看起来毫无用处，肯定是工作者基于错误的社会价值民间理论产生的幻觉。这种说法事实上就是信仰宣言了，和自由论者坚称市场绝不会带来任何社会问题一样。但马克思本人是否真的这么认为？而这一点本身就可以说是神学领域的讨论了。这最终取决于你是否接受资本主义是总体性系统这个前提，即在资本主义制度内部，社会价值仅仅由市场体系决定。关于这一点我下一章会进一步讨论。

13. 我这是先发制人。我承认，从历史上来看，作者对那些未来很可能会招来的反对意见提前进行反驳，几乎从未成功挡住这些反对意见。大致上，批评者会直接假装没看到作者的预判，并对作者提前给出的针对他们这些反对意见的反驳视而不见。不过我想试试总没错。

14. www.economist.com/blogs/freeexchange/2013/08/labourlabor-markets-0，引用时间为2017年4月1日。

15. 比如，文章存在明显的基本逻辑破绽。作者为了驳斥我提出的给予工作者保障和空闲时间往往导致社会动荡这一点，用的论据是"存在由缺乏保障和空闲时间的工作者发起的社会动荡"。这哪怕是没有受过形式逻辑训练的人，也就是从未听说过"肯定后件"逻辑谬误的人，只要还有点基本常识，就大体清楚"如果A成立，则B成立"和"如果B成立，则A成立"不是一回事。正如刘易斯·卡罗尔那个巧妙的说法："你不如说'我看到了我吃的东西'和'我吃了我看到的东西'是一回事呢。"

16. 这篇文章没有作者署名的那一行。

17. 如果你问："你真的是在说市场永远是对的吗？"他们往往会回答："是的，我就是在说市场永远是对的。"

18. 相反，质疑这些强硬陈词的人总是被要求提供反驳的论据，似乎举证责任总是在提出反对意见的人身上。

19. 我顺便提一下，而且这一点的重要性在后面会显现，虽然行政管理人员的数量确实增加了，但真正激增的是行政雇员的数量。我得强调一下，这里行政雇员指的并不是宴会上提供酒水等服务的人员，也不是清洁人员，在此期间这些人员事实上很大程度上都是外包出去的，这里的行政雇员其实指的是行政下属。

20. 对于教学真的有直接影响的大部分变化，比如说班级聊天室，则是由（人数在高校员工占比不断下降的）教师自己管理的。

21. 这些是金融狗屁生成器随机生成的短语，引用时间为2017年7月4日，www.makebullshit.com/financial-bullshit-generator.php。

22. 当然，除了FIRE行业，也有其他本质上在诈骗的公司，或者某些公司是致力于给其他人行骗提供手段的。我收到的反馈中，有些来自大学论文代写人员。原来的大学论文代写人员就是些聪明的在校生或毕业生，愿意给懒惰的同班同学写写学期论文，赚点零花钱。但最近几十年来，在美国，论文代写已经发展成了一个产业，从给同班同学写发展成全国范围内的协同配合，现在有成千上万名全职论文代写者。其中一位代写者告诉我，文凭主义（在美国，几乎任何像样的工作都有着这样或那样的文凭要求）的兴起和商业逻辑的蔓延，必然会导致论文代写发展成产业。

  巴里：当我刚开始从事论文代写工作的时候，我猜想自己能有机会持续学习各种各样有意思的新知识，涉猎的学科也会更广泛。虽然确实有那么零星几次机会写了关于"酷儿理论"或古罗马血腥娱乐史的论文，但我发现自己绝大部分时间是在撰写商业和市场营销的文章，写了不知道多少篇了。
  我想了想就完全明白了。高等教育的合理性总是基于对未来的投资这一点的。压死人的学生贷款能得到回报，是因为高学历有可能让你未来某天实现稳定的 6 位数收入。我无法想象大批学生攻读工商管理本科是出于对这个学科的热爱。我很确定他们经受一系列严峻的考验和测试拿到学位，不过是为了未来成功获得高薪的岗位。至于我的客户，我觉得他们花钱买论文的做法在他们自己看来，不过就是增加投资成本，换取更少的工作量，保障自己的好成绩而已。找我帮忙写一些关键性的学期论文，需要支付的费用跟他们的平均学费比起来不过是九牛一毛。

  我也觉得这很有道理。如果商科教师讲课的时候你真的仔细听了，就会从这位教师的课上学到：用最少的投资换取最大的回报不仅是正常的，甚至还是值得敬佩的。那么当这位教师布置你写一篇论文的时候，就真的找不到任何理由不去雇用别人帮自己写论文，如果这样做效率能更高。

23. 声明一下，我并不知道是四家会计师事务所中的哪一家。
24. 对于不必要的管理层级或行政雇员层级划分，人们有时会引用另一个解释：可以给潜在的诉讼威胁提供保护。这里给出银行雇员阿伦的叙述："现在在大型金融机构，随处可见'办公室主任'这样的角色……设置这样的岗位，不过是为了防止万一有调节员或心怀不满的员工提起诉讼，高级经理会直接被拎出来。不过这种缓冲设置并没什么用，因为在真的诉讼过程中，起诉人总是会在法庭文件里点名高级经理，因为这样才能增加案件达成协议的概率，以防进一步的尴尬。既然如此，这些办公室主任还能做些什么呢？他们或者每天都忙着组织会议，有时同高级经理开会，有时自己的领导班子开会；或者布置大量毫无意义的管理咨询调查，试图搞明白士气如此低落的原因（明明直接问一下员工的想法更容易解决这个问题）；你还经常看到他们组织各种慈善日活动，然后在报刊里使劲炮制各种文章。"

注释   355

据阿伦所说，现在人力资源部门的员工已经越来越少参与这些事务了，因为他们也害怕法律责任。看来不同银行具体情况不同。

25. 我就读的大学的经济学系全是马克思主义者，不可否认这可能有点关系。这个说法起码从佩里·安德森那会儿就有了（1974）。

26. 这段论证的大量内容以及若干例子取自《规则的乌托邦》第一章，第 3-44 页。

27. 当然，这和我们听到的说法不同。毫无疑问，在任何被定义为"创作"的产业分支中，不管是软件开发还是平面设计，具体的生产过程往往是外包给小团队（尽人皆知的硅谷创业团队）或个人（转为临时工的独立承包人），而这些人确实能够自主工作。但是这些人往往拿到的酬劳低于他们应得的。近年来的管理主义批判史优秀作品，可参见 Hanlon（2016）。

28. 封建主义的具体定义并没有定论，广义来讲任何基于收取贡赋的经济体制都是封建主义，具体来讲是指中世纪繁盛期北欧盛行的制度。在中世纪繁盛期的北欧，许多地方会将土地赠予封臣，作为回报，封臣需要提供军队来效忠。这是一种表面上看自愿的效忠关系。欧洲之外，记载有此种制度的主要就是日本。从这个角度来看，其余大部分亚洲帝国或王国是按照"世袭薪俸制度"（马克斯·韦伯用语）来运转的：君主和大臣从某地区征收上来赋税之后，并不一定亲自占用或管理这笔钱财。欧洲君王在后来获得权力后，也试图效仿这种运转方式。对于这个议题，如果真的要仔细剖析，那可以一直剖析下去，没完没了。但在本书中我只想说，如果经济制度是一些人主要负责生产，另一些人则主要负责将生产的成果移来移去，那么后者几乎必然会发展成复杂的指挥链。在这一点上，19 世纪东非干达王国（Ganda kingdom）似乎是个绝佳的例子：所有的农活和大部分生产性工作都是由女人完成的，因此大部分男人要么投身"层级攀爬"事业，在这个有着层层头衔的复杂官员等级制度中忙活着，从村官到国王，要么就是充作这些官员的仆从。当无事可做的男人过多的时候，统治者就会发起战争，或者干脆把他们成千上万地圈起来屠杀了事。（近年来以马克思主义视角来阐述封建制度的最佳综合文章，参见 Wood，2002；关于干达王国，Ray，1991。）

29. 匿名来源，参见：Alex Preston, "The War Against Humanities in Britain's Universities," *Guardian*, Education Section, 1, 2015 年 3 月 29 日。

30. 你可以说马塞尔·杜尚通过在展厅放置小便器并宣称其为艺术品的行为，为管理主义进入艺术领域开启了大门。不管怎么说，最终杜尚被自己打开的这扇大门给吓到了，生命的最后几十年在下棋中度过。杜尚说，下棋是仅存的几件他还能从事并且不会被商品化的事情之一了。

31. 好多人和我说，当代大量电影剧本毫无才华、难看至极，甚至前后根本不一致，原因之一就是这帮多出来的人。他们每一个人都会对剧本指手画脚，一定要让编剧改一改，起码也要改一句两句。这样出来的最后成品，他们就可以说自己参与了。我第一次听到这个说法是在看了超级难看的《地球停转之日》2008年翻拍版本之后。前面整个情节似乎都设定好了要为某个"实现时刻"做铺垫。在这个实现时刻，外星人理解了人性的真正本质（人类本质上不坏，只不过应对悲伤的能力极其糟糕）。然而等到这个时刻真正到来后，外星人压根儿就没说出这句话。这也行？我就去问在电影业从业的朋友怎么回事。他告诉我，我看的时候等着外星人说出的那句台词在剧本第一稿里绝对有，肯定是哪个没用的经理瞎指导后被删掉了。"我跟你说，随便一部作品的制作团队，几乎都能有那么几十个废物在你头顶飞来飞去，每一个都觉得自己有纵身飞进来掺和一下的必要，起码改一句台词也好啊，要不然他们还有什么借口在制作团队待着？"

32. 约瑟夫·坎贝尔是宗教史学家，在《千面英雄》一书中，坎贝尔提出，所有的英雄神话都有相同的基本情节。这本书对于乔治·卢卡斯《星球大战》最初三部曲的情节构思有着重大影响。虽然坎贝尔的通用原型英雄叙事法，到现在最多也就算个珍奇古董，供史诗学者或英雄神话学者收藏把玩，但是他提供的分析对现在的好莱坞电影来说可能依然有效，因为几乎所有编剧和制片人都很熟悉这部作品，并试图据此设计剧情。

33. Holly Else, "Billions Lost in Bids to Secure EU Research Funding," Times Higher Education Supplement, October 6,2016, accessed June 23,2017. www.timeshighereducation.com/news/billions-lost-in-bids-to-secure-european-union-research-funding#survey-answer.

34. "Of Flying Cars and the Declining Rate of Profit," *Baffler*, no. 19（Spring，2012）: 66-84. 更详细的叙述参见《规则的乌托邦》，第105-148页。

35. 这些头衔其实是在狗屁工作网站用"狗屁工作头衔生成器"随机生成的，www.bullshitjob.com/title。

36. 这段论述是对《规则的乌托邦》序言部分（第33-44页）大幅度缩减后的内容。

第六章

1. 举个例子，在希腊债务危机最严重的时候，德国的公共舆论几乎一边倒，大家一致同意不该免除希腊债务，因为希腊的劳动者既懒惰又一副理所当然的样子。可是统计数据告诉我们，事实并非如此：希腊劳动者的工作时长超过了德国劳动者。统计数据出来后，又有人说，哪怕统计出来的理论工作时长德国人确实不如希腊人，但希腊人上班的时候懒散啊。然而，从来没有任何一个人指责过，德国劳动者是不是工作得太努力了，努力到生产过剩，只能借钱给其他国家，以便这些国家有钱进口德国产品。更没有人提过希腊人享受生活的能力从某种角度来讲是令人钦佩、值得大家学习的。再举个例子，20世纪90年代，法国社会党提出了"每周工作三十五小时"的竞选纲领，然后就发生了一件事，令我印象颇为深刻：在我能翻到的全美国上上下下的全部新闻里那些愿意提及这件事的报道中，没有一篇表示"工作时长减少"这件事可被视作一件好事情（当然更没有人斩钉截铁地表示，"工作时长减少"本身就是好事）。这些文章的视角都跟就业相关，认为减少工作时长可以增加就业率。换句话说，减少工作时长除非帮助他人获得了工作机会，不然得不到社会的认可。

2. 严格意义上来讲，是用"边际效应"来衡量，即某件商品能进一步满足消费者某种需求的程度。如果你家已经堆了三块肥皂了，或者说你有三栋房子，每栋房子你已经各放了一块肥皂了，那么这个时候买第四块肥皂增加的效用是多少？针对"作为消费者偏好理论的边际效应"的最佳评论，参见：Steve Keen, *Debunking Economics*, 44-47。

3. 为了清晰起见，在这里我得说一下，大部分劳动价值理论拥护者并不这么认为。正如劳动价值理论最著名的拥护者马克思本人偶尔指出过的，有些价值产生于自然。

4. 当然，这恰恰也是最为激进的自由市场自由主义者所持的观点。

5. 因为从严格意义上来讲，再生产就是"生产的生产"，所以保持身体及其他可供资本主义剥削的要素的良好状态，也应该算是劳动。

6. 同样，在价值观念领域，哪怕市场比较表面上发生了，那也会被看作某种偶发事件，并没有人会觉得这反映了物品的真实价值。比如，没有人会真的坚持认为达明·赫斯特的鲨鱼①价值20万次内观禅修，也没有人会觉得一次内观禅修价值100个软糖圣代冰激凌，只不过恰好是这个价格而已。

7. 公务员特别喜欢用"帮助"这个词而非"价值"，虽然其他人也会用到这个词。

8. 参见格雷伯，2013:84-87。

9. 这里我假设了世界上所有的音乐、艺术等，不管什么流派，带给喜爱它的人的快乐要超过带给不喜欢它的人的烦恼。这个假设也有可能不对。

10. 一些比利时朋友告诉我，最终结果那是相当有益。因为几乎所有主要党派都支持当时欧洲范围内流行的紧缩政策，但在那个关键时刻比利时因为没有执政政府，改革自然也就没能发生，结果比利时后来的经济发展要远远好于邻国。值得一提的是，比利时的7个地方政府并未受到危机的影响。

11. Caitlin Huston, "Uber IPO Prospects May Be Helped by Resignation of CEO Travis

---

① 泡在福尔马林中的鲨鱼是达明·赫斯特的标志性作品，卖出了天价。——译者注

Kalanick," *MarketWatch*，最后修改时间为 2017 年 6 月 22 日，www.marketwatch/com/story/uber-ipo-prospects-may-be-helped-by-resignation-of-ceo-travis-kalanick-2017-06-21。

12. Rutger Bregman, *Utopia for Realists: The Case for Universal Basic Income, Open Borders, and a 15-Hour Workweek*（New York: Little, Brown, 2017）.

    哪怕是警察罢工也很少产生预期效果。2015 年 12 月，纽约警察发起全面停工，除了"紧急"警方事务。结果犯罪率丝毫没有受到影响，然而纽约市政收入暴跌，因为少了交通违规等罚款。一个大城市若是完全没有了警力，不管是这样的全面大罢工，还是二战期间发生在阿姆斯特丹的德国侵略者大规模逮捕警察事件，往往只会增加盗窃等财产犯罪行为，暴力犯罪并不会受到任何影响。在有一定自治传统的乡村地区，比如 1989—1991 年我居住的马达加斯加某地，警察因国际货币基金组织的紧缩措施撤走后，治安几乎没有带来任何影响。而当我 20 年后重返故地，几乎所有人都表示暴力犯罪在警察回来后大幅度增加了。

13. Benjamin B. Lockwood, Charles G. Nathanson, and E. Glen Weyl, "Taxation and the Allocation of Talent," *Journal of Political Economy* 125, no. 5（2017 年 10 月）: 1635–82, www.journals.uchicago.edu/doi/full/10.1086/693393. 市场人员的相关内容摘自这篇论文更早发表的版本（2012）中，标题相同，发表于 https://eighty-thousand-hours-wp-production.s3.amazonaws.com/2014/12/TaxationAndTheAllocationOfTalent_preview.pdf, 16。

14. Eilis Lawlor, Helen Kersley, and Susan Steed, *A Bit Rich: Calculating the Value to Society of Different Professions*（London: New Economics Foundation, 2009），http://b.3cdn.net/nefoundation/8c16eabdbadf83ca79_ojm6b0fzh.pdf. 我对其中部分薪水进行了标准化和平均化处理，因为原文中给出的数据有时候按时薪，有时候按年薪，按年薪的时候往往给的是区间值。

15. 参见：Gordon B. Lindsay, Ray M. Merrill, and Riley J. Hedin, "The Contribution of Public Health and Improved Social Conditions to Increased Life Expectancy: An Analysis of Public Awareness," *Journal of Community Medicine & Health Education* 4（2014）: 311–17。文中针对此类情况的普遍科学认识和大众流行看法——人类之所以越来越长寿几乎完全归功于医生——进行了对比。https://www.omicsonline.org/open-access/the-contribution-of-public-health-and-improved-social-conditions-to-increased-life-expectancy-an-analysis-of-public-awareness-2161-0711-4-311.php?aid=35861.

16. 另一个例外是高收入运动员和艺人。许多运动员和艺人收入高到常被人当作典型，被说成是狗屁的化身，但我不大同意。如果这些运动员和艺人确实给许多人的生活注入了快乐和兴奋，那他们为什么被说成狗屁的化身？当然，同他们所在的团队成员及相关工作人员等（这些人的收入大部分要比运动员和艺人本人低得多）相比，运动员和艺人本人为这份快乐和兴奋做出的贡献多出了多少，是我们可以讨论的。

17. 从另一点来说，如果收入水平同工作的风险性相关，那美国收入最高的人就应该是伐木工或渔民了，而英国收入最高的应该是农场主。

18. 有位（在我看来脑子不大清楚的）经济学家和博主叫亚历克斯·塔巴罗克，在我最初那篇狗屁工作的文章发表后，写了篇回应文章，说我提出的工资收入和社会助益成反比这一点，是"典型的错误经济推理"，他这么说是因为我探讨的是100年前随着边际效应概念的引入就已经得到"解决"的钻石和水悖论（这个悖论可以追溯到中世纪，而且众所周知，亚当·斯密曾用钻石和水悖论指出使用价值和交换价值的区别）而已。我的看法是，这个悖论起码在伽利略那会儿就已经得到"解决"了，但你现在和我说这个奇怪不奇怪？我根本没有进行经济推理，因为我没有给出任何解释，我只不过指出了工资收入和社会助益成反比这件事是客观存在的（http://marginalrevolution.com/marginalrevolution/2013/10/bs-jobs-and-bs-economics.html）。指出事实怎么就成了错误推理了？护士的相对供给例子取自彼得·弗拉塞针对亚历克斯·塔巴罗克那篇回应的回应文章（www.jacobinmag.com/2013/10/the-ethic-of-marginal-value/）；关于律师的过剩问题，参见：L. M. Sixel, "A Glut of Lawyers Dims Job Prospects for Many," *Houston Chronicle* online，最后修改时间为 2016 年 3 月 25 日，http://wtonchronicle.com/business/article/A-glut-of-lawyers-dims-job-prospects-for-many-7099998.php。

我得说下，塔巴罗克这里采用的策略，即把简单的经验观察结果拿来假装这是个经济学论点，然后再"反驳"一通，在糟糕的经济学博客中经常可以见到。比如，我曾经观察到好心肠的商人有时候遇到贫穷的顾客来买必需品的时候，会给打折，于是我就把观察到的情况写了出来，结果这个单纯观察到的结果被某博主归为"驳斥"经济学理论的尝试，然后这个博主就对我的"驳斥"进行了一通驳斥，搞得经济学家真的就相信天底下绝不会有商人会做出任何善心之举似的！

19. 我最初看到这段论证，是在柯亨针对工党宣言的评论文章中，参见：G. A. Cohen, "Back to Socialist Basics," *New Left Review*, no. 207（1994）: 2-16。在他的其他作品中可以看到这段论证的不同版本，比如著名的 "Incentives, Inequality, and Community: The Tanner Lectures on Human Values"（lecture, Stanford University, Stanford, CA, May 21 and 23, 1991, https://tannerlectures.utah.edu/_documents/a-to-z/c/cohen92.pdf）。

20. 回到我还经常跟自由主义者争辩的 20 世纪 90 年代，我发现他们几乎总是拿工作来为不平等现象辩解。举个例子，如果我说有比例惊人的社会财富正在流向社上层，就会经常遇到这样的回复："在我看来，这不过反映了有些人比另一些人工作得更努力或工作得更聪明而已。"这种特定表达方式我一直清楚地记得，因为说得很狡猾。你当然没法说公司首席执行官收入是公交司机的千倍是因为付出了千倍的努力，于是你就悄悄地把"更努力"顺口改成"更聪明"，以此暗示工作"效率更高"，但其实这里的"更聪明"看起来不过就是"找到了能够赚得多得多的工作方式"而已。这里不过是强调了（大部分）超富阶层确实有工作而已，除此之外的循环论证（他们之所以聪明是因为有钱，而有钱正是因为聪明……）则毫无意义。

21. 正是这个原因导致了他们写的书越来越薄、越来越简单化，研究也越来越不深入。

22. Geoff Shullenberger, "The Rise of the Voluntariat," *Jacobin* online，最后修改时间为2014年5月5日，www.jacobinmag.com/2014/05/the-rise-of-the-voluntariat。

23. 伯特兰·罗素在他的散文《闲暇颂》（In Praise of Idleness）中漂亮地写道："工作是什么？工作有两种：第一种，改变地球表面之上或附近的物体与其他同类物体的相对位置；第二种，让别人做这种事。第一种工作令人讨厌且收入微薄，第二种工作令人愉悦且收入颇丰。"（1935:13）。

24. 《创世记》3：16。汉娜·阿伦特在《人的境况》一书中提出（1958:107n53），《圣经》里并未说过劳动本身是人类因不服从行为而得到的惩罚，上帝只是让劳动变得更加艰难，其他人不过是通过赫西奥德的作品读的《创世记》。阿伦特说的或许是对的，但这并不影响我的论证，因为几百年来，基督徒关于这个主题的文字和思考都认为这就是此段《圣经》段落的意义。比如1664年，玛格丽特·卡文迪什指出，"网球也不能成为消遣，因为……流汗劳动中不可能存在娱乐。这是人类被施加的诅咒，他们必须通过流汗才能活下去"（参见Thomas, 1999: 9）。关于亚当和夏娃的早期基督教辩论的精彩讨论，参见：Pagels（1988），里面提到，事实上是圣奥古斯丁导致了"原罪令人人皆堕落，因而背负诅咒"这个观念的传播。

25. 下面这段大部分是我之前一篇文章的总结，参见："Manners, Deference, and Private Property"（1997）。这篇文章是我硕士毕业论文的缩略版本，参见：*The Generalization of Avoidance: Manners and Possessive Individualism in Early Modern Europe*（Chicago, 1987）。关于传统北欧婚姻模式和生命周期服务的部分经典作品，参见：Hajnal（1965, 1982），Laslett（1972, 1977, 1983, 1984），Stone（1977），Kassmaul（1981）以及Wall（1983）；更为近期的文献综览，参见：Cooper（2005）。从中世纪到近代早期，北欧婚姻模式和地中海婚姻模式的主要区别在于：地中海婚姻模式中，虽然男性往往也晚婚，但是女性结婚的时间要提前很多，而且生命周期服务模式也仅限于某些社会和职业群体，绝非普遍。

26. 当然，如今"waiter"（服务员）一词只使用在餐厅餐桌边"wait"（等待）着的服务人员身上，乃"服务经济"的支柱，但是这个词在维多利亚时期依然主要指家仆（级别仅次于管家）。比如，"dumbwaiter"这个词，最初说的是给主人端菜的家仆，他们经常会边端菜边不停地讲各种道听途说来的消息和八卦；而机械dumbwaiter（上菜架）只会送菜不会说话。

27. 这个说法不正确。大部分孩子是在青春期早期就被送出去当学徒。

28. 我在自己的有关"规矩"的那篇论文里（1997:716-17）就已经引用过这段文字。译本可以追溯到：Charlotte A. Sneyd, *A relation, or rather A true account, of the island of England; with sundry particulars of the customs of these people, and of the royal revenues under King Henry the Seventh, about the year 1500, by an Italian*, Camden Society volume xxxvi, 1847, 14-15。

29. Susan Brigden, "Youth and the English Reformation," *Past & Present* 95（1982）: 37-38.

30. 比如，在文艺复兴时期的英国，国王代表常常是名为"便桶官"的享有贵族身份的国王仆从。有这个称号，是因为该官员负责国王便桶的清理倒空工作（Starkey，1977）。

31. 比如，我父亲这辈子大部分时间都在胶版印刷厂做工，是名印版拆卸工人。我最初学习中世纪历史的时候，有一次跟他聊起了行会制度。他说："没错，我也当过学徒。我退休的时候是'熟练印刷匠'。"我问他有没有人做到独立经营者，他告诉我："没有，不再有独立经营者啦，除非你说的是老板。"

32. Phillip Stubbes, *Anatomie of Abuses*, 1562. 此种反对声显然在马尔萨斯这里达到了顶峰。马尔萨斯声称，工人阶级如此这般终将繁衍养育出全面贫穷的人口，并提出著名论断：用恶化卫生条件的方式将他们消灭。后文引用的卡泽诺夫（Cazenove）正是马尔萨斯的信徒。

33. K. Thomas，1976:221.

34. 我认为需要考虑这些，再来理解马克斯·韦伯就加尔文主义和资本主义起源的关系所进行的论证（1905）。当时许多人都觉得奉行自我约束、辛勤工作的新教教义和经济的增长存在某种关联，这一点是不言而喻的（Tawney, 1924）。但很少有人去研究分析北欧生命周期服务、新教教义和新兴的资本主义这三个因素的融合现象，尽管它们几乎同时产生。

35. Thomas Carlyle, *Past and Present*（London: Chapman and Hall, 1843），173-74. 看一组有意思的对比：卡莱尔赞颂工作，认为工作能够将人的灵魂从忧虑中解救出来；尼采则因为同一个理由而批判工作："从人们对'工作'的颂扬和对'劳动的恩惠'没完没了的谈论中，我看到了……对一切个体性事务的恐惧。因为一看到工作，也就是从早到晚的严酷劳作，我们就会觉得这就是最好的警察。换句话说，工作将每个人都约束了起来，有效阻止了理性的发展、贪欲的膨胀和对自主的渴求。因为工作耗尽了一个人绝大部分的神经力量,而这些神经力量原本是可以用来沉思、冥想、做梦、担忧、去爱、去恨的。"[Daybreak, 1881(1911:176-77)]。不禁好奇这是不是尼采对卡莱尔的直接回应。

36. Carlyle, *Past and Present*, 175. 文章主要篇幅在批判资本主义,并称其为"拜金主义",而且和19世纪的大量作品那样,在现代读者看来有那么点马克思主义的味道,尽管文章的结论很保守:"劳动并非魔鬼,哪怕是在拜金主义的牢笼中。劳动是被束缚住的神灵,在无意识或有意识中受尽折磨,想要逃离拜金主义!"(257)

37. John Cazenove, *Outlines of Political Economy; Being a Plain and Short View of the Laws Relating to the Production, Distribution and Consumption of Wealth*(London: P. Richardson, 1832),21-22. 就我所知,最早使用劳动价值理论来论证工人遭到雇主剥削的内容可在一本小册子里找到,小册子名为《天赋人权,对抗当权派侵占行为》(*The Rights of Nature Against the Usurpations of Establishments*),由英国激进派人士约翰·塞沃尔在1796年撰写。

38. Edward Pessen, *Most Uncommon Jacksonians: The Radical Leaders of the Early Labor Movement*(Albany, NY: SUNY Press, 1967),174: Faler(1981)。该书对马萨诸塞州林恩市1780—1860年的研究给出了详尽的记载,让我们看到独立战争后的近一个世纪里,劳动价值理论是如何影响公共辩论框架的搭建的。

39. 比如,马克思本人的作品在当时的美国很少有人知道,尽管并非完全无人知晓,因为马克思还以自由撰稿人的身份给报纸写一些个人观点文章,常在美国报纸专栏刊文。几年后,也就是1865年,马克思以工人联合会领袖的身份直接写信给林肯,在信中阐述了他对美国局势的个人分析。林肯虽然好像看过这封信,但回信是让自己的一位副手写的。

40. 1845年,纽约州议员迈克·沃尔什就已经在发表明显的反资本主义言论了:"什么是资本,资本就是那股什么都抓住紧紧不放的力量,吸干了我们这个时代以及之前所有时代的劳动成果,充满欺诈、贪婪和蓄意。"参见: Noel Ignatiev, *How the Irish Became White*(New York: Routledge, 2008),149。

41. E. P. Goodwin, *Home Missionary Sermon*, 1880, in Josiah Strong, *Our Country: Its Possible Future and Its Present Crisis*(New York: Baker & Taylor, 1891),159. 丹尼斯·克尼是加州当时的一名工会领袖,后来被人记住主要是因为他的反华裔移民运动;罗伯特·英格索尔是发表了著名《圣经》驳斥言论的作者,现在主要是通过《新向上帝挑战》(*Inherit the Wind*)这部剧中克拉伦斯·达罗驳斥《创世记》字面解释的论证,间接被人们知晓。剧中克拉伦斯·达罗的论证似乎是直接从英格索尔的作品中搬出来的。这里我还能提供来自我家的素材:由于我家独特的超长代际年龄间隔,我的亲祖父古斯塔夫斯·阿道弗斯("多利")·格雷伯是在美国内战爆发前出生的，他沿着西进运动边界地区当了多年音乐家，和古德温（Goodwin）写作时正好属于同时期。因为大家普遍认为，是我祖父将曼陀林引入了美国音乐。父亲有一次告诉我，祖父就是"英格索尔支持者"，也就是说，我祖父是忠诚的无神论者，但他并未成为马克思主义者，我父亲后来是。

42. 电影《浴血金沙》改编自 B. 特拉文的同名小说。特拉文是小说作者的笔名，他是德国的一位无政府主义小说家，在逃离自己的国家后，到墨西哥南部度过了生命的大部分时光。他的真实身份到今天还是个谜。

43. 因此，比如在 1837 年，来自马萨诸塞州阿姆赫斯特的商人团体提出了创建一家有限责任马车公司的提案，该提案遭到了来自熟练匠人的请愿反对。他们给出的理由是，作为匠人，他们期待成为自己的主人，无须被迫将自己创造的价值拱手让给他人。匠人们宣称，"组成公司意味着给这些毫无经验的资本家提供手段，从我们手中夺走我们用手艺创造的利润，这是我们耗费多年的艰苦劳动获得的，也应该只有我们才有权享有"（Hanlon, 2016:17）。通常来讲，此类提案只有在公司致力于创造和维持诸如铁路或运河这样有着明显实用价值的公共工程时，才可能被批准通过。

44. Durrenberger and Doukas，2008:216-17.

45. 1974:246.

46. 在中世纪基督教神学中，工作有时被视作对神的创造行为的模仿，有时又被视作完善自我的手段。关于这两种看法孰多孰少存在一些讨论（相关讨论参见 Ehmer 和 Lis，2009:10-15），不过两种说法似乎都是从最开始就存在的。

47. 经典研究参见：Kraus, Côté, and Keltner 2010; Stellar, Manzo, Kraus, and Keltner 2011。

48. 因此，就上级对下属的关心而言，下属往往会更关心上级，这种情况在几乎所有结构性不平等的关系中都存在，比如男性和女性，富人和穷人，黑人和白人，等等。我一直觉得，存在此种现象是主导种种结构性不平等继续下去的原因之一。（我不止一处地谈论过这个内容，感兴趣的读者可查阅《规则的乌托邦》第二章，第 68-72 页。）

49. 从这个角度看，我举个例子，金钱、市场和资本不过是陌生人提醒我们注意他们关心的是什么的一种方式，因为我们关心的是照料是否给对了方向，也就是说，现代银行业只不过是照料工作的糟糕形式罢了，因为银行业的照料导向了错误的方向。

50. 这本书后来改名了，改成了《砸碎资本主义》（2010），我总觉得改完后的名字逊色多了。

51. 斯特兹·特克尔的《美国人谈美国人》（Working）中有段话常被引用："除非是疯子，不然一个人从来不会思考工作，也不会谈论工作。人们在一起或许会谈论棒球，或许会谈论哪天喝醉的事，或者谈谈睡了谁或没睡谁。这么说吧，一百个人里就只有一个人谈起工作会超级兴奋。"（1972:xxxiv）。但同时，斯特兹还说："必须有人来做这个工作。如果我的孩子考上了大学，我只希望他能给点尊重。"（1972:xxxv）。

52. Gini and Sullivan, 1987:649, 651, 654.
53. 关于此现象的经典研究，参见：Noel Ignatiev, *How the Irish Became White*（1995）。
54. 这个算法后来被改成了如何使"最多的人获得最大的好处"，但边沁最初的理论是基于享乐主义的，卡莱尔的回应也基于此。
55. Carlyle, 1843:134.
56. 同上。

第七章

1. Matthew Kopka, "Bailing Out Wall Street While the Ship of State is Sinking?（Part 2）," *The Gleaner*, 2010 年 1 月 25 日, http://jamaica-gleaner.com/gleaner/20100125/news/news5.html, 引用时间为 2017 年 7 月 22 日。在那时，有个广为流传的说法是汽车工人每小时收入达到 75 美元，但这是来自某行业公关声明的数据，里面把所有员工的酬劳、津贴和退休金全部加了起来，然后再平均算出了时薪。好嘛，要是这么算，几乎任何行业的任何员工算出来的时薪都会是其真正时薪的两到三倍。
2. 第二个原因是，如同工厂工人，他们所有人都是聚集在同一个工作场所的，这样大家组织起来也就更容易。这意味着他们可以威胁说要发起罢工，而他们一旦罢工，就会对经济造成很严重的影响。
3. Eli Horowitz, "No Offense Meant to Individuals Who Work With Bovine Feces," http://rustbeltphilosophy.blogspot.co.uk/2013/08/no-offense-meant-to-individuals-who.html, 引用时间为 2013 年 8 月 31 日。
4. 接下来的内容大部分摘自这篇文章，长版原名为"Introduction: The Political Metaphysics of Stupidity"，参见：*The Commoner*（www.thecommoner.org.uk），2005 年春；短版原名为"Army of Altruists: On the Alienated Right to Do Good"，参见：*Harper's*, 2007 年 1 月, 31-38。
5. 若毕业生中知识分子群体自己的孩子人数不够（人口统计上来讲，精英生孩子几乎总是不大够），这些工作很可能让最杰出的移民后代获得。但是像美国银行、安然这类公司的行政人员遇到类似人数不够的情况时，他们往往会招一些像他们自己那样的资质稍差的白人孩子。这里有种族歧视的成分，也有这类公司招人偏好的成分。这些公司往往喜欢培养反知识的总体气氛。在我工作过的耶鲁大学，大家都知道，那些公司负责招人的行政人员更喜欢招耶鲁成绩为"良"（而不是"优"）的学生，因为成绩为"良"的学生更可能是"他们觉得相处起来会舒服的"那种人。

6. 就"照料工作可以或应该由机器人承担"这样的想法，人们已经尝试了很久，想要将其普及化。但我觉得现在并没有普及，最终也不可能普及。

7. 在这里提个相关的有趣事实：冯内古特事实上在战争刚刚结束就进入了芝加哥大学攻读人类学硕士学位，虽然他一直都没有完成学术论文。这无疑解释了为何书里其中一位主角是名人类学家了。如果当时他人类学读得再认真点，估计就会意识到他书中的前提，即工人没有办法应对太多闲暇时间是大错特错的。（当时也在芝加哥大学人类学系的雷·福格尔森告诉我，冯内古特许多年后回到系里，交了篇一看就是胡乱拼凑的论文，系里的人都很窘，商量了一下就决定还是授予他人类学硕士学位，不过这篇论文实在不行，就将《猫的摇篮》作为其学位授予的依据了。）

8. 排第 702 位的大概率是电话推销员，排第一的应该是娱乐治疗师，像我这样的人类学家排第 32 位应该是稳妥的。参见：Frey and Osborne（2017）。这篇论文最初是在网上发表的（2013），当时获得了大量的新闻报道。

9. Stanislaw Lem, *Memoirs of a Space Traveler: The Further Reminiscences of Ijon Tichy*（Evanston, IL: Northwestern University Press），1981 [1971] 19–20.

10. 莱姆写作的时候是在依然是社会主义国家的 20 世纪 70 年代的波兰，但是不管是好是坏，他抨击斯大林主义的讽刺作品还是相当冷酷无情的。在另一次旅程中，伊扬·蒂西来到了一个被巨大灌溉行政系统控制的星球，这里的官僚太过执迷于他们的使命，以至发展出人类必然进化成鱼的意识形态。星球上的居民被迫练习"呼吸水"，每天练习好几个小时，并且越来越久。

11. 请记住，中世纪时期，哪怕是农奴，每年工作的时间平均下来也远不到每周 40 个小时。

12. 这里我不会美化那些在某些场合中被提出的说法，说什么工作时间的减少会导致犯罪率的上升，会带来不健康的风气，会对社会造成各种负面影响。我相信一模一样的论调可以套用到反对解放奴隶的主张中，而且很可能当年就有人这么说过。我认为两者有着相同的道德地位。声称人们必须每周工作 40 个小时（而这项工作本身其实不用做的）是为了防止他们酗酒、抽烟或犯罪，和声称地球上所有人都应该每周被关进监狱 40 个小时来作为某种预防性拘留，这两种说法有什么区别吗？

13. 我们可以称之为"人的生产"，我在别的地方就这么用过，不过在这里，用这个说法好像也不大对。

14. 当然，关于在什么情况下、什么人、从什么地方获得了最多的钱这些细节大家可能会有不同意见，但毫无疑问，正是在比尔·克林顿的主导下废除了《格拉斯-斯蒂格尔法案》，使资本实现了"自由化"，从而直接导致2008—2009年的金融危机。而在英国，正是托尼·布莱尔首次在英国大学引入学费。

15. Frank 2016.
16. Brown 1983.
17. 高兹的原话是："追求更高效率将导致这些工作的标准化和产业化，尤其是那些涉及孩童喂养、照料、养育和教育的工作。个体或集体自主的最后一块领地也将消失，社会化、'商品化'和预编化将蔓延至我们生活中最后那块可以自决和自控的场所。通过家庭计算机，身体的照顾、精神的呵护、卫生的清洁、孩子的教育、烹饪的手段、做爱的技巧都被产业化了，这一切的目的正是从仅存的还能依靠个体想象力进行的工作中产生资本利润。"（Gorz 1997:84，最初以法文发表于1980年，可谓相当具有预言性了）。关于"家务劳动有偿化"运动更具体的论述参见：*Critique of Economic Reason* 2010:126, 161-64, 222。
18. 细节参见：Sarath Davala, etc. Basic Income: *A Transformative Policy for India*（London: Bloomsbury Academic Press, 2015）。
19. 关于针对全民基本收入问题的讨论，近年来最全的研究参见 Standing（2017）。
20. 事实上在有些方面，既有的无条件保障或许还需要加大。可以说，在基于租房的经济体中，全民基本收入不可能起效果，比方说，如果大部分人都是租房生活，那房东只需要给租金加倍就可以夺走这份全民基本收入了。所以最起码相关的限制管理措施要跟上。
21. 这也是为什么任何含有条件的基本收入项目或保障岗位项目都和全民基本收入不是一回事，更不是什么"改进版"的全民基本收入。全民基本收入项目的关键就在于其不设任何条件，这能大大降低政府对公民生活的侵扰。这些想象中的"改善"或"改进"版本，要么根本不起作用，要么就会起到反作用。
22. 显然，道德哲学往往会假定这种不劳而获的"搭便车客"问题是关于社会公平的根本性问题，其重要性超过对人类自由的考量，因此常常得出这样的结论：建立充满监视和强迫行为的体制是情有可原的，其目的是确保无人依靠他人的劳动果实生活，哪怕这些人再少也不行（除非这些人是有钱人，有钱人榨取他人劳动成果常常不知怎么就完全被接受了）。我的看法是："如果真的有人搭便车，那又如何呢？"（而这正是典型的自由派社会主义观点。）
23. 我没见过福柯，这里的描述基于那些见过他的人的说法。
24. 有些说法是福柯从未对"权力"下过定义。确实，他在这个问题上往往有点不太明确，但他确实定义过。他将权力定义为"就其他行为的一系列行为"，他将权力的运用定义为"对他人的行动采取的行动"（1982:789）。令人惊讶的是，这个定义同帕森斯式传统（Parsonian tradition）最为接近。
25. Foucault 1988:18-19.

参考文献

Ackroyd, Stephen, and Paul Thompson. *Organizational Misbehaviour*. London: Sage, 1999.

Anderson, Perry. *Passages from Antiquity to Feudalism*. London: Verso Press, 1974.

Applebaum, Herbert. *The Concept of Work: Ancient, Medieval, and Modern* (SUNY Series in the Anthropology of Work). Albany, NY: SUNY Press, 1992.

Arendt, Hannah. *The Human Condition*. Chicago: University of Chicago Press, 1958.

Baumeister, Roy, Sara Wotman, and Arlene Stillwell. "Unrequited Love: On Heartbreak, Anger, Guilt, Scriptlessness, and Humiliation." *Journal of Personality and Social Psychology* 64, no. 3 (1993): 377–94.

Beder, Sharon. *Selling the Work Ethic: From Puritan Pulpit to Corporate PR*. London: Zed Books, 2000.

Black, Bob. "The Abolition of Work." *The Abolition of Work and Other Essays*. Port Townsend, WA: Loompanics, 1986.

Bloch, Maurice. *Anthropology and the Cognitive Challenge*. Cambridge: Cambridge University Press, 2012.

Braverman, Harry. *Labor and Monopoly Capital: The Degradation of Work in the Twentieth Century*. New York: Monthly Review Press, 1974.

Bregman, Rutger. *Utopia for Realists: The Case for Universal Basic Income, Open Borders, and a 15-Hour Workweek*. Amsterdam: The Correspondent, 2016.

Brigden, Susan. "Youth and the English Reformation." *Past & Present* 95 (1982): 37–67.

Broucek, Francis. "The Sense of Self." *Bulletin of the Menninger Clinic* 41 (1977): 85–90.

———. "Efficacy in Infancy: A Review of Some Experimental Studies and Their Possible Implications for Clinical Theory." *International Journal of Psycho-Analysis* 60

(January 1, 1979): 311–16.

Brown, Wilmette. *Black Women and the Peace Movement*. Bristol, UK: Falling Wall Press, 1983.

Brygo, Julien, and Olivier Cyran. *Boulots de Merde! Enquête sur l'utilité et la nuisance sociales des métiers*. Paris: La Découverte, 2016.

Budd, John W. *The Thought of Work*. Ithaca, NY: Cornell University Press, 2011.

Carlyle, Thomas. *Past and Present*. London: Chapman and Hall, 1843.

Chancer, Lynn. *Sadomasochism in Everyday Life: The Dynamics of Power and Powerlessness*. New Brunswick, NJ: Rutgers University Press, 1992.

Clark, Alice. *Working Life of Women in the Seventeenth Century*. London: George Routledge and Sons, 1919.

Cooper, Sheila McIsaac. "Service to Servitude? The Decline and Demise of Life-Cycle Service in England." *History of the Family* 10 (2005): 367–86.

Davala, Sarath, Renana Jhabrala, Soumya Kapor, et al. *Basic Income: A Transformative Policy for India*. London: Bloomsbury Academic Press, 2015.

Doukas, Dimitra. *Worked Over: The Corporate Sabotage of an American Community*. Ithaca, NY: Cornell University Press, 2003.

Durrenberger, E. Paul, and Dimitra Doukas. "Gospel of Wealth, Gospel of Work: Counterhegemony in the U.S. Working Class," *American Anthropologist* (new series) 110, no. 2 (2008): 214–24.

Ehmer, Josef, and Catharina Lis. "Introduction: Historical Studies in Perception of Work." In *The Idea of Work in Europe from Antiquity to Modern Times*, edited by Ehmer and Lis, 33–70. Farnham, UK: Ashgate, 2009.

Ehrenreich, Barbara. *Fear of Falling: The Inner Life of the Middle Class*. New York: Pantheon, 1989.

Ehrenreich, Barbara, and John Ehrenreich. "The Professional-Managerial Class." In *Between Labor and Capital*, edited by Paul Walker. Boston: South End Press, 1979, 5–45.

Evans-Pritchard, E. E. *The Nuer: A Description of the Modes of Livelihood and Political Institutes of a Nilotic People*. Oxford: Clarendon Press, 1940.

Faler, Paul G. *Mechanics and Manufacturers in the Early Industrial Revolution: Lynn, Massachusetts, 1780–1860*. Albany, NY: State University of New York Press, 1981.

Finley, Moses I. *The Ancient Economy*. Berkeley: University of California Press, 1973.

Fleming, Peter. *The Mythology of Work: How Capitalism Persists Despite Itself*. London: Pluto Press, 2015.

Ford, Martin. *The Rise of the Robots: Technology and the Threat of Mass Unemployment.* London: Oneworld, 2015.

Foucault, Michel. "The Subject and Power." *Critical Inquiry* 8, no. 4 (1982): 777–95.

———. *The Final Foucault.* Cambridge, MA: MIT Press, 1988.

Frank, Thomas. *Listen Liberal, Or What Ever Happened to the Party of the People?* New York: Henry Holt, 2016.

Frayne, David. *The Refusal of Work: The Theory and Practice of Resistance to Work.* London: Zed Books, 2015.

Frey, Carl B., and Michael A. Osborne. "The Future of Employment: How Susceptible Are Jobs to Computerisation?" *Technological Forecasting and Social Change* 114 (2017): 254–80.

Fromm, Erich. *The Anatomy of Human Destructiveness.* New York: Henry Holt, 1973.

Galbraith, John Kenneth. *American Capitalism: The Concept of Countervailing Power.* Harmondsworth, UK: Penguin, 1963.

———. *The New Industrial State.* Harmondsworth, UK: Penguin, 1967.

———. *The Affluent Society.* Harmondsworth, UK: Penguin, 1969.

———. "On Post-Keynesian Economics." *Journal of Post-Keynesian Economics* 1, no. 1 (1978): 8–11.

Gini, Al. "Work, Identity and Self: How We Are Formed by the Work We Do." *Journal of Business Ethics* 17 (1998): 707–14.

———. *My Job, My Self: Work and the Creation of the Modern Individual.* London: Routledge, 2012.

Gini, Al, and Terry Sullivan. "Work: The Process and the Person." *Journal of Business Ethics* 6 (1987): 649–55.

Ginsberg, Benjamin. *The Fall of the Faculty.* New York: Oxford University Press, 2013.

Glenn, Joshua, and Mark Kingwell. *The Wage Slave's Glossary.* Windsor, Can.: Biblioasis, 2011.

Gorz, Andre. *Farewell to the Working Class: An Essay on Post-industrial Socialism.* London: Pluto, 1997.

———. *Critique of Economic Reason.* London: Verso, 2010.

Graeber, David. "Manners, Deference, and Private Property." *Comparative Studies in Society and History* 39, no. 4 (1997): 694–728.

———. *Debt: The First 5,000 Years.* Brooklyn, NY: Melville House, 2011.

———. "Of Flying Cars and the Declining Rate of Profit." *Baffler*, no. 19 (Spring 2012): 66–84.

———. *The Utopia of Rules: Technology, Stupidity, and the Secret Joys of Bureaucracy.* Brooklyn, NY: Melville House, 2015.

Gutman, Herbert G. "Protestantism and the American Labor Movement: The Christian Spirit in the Gilded Age." *American Historical Review* 72, no.1 (1966): 74–101.

Hajnal, John. "European Marriage Patterns in Perspective." In *Population in History: Essays in Historical Demography*, edited by D. V. Glass and D. E. C. Eversley, 101–43. London: Edward Arnold, 1965.

———. "Two Kinds of Preindustrial Household Formation System." *Population and Development Review* 8, no. 3 (September 1982): 449–94.

Hanlon, Gerard. *The Dark Side of Management: A Secret History of Management Theory.* London: Routledge, 2016.

Hardt, Michael, and Antonio Negri. *Labor of Dionysus: A Critique of the State Form.* Minneapolis: University of Minnesota Press, 1994.

———. *Empire.* Cambridge, MA: Harvard University Press, 2000.

Hayes, Robert M. "A Simplified Model for the Fine Structure of National Information Economies." In *Proceedings of NIT 1992: The Fifth International Conference on New Information Technology*, 175–94. W. Newton, MA. MicroUse Information, 1992.

Hochschild, Arlie Russell. *The Managed Heart: Commercialization of Human Feeling.* Berkeley: University of California Press, 2012.

Holloway, John. *Crack Capitalism.* London: Pluto Press, 2010.

Ignatiev, Noel. *How the Irish Became White.* New York: Routledge, 1995.

Kazin, Michael. *The Populist Persuasion: An American History.* New York: Basic Books, 1995.

Keen, Steve. *Debunking Economics: The Naked Emperor Dethroned?* London: Zed, 2011.

Klein, G. S. "The Vital Pleasures." In *Psychoanalytic Theory: An Exploration of Essentials*, edited by M. M. Gill and Leo Roseberger, 210–38. New York: International Universities Press, 1967.

Kraus, M .W., S. Côté, and D. Keltner. "Social Class, Contextualism, and Empathic Accuracy." *Psychological Science* 21, no. 11 (2010): 1716–23.

Kussmaul, Anne. *Servants in Husbandry in Early-Modern England.* Cambridge: Cambridge University Press, 1981.

Laslett, Peter. "Characteristics of the Western Family Considered over Time." In *Household and Family in Past Time*, edited by P. Laslett and R. Wall. Cambridge: Cambridge University Press, 1972.

———. *Family Life and Illicit Love in Earlier Generations*. Cambridge: Cambridge University Press, 1977.

———. "Family and Household as Work Group and Kin Group." In *Family Forms in Historic Europe*, edited by R. Wall. Cambridge: Cambridge University Press, 1983.

———. *The World We Have Lost, Further Explored: England Before the Industrial Revolution*. New York: Charles Scribner's Sons, 1984.

Lazerow, Jama. *Religion and the Working Class in Antebellum America*. Washington, DC: Smithsonian Institution Press, 1995.

Lazzarato, Maurizio. "Immaterial Labor." In *Radical Thought in Italy*, edited by Paolo Virno and Michael Hardt, 133–47. Minneapolis: University of Minnesota Press, 1996.

Le Goff, Jacques. *Time, Work and Culture in the Middle Ages*. Chicago: University of Chicago Press, 1982.

Lockwood, Benjamin B., Charles G. Nathanson, and E. Glen Weyl, "Taxation and the Allocation of Talent." *Journal of Political Economy* 125, no. 5 (October 2017): 1635–82, www.journals.uchicago.edu/doi/full/10.1086/693393.

Maier, Corinne. *Bonjour Paresse: De l'art et la nécessité d'en faire le moins possible en entreprise*. Paris: Editions Michalan, 2004.

Mills, C. Wright. *White Collar: The American Middle Classes*. New York: Galaxy Books, 1951.

Morse, Nancy, and Robert Weiss. "The Function and Meaning of Work and the Job." *American Sociological Review* 20, no. 2 (1966): 191–98.

Nietzsche, Friedrich. *Dawn of the Day*. 1911). New York: Macmillan, 1911.

Orr, Yancey, and Raymond Orr. "The Death of Socrates: Managerialism, Metrics and Bureaucratization in Universities." *Australian Universities' Review* 58, no. 2 (2016): 15–25.

Pagels, Elaine. *Adam, Eve and the Serpent*. New York: Vintage Books, 1988.

Paulsen, Roland. *Empty Labor: Idleness and Workplace Resistance*. Cambridge: Cambridge University Press, 2014.

Pessen, Edward. *Most Uncommon Jacksonians: The Radical Leaders of the Early Labor Movement*. Albany, NY: SUNY Press, 1967.

Ray, Benjamin C. *Myth, Ritual and Kingship in Buganda*. London: Oxford University Press, 1991.

Rediker, Marcus. *The Slave Ship: A Human History*. London: Penguin, 2004.

Reich, Robert. *The Work of Nations: Preparing Ourselves for 21st Century Capitalism*. New

York: Alfred A. Knopf, 1992.

Russell, Bertrand. *In Praise of Idleness*. London: Unwin Hyman, 1935.

Schmidt, Jeff. *Disciplined Minds: A Critical Look at Salaried Professionals and the Soul-Battering System That Shapes Their Lives*. London: Rowman & Littlefield, 2001.

Sennett, Richard. *The Fall of Public Man*. London: Penguin, 2003.

———. *Respect: The Formation of Character in an Age of Inequality*. London: Penguin, 2004.

———. *The Corrosion of Character: The Personal Consequences of Work in the New Capitalism*. New York: Norton, 2008.

———. *The Craftsman*. New York: Penguin, 2009.

Standing, Guy. *The Precariat: The New Dangerous Class* (Bloomsbury Revelations). London: Bloomsbury Academic Press, 2016.

———. *Basic Income: And How We Can Make It Happen*. London: Pelican, 2017.

Starkey, David. "Representation Through Intimacy: A Study in the Symbolism of Monarchy and Court Office in Early Modern England." In *Symbols and Sentiments: Cross-Cultural Studies in Symbolism*, edited by Ioan Lewis, 187–224. London: Academic Press, 1977.

Stellar, Jennifer, Vida Manzo, Michael Kraus, and Dacher Keltner. "Class and Compassion: Socioeconomic Factors Predict Responses to Suffering." *Emotion* 12, no. 3 (2011): 1–11.

Stone, Lawrence. *The Family, Sex and Marriage in England, 1500–1800*. London: Weidenfeld and Nicolson, 1977.

Summers, John. *The Politics of Truth: Selected Writings of C. Wright Mills*. Oxford: Oxford University Press, 2008.

Tawney, R. H. *Religion and the Rise of Capitalism*. New York: Harcourt, Brace & World, 1924.

Terkel, Studs. *Working: People Talk About What They Do All Day and How They Feel About What They Do*. New York: New Press, 1972.

Thomas, Keith. *Religion and the Decline of Magic*. New York: Scribner Press, 1971.

———. "Age and Authority in Early Modern England." *Proceedings of the British Academy* 62 (1976): 1–46.

———. *The Oxford Book of Work*. Oxford: Oxford University Press, 1999. Thompson, E. P. *The Making of the English Working Class*. London: Victor Gollancz, 1963.

———. "Time, Work-Discipline and Industrial Capitalism." *Past & Present* 38 (1967): 56–97.

Thompson, Paul. *The Nature of Work: An Introduction to Debates on the Labour Process*.

London: Macmillan, 1983.

Veltman, Andrea. *Meaningful Work*. Oxford: Oxford University Press, 2016.

Wall, Richard. *Family Forms in Historic Europe*. Cambridge: Cambridge University Press, 1983.

Weber, Max. *The Protestant Ethic and the Spirit of Capitalism*. London: Unwin Press, 1930.

Weeks, Kathi. *The Problem with Work: Feminism, Marxism, Antiwork Politics, and Postwork Imaginaries*. Durham, NC: Duke University Press, 2011.

Western, Mark, and Erik Olin Wright. "The Permeability of Class Boundaries to Intergenerational Mobility Among Men in the United States, Canada, Norway, and Sweden." *American Sociological Review* 59, no. 4 (August 1994): 606–29.

White, R. "Motivation Reconsidered: The Concept of Competence." *Psychological Review* 66 (1959): 297–333.

Williams, Eric. *Capitalism and Slavery*. New York: Capricorn Books, 1966.

Wood, Ellen Meiksins. *The Origins of Capitalism: A Longer View*. London: Verso, 2002.